헌법재판소,
한국 현대사를
말하다

1

불의에 맞선 칼날

헌법재판소, 한국 현대사를 말하다

1

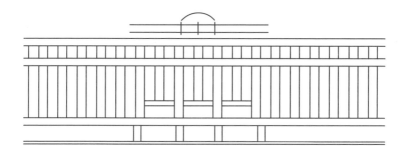

불의에 맞선 칼날

이범준 지음

궁리
KungRee

오프 더 레코드를 요청받은 것은 쓰지 않았다. 하지만 이미 다른 취재원에게 확인한 경우 기록하기도 했다. 반면 뉴스 가치가 충분하고 오프 요청도 받지 않았지만 쓰지 않은 경우가 있다. 정치적·역사적·법률적으로 공개가 정당한지 확신하지 못해서. 현직인 4기 재판소 심판에 관해 배경을 취재하지 않았다. 당연히 4기 재판관들도 인터뷰하지 않았다. 드러내지 않은 비공개 취재원들이 있다. 인용한 인터뷰는 구두점을 만들고 발언 순서를 재배열한 것 말고는 전혀 손대지 않았다. 문장을 매끄럽게 만들기 위해 글쓴이가 단어를 추가한 경우에도 반드시 괄호를 쳤다. 재판관 등을 굳이 전직이라고 적지 않았다. 재판관들 순서는 매번 다르다. 가나다순·임명일자순·추천권자순·사법시험순 등 상황에 따라 적합한 방법으로 썼다. 직접 인터뷰하지 못한 재판관들의 경우, 언론을 통해 알려진 피상적인 인상을 극복하기 어려웠다. 가급적 서술을 자제했고, 일부 재판관에 관한 기록이 적은 것은 이런 이유다. 결정문을 풀어서 요약했다. 대신 책에 등장하는 모든 결정의 사건번호를 적었다. 헌법재판소 홈페이지 등에서 원문을 볼 수 있다. 인물·사건·결정에 대한 평가는 오로지 글쓴이의 판단과 책임으로 구성된 것이다. 만에 하나 사실의 오류나 부당한 판단이 발견되면, 온라인과 개정판으로 빠르고 바르게 고쳐 잡겠다.

민법과 형법 같은 법률은 사람에게 적용되어 우리 삶을 통제한다. 이렇게 삶을 통제하는 법률은 국민의 대표가 만든다. 자기가 만든 법률로 자신을 통제하기에 자기지배 즉 민주주의라고 부른다. 이와 다르게 헌법은 국가에 적용되어 권력을 통제한다. 헌법은 국민의 대표가 만든 법률을 폐지하고 국민이 선출한 대통령을 파면한다. 거칠게 보면 민주주의를 거스르는 것이지만 정확히는 민주주의를 보완하여 완성하는 것이다.

국민이 자신을 통제하는 민주주의는 현대국가의 정치과정이다. 그래서 민주주의를 보완하는 헌법은 정치규범이고, 헌법재판은 정치재판이라고 부른다. 군사정부 시절 헌법이 독재정치를 통제하지 못한 일도 달리 말하면, 정치규범인 헌법이 작동하지 않은 것이고 정치재판이 이뤄지지 않은 것이다. 이 시절 군사정권 때도 헌법재판을 담당하는 기관은 있었지만 제대로 재판하지 않았다.

1987년 새롭게 바뀐 헌법에 따라 헌법재판소가 1988년 문을 열었다. 헌법재판소가 제 역할을 할지 의문이었다. 초대 헌법재판관은 별일 없이 있다가 퇴임하겠다는 덕담 아닌 덕담을 들으며 취임했다. 예상과 다르게 헌법재판소는 군사정권이 만든 악법을 폐지하며 입지를 다져나갔다. 이는 전두환 정권을 퇴진시킨 시민혁명은 성공했지만, 전두환 정권의 제2인자가 대통령이 되어 연장된 법적 현실을 바로잡은 것이다.

이렇게 시작된 헌법재판소 역사를 이 책은 세밀하게 기록하고 있다. 이를 위해 헌법재판관, 헌법연구관, 사건 관계자를 만나고 기록과 현장을 찾아다녔다. 이들 인터뷰이를 143회 접촉해 100시간 인터뷰했다. 그렇게 해서 1988~2006년 18년 헌법재판소 역사를 기록해 2009년 출판했다. 이 책을 한국 헌법학 원로 김철수 교수가 논문에서 다뤘고, 서울대 로스쿨에서 과제도서로 지정했으며, 일본에서도 번역 출판했다.

이 책이 기록한 18년 가운데 마지막 해인 2006년 이후 다시 18년이 지났다. 그 사이 다시 한번 현대사를 정리하고 헌법재판소 판단을 기록하라는 요청을 적잖게 받았다. 이에 시작된 제2권 집필 중에『헌법재판소, 한국현대사를 말하다』 출간 15주년 기념 새 표지판을 낸다. 이 책 제1권을 냈을 때 나는 문학을 전공한 30대 청년이었다. 이제 50대 중년이 되었고 헌법학 박사가 되었다. 제2권에서 독자들은 나와 마찬가지로 다른 관점과 시야로 헌법재판소와 현대사를 보게 될 것이다.

2025년 따스한 봄에

차례

2

3

1

1988년 늦은 여름 서울 동교동 평화민주당 총재 김대중의 집에 아침상이 차려졌다. 김대중 맞은편에는 이돈명·한승헌 변호사가 앉았다. 김대중은 국회 선출 재판관 3명 가운데 1명을 사실상 지명할 수 있었다. 김대중이 당 안팎에서 추천받은 사람들의 명단을 내보였다. "초대 헌법재판관으로 우리 당에서 한 분을 추천할 수 있게 되었습니다. 어떤 분이 좋겠습니까." 명단에는 대한변호사협회 인권위원인 변호사 변정수도 있었다. 김대중의 법률 담당 특보이던 국회의원 조승형이 추천한 사람이다. 변정수라면 김대중도 기억에 있다. 1987년 5월 가택연금 시절 경찰관계자를 고발한 변호사. 유명 변호사들조차 고발을 주저한 사건이었다. 6·29 선언 이후 연금이 풀리고는 서울가든호텔 중식당에서 점심을 들며 처음 만났다. 김대중은 수저를 들어올리며 변정수를 초대 재판관으로 지명할 것을 결심한다.

1

항쟁

시민 파워, 헌법재판소를 탄생시키다

1987년 6월 민주항쟁으로 헌법이 개정된다. 개헌과정에서 헌법재판이 되살아난다. 박정희·전두환 독재정부에서 이름만 남고 사실상 죽어 있던 제도였다. 당초 대법원이 일반재판과 함께 헌법재판까지 맡는 방안이었다. 하지만 대법원장 김용철이 거부한다. 그래서 독일에서처럼 헌법재판소가 분리돼 설치된다.

서울올림픽 열기로 전국이 떠들썩했다. 대통령 노태우는 청와대로 선수단 644명을 불러 격려했다. 그리고 이날 1988년 9월 1일 헌법재판소법이 시행된다. 하지만 아무런 실체가 없었다. 재판관도 청사도 직원도 예산도 없었다. 헌재법만 덩그러니 있었다. 더구나 국민들의 관심도 없었다. 이름마저 생소한 헌법재판소가 뭐하는 곳인지 몰랐다. 시사에 밝은 사람들은 도리어 고개를 가로저었다. 헌법위원회 후속조직이니 기대할 게 없단 뜻이다. 헌법위는 1972년 12월 27일 유신헌법과 함께 탄생했으나 단 한 건의 헌법심사도 하지 않은 곳이다.[1] 헌재는 미숙아로 태어나 인큐베이터에 들어가야 했다. 그러면서도 스스로 혼미한 정신을 가다듬고 손발을 움직여 근육을 단련해야 했다. 그러지 않으면 신생아실에서 곧바로 영안실로 옮겨지는 신세가 될 수도 있었다.

개소 1년 전 1987년. 1월 14일 서울대학교 언어학과 3학년 박종철이 숨진다. 서울 남영동 치안본부 대공분실에서 경찰에게 물고문을 당했다. 4월 13일 임기 마지막 해를 맞은 대통령 전두환이 1980년에 만든 제9호 헌법에 손대지 않겠다며 호헌을 선언한다. 6월 9일 연세대학교 경영학과 2학년 이한열이 경찰이 발사한 직격 최루탄 SY44를 맞아 쓰러진다. 세브란스병원으로 옮겨져 남긴 마지막 말은 '내일 시청에 나가야 하는데……'. 6월 10일 서울시청 앞을 비롯한 전국에서 '박종철 고문살인 은폐조작 규탄 및 호헌철폐 국민대회'가 열린다. 6·10 항쟁에는 학생·시민 50여만 명이 참가해 3,831명이 경찰에 잡혀갔다.[2] 6월 29일 집권 민주정의당 대표 노태우가 중대결단을 발표한다. 헌법 개정 수용을 골자로 하는 이른바 6·29 선언이다. 1987년 10호 헌법에 따라 직선제 대통령 선거가 실시되고 헌법재판소가 설립된다.

● 개헌 이후 정치상황 = 유력 야당 정치인 김영삼·김대중은 1987년 가을, 제13대 대선을 앞두고 결별. 김영삼은 통일민주당, 김대중은 평화민주당으로 출마하지만 2위와 3위로 패배. 이듬해 4·26 총선에서 전체 299석 가운데 민정당 125석·평민당 70석·민주당 59석·유신세력인 김종필의 신민주공화당 35석으로 4당 구도를 형성.[3]

개소 3개월 전 1988년. 정치권에서는 전두환 정부를 처단·청산하려는 움직임을 보인다. 두 가지 정치 역학이 작용한 결과다. 첫째, 1988년 4월 26일 제13대 국회의원 총선거●에서 민정당이 여당으로는 처음으로 과반 의석을 확보하는 데 실패한다. 사상 첫 여소야대 국회에서 야당들이 힘을 모아 5공청산에 나선 것이다. 둘째, 대통령 노태우가 전 정권과 일정한 선을 긋고자 하는 욕심이 있었다. 1987년 12월 16일 제13대 대통령 선거에서 국민의 표로 당선되면서 전두환과는 달리 민주적 정당성을 확보했기 때문이다. 이런 배경에서 6월 27일 국회는 '제5공화국에 있어서의 정치권력형 비리조사 특별위원회' 구성에 합의한다. 5공특위는 헌법재판소 개소 이후인 11월 2일 시작된다. 청문회에서 비리가 드러난 전직 대통령 전두환은 겨울 칼바람을 안고 강원도 백담사로 떠나, 반강제 은둔을 시작한다.

개소 3개월 전 1988년. 우리 사회에서 가장 보수적인 사법부가 과거 청산에 나선다. 이른바 2차 사법파동이다. 노태우 정부가 과거인물인 김용철 대법원장을 유임시키려 하고 정치권은 나눠먹기식 대법관인사를 하려 한 데 대한 저항이다. 1988년 6월 15일 서울민사지방법원에 '새로운 대법원 구성에 즈음한 우리들의 견해'라는 문건이 돌며 서명운동이 시작된다. 김종훈 · 유남석 · 이광범 · 한기택 판사가 주축이 돼 400명 넘는 판사에게 서명을 받는다.[4] 대법원장 김용철은 결국 6월 20일에 퇴임한다. 하지만 대통령 노태우는 비슷한 성향의 대법관 정기승을 대법원장 후보로 내정하고, 7월 2일 여소야대 국회에서 부결당한다. 결국 법원 안팎의 신망을 얻고 있던 전 대법원판사● 이일규●가 대법원장을 맡는다. 이와 관련, 대통령 임기는 5년 대법원장 임기는

● 대법원판사 = 대법원 법관인 대법관을 이르는 변형된 이름. 우리 헌법은 해방 이후 최종심 법관을 대법관으로 일컬었음. 다만 박정희·전두환 정부 헌법 시절인 1963~1987년에는 대법원판사로 부름.

● 이일규(1920~2007) 경남 통영. 일본 간사이대학 법문학부 중퇴. 1948년 제2회 조선변호사시험 합격. 1975년 인혁당 재건위 사건 상고심에서 대법원판사 13명 가운데 유일하게 반대의견을 낸 인물. 인혁당 사건은 박정

6년. 하지만 이일규는 당시 70세 정년을 2년밖에 앞두지 않은 상태였다. 노태우는 1990년 12월 15일 김덕주를 후임으로 임명할 수 있게 된다.

노태우 정부 초기 정치상황은 초대 헌재소장 내정자를 교체한다. 이런 내용은 개소 21년 만에 처음으로 밝혀졌다. 노태우는 당초 대법원장 정기승 · 헌재소장 한병채 카드를 갖고 있었다. 하지만 정기승이 국회에서 부결되면서 청와대와 민정당은 당황한다. 그래서 대통령 노태우 · 민정당 대표 윤길중 · 소장 내정자 한병채가 짜낸 새로운 헌재소장 후보가 변호사 조규광이다. 이와 관련, 1기 재판관 한병채는 인터뷰에서 "노태우 · 윤길중 그리고 나까지 세 사람만 아는 이야기로 극비사항이다. 조규광 소장 본인도 아직까지 모를 것이다. 아무튼 대법원장 정기승이 부결됐을 때 아차 싶었다. 망신이었다. 그래서 윤길중 씨한테 직접 얘기했다. '내가 헌법재판소장 안 되도 좋으니, 헌법재판소장은 무난한 사람으로 하라'고 했다. 정기승이 부결됐을 때 노태우 대통령이나 윤길중 대표 모두 굉장한 심적 타격을 받았다"고 설명했다.

다시 1988년 9월 1일. 헌법재판소는 아직 없었다. 재판관 뽑는 일이 급했다. 국회 · 대법원장 · 대통령이 3명씩 선출 · 지명 · 내정해, 대통령이 최종 임명한다. 처음에는 상임 6명 비상임 3명이었다. 이후 1991년 11월 30일 모든 재판관이 상임이 되도록 헌재법이 바뀐다.

1988년 늦은 여름 서울 동교동 평화민주당 총재 김대중의 집에 아침상이 차려졌다. 김대중 맞은편에는 이돈명·한승헌 변호사가 앉았다. 김대중은 국회 선출 재판관 3명 가운데 1명을 사실상 지명할 수 있었다. 김대중이 당 안팎에서 추천받은 사람들의 명단을 내보였다. "초대 헌법재판관으로 우리 당에서 한 분을 추천할 수 있게 되었습니다. 어떤 분이 좋겠습니까." 명단에는 대한변호사협회 인권위원인 변호사 변정수도 있었다. 김대중의 법률 담당 특보이던 국회의원 조승형이 추천한 사람이다. 변정수라면 김대중도 기억에 있다. 1987년 5월 가택연금 시절 경찰관계자를 고발한 변호사. 유명 변호사들조차 고발을 주저한 사건이었다. 6·29 선언 이후 연금이 풀리고는 서울가든호텔 중식당에서 점심을 들며 처음 만났다. 김대중은 수저를 들어올리며 변정수를 초대 재판관으로 지명할 것을 결심한다.

　　1988년 이른 가을 수원지방법원장실로 대법원장 이일규가 전화를 걸었다. 원장 이시윤은 직감하며 수화기를 들었다. 역시나 이일규는 대법원으로 들어오라고 했다. 서소문 대법원으로 가는 차 안에서 1주일 전 신문이 떠올랐다. 헌재법이 시행은 됐지만 아무것도 제대로 된 것이 없었다는 내용. 이시윤은 대충 읽고 넘겼다. '청와대나 법무부나 왜들 그렇게 일처리를 하나 모르겠네. 이러나저러나 헌법위원회처럼 별 볼일 없는 기관이 아닌가 싶은데.' 그런데 틀림없이 헌법재판소로 가란 말을 하려고 대법원장이 부르는 것 같았다. "이시윤 원장님, 헌재 아시죠. 거기 가려는 분들이 많습니다. 고등법원장급에서도 희망하시고요. 제가 이시윤 원장님을 지명하기로 했습니다."

1987년 따뜻한 봄 광주고등검찰청 검사장 김양균은 사직서를 작성했다. 후배 이종남이 검찰총장에 임명됨에 따라 용퇴하려는 것이었다. 김양균은 주변을 정리하기 시작했다. 며칠 뒤 이종남에게서 전화가 온다. "선배님, 사표는 법무부로 보내지 않겠습니다. 제가 없애겠습니다. 정해창 법무부 장관님과 합의가 됐습니다. 일단 서울고검장 자리를 좀 맡아주십시오." 서울로 올라와 보니 이듬해 7월에 대법관 인사에 검찰 몫으로 내정됐다고 했다. 그사이 헌법이 바뀌었고 헌법재판소가 세워지기로 했다. 주변에서 대법관도 좋지만 헌법재판관도 보람 있을 것이란 권유가 나왔다. 1988년 더운 여름 김양균은 인사권자를 만난다. "제 의견이 참작된다면 헌법재판소로 가겠습니다."

이런 식으로 대통령·국회·대법원장 몫의 헌법재판관들이 하나둘 결정된다. 대통령 노태우와 대법원장 이일규가 9월 12일 헌법재판관 후보자 명단을 내놓는다. 4당으로 나뉜 국회는 3명을 어떻게 선출할지를 두고 논쟁을 벌이다 9월 15일 제4당 신민주공화당이 불참한 채 3명을 선출한다. 대통령 노태우가 9월 19일 이들에게 임명장을 줌으로써 재판소 구성을 마친다.

다양성과 정치성이 1기 재판소의 특징이다. 국회의원을 비롯해 정치에 관여한 3명(이성렬·변정수·한병채), 검사 출신 1명(김양균), 교수 출신 1명(이시윤)이다. 나머지도 모두 변호사를 거쳤다. 판사로만 있다 재판관이 된 사람은 한 사람도 없다. 이러한 다양성은 2기부터 주춤한다. 그리고 3기와 4기에서는 정통법관들이 헌재를 장악한다. 4기 재판소는 작은 대법원이라는 얘기도 듣는다. 여러 이유가 있지만

헌법재판소, 한국현대사를 말하다 1

재판관 전원이 청문회 대상이 되면서, 도덕성 심사대를 통과한 사람이 법관밖에 없었다는 해석도 있다. 아무튼 1기 재판관들은 어떤 사람들일까.

우선 국회 몫 재판관들의 색깔이 진하다. 민주정의당 추천 상임재판관 한병채. 그는 부장판사 출신으로 4선의 국회의원이며, 국회 법제사법위원장을 역임했다. 헌법재판은 곧 정치재판이라고 설명하며, 정치인 출신 재판관의 장점을 강조한다. 미국 27대 대통령이자 10대 연방대법원장 윌리엄 하워드 태프트[William Howard Taft]를 대표적인 예로 든다. 정치인생활은 김대중·김영삼이 있던 신민당 후보로 1971년 제8대 총선에 당선하면서 시작했다. 이후 유신 시절에는 무소속으로 9·10대에 당선한 뒤, 신군부 등장 이후 민정당에 입당해 1981년 제11대 국회의원 배지를 단다. 민주화 바람이 거세던 1985년 제12대 총선에서 낙선하지만 3년 만인 1988년 초대 헌법재판관으로 컴백했다. 대구 출신으로 고려대학교 정치학과를 졸업하고 곧바로 1957년 제10회 고등고시 사법과●에 붙어 판사로 13년을 지냈다.

평화민주당이 추천한 상임 변정수 변호사. 1기 재판소의 문제인물이다. 여러 결정에서 1 대 8의 구도를 형성한다. 재판관 재임 동안 자기 의사를 관철하기 위해 선고 전 결정문을 기자들에게 배포해 탄핵 위기에 몰린다. 퇴임 직후 펴낸 회고록 『법조여정』에서 다른 재판관들을 강력

● 해방 이후 법조인을 선발하는 시험은 3가지. 1947~1949년 조선변호사시험, 1950~1963년 고등고시사법과(1~16회), 1963~2017년 사법시험(1~59회)이다. 사법고시 합격자들은 사법과 시보로서 법원·검찰에서 수습, 사법시험 합격자들의 경우 1970년까지는 서울대 사법대학원에서, 1971년 이후에는 사법연수원에서 공부함. 1971년부터는 주로 연수원 기수로 부르며 사법시험 11회가 연수원 1기.

히 비판한다. 이후 김대중이 이끄는 새정치국민회의의 상임고문으로 정치활동을 한다. 하지만 1980년 신군부 반란행위 청산에 대한 김대중의 미온적 태도에 실망해 1997년 9월 탈당했다고 한다.[5] 1930년 전남 장흥 출신으로 광주서중학교를 거쳐 고려대학교 법률학과에 입학하지만 한국전쟁이 터지면서 한 달만에 중퇴했다. 1956년 제8회 고등고시 사법과에 독학으로 합격해 판사로 법조인생활을 시작하였으며 대한변협 인권위원을 거쳐 헌법재판관이 된다.

통일민주당이 비상임으로 추천한 김진우 변호사는 언론으로부터 조용하고 차분한 선비형이라는 평가를 받는다. 술과 담배를 하지 않으며 김녕 김씨 종친회장을 지내 김영삼과 인연이 깊다는 평가가 빠지지 않는다. 2기 재판소에서는 김영삼 대통령 임명 케이스로 연임해 9년간 재임하다 65세 정년을 맞는다. 충남 예산농업고등학교와 서울대학교 법과대학를 졸업했다. 1956년 제7회 고등고시 사법과와 행정과에 동시 합격해 법관의 길에 접어든다.

다음으로 대법원장 이일규 역시 3명을 지명한다. 상임에 꼽힌 두 사람 가운데 이시윤 수원지방법원장은 자타가 공인하는 민법과 민사소송법의 1인자이다. 헌법재판소가 초기에 이론적 기틀을 세우는 데 크게 기여한다. 한정합헌 등 헌재의 각종 결정양식이 이시윤의 제안으로 시작됐다. 헌법재판관 임기를 9개월 남긴 1993년 12월 16일 김영삼 정부 2대 감사원장에 발탁돼, 총리로 영전한 이회창의 후임이 된다. 1980년대 서울고등법원 부장판사 시절 정월 초하루에도 책을 놓지 않아 세배객을 당황케 한 일화가 있다. 1982년에 쓴 민사소송법

헌법재판소, 한국현대사를 말하다 1

교과서는 이 분야의 독보적인 베스트셀러이다. 처음으로 독일 이론을 소개해 탈일본화에 공헌했다. 1958년 10회 고등고시 사법과에 합격한 뒤 판사가 되지만 이후 서울대 등에서 6년간 교수로 일했다.

또 다른 상임재판관 김문희 변호사. 그는 재판관 사이에서도 만물박사로 통할 정도로 해박한 법률지식을 자랑한다. 1·2기 연임으로 유일하게 12년간 재임하면서 헌재의 기틀을 다졌다. 이런 경력에 비상한 기억력까지 더해 헌재 역사를 가장 정확하게 기억한다. 1기 최연소 재판관이었던 이유로 전례도 없는 사건에, 가장 먼저 의견을 내야 했다. 평의에서는 임관일이 늦은 순서, 이게 같을 경우 나이가 적은 순서로 의견을 말한다. 경남고등학교 재학 시절 검정고시를 거쳐 1955년 서울대학교 법과대학에, 1957년 제10회 고등고시 사법과에 합격한다. 신군부 등장 직후인 1981년 서울고등법원 부장판사로 법관생활을 접고 변호사로 활동한다. 언론에 실린 프로필에는 김영삼의 고등학교 후배라고 적혀 있다. 참고로 김문희의 51년 6개월 최연소 기록은 18년간 이어지다 4기 목영준이 50년 11개월로 깬다.

대법원장이 지명한 비상임은 이성렬 변호사. 대법원판사 출신의 여당 정치인이다. 1981년 4월 17일 대법원판사에 임명된다. 이때 함께 임명된 사람으로 법원행정처 기획조정실장이던 이회창이 있다. 하지만 이성렬은 임기를 마치지 않은 채 중도 사퇴하고, 1985년 2월 12일 제12대 총선에서 민정당 전국구 16번으로 국회의원에 당선된다. 의원직에서 물러난 뒤에도 민주정의당 인권신장특위 위원장으로 있다가 헌법재판관이 됐다. 전남 담양생으로 조선대학교 정치학과를 나와, 1953년 제5회 고등고시 사법과에 합격한다.

끝으로 대통령 노태우가 세 사람을 내정한다. 우선 상임재판관 겸 소장 조규광 변호사. 조규광은 이후 2 · 3 · 4기 소장이 모두 대법관 출신인데 비해 유일하게 대법원을 거치지 않은 경우다. 어학에 천부적 재능을 지녀 일본어 · 영어 · 프랑스어 · 독일어에 능통하다. 1951년 판사생활을 하면서 경기고등학교에서 프랑스어를, 중앙고등학교에서 영어를 가르쳤다. 경기중학교 · 일본 교토3고등학교와 서울대학교 정치학과를 졸업한 뒤, 1949년 제3회 조선변호사시험에 합격했다. 법관생활 15년 만인 1966년 서울민사지방법원 수석부장판사를 마지막으로 변호사로 나섰다.

조규광은 인터뷰에서 소장 취임과정을 밝혔다. "헌재 개소 무렵 청와대에서 전화가 걸려 왔다. 소장으로 결정했다고 그랬다. 아닌 밤중에 홍두깨였다. '지명해준 것은 고마운데 생각을 해봐야겠으니 시기를 좀 주시오'라고는 끊었다. 그제야 헌법재판소법을 두어 번 통독했다. 새로 시작하는 곳이다 보니 관제 · 조직 등 문제가 태산같이 많아 보였다. 괜히 들어가서 고생할 필요가 없겠다고 생각했다. 그런데 다음 날, 이일규 대법원장이 만나자고 했다. 그때까지 면식이 없었다. '노태우 대통령이 재판관으로 임명하고 싶어한다면서 의견을 묻습디다. 그래서 조규광 씨 같으면야 하고도 남을 분이지만 임용하려면 헌재소장 자리밖에 없을 거라고 말했습니다. 그러니 조 변호사님이 적극적으로 생각해주시오.' 그래서 나도 말했다. '새로운 사법제도인 헌재가 정상 궤도에 오르려면 대법원이 도와줘야 할 것이 있을 겁니다.'

1기 재판관 변정수가 받은 헌법재판소 상임재판관 임명장. 이후 변정수는 임명자인 대통령 노태우와 여러 사건에서 대립한다. 한편, 헌재 출범 당시에는 소장 등 6명이 상임재판관, 3명이 비상임재판관이었다. 1991년 11월 30일 재판관 전원이 상임으로 바뀐다. 헌재법 제정과정에서는 상임재판관 수를 두고 민정당이 4명, 평민당 등은 9명을 주장했었다. 격론 끝에 6명으로 절충됐다. ⓒ 이범준

이일규 대법원장이 '도와드릴 수 있는 이상 도와드리지'라고 약속해, 그런 조건을 가지고 청와대에 수락 전화를 했다.”

노태우가 내정한 또 다른 상임재판관은 김양균 검사장. 1기 재판소의 유일한 검찰 출신이다. 친정부적일 것이란 예상을 깨고 적극적으로 위헌의견을 낸다. 이 때문에 임명권자인 대통령 노태우와 친정인 검찰을 난처하게 만든다. 아마추어 수준을 넘는 미술 실력으로 헌법재판소 법복과 휘장을 디자인했다. 아버지가 독립운동가 출신 야당 정치인 김용환이다. 평검사 시절 김양균의 사무실은 그가 보낸 반정

부 인사들의 민원으로 조용할 날이 없었다. 이런 이유로 지방을 전전하는 등 오랫동안 인사 불이익을 당한다. 소년 문제에 관심을 갖고 석사·박사 학위를 땄으며, 처벌을 자제하는 소년보호제도를 제안해 전국에 시행토록 했다. 광주에서 태어나 전남대학교 법과대학을 졸업하고 1959년 제11회 고등고시 사법과에 합격한 뒤 주로 광주에서 검사생활을 했다.

대통령이 내정한 비상임재판관은 최광률 변호사. 사법제도와 공법이론에 관한 논문을 많이 발표해 학구파로 불렸다. 이런 이론적 배경으로 행정부처 고문변호사를 많이 맡았다. 재임기간 동안 변정수와 극심한 대립관계였던 것으로 알려져 있다. 퇴임 이후에는 한국광고자율심의기구 광고심의기준위원회 위원장으로 일한다. 서울사대부고와 서울대학교 법과대학을 졸업하고 1968년 제10회 고등고시 사법과에 합격해 7년간 판사생활을 거쳐 줄곧 변호사로 활동했다.

한편 재판관 임명 주체에 대한 논란이 있다. 정부와 여당이 재판관 9명 가운데 7~8명이나 뽑는다는 것. 여당 총재이기도 한 대통령이 3명, 대통령이 임명한 대법원장이 3명, 여당이 국회 몫 3명 가운데 1~2명을 선택하기 때문이다. 또 헌재가 대법원보다 상위거나 적어도 동등한데 대법원장이 헌법재판관을 지명하는 것은 이상하다는 주장도 있다. 하지만 정치적 영향력을 배제하기 위해 사법부 지명이 필요하다는 반박이 있다. 대통령 등 특정 정파의 영향력이 지나치다는 논란은 시간이 해결했다. 대통령·국회·대법원장 임기가 5년·4년·6년으로 다르고 재판관 일부가 임기 6년을 채우기 전에 정년퇴임하면서다. 전임 대통령이나 국회가 뽑은 재판관들이 다음 정부와 일하게 되는 식이다. 이렇게 해서 한 재판소에 신구정권에서 임명한 재판관들이 뒤섞이게 됐다. 그래서 정부와의 연관성도 느슨해졌다.

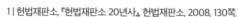

1 | 헌법재판소, 『헌법재판소 20년사』 헌법재판소, 2008, 130쪽.

2 | 「1987, 그후 20년 ③ 다큐 6월」, 인터넷 한겨레 ⟨www.hani.co.kr/arti/society/ society_general/214995.html⟩.

3 | 국회사무처, 『대한민국국회 60년사』 국회사무처, 2008, 619쪽.

4 | 한기택을 기억하는 사람들, 『판사 한기택』 궁리, 2006, 32쪽.

5 | 변정수, 「5·18 특별법 제정의 전말」《민주법학》 13, 관악사, 1997, 378쪽.

2

청사

정동 단칸방, 을지로 교실, 재동 재판소

헌법재판소는 초라하게 태어났다. 제대로 된 사무실조차 없어 재판관들은 한 방에
모여 있었다. 청사를 마련하기 위해 재판관들은 이곳저곳을 찾아다녔다. 학교 건물
을 개조한 을지로 청사에서 헌법재판을 시작한다. 그리고 어렵사리 재동에 신축 청
사 터를 마련한다. 이후 소장 공관도 갖게 되지만 절묘한 위치 탓에 청와대로부터 반
환을 요구받는다.

임명장을 받은 재판관들은 서울 정동 정동빌딩 16층 옛 헌법위원회
사무실에 짐을 풀었다. 헌법위원회는 1972년 유신헌법으로 설립돼
단 한 건의 헌법재판도 하지 않은 사실상 유령조직이었다. 어느 1기
재판관은 아예 '양로원'이라고 했다. 헌법위에서 승계한 직원도 일반
직 7명, 기능직 4명, 고용직 8명이 전부다.[1] 헌재는 민주화 헌법에 탯
줄을 댔지만 시작은 미약했다.

정동 청사에는 소장 조규광만 방이 있었다. 상임헌법재판관 5명이
한 방에 모여 있었다. 중·고등학생처럼 책상을 맞대고 앉았다. 비상

임재판관 3명이 회의가 있는 날에만 출근해 그나마 숨통이 트였다. 열악한 이유는 헌법위원회 사무실을 그대로 물려받은 데 있다. 헌법위에선 상임위원 1명만 출근했고 나머지 8명은 명예직이었다. 그래서 상임위원실을 조규광 소장실로, 비어 있던 회의실을 합동 재판관실로 만든 것이다.

재판관들은 커피를 마시거나 조간신문을 읽으며 오전을 보냈다. 점심때가 되면 근처 서소문이나 신문로 식당으로 함께 나서기도 했다. 주로 한 일은 다 같이 모여 텔레비전을 보는 것이었다. 대통령에게 임명장까지 받은 쟁쟁한 법률가들이 대낮부터 텔레비전이나 들여다보고 있었다. 9월에는 서울올림픽 중계를 보며 시간을 보냈다. 한국 선수들이 금메달 12개를 비롯해 메달을 33개나 땄다. 미국과 소련 선수들이 12년 만에 동시 출전하는 등 외국 선수들도 대단했다. 10월 2일 서울올림픽이 끝났지만 11월 3일부터는 '국회 5공비리 청문회'의 중계가 있었다. 서울올림픽 못지않은 인기를 끌었다. 전 국가안전기획부장 장세동·현대그룹 회장 정주영·전 대통령 전두환·평민당 총재 김대중 등이 증인과 참고인으로 나왔다. 변한 세상을 실감케 했다.

재판관 김문희는 인터뷰에서 "정동에선 재판을 한 건도 하지 않았고 할 수도 없었다. 회의실에 상임재판관 5명이 책상을 주욱 놓고 사환 1명이랑 같이 있었다. 재판관들이 모여서 올림픽과 청문회 중계나 보면서 지냈다. 비상임은 출근을 하지 않고 회의가 있는 날만 나왔다"고 기억했다.

재판관들이 텔레비전과 시간을 보낸 데는 이유가 있다. 사건도 없었지만 설령 있다 해도 정상 업무가 불가능한 공간이었다. 당연히 청사 확보에 나섰다. 당장 헌법재판을 진행할 건물, 다음으로 독립청사를 새로 올릴 땅을 확보하는 것이 급했다. 이 무렵 사법서사협회(현재 법무사협회)가 서울 강남구 논현동에 건물을 올리고, 헌재를 입주시키려 로비했다. 재판소 핵심에서도 마음을 굳히고 있었지만 이시윤이 반대한다. "그런 건물에는 지방법원 본원은커녕 지원도 들어가려고 하지 않을 겁니다. 그런 곳에 일국의 헌법재판소가 간다는 게 말이 됩니까. 분명히 말하지만 나는 반대입니다. 소수의견입니다. 정식으로 회의록에 기록해줬으면 좋겠습니다." 이시윤의 인터뷰. "헌재가 쓰기로 얘기된 곳이 4~7층이었다. 가서 보니 1층이 은행지점, 2~3층이 협회사무실이었다. 헌법재판소 간판을 달아도 다른 것과 구분될 것 같지 않았다. 외국에서 대법원장이나 헌법재판소장이라도 방한하면 은행 입구에서 맞이해야 하는 그런 건물이었다." 그렇게 사법서사회관은 무산된다.

이시윤은 인터뷰에서 "솔직히 양로원이나 다름없는 헌법위원회 같은 조직에서 법률가생활을 마치기는 싫었다. 나라를 위해서 또 나를 위해서 헌재가 바로 서길 바랐고, 그 처음 절차가 청사 확보였다. 일각에서는 재판만 잘하면 청사는 문제가 안 된다는 시각이 있었다. 나는 달랐다. '형식이 실질을 결정하고, 양이 질을 결정한다'고 믿었다"고 말했다. 그리고 여기서 말하는 일각이 사실 변정수다. 변정수는 인터뷰에서 "나는 청사 부지에 대해 신경 쓰지 않았다. 일에 몰두하느라 그런 것은 생각하지도 못했다. 청사가 대법원보다 못해도 대법원보다 큰 역할만 수행하면 된다고 여겼다. 재판관에 대한 예우 문제도 일만 잘해서 위상이 확립되면 저절로 나아지리라 생각했다"고 말했다.

1기 재판관 가운데 가장 색채가 강한 두 사람, 변정수와 이시윤의 차이다. 두 재판관의 세계관은 청사 문제를 통해 상징적으로 드러났지만 실제 재판과정에서 구체적으로 확인된다. 이시윤은 소송법의 1인자답게 군사정부 인권유린을 제거하고 일상에서 기본권을 확보하려면 세밀한 형식적 질서를 세워야 한다고 여긴 것 같다. 한정합헌·한정위헌·위헌불선언 등 다양한 결정양식을 도입하고, 보충의견을 통해 재판실무에서 일어날 문제점까지 지적하는 데서 확인된다. 반면, 대한변호사협회 인권위원 출신 변정수는 현실권력은 기본권을 침해하려는 강한 경향을 가진 만큼 그 가능성을 완전히 제거하는 것이 헌법재판이라는 태도를 보인다. 이시윤의 변형결정에 대해 다양하게 해석될 수 있다며 반대했고, 많은 사건에서 혼자 위헌의견을 내면서 1 대 8 구도를 형성한다. 따라서 1기 재판소의 대립지점은 '진보와 보수'라기보다 '형식과 실질'이다.

사법서사회관을 무산시킨 이시윤은 국무총리 이현재를 찾아간다. 노태우 정부 초대 총리인 그는 서울대학교 총장 출신으로, 법과대학 교수이던 이시윤과 가까웠다. 이현재의 지시로 서울특별시장 김용래가 제시한 곳은 남산 옛 국립도서관(현재 서울특별시교육과학연구원) 3~5층이었다. 사법서사회관과 별반 다를 바 없는 셋방살이로 독립청사를 원했던 이시윤은 어이가 없었다. 결국 헌재가 직접 장소를 찾아낸 다음 다시 이현재에게 부탁한다. 그곳이 바로 1988년 크리스마스를 앞두고 부랴부랴 옮긴 을지로 청사다.

헌재의 공식사인 『헌법재판소 20년사』에는 서울대학교 사범대학 부속건물이라 적고 있다. 하지만 사대부고 · 사대부중 · 사대부국은 40~70년대에 이전했다. 오히려 농협중앙회가 헌재 입주 전까지 13년을 써왔으니 농협 건물이다. 게다가 헌재 입주 9개월 전에 공원으로 결정돼 고시까지 난 상태였다. 현재 평화시장 뒤 훈련원 주차장 공원이며 헌재가 떠난 뒤 바로 조성됐다.[2] 결국 헌재는 양로원 같은 헌법위 사무실을 떠나, 주차장 예정지에 어렵사리 재판소를 차린 것이다. 아무튼 헌재는 1988년도 정부예비금 1억 8,000만 원을 들여 학교 건물을 재판소 건물로 리모델링한다. 교실을 재판관실로 만들고 강당을 심판정으로 꾸몄다. 변정수는 인터뷰에서 을지로 청사에 대해 "교실이라 그런지 창도 크고 넓기는 했다"고 말했다. 헌재는 본관 · 신관 · 별관 · 강당 4개 건물에 흩어진다. 소장 · 재판관 · 처장 등은 본관에, 헌법연구관 · 기조실 · 심판국 등은 별관과 신관에, 심판정은 강당에 마련했다.[3] 굳이 비교하자면 종로구 화동 경기고등학교를 리모델링한 현재의 정독도서관이나 조선총독부를 개조한 옛 국립중앙박물관과 비슷하다.

『헌법재판소 20년사』는 이 을지로 청사에 대해 '건물 자체는 비좁았지만 붉은색 벽돌건물로서 청사 내부는 조용하고 넓은 흙마당이 있었으며 본관 전면에 조경수, 후면에 큰 은행나무가 있어 가을이면 목가적인 운치가 있었다'고 적고 있다. 아마도 지나고 보니 그렇다는 뜻일 것이다. 과거는 대체로 미화되게 마련이다. 헌재는 '목가적인' 을

왼쪽 사진은 1989년 무렵 헌법재판소 을지로 청사. 오른쪽 사진은 1997년 청사 터에 지어진 훈련원 주차장 공원의 2009년 모습. 사진은 맞은편 5층 건물 옥상에서 찍은 것이며, 건물이 재건축되지 않아 20년 뒤 같은 각도에서 다시 찍을 수 있었다. 과거 서울사대부고 교문이던 을지로 헌법재판소 정문이 현재는 지하주차장 입구다. 이곳에서 1기 재판관들은 힘겹게 헌법재판의 기틀을 잡았다. ⓒ 헌법재판소·이범준

1990년 12월 5일 을지로 헌법재판소 앞마당. 건물 정면에 헌법재판소 휘장이 걸려 있다. 1기 재판관 김양균이 손수 디자인한 것이다. 휘장은 무궁화를 본뜬 것이며, 현재 재동 청사 정면에는 재판관을 상징하는 아홉 송이 무궁화가 새겨져 있다. 정문 현판은 서예가 이당 변요인의 글씨다. 재동 청사에도 같은 것이며, 정문에 맞춰 크기만 2.38배 키웠다. 같은 제주도 출신 초대 사무처장 변정일이 의뢰했다. 훈민정음 반포체를 사용해 정확하고 굳건한 느낌을 준다. ⓒ 세계일보

지로 청사에서 12월 21일 마침내 개청식을 거행한다.

헌재는 독립청사 자리를 찾아야 했다. 시간을 쪼개 땅을 보러 다녔다. 1기 소장 조규광의 인터뷰. "재판소 찾는 과정이 하나의 소설감이다. 재판관 데리고 여기 갔다 저기 갔다가 하는데. 마치 복덕방 대동하고 집 사는 것처럼. 아이고 속상해서 혼났다. 남 보기 창피해서 말이야. 독립기관이니 정부와 멀리 떨어지자는 말도 있었다. 나중에는 지방으로 가면 어떻겠냐는 얘기까지 나왔다. 청주나 대전 같은 데로."

1기 재판관들은 재판소 터로 재동을 고른 것에 대해 짐짓 말한다. 재판관 김문희는 인터뷰에서 "시내 이곳저곳을 다녀봐도 그곳이 명당이더라. 지금 봐도 (사대)문안에서 제일 좋은 자리 아니냐. 공사하려고 땅을 파보니 고운 담홍색 흙이었다. 2년 3개월 공사하는 동안 피한 방울 보지 않았다"고 했다. 하지만 전부가 아니다. 1기 재판소는 매우 신중하고 정치적으로 예민했던 것이 분명하다.

먼저 서울 서초구 양재동 서울지하철 3호선 양재역 근처 자리가 제외된다. 1980년대 후반 강남 이전이 활발했다. 1988년 한국종합무역센터 · 국립중앙도서관, 1991년 한국은행 강남지점 등 주요 시설이 이전 또는 설립된다. 1989년 8월에는 서울지법 · 서울지검 등이 2호선 서초역 법조타운 입주를 앞두고 있었다. 대세는 강남이었다. 하지만 헌재는 대법원이 법조타운으로 이전 계획을 세운 것이 못내 걸렸다. 인원과 예산에서 현저하게 밀리는 입장에서 대법원 직선거리 2.5킬로미터에 자리 잡는 게 내키지 않았다. 아직까지 위상도 미약한데 빤히 보이는 곳에 청사까지 차이 나게 지어서는 좋을 게 없었다. 결국

헌법재판소, 한국현대사를 말하다 1

재판관 전원이 반대했다.

　다음으로 3호선 경복궁역 근처 진명여고 자리도 검토됐지만 청와대와 너무 가까워 존재감이 미약할 것이 문제가 됐다. 지금 봐도 만약 그 자리에 헌재가 있다면 청와대와 정부종합청사, 경복궁에 둘러싸여 포위당하는 느낌을 준다. 양재동 자리 제외가 대법원을 회피하기 위한 것이었다면, 창성동 진명여고의 경우는 청와대로부터 벗어나려는 판단으로 읽힌다. 다음으로 을지로 청사에 그대로 건물을 올리는 것도 검토됐다. 하지만 평화시장 등을 끼고 있어 재판소 권위가 서지 않는 점, 상가지역이라서 땅값이 만만치 않은 점, 이미 주차장으로 고시된 점 등 이유로 역시 탈락했다. 사실 을지로만 해도 구도심 성격이 짙어지고 있었기 때문에 당연한 선택이었다.

　최종적으로 결정한 곳이 지하철 3호선 안국역 근처인 종로구 재동 창덕여고 자리다. 재동 자리는 창덕여고가 송파구 방이동으로 이전하고 남은 터다. 그전에는 경기여고가, 더 전에는 선교사 알렌이 세운 최초의 서양식 종합병원 광혜원이 있었다. 하지만 재동은 피비린내 나는 역사에서 비롯됐다. 1453년 세조 수양대군이 계유정난을 일으켜 단종을 보 하는 중신과 가족을 죽인 다음 그 시체를 이곳에 매달았다. 코를 찌르는 피비린내를 없애려 재를 뿌린 데서 잿골로 불렸고, 재 대신 한자의 재灰를 빌려 현재의 이름이 됐다.[4] 1980년 광주를 유혈진압한 전두환 정부를 극복하면서 세워진 헌법재판소와 묘한 인연이 닿은 곳이다.

　적합한 자리는 찾았지만 다른 기관들도 그 자리를 눈여겨보고 있었다. 경쟁이 만만치 않았다. 당시 150억 원을 호가하던 재동 창덕여고 터는 서울특별시가 주인이었다. 그렇다 보니 서울시 산하 구청과 교육위원회가 나섰다. 시교위는 국제화 특수학교를 짓겠다고 했다. 종로구청은 구민회관을 지어야겠다고 했다. 일단 시교위나 종로구청은 없는 것을 새로 지어보겠다는 것이어서 배부른 소리로 치부할 수 있었다. 그리고 중앙선거관리위원회가 있었다. 헌재와 선관위가 입장이 비슷했고 진짜 경쟁자였다. 두 기관 모두 셋방살이에 다름없는 처지라는 명분이 있었다. 선관위는 종로구 인의동 빌딩을 임대해 쓰고 있었다. 게다가 선관위는 헌법이 바뀐 뒤로 각종 선거가 줄줄이 잡혀 업무가 폭주하는 점도 이유로 들었다.

결국 서울시는 헌재에 3,000여 평을, 선관위에 2,000여 평을 매각키로 1989년 3월 17일 통보한다.[5] 하지만 헌재가 3,000평으로는 아무 것도 할 수 없다면서 단독 매입을 끝까지 주장해 이를 관철시킨다. 헌재는 공사비 209억 원을 들여 착공 27개월 만인 1993년 6월 1일 독립청사를 갖는다. 한편 헌법재판소가 처음에는 청와대나 현대사옥과 마찬가지로 남향이었다. 하지만 현재 정문에서 보면 헌재가 사람들을 피해 돌아앉은 느낌이었다. 결국 재판관 회의에서 설계도상 위치를 틀어 동쪽을 보도록 했고, 지금과 같이 청와대를 등지는 모양이 됐다.

다시 1기 소장 조규광의 인터뷰. "조금 좁다는 생각도 있었지만 그래도 들어갈 만했다. 경기여고가 나가고 나서 빈집이었다. 그러다 보니 무의탁 출소자들이 리어카 끌고 들어와서 잠도 자고 살림도 했다. 그래서 사무처에서 그 사람들 달래느라고 돈 좀 썼을 거다. 한 달인지

두 달 시일 주고 잘 얘기하니 조용히들 나갔다. 재판소 건물 짓기 시작하면서 과정 과정을 재판관회의에서 정했다. 재판도 재판이지만 이런 것도 하고, 그때 우리가 별걸 다했다."

이와 관련, 한병채가 청사 건축에 영향력을 발휘한 것으로 알려져 있다. 한병채 인터뷰. "헌재 건물은 나와 조규광 씨가 함께 (청와대에) 가서 마련했다. 건축 예산도 마찬가지다. 재판소 주요 공간에는 모두 청와대 목재가 쓰였다. 백두산에서 가져와 청와대 본관을 지은 나무와 같다. 당시에 노태우 대통령이 헌재 요구는 전부 들어주라고 했다." 재판관실과 대심판정 목재는 모두 백두산 홍송이다. 시간이 지날수록 붉어지는 게 특징이다. 1991년 9월 노태우 정부가 청와대 본관 · 관저 · 춘추관을 새로 지었다. 그리고 여기에 쓰이고 남은 최고급 홍송을 한창 공사 중이던 헌재에 모두 넘겨줬다.

변정수는 1993년 6일 1일 재동 청사 준공식에 불참했다. 당시 행사에 대통령 김영삼이 참석키로 돼 있었고, 청와대에서 재판관 관용차에 비표를 부착토록 했다. 변정수는 소장 조규광과 헌재사무처에 말해 청와대에 시정을 요구하자고 했다. 하지만 이뤄지지 않았고 그래서 변정수는 가지 않았다. "준공식은 재판소가 주최자이고 청와대가 손님이다. 아무리 대통령이 경호가 중요하다고 해도 주인더러 허가 없이는 식장에 들어올 수 없다는 것은 무슨 경우인가. 그 따위 출입증을 붙이고는 참석할 수 없다." 그래서 6월 2일 제작한 〈대한뉴스〉 제1960호 화면 등에는 재판관이 여덟 사람밖에 없다. 변정수 인터뷰. "그날 을지로 청사에서 혼자 일하고 있었다."

한편 재판소에는 소장 공관도 없었다. 국회의장·대법원장·국무총리는 물론 대통령 비서실장도 공관에 살았다. 공관 터를 마련하고 건물을 짓겠다고 120억 원을 경제기획원에 요청한 상태였다.[6] 예산도 예산이지만 서울에는 적당한 자리가 없었다. 이때도 재판관 한병채가 대통령 노태우를 찾아가 해결했다. 실제로 두 사람은 매우 가까운 사이다. 취재과정에서 확인한 1991년 3월 13일 헌법재판소 청사 신축 기공식 기념 다과회 청와대 측 녹음파일에서, 노태우가 한병채를 유일하게 거명해 힘을 실어주는 장면이 나온다.

"한병채 재판관께서 자리를 함께 하고 있는데, 나는 (헌재가) 좀 조용한 곳으로 알았는데, 그렇지 않고 굉장히 바빠진 것 같아요. 옛날에 법조계에도 있었고, 정치도 하셨고, 국회에서 법사위원장도 하셨고, 두루두루 다 경험하셨는데 소감이 어떻습니까." 한병채도 적극적으로 지지 발언을 낸다. "재판소 주 업무가 책을 보고 판결문을 쓰는 것입니다. 세상 복잡하던 것을 보지 않고 글을 쓰니깐 마음도 편합니다. 헌법재판소는 6공화국의 적자가 아닌가 생각합니다. 재판소가 잘되고 역사에 길이 남는 것이 6공화국의 민주주의와 더불어 발전하는 것이라고 생각합니다. 계속 잘 살펴주시기 바랍니다."

1993년 5월 10일 청와대 대변인 이경재가 삼청동 안가를 소장 공관으로 주겠다고 발표한다.[7] 중앙정보부가 1970년대부터 민가를 사들여 개조해 사용하던 것들이다. 하지만 앞서 3월 5일 대통령 김영삼은 "권위주의시대 밀실정치의 산실이던 안전가옥을 철거해 국민에게 되돌려 주겠다"고만 했다. 청운동 3채는 철거하고, 궁정동 5채는 시민공원으로, 삼청동 4채는 서울시와 협의하겠다고 밝혔다.[8] 헌재소장 공관에 관한 언급은 없었다. 두 달 사이에 무슨 일이 있었을까. 이에 대한 한병채의 인터뷰. "삼청동 소장 공관은 노태우 정부에서 확정한 것이다. 노태우 대통령도 당선자 시절 쓰던 곳이다. 따라서 후임 당선 자까지 머무른 다음 헌재소장에게 넘기기로 했다. 그래서 선거가 끝 나기를 기다렸다. 그런데 김영삼 후보가 당선되고 나서 안가를 모두 없앤다고 하기에 내가 박관용 청와대 비서실장에게 전화해서, 그러면 안 된다고 했다. 그래서 삼청동이 최종적으로 헌재소장 공관이 됐다." 결국 1993년 6월 1일 헌재 청사가 준공하고, 6월 17일에는 소장 공관 이 마련된다.

헌재소장 공관과 청와대 본관은 직선거리로 382미터이다. 경계를 맞대고 있는 두 건물 사이에는 아무것도 없다. 이런 절묘한 위치 때문 에 청와대는 눈독을 들였다. 1998년 12월 18일 대선에서 승리한 당선 자 김대중은 난감했다. 정권을 인수하기 위해 청와대 근처에 있어야 했지만 장소가 없었다. 앞선 당선자의 경우, 1988년 노태우는 연희동 을 떠나 삼청동 안가로 이주했다. 1993년 김영삼은 군사정부와 차별 화를 위해[9] 상도동 집에서 출퇴근하다 안가를 없앴다. 하지만 김대중 은 집이 경기도 일산동이어서 출퇴근할 경우 거리와 경호에 문제가 있었다. 적당한 장소를 찾지 못하다가 삼청동에 70평 반지하 건물을 쓰기로 한다. 대통령 당선자가 70평 반지하에 들자 처지가 불편해진 청와대 비서실장 김용태가 공관을 내주겠다고 제의하기도 했다.[10] 이 후 당선자 측은 경호상 이유와 민심 듣기를 위해 안가와 같은 성격의 건물이 필요하다고 생각했다. 정권을 넘겨주던 김영삼 정부에서도 비슷한 이유로 2~3개 정도 안가가 필요하다고 조언했다.[11] 김대중 당선자 측은 이름은 청와대 별관으로 바꾸고, 장소는 헌재소장과 비서실장 공관을 돌려받겠다고 했다. 김대중 정부는 취임 전후로 경호팀을 통해 헌재 공관 이주를 요청한다.

헌재는 비공식 재판관회의를 열었다. 그리고 비슷한 위치에 비슷한 규모로 공관을 마련해달라고 요구키로 한다. 당연히 서울 시내에 그만한 삼림과 대지는 없었다. 그런 식으로 거절하려는 것이었다. 하지만 이전 요구는 한 번으로 끝나지 않았다. 청와대 측에서는, 조만간 외교적으로 중대한 행사가 있으니 잠시 빌려쓰자고도 했다. 이렇게 되자 소장 김용준은 "(어차피 이전하면 보도되니) 미리 알려서 여론을 들어보자. YS 정부 시절 마련해준 소장 공관을 DJ 정부에서 가져간다고 물어보고 결정하자"고 사무처장 장응수를 통해 역제안했고, 이후로 잠잠해졌다. 2기 소장 김용준은 인터뷰에서 "(경호를 너무나 강조해) 외국에서 아무리 재판관이나 손님들이 오셔도 가든파티 한 번 안했다. 마당만 한 바퀴 돌고는 집 안에서만 접대했다"고 말했다. 민주당 추천 재판관인 조승형은 인터뷰에서 "당선자 시절인지 대통령 시절인지 정확하지 않지만 청와대 경호팀에서 의견을 물어왔다. 대통령 경호상 필요하다면서 소장 공관을 이전하면 어떻겠냐고 했다. 나는 '행정부 수장이 헌재소장 관사를 이러쿵저러쿵 언급하는 것은 삼권 상호존중에 어긋난다'고 엄중히 말했고, 이후로 조용해졌다"고 밝혔다.

헌재소장 공관은 한동안 소송에 휘말린다. 군사정부가 안가를 확보하고 사용하는 과정에서 말끔하게 해결하지 않은 게 있었다. 서울지방법원 나종태 재판부 97가합25830 판결문 등에는 당시 상황이 상세하게 드러나 있다. 현재소장 공관은 대지 850평 임야 2,578평으로 조선왕조 후기 경복궁의 별궁이던 태화궁이었다. 1981년까지 민비 명성황후의 조카 민 아무개의 소유였다. 그리고 문제가 시작된다. 1980년 9월 22일 민 아무개는 건물과 토지를 통일교에 팔기로 계약했다. 국가안전기획부로부터 확인도 받았다고 한다. 하지만 같은 해 11월 무슨 이유에서인지 안기부가 안전가옥으로 쓰겠다며 통일교와의 계약을 해제하고 정부에 팔도록 설득하고 압력을 넣었다. 1981년 4월 23일 (국가안전기획부 기획조정실장) 김용갑을 거쳐, 9월 9일 대한민국에 소유권이 이전된다. 가격은 건물과 토지를 합쳐 24억 2,180만 원이다. 여기까지가 법원이 인정하는 부분이다.

재판에서 민 아무개는 계약과정이 강제에 의한 것이므로 무효라고 했다. 그래서 국가는 헌재소장 공관을 자신에게 반환해야 하며, 그게 어렵다면 영수증만 써주고 아직도 받지 못한 매매대금을 지급하라고 했다. 하지만 1998년 4월 23일 서울지법 나종태 재판부는 계약이 강제였다거나 매매대금을 주지 않았다는 주장을 인정하지 않고, 원고패소 판결했다. 1999년 3월 23일 서울고등법원 신정치 재판부도 똑같이 기각 판결했고, 소송은 여기서 끝났다.

1 | 「헌법재판소장과의 신춘대담」《사법행정》, 1989년 2월, 21쪽.

2 | 서울특별시 서울의공원 홈페이지 (http://parks.seoul.go.kr/park).

3 | 헌법재판소, 『헌법재판소건립지』 헌법재판소, 1994, 49쪽.

4 |《경향신문》2007년 7월 27일 30면.

5 |《조선일보》1989년 10월 21일 18면.

6 |《동아일보》1993년 5월 11일 4면.

7 |《서울신문》1993년 5월 11일 2면.

8 |《동아일보》1993년 3월 5일 22면.

9 |《문화일보》1997년 12월 20일 5면.

10 |《한겨레》1997년 12월 26일 5면.

11 |《한국일보》1998년 2월 23일 4면.

3

무사

군사정권 악법들, 헌법의 칼에 베어지다

박정희·전두환 군사독재정부는 갖가지 악법으로 통제국가를 만들었다. 법무부는 악법을 개발하고 옹호했으며, 대법원은 인권유린에 저항하지 않았다. 그러나 세상은 달라져 있었다. 게다가 1987년 민주항쟁의 힘으로 탄생한 헌법재판소에는 수치스러운 과거가 없었다. 국민통제 악법들이 심판정으로 모여들었다. 재판관들은 호흡을 가다듬었다.

헌재 개소 직후인 1988년 10월 16일 일요일 오전. 교도소 탈주범 지강헌 일당이 서울 북가좌동 가정집에서 경찰과 대치한다. 이 모습은 텔레비전으로 전국에 생중계된다. 낮 12시쯤 한의철과 안광술이 권총자살하고, 지강헌은 특공대 총격을 받아 숨진다. 나머지 검거된 탈주범들은 재판에서 "무전유죄, 돈 없는 것이 죄"라고 진술하고, 이 말은 크게 유행한다. 이와 함께 지강헌 등이 도피과정에서 '징역 7년에 보호감호 10년까지 17년 썩을 것을 생각하니 아득해서 탈주했다'고 한 말이 알려진다. 실제 지강헌은 7차례에 걸쳐 모두 556만 원을 절도한 혐의로 징역 7년과 보호감호 10년을 받았다. 그런데 탈주 사건 한 달 전 전임 대통령 전두환의 친동생 전경환이 징역 7년과 벌금 32억 원 등을 선고받은 일이 있었다.[1] 전경환은 새마을 관련 단체에서 73억 6,700만 원을 횡령하고 10억여 원을 탈세한 혐의로 기소됐다. 범죄규모는 지강헌의 1,500배에 달했지만 징역기간은 같았고, 보호감호를 더하면 오히려 적었다.

보호감호제도는 1980년 전두환 신군부 시절 국가보위입법회의가 사회보호법에 추가한 것이다. 국가보위입법회의는 전두환 정권을 위한 각종 법률을 만들면서, 범죄자에게 처절하게 가혹한 법들을 개혁입법이라며 생산한다. 정통성이 없는 정권이 국민 지지를 노리고 흔히 쓰는 방법이었다.[2] 그리고 보면 지강헌이 경찰 대치과정에서 "내가 받은 판결은 정치적 요구에 의해 내려진 잘못된 판결이다"라고 했는데, 이런 배경을 생각하면 아주 틀린 말도 아니다. 이렇듯 1980년대는 정부가 거짓 개혁을 앞세워 개인의 자유를 심각하게 제한한 통제국가였다.

1기 재판소는 유신헌법하의 박정희 의회와 제5공화국 국가보위입법회의가 만들어낸 반인권적 법률에 잇따라 위헌을 선고한다. 기본적인 신체의 자유조차 허락하지 않는 국가폭력을 종결하고 해방을 선언한 셈이다. 헌법학자 정종섭은 '1기 재판부 업적 중에서도 특히 빛나는 4개의 판례는, 인권 보장이 충실히 이루어진 민주국가에서는 어렵지 않게 찾아볼 수 있는 것이지만 독재와 권위주의 통치 아래에서 국민의 인권이 무참하게 유린당한 우리의 경우에는 그 의미가 각별하다'고 했다.[3]

국가폭력 종결선언은 보호감호 조항에서 시작한다. 탈주범 현장검증 등 지강헌 여파가 남은 1988년 12월 15일. 대법원이 사회보호법 5조●를 위헌제청한다. 보호감호는 동종 전과 등 형식적인 기준에 달하면, 무조건 보호감호를 선고토록 판사를 강제했다. 헌재 심판정에서 대법원이 위헌을, 법무부·검찰이 합헌을 주장한다. 대법원의 주장은 간단하고도 명료했다. 반면 법무부의 주장은 다양했다. 본래 공격이란 건 정확한 한방이지만, 방어는 모든 펀치에 대비해야 한다. 하지만 역시 말 많은 쪽이 불리한 상황인 경우가 많은 것도 사실이다. 실제로 법률가라면 이 조항의 위헌성을 부인하기 힘든 상황이었다. 양측의 주장을 쉽게 간추리면 다음과 같다.

먼저 대법원의 위헌의견. '보안처분●이 적법하려면 절차와 내용이 적정해야 한다는 게 헌법 12조 1항●이다. 범죄자가 사회적으로 얼마나 위험한지와 그런 사람을 얼마나 사회에서 격리할지를 판단해야 한다. 그런데 이 조항은 판사에게서 위험판단과 기간산정 기회를 봉쇄했다. 그러므로 위헌이다.' 이에 대한 법무부의 합헌 주장. '첫째, 형벌은 사후 죗값이고 감호는 사전예방이다. 따라서 죄 하나로 두 번 처벌하는 게 아

● 사회보호법 [제정시행 1980. 12. 18]
제5조 (보호감호) ① 보호대상자가 다음 각호의 1에 해당하는 때에는 10년의 보호감호에 처한다. 다만 보호대상자가 50세 이상인 때에는 7년의 보호감호에 처한다.
1. 동종 또는 유사한 죄로 3회 이상 금고 이상의 실형을 받고 형기합계 5년 이상인 자가 최종형의 전부 또는 일부의 집행을 받거나 면제를 받은 후 3년 내에 다시 사형·무기 또는 장기 7년 이상의 징역이나 금고에 해당하는 동종 또는 유사한 죄를 범한 때.
2. 보호감호의 선고를 받은 자가 그 감호의 전부 또는 일부의 집행을 받거나 면제를 받은 후 다시 사형·무기 또는 장기 7년 이상의 징역이나 금고에 해당하는 동종 또는 유사한 죄를 범한 때.

● 보안처분 = 범죄자나 위험한 행동을 할 우려가 있는 사람을 사회에서 격리하는 것. 형벌만으로는 사회를 방어하기 불충분하기 때문에 보충하는 범죄예방처분이다.[4] 헌법에 등장하는 것은 1972년 유신헌법부터다. 보호감호는 보안처분의 한 가지다.

◉ 대한민국헌법 [개정시행 1988. 2. 25]
제12조 ① 모든 국민은 신체의 자유를 가진다. 누구든지 법률에 의하지 아니하고는 체포·구속·압수·수색 또는 심문을 받지 아니하며, 법률과 적법한 절차에 의하지 아니하고는 처벌·보안처분 또는 강제노역을 받지 아니한다.

니다. 어떤 사람들은 어차피 갇혀 있긴 마찬가지니 이중처벌이라고 한다. 하지만 보호감호에는 근로보상금을 주고 사회견학도 시켜준다. 분명히 다르다. 둘째, 이 조항 어디에서도 판사를 강제하지 않는다. 오히려 재범의 우려가 있다고 생각되면 선고하란 뜻이 내포된 것이다. 판사 생각에 재범 위험성이 없다면 보호감호를 선고하지 않아도 된다. 셋째, 보호감호제도 7년 동안(1980~1987년) 범죄는 57.4퍼센트 늘지만 주요 보호감호 대상인 절도범죄는 5.7퍼센트 증가에 그친다. 이 가운데서도 소매치기는 23.5퍼센트 감소한다. 보호감호가 위헌으로 결정 난다면 전과 6~7범 범죄자 4,500여 명이 석방된다. 민생치안이 우려된다.' 사실 법무부의 셋째 주장은 그다지 설득력은 없다. 효과가 좋으니 계속하자는 것은 지나치다. 세상에 효과 좋은 방법은 얼마든지 있다. 법무부라면 정의와 평등을 바탕에 두고 헌법이 보장한 기본권에 대해 토론했어야 했다. 그러나 당시 국가는 그렇게 못했다.

이대로 대법원의 승리일까. 그렇지 않다. 헌법재판소에서 사건을 진행하던 1989년 2월 사회보호법 개정안이 발의돼 3월 국회를 통과한다. 대법원이 지적한 '재범의 위험성'을 명확히 표시한 새로운 사회보호법◉이 생긴다. 그러자 법무부도 이것을 방패로 삼는다. '재판에 적용되던 법이 바뀌었다. 개정법은 부칙에서 현재 재판 중인 사람들에게 소급하라고 정하고 있다. 따라서 제소된 조항은

◉ 사회보호법 [개정시행 1989. 3. 25]
제5조 (보호감호) 보호대상자가 다음 각호의 1에 해당하고 재범의 위험성이 있다고 인정되는 때에는 보호감호에 처한다. 후단 생략

위헌·합헌 따지기 전에 심판대상조차 안 된다.' 헌법재판소 을지로 청사 심판정에서는 치열한 토론이 벌어진다. 공개변론을 열어 양측의 주장을 생생하게 들었고, 재판관들끼리는 100시간 넘는 평의를 한다.

우선 민정당 추천 재판관 한병채가 각하의견을 낸다. '국민 대표기관인 국회에서 여야 만장일치로 개정하고 소급적용까지 시켰다. 그런데도 재판관들이 가정을 설정하고 형식적인 논리로 위헌을 말하는 것은 국회의 입법기능을 침해하는 것이다. 이 사건은 심사 자격 미달로 심판대상이 안 된다. 각하다.' 과연 4선 의원 출신답게 의회의 입법형성권을 옹호한다. 그리고 한병채는 마지막 한마디로 위헌 제청한 대법원의 얼굴을 시뻘겋게 물들인다. '옛 사회보호법은 1980년 이후 여러 해 동안 대법원에서 합헌 해석을 받아온 사실을 알아야 한다.' 10년 가까이 합헌이라고 할 때는 언제고 이제 와서 엉뚱한 소릴 하느냐는 셈이다. 이런 점이 바로 한병채의 강점이다. 다소 법리가 약한 그는 이론으로 맞서지 않는다. 대신 상대방의 약점으로 상대방을 제압한다. 국회의원 15년의 관록이 진하게 배어 있는 타격법이다. 그리고 김양균과 최광률이 약간씩 다른 이유로 각하의견을 낸다. 그래서 각하의견이 모두 3명.

다음으로 변정수·김진우가 강하게 위헌 주장을 펼친다. '판사의 재량 정도를 고려할 필요도 없이 보호감호 자체가 위헌이다. 헌법 13조 1항*에 죄 하나로 거듭 처벌하지 말라고 했다. 그런데 보호감호는 또 다른 징역이다. 그래서 거듭처벌이다. 누군가는 헌법 12조 1항에서 적법하게 보안처분을 하라고 했으니, 엉터리 보호감호는 위헌이

● 대한민국헌법 [개정시행 1988. 2. 25]
제13조 ① 모든 국민은 행위 시의 법률에 의하여 범죄를 구성하지 아니하는 행위로 소추되지 아니하며, 동일한 범죄에 대하여 거듭 처벌받지 아니한다.

지만 잘된 보호감호는 합헌이라고 말한다. 하지만 아무리 봐도 보호감호는 진실된 보안처분이 아니다. 보호감호 존재 자체가 위헌이다.' 이게 바로 변정수의 논법이다. 자신의 확고한 논리의 위에 서서 상대방의 바닥을 허물어버린다. 이는 그가 다른 재판관들과는 상황 자체를 근본적으로 달리 해석하기 때문에 일어난다. 언뜻 보면 변정수가 어깃장을 놓는 것 같지만, 실은 사회에 대한 시야가 달라서다. 다른 재판관에게는 곤욕이었지만, 어쨌든 1기 헌재에 절대 빼놓을 수 없는 인물이다.

조규광·이성렬·이시윤·김문희는 대법원 논점을 받아들여 위헌을 선고한다. 이들 입장은 이렇다. '보호감호는 유럽에도 있다. 거듭 처벌은 아니다. 다만 법관의 재량을 막아 위헌이다.' 이와 함께 신법 개정 문제에 대해서는 이렇게 밝혔다. '새 법이 생겼다고 옛 법을 판단할 필요가 없어지는 게 아니다. 옛 법이 위헌이라면 홀로 남은 새 법을 적용하면 되지만, 두 법이 모두 합헌이면 그때는 선택의 문제가 된다. 피고인에게 어떤 법이 유리한지 모를 일이기 때문이다. 따라서 옛 법의 위헌성을 가려야 한다.' 아무튼 우여곡절 끝에 6명 의견으로 1989년 7월 14일 옛 사회보호법 5조 1항에 위헌을 선고한다.

이후 보호감호는 개정을 거듭하다 결국 2005년 8월 4일 폐지된다. 위헌을 선고받아 사라진 것은 아니다. 국회가 존재를 부인해 폐지했다. 위헌법률이야 바로 폐지되지만, 합헌법률도 국회에서 폐지한다. 어떤 법이 없어져야 한다는 것과 위헌이라는 것은 다른 문제다. 위헌 여부는 사법 판단이고, 폐지 여부는 국회 권한이다. 헌재가 망설인 일을 국회가 해결한 경우가 많다. 본래 헌법재판은 정치재판이다. 법과 정책 간의 한계가 분명하지 아니한 어려운 사건을 다룬다.[5] 이 사건에선 결과적으로 변정수·김진우가 역사를 한발 앞선 셈이다.

사회보호법을 장시간 토론 끝에 처리하고 난 뒤, 재판관들도 사건처리에 노하우가 생긴다. 그래서 나머지 3개 사건은 일부 보충의견을 담고 있기는 해도 사실상 전원일치로 결론을 낸다. 우선, 변호사 접견 방해 사건. 1991년 봄은 공안정국이었다. 명지대 학생 강경대와 성균관대 학생 김귀정이 4·5월 시위과정에서 숨진다. 5월 31일 노태우 정부는 강화된 국가보안법과 경찰법을 국회에서 단독으로 통과시킨다. 전국에서 분신이 잇따르고 강기훈 유서대필 논란까지 벌어진다. 시인 김지하가 《조선일보》 5월 5일자에 '지금 곧 죽음의 찬미를 중지하라. 그리고 그 굿판을 당장 걷어치워라'라는 칼럼을 싣는다. 이러던 6월 14일 전 전국교직원노동조합 정책실장 유 아무개가 국가안전기획부에 구속된다. 변호사와 부인이 접견했다. 하지만 제대로 말할 수가 없었다. 바로 옆에서 수사관들이 대화 내용을 적고, 사진을 찍었다. 변호사는 '접견의 비밀이 보장되는 곳에서 만나게 해달라'고 항의했다. 하지만 수사관들은 '무슨 말이든지 마음 놓고 하라'면서 거절했다. 그러자 곧바로 권리구제형 헌법소원을 냈다.

이 사건은 안기부 행동에 문제가 있다 하더라도 결론이 간단치 않다. 헌재는 공권력을 취소할 수 있을 뿐인데, 변호사 접견은 이미 끝나버렸으니 난감하게 된 것이다. 그렇지만 헌법재판소는 이듬해 1월

28일 전원일치로 위헌을 선언한다. '이 사건은 종료되어서 유 아무개의 권리구제에는 도움이 안 된다. 하지만 이런 행위가 반복될 위험이 여전하다. 그렇다면 헌재는 선언적 의미에서라도 위헌을 확인할 필요가 있다. 그리고 헌법재판소법 75조 5항에 따라 이러한 수사관의 위헌적 행동근거가 된 행형법 관련 조항에도 위헌을 선언해 이런 일이 다시는 일어나지 않도록 한다.' 이렇게 헌재는 선언적 의미에서라도 위헌을 확인할 필요가 있다는 새로운 결정례를 만든다. 그리고 헌재는 안기부 감시가 반헌법적이라고 밝힌다. '수사받는 사람은 변호인의 조력을 받아야 한다는 게 헌법 12조 4항이다. 조력이란 수사기관에 의한 자백강요 고문 등에 대한 대응방법을 알려주고, 피의자의 불안·고민·절망 등 감정을 격려하고 용기를 주는 게 기본이다. 따라서 이 사건에서 수사관의 행위는 헌법정신에 크게 반한다.'

● 헌법재판소법 [제정시행 1988. 9. 1]
제75조 (인용결정) ⑤ 제2항의 경우에 헌법재판소는 공권력의 행사 또는 불행사가 위헌인 법률 또는 법률의 조항에 기인한 것이라고 인정될 때에는 인용결정에서 당해 법률 또는 법률의 조항이 위헌임을 선고할 수 있다.

● 대한민국헌법 [개정시행 1988. 2. 25]
제12조 ④ 누구든지 체포 또는 구속을 당한 때에는 즉시 변호인의 조력을 받을 권리를 가진다. 다만 형사피고인이 스스로 변호인을 구할 수 없을 때에는 법률이 정하는 바에 의하여 국가가 변호인을 붙인다.

마지막으로 무죄라도 석방금지 조항. 군사정권 이래 경찰·검찰의 권력은 과잉이었다. 헌재가 국가주의 법률에 차례로 위헌을 선언하고 있었지만 수사기관의 태도는 나아지지 않았다. 노태우 정권 후반 공안정국에선 더욱 그랬다. 그러던 1992년 6월 19일 광주지법 목포지원 방희선 판사가 목포경찰서장 등 경찰관 5명을 목포지청에 고발한다. '학내 시위로 신청된 김 아무개에 대한 구속영장을 기각했는데도 목포경찰서가 41시간 동안 보호실에 가두었다. 헌법이 보장한 기본권을 유린한 것이며 법의 영장심사권을 무시한 처사다.' 당시에는 이런 일이 흔했다. 판사가 영장을 기각해도 수사기관은 피의자를 가둬 수사를 계속하는 게 일상이 되다시피 했다.[6] 하지만 방희선의 고발을 받은 목포지청은 경찰들에게 혐의가 없다고 결정했고, 광주고검과 대검찰청도 마찬가지였다. 문제를 제기한 판사 방희선은 지방 발령을 받고 연임에도 탈락해 법복을 벗는다.

문제의식을 가진 판사가 방희선만은 아니었다. 1992년 5월 20일 서울형사지법 양삼승 재판부가 형사소송법 331조●를 위헌제청한다. 판사가 무죄를 선고해도 검사가 법원에 강한 의견을 냈다면 석방불가라는 조항이다. 양삼승 재판부는 특수강도혐의로 구속기소된 10대 피고인 2명을 재판 중이었다. 하지만 어떤 판결을 내려도 피고인들은 최종심 결정 전까지는 풀려나지 못하는 상황이었다. 형사소송법 331조 단서 조항에 따라 검사가 징역 10년 이상이 적절하겠다고 의견만 내면 아무도 풀려나지 못하기 때문이었다. 이 조항이 문제점을 드러내는 또 다른 사건이 벌어진다. 자신을 12년간 성폭행한 의붓아버지를 살해한 여대생 김 아무개의 항소심 선고일인 1992년 9월 14일. 김 아무개는 1심인 청주지법 충주지원 김능환 재판부에서 징역 4년을 받고 항소한 상태였다. 이날 서울고등법원 이순영 재판부는 징역 3년에 집행유예 5년을 선고

● 형사소송법 [제정시행 1954. 5. 30]
제331조 (무죄 등 선고와 구속영장의 효력) 무죄, 면소, 형의 면제, 형의 선고유예, 형의 집행유예, 공소기각 또는 벌금이나 과료를 과하는 판결이 선고된 때에는 구속영장은 효력을 잃는다. 단 검사로부터 사형, 무기 또는 10년 이상의 징역이나 금고의 형에 해당한다는 취지의 의견진술이 있는 사건에 대하여는 예외로 한다.

● 대한민국헌법 [개정시행 1988. 2.
25]
제12조 ③ 체포·구속·압수 또는 수색
을 할 때에는 적법한 절차에 따라 검
사의 신청에 의하여 법관이 발부한 영
장을 제시하여야 한다. 다만 현행범인
인 경우와 장기 3년 이상의 형에 해당
하는 죄를 범하고 도피 또는 증거인멸
의 염려가 있을 때에는 사후에 영장을
청구할 수 있다.

한다. 법정을 완전히 채우고 있던 400명은 환호성과 박수를 터뜨렸다. 몇몇 방청객은 부둥켜안고 울었다.[7] 하지만 김 아무개는 구치소에서 나오지 못했다. 검사가 징역 12년이라는 강한 의견을 냈기 때문이었다. 이렇게 법의 부당함이 여러 곳에서 드러난 끝에 헌법재판소는 1992년 12월 24일 위헌을 선언한다. 재판소는 "헌법 12조 3항●은 구속영장의 시작과 끝을 모두 법관에게 맡기고 있는데, 형사소송법 331조 단서 규정은 이러한 헌법의 영장원칙을 훼손한다"고 설명했다.

참고로 헌법학자 정종섭이 꼽은 나머지 결정은 박정희 정권이 전 중앙정보부장 김형욱을 겨냥해 만든 법률에 대한 위헌선언이다. 하지만 반국가행위자의 처벌에 관한 특별조치법의 경우 김형욱의 가족이 이 법으로 빼앗긴 재산을 찾고자 벌인 소송이 너무나도 많고 복잡하다. 게다가 처벌받은 사람도 김형욱뿐이어서 아쉽지만 생략한다.

이 사건들은 재판관에게도 가슴 깊이 남는다. 이 사건 결정문 집필자들은 재판관생활 가운데 가장 기억에 남는 사건이라고 인터뷰에서 말했다. 김문희는 헌재사상 유일하게 12년간 재임하면서 산전수전 다 겪은 베테랑이다. 그런 그도 자신이 집필한 사건 가운데 사회보호법을 최고로 꼽았다. 변정수 역시 역대 헌법재판관 가운데 가장 격한 움직임으로 다양한 화제를 만든 인물이지만, 변호사접견 사건을 가장 기억에 남는다고 했다. 재판관들 스스로도 군사정권부터 이어져오던 악법을 철폐했다는 감동을 잊지 못하는 것이다.

일본 구로사와 아키라黑澤明 감독의 〈7인의 사무라이七人の侍〉라는 영화가 있다. 도요토미 히데요시豊臣秀吉의 일본 통일 직전인 16세기 중반, 산적의 침략에 시달리던 농민들이 사무라이들을 찾아간다. 풍부한 전쟁경험을 가진 시마다 감베이島田勘 등 사무라이 7명은 농민들과 함께 어렵게 산적들을 물리친다. 마을에는 평화가 오고 노동요와 함께 모내기하는 농민들을 바라보며 감베이가 말한다. '이긴 것은 농민이다. 우리가 아니다勝ったのは, あの百姓たちだ。俺たちではい。'[8] 그리고 1기 재판관들을 부르는 별명이 일본 무사를 뜻하는 사무라이다. 각종 악법들을 춤추듯 베어내며 위헌선고했다는 뜻이다. 민주화 헌법으로 태어난 헌법재판소는 박정희 정권과 신군부 정권이 만든 각종 악법을 차 로 허물어간다. 이는 제2차 세계대전 이후 독일이 나치 정부를 처절하게 반성하면서 만들어낸 독일연방 헌법재판소Das Bundesverfassungsgericht와 일맥상통한다. 1기 재판소는 개소하자마자 박정희 · 전두환 군사정권에서 만든 각종 국가주의 악법들을 처단한다. 하지만 근본적 힘은 1987년 항쟁으로 민주화 헌법을 만들어낸 국민에게서 나왔다. 헌재는 항쟁의 힘으로 태어났고 민주화 헌법으로 악법을 처단했다. 감베이식 표현으로 '이긴 것은 국민이다. 재판관이 아니다'.

◆ 사회보호법 5조 위헌제청 = 88헌가5 등 병합

◆ 변호인의 조력을 받을 권리 헌법소원 = 91헌마111

◆ 형사소송법 331조 단서 규정 무죄라도 석방금지 위헌제청 = 92헌가8

1 | 《한국일보》 1988년 9월 6일 1면.

2 | '유전무죄 무전유죄 - 탈주범 지강헌 사건' <KBS 인물현대사>, 2004년 2월 6일.

3 | 정종섭, 「제1기 헌법재판소의 활동과 그에 대한 평가」 《인권과정의》, 1994년 10월.

4 | 권영성, 『헌법학원론』 법문사, 2008, 415쪽에서 풀어 인용.

5 | 이영모, 「헌법 72조의 대통령의 국민투표 부의권」 『헌법논총』 제17집, 헌법재판소, 2007, 8쪽.

6 | 《조선일보》 1992년 6월 27일 3면.

7 | 《조선일보》 1992년 9월 15일 31면.

8 | 黑澤明, <七人の侍> 東, 1954. 플레이스테이션월드코리아 DVD 재수록, 2002.

4

소원

법원이 막아선 두터운 장벽을 걷어내다

헌법위원회 시절 대법원은 단 한 건도 위헌제청하지 않았다. 그래서 헌법재판소는
대법원이 제청하지 않으면 당사자가 직접 헌재로 찾아오도록 헌법소원제도를 만들
었다. 헌법소원은 법원을 나태에서 끌고 나왔다. 재판 당사자가 소원한 사건에서 줄
줄이 위헌이 결정되자, 대법원도 가만히 있을 수 없었다. 그리고 헌재는 검찰의 무소
불위 권한에 제동을 걸기로 한다.

"공법학회에서는 헌재에 일이 얼마나 있을 걸로 보십니까?" 1988
년 9월 19일 청와대로 가는 승용차 안에서 이시윤이 옆자리에 앉은
최광률을 쳐다본다. "글쎄요, 많아야 1년에 10건 정도들 보는 것 같습
니다." 이시윤은 창밖을 내다봤다. '소송법 학자로서 이론을 실제에서
실현하겠다는 꿈은……' 임명장 전수식에서도 표정은 나아지지 않았
다. 수원지방검찰청 검사장 조성욱의 목소리까지 맴돌았다. 얼마 전
수원지방법원장 퇴임 인사차 만났다. "잘되셨습니다. 장관 대우받으
시면서 대학 출강하시고, 저술도 하시고, 좋으시겠습니다. 거기에 뭐

특별히 일이 있겠습니까."

　헌법재판소가 일을 하지 않으리란 우려는 헌법위원회 때문에 나온다. 17년간 단 한 건의 헌법재판도 하지 않고 사라진 조직이다. 하지만 이렇게 무능한 원인을 짚어 올라가면 다시 대법원이 있다. 대법원이 제청하지 않으니 헌법위도 심판할 게 없었다. 전국의 법관들이 법률에 위헌성이 있다고 판단해도, 대법원이 다시 헌법위로 보낼지를 결정했다. 이렇게 헌법심판을 까다롭게 한 점이 박정희 유신헌법과 전두환 5공헌법의 특징이다. 실제로 대법원은 차단막 구실을 해 한 건도 제청하지 않았다.

　대법원으로서도 변명거리가 있다. 당시 헌법부칙●에서 악법에 대한 문제제기를 원천적으로 막았다는 점이다.[1] 유신헌법에서는 박정희의 특별선언이나 긴급조치 등에 대해, 전두환 헌법에서는 어용 입법기구인 국가보위입법회의가 만든 법에 대해, 이의를 제기하지 못하게 했다. 이를 잘 지킨 대법원은 긴급조치 9호 위헌제청신청(1977년 5월 13일), 긴급조치 4호 위헌 이유 상고(1975년 4월 8일), 긴급조치 1호 무효주장 사건(1975년 1월 28일)을 모두 기각했다. 아예 실체 판단에 들어가 위헌이라 볼 근거가 없다고 말하기도 했다.

　이런 행동은 비겁했다. 1기 재판관 이시윤은 인터뷰에서 이렇게 말했다. "헌법 조항이라도 기본권이나 국가체제 등 핵심 조항이 아니라면

● 대한민국헌법 [개정시행 1972. 12. 27]
부칙 제9조 1972년 10월 17일부터 이 헌법시행일까지 대통령이 행한 특별선언과 이에 따른 비상조치에 대하여는 제소하거나 이의를 할 수 없다.

● 대한민국헌법 [개정시행 1980. 10. 27]
부칙 제6조 ③ 국가보위입법회의가 제정한 법률과 이에 따라 행하여진 재판 및 예산 기타 처분 등은 그 효력을 지속하며, 이 헌법 기타의 이유로 제소하거나 이의를 할 수 없다.

헌법재판대상이다. 부칙은 말할 것도 없이 대상이 된다." 게다가 대법원은 헌법부칙에서 제한하지 않은 다른 법률에도 침묵했다. 그러다 1987년 민주화 이후 헌법재판소에서 줄줄이 위헌으로 결정난다. 군사정부 시절 사법부가 권력에 영합했다고 비난받은 것도 이런 이유다.

그래서 1987년 민주화 헌법에 도입된 새 제도가 바로 헌법소원심판(헌법소원)이다. 헌법소원은 재판받는 당사자가 법원에 '이 법이 위헌인 것 같으니 헌재에 위헌법률심판을 제청(위헌제청)해달라(위헌제청신청)'고 했지만 받아들여지지 않을 경우, 직접 헌재로 사건을 가져가는 제도다. 헌법위원회 시절 하급심 법원과 대법원이 가로막던 이중의 장벽을 걷어냈다. 실례로 2008년 10월 30일에 선고한 형법 241조 간통 조항 사건을 보면 금세 이해된다. 모두 다른 길로 온 사건들이 합쳐져 있다. 재판하던 판사가 스스로 판단해 헌재에 보낸 경우, 재판부가 피고인 신청을 받아들여 제청한 경우, 재판부가 헌재로 보내길 거부하자 당사자가 직접 소원한 경우가 병합됐다(2007헌가17 · 21, 2008헌가7 · 26, 2008헌바21 · 47 병합). 헌법소원 가운데 이렇게 재판에 관련되는 법률 조항을 문제 삼는 것을 위헌심사형 헌법소원이라고 한다.

위헌심사형 헌법소원은 세계적으로도 유 가 드문 독특한 제도이다. 헌법재판소 앞에서는 법원과 당사자의 위치가 완전히 대등하다.

● 헌법재판소 사건번호 = 3단계로 이뤄져 있다. 제일 앞에 연도 구분, 그 다음이 사건부호, 마지막이 진행번호다. 사건부호의 경우 위헌제청은 헌가, 권리구제형 헌법소원은 헌마, 위헌심사형 헌법소원은 헌바라는 식이다. 이 밖에 탄핵심판 헌나, 정당해산 헌다, 권한쟁의 헌라, 각종신청 헌사, 특별사건 헌아가 있다.[2] 개소 당시 헌법소원은 모두 헌마 부호를 가졌다가 1990년에 권리구제는 헌마로, 위헌심사는 헌바로 갈린다. 따라서 2004헌마1021의 경우 2004년 접수된 권리구제형 헌법소원 사건 중 1,021째란 뜻.

헌법재판의 종류	
형식	**내용**
위헌제청	위헌법률 가리기
헌법소원 — 위헌심사형	
헌법소원 — 권리구제형	부당한 공권력 통제
탄핵심판	공무원 탄핵 결정
정당해산	정당 해체 결정
권한쟁의	기관 간 권한 구분

과거 헌법위원회 시절 법원이 헌법재판을 사실상 가로막은 대가다. 1기 재판관들도 위헌심사형 헌법소원의 도입은 군사정부 시절 법원의 부적절한 태도가 원인이라고 설명한다. 변정수는 인터뷰에서 "우리는 오랜 군사 독재 정치를 체험했다. 이를 통해 민주주의와 기본권을 수호하는 데 일반 법원기능만으로는 부족하다고 생각했다. 그 결과 탄생한 것이 헌법재판소다. 그런데도 헌법소원에서 재판 결과를 문제 삼지 못하게 했다. '법원의 재판을 제외하고는'이라고 정한 헌재법 68조 1항이 그것이다. 법원의 권위가 헌법소원 때문에 실추될 수 있다는 부당한 생각에서 나왔다. 이를 보완하려 만든 것이 위헌심사형 헌법소원"이라고 설명했다.

김문희 역시 인터뷰에서 "1987년 헌법 개정 당시 헌법심판에 법원 재판을 대상으로 삼을지를 두고 논란이 있었다. 대법원은 물론 강하게 반대했다. 하지만 재판 소원도 못하게 하면서 법원 위헌제청제도만 있다면, 법원이 헌법재판을 막을 우려가 있었다. 그러면 헌재가 무력화하는 것이다. 헌법위원회 시절에 실제 그랬다. 이 점을 지적하자 법원 측이 타협적으로 받아들인 게 위헌심사형 헌법소원이다. 헌재 입장에선 법원재판을 심판에서 제외해주고 받은 사생아 같은 존재"라고 했다.

헌법재판소, 한국현대사를 말하다 1

위헌심사형 헌법소원은 사법부가 새롭게 분발하는 계기가 되었다. 평생에 한 번 재판받는 개인이 헌법소원한 사건에서 위헌결정이 나오는데, 밥 먹고 재판만 하는 판사들이 위헌법률을 보고만 있다는 것은 말이 안 됐기 때문이다. 헌법재판소 개소 이후 20년 동안(1988년 9월 1일~2008년 8월 31일) 위헌심사형 헌법소원이 1,749건, 법원의 위헌제청이 588건이다. 국민의 권리의식과 변호사의 인권보호가 앞장서고, 이에 뒤질세라 분발한 법원이 만든 결과다. 위헌심사형 헌법소원은 헌재법 68조 2항●에 근거가 있는데, 68조 1항●에는 권리구제형 헌법소원란 것이 있다.

권리구제형 헌법소원이란 무엇일까. 대표적인 사건으로 경찰서 유치장의 칸막이 없는 화장실은 위헌이란 결정이 있다. 여성 송 아무개는 2000년 6월 18일 영등포경찰서 유치장에 구금된다. 열악하기 짝이 없는, 있으나 마나한 화장실을 써야 했다. 용변 보는 모습이 외부에 노출되는 바람에 인격을 침해당했다며 헌법소원을 냈다. 그리고 헌재는 이런 화장실을 쓰게 한 것은 위헌이라고 결정했다. 이후 경찰은 유치장 화장실 공사에 들어간다. 이렇듯 권리구제형은 공권력을 문제 삼는 것이다. 법률을 시비하는 위헌심사형과는 다르다.

하지만 이것이 권리구제형 헌법소원의 전부가 아니다. 의사와 한의사 면허를 동시에 가진 사람이 병원을 두 곳에 설립하려 했지만 불가능

● 헌법재판소법 [제정시행 1988. 9. 1]
제68조 (청구사유) ① 공권력의 행사 또는 불행사로 인하여 헌법상 보장된 기본권을 침해받은 자는 법원의 재판을 제외하고는 헌법재판소에 헌법소원심판을 청구할 수 있다. 후단 생략

②제41조 제1항의 규정에 의한 법률의 위헌 여부 심판의 제청신청이 기각된 때에는 그 신청을 한 당사자는 헌법재판소에 헌법소원심판을 청구할 수 있다. 후단 생략

했다. 옛 의료법 제33조에서 의료인은 하나의 의료기관만을 열라고 한 때문이었다. 법률이 걸려 있지만 권리구제형 헌법소원을 제기했고, 실제로 헌법불합치 결정이 나왔다. 이런 재판형태는 1기 재판소의 창의력과 논리력에서 나온 것이다. 이 아이디어를 낸 재판관이 이시윤이다.

"헌법소원 1호 사건이 나한테 배당됐다. 사법서사규칙이 부당해 자격증을 따지 못하고 있다는 내용이다. 재판관들은 각하하라고들 했다. 법률이 관련된 이상 법원에 사건이 걸려 있어야 심판대상이 되는 것이라고 했다. 나는 승부를 내고 싶었다. 법원재판에 상관없이 직접 들어온 사건도 심사가 필요하다 싶었다. 그래서 이론을 개발했다. '공권력 행사근거의 일종인 법률이 국민의 권리를 침해할 때는 헌법소원을 할 수 있다.' 재판관 전원이 찬성했다. 그렇게 '법률에 대한 권리구제형 헌법소원'이 시작됐다." 이시윤의 인터뷰다. 이시윤은 이 무렵 헌재에 대한 실망을 접고 오히려 이론적 기틀을 잡는 데 발 벗고 나선다.

권리구제형 헌법소원 사건은 얼마나 될까. 살펴본 대로 헌재 20년간 위헌제청 588건, 위헌심사형 헌법소원 1,749건. 이에 비해 권리구제형은 무려 1만 4,097건이다. 그리고 대다수인 9,486건이 불기소 사건이다. 불기소 사건은 또 뭘까. 정식 명칭은 검찰의 불기소처분 취소청구다. 검사가 고소·고발을 받아 수사하고도 재판에 붙이지 않은 경우, 이것이 잘못됐다며 제기하는 헌법소원이다.

불기소 취소 소원은 헌재가 문을 열자마자 들어오기 시작했다. 하지만 불기소가 헌법소원대상인지 정해지지도 않은 상태였다. 하지만 국민과 언론의 관심은 컸다. 사건을 살펴본다는 사실만으로도 기사가 됐다.[3] '검찰권 행사 헌법심판대 올랐다', '공소권 남용 제동에 큰 뜻' 등이 제목이었다. 그만큼 국민이 검찰을 불신한다는 반증이었다. 이시윤은 인터뷰에서 "우리나라 검찰은 기소편의주의 때문에 실로 막강하다. 게다가 경찰에 대한 수사지휘권까지 갖고 있다. 당시 헌법소원 들어온 ○○그룹 사건은 피의자 신문조서가 피의자 변명조서 수준이었다. 어처구니없는 불기소처분이었다. 세상에 이러한 수사도 있구나 싶었다. 이런 것이 바로 검찰권의 남용이었다. 절대권력은 절대부패로 이어진다. 견제가 반드시 필요했다. 불기소처분을 합헌적으로 통제해야 했다"고 말했다.

우리나라 검찰의 막강한 권한은 기소독점주의●(국가소추주의)와 기소편의주의●에 바탕한다. 범죄자를 벌주려면 판사 앞에 세워야 하는데 검사에게만 그런 권한이 있다는 것이 기소독점주의다. 기소편의주의는 죄가 있어도 이런저런 이유로 판사 앞에 데려가지 않을 수도 있다는 것이다. 두 가지가 결합하면서 검사는 막강한 권한을 행사한다. 그렇다고 세계 모든 나라가 기소독점주의와 기소편의주의를 채택한 것은 아니다. 프랑스에선 개인도 형사재판을 거는 사소제도를 운영한다. 독일은 죄지은 것으로 판단되는 용의자에 대해서는 검사가 무조건 기소토록 한 기소법정주의 국가다. 미국의 기소배심제도에서는 국민이 기소 여부를 결정한다.[4]

● 형사소송법 [개정시행 2007. 12. 21]
제246조 (국가소추주의) 공소는 검사가 제기하여 수행한다.
제247조 (기소편의주의) 검사는「형법」제51조의 사항을 참작하여 공소를 제기하지 아니할 수 있다.

● 형사소송법 [제정시행 1954. 5. 30]
제260조 (재정신청) ① 고소인 또는 고발인은 검사로부터 공소를 제기하지 아니한다는 통지를 받은 때에는 그 검사 소속의 고등검찰청에 대응하는 고등법원에 그 당부에 관한 재정을 신청할 수 있다.

그래서 우리나라에도 검찰 권한을 제어하는 장치가 있었다.

검찰 제어장치는 바로 재정신청●裁定申請이다. 재정은 일의 옳고 그름을 따진다는 뜻의 한자어. 1954년 첫 형사소송법● 당시 법원은 당사자의 주장이 타당하다고 생각하면 검사의 결정을 엎어 공소제기를 결정할 수 있었다. 모든 범죄가 대상이었다. 하지만 박정희는 1973년 유신헌법 직후 형사소송법에서 재정신청의 대상을 3개로 대폭 축소한다. 공무원의 권리행사방해, 불법체포ㆍ불법감금, 폭행ㆍ가혹행위다. 사실상 재정신청을 없애고 검찰 권한을 강화한 것이다. 이렇게 제어장치가 사라지자 국민은 속병만 앓았다. 그러다 헌재가 생기자 우르르 몰려든 것이다.

검찰의 불기소결정을 취소해달라는 첫 사건은 개소 직후 1988년 10월 21일 들어온다. 1983년도 의료사고 사건이다. 공소시효가 만료된 사고라 심판대상 자격이 안 돼 각하했다. 하지만 헌재가 검찰의 불기소를 다룰 것인지에 대한 판단은 내리기로 했다.

검찰의 불기소를 취소하려면 헌법상 기본권을 근거로 해야 한다. 그런데 검사가 도대체 고소ㆍ고발인의 무슨 기본권을 침해한 것일까. 막막한 일이었다. 이시윤은 연구를 거듭했다. 이 사건 집필자는 아니었지만, 불기소 사건을 하게 되면 헌재도 규모를 갖추리라고 생각했다. 결국 헌법 27조 5항● 법정진술권으로 이론을 구성했다. 검사가 범죄인을 기소해 판사 앞에 세우지 않으면, 국민은 법정에서 증언할 기회를 박탈당한다는 것이었다. 연구관들에게서 냉소적 반응이 돌아왔다. 토론을 이어가봐야 얘기가 안 될 것 같았다. 소장 조규광을 찾아갔다. 맞장구를 치며 좋아했고, 재판관 평의에서 통과

● 대한민국헌법 [개정시행 1988. 2. 25]
제27조 ⑤ 형사피해자는 법률이 정하는 바에 의하여 당해 사건의 재판절차에서 진술할 수 있다.

됐다. 1989년 4월 17일 헌법재판소는 '검찰의 불기소는 헌법소원대상이다. 다만 이 사건은 공소시효 만료로 각하'라고 선언한다.

석 달 뒤 헌재는 불기소가 부당하다고 처음으로 결론 내린다. 하지만 부당한 것을 어떻게 처리해야 정당한지가 문제였다. 불기소결정을 취소만 하자는 의견과 기소를 명령하자는 생각이 있었다. 여기서 김양균이 말했다. 1기 재판소에서 유일한 검찰 출신이지만 검찰 불기소를 가장 많이 취소한 그다. "우리가 기소명령을 해봐야 판사가 유죄를 선고한다는 보장이 없습니다. 그러면 헌법재판관 9명이 기소를 명령하고, 판사 1명이 무죄를 선고하는 겁니다." 김양균은 인터뷰에서 "불기소 사건을 뒤집기로 결정하고 나서, 기소명령과 취소결정 가운데 무엇을 선택할지 장시간 논의했다. 내가 취소만 하자는 의견을 냈고 다른 재판관들도 동의했다. 그래서 기소명령이 아닌 불기소 취소만 내려서 검찰이 좀 더 연구토록 하게 된 것"이라고 설명했다.

첫 검찰 불기소 취소가 7월 14일 선고된다. 집필자는 변정수다. 하지만 검찰이 호락호락한 조직이 아니다. 기소독점 · 기소편의에 바탕한 검찰의 기소권은 헌재 결정에 크게 영향 받지 않았다. 헌재가 처음 취소한 사건은 서너 달 뒤 검찰에서 다시 불기소됐다. 헌재는 매우 불쾌하고 참담했다.[5] 1990년 4월 2일에는 심판정에서 '검찰이 피고소인

을 기소하도록 하기 위해 불기소처분을 취소한다'고 읽고, 배포한 보도자료에서도 '검사의 불기소처분을 취소하고 기소하도록 함'이라고 적었다.[6] 이 보도자료는 집필자이던 재판관 김양균이 직접 만든 것이다. 하지만 검찰의 강력한 항의를 받고 결정문에서는 기소라는 표현을 뺀다. 심지어 헌재가 불기소를 취소하자, 검찰이 다시 불기소하고, 헌재가 이를 또 취소한 경우도 있다.

이런 경향은 시간이 지나도 변하지 않았다. 2기 재판관 황도연 인터뷰. "(헌재가 검찰 결정을) 함부로 취소 안 한다. 상당히 드물게 한다. 극소수 도저히 안 되겠다 싶을 때. 그런데도 되받아 올라올 때는 어찌나 화가 나던지. 불기소 취소 되받아 올라올 때는 아주 불쾌하다. 그래서 내가 일장훈시를 해서 보낸 적이 있다. 결정문 써놓고, 덧붙여한마디만 하겠다 말이야. '헌재가 언제 당신들한테 기소하라 마라 그랬느냐. 수사가 미진하니 더 좀 해보라'고 한 것이다. 해보고 나서 똑같은 결론 내면 몰라도, 기소를 강제하는 것으로 생각해서 (해보지도 않고) 말이야. 검찰이 참 말 안 들어요."

이렇게 되자 헌재가 검찰 불기소 사건을 처리하는 것은 격에 맞지 않다는 의견도 많았다. 헌법재판은 헌법 가치를 따지는 정치판단이 중심이다. 하지만 검사의 불기소처분 소원은 기록을 들추고 증언을 확인해, 사실관계를 따진다. 게다가 1기 재판소 초반을 제외하면 재판관보다는 검찰에서 파견된 연구관들이 주로 기록을 검토했다. 결국 검찰에 적을 둔 파견연구관들이 대검찰청에서 불기소된 사건을 들여다본 셈이다. 명목으로는 한 나라의 헌법재판관이 수사 기록을 들추는 어색한 상황이었고, 실질로는 검찰 파견된 검사가 선배 검사의 불기소 기록을 판단하는 빤한 상태였다. 이 때문인지 개소 이후 20년간 접수된 불기소처분 취소 소원이 8,732건인데 같은 기간 인용된 경우는 2.75퍼센트인 241건에 불과하다.

첫 불기소 취소 집필자 변정수는 인터뷰에서 "불기소처분 사건이 헌재에서 다룰 만한 것이 아닌 것은 맞다. 하지만 당시에는 검사의 불기소처분으로 억울하게 권리를 침해당한 고소인·고발인의 권리구제방법이 헌법소원밖에 없었다. 그래서 헌재로서는 다른 핑계 댈 것 없이 열심히 다루어야 했다"고 말했다.

김양균은 인터뷰에서 불기소 사건 취소율이 적은 이유를 설명했다. "검찰에서는 유죄 확신이 반반이라면 무혐의 한다. 검찰 정보만으로 5 대 5라면 법원에선 4 대 6으로 뒤집힌다. 피고인도 변호사를 통해 유리한 증거를 제시하며 방어하기 때문이다. 무혐의라는 게 혐의가 없다는 것보다는 증거가 약하단 뜻이다. 그렇게 애매한 사건들이 헌재에 오는 것이다. 물론 취소 결정해도 다시 불기소하기도 한다. 그래도 그게 헌재에 대한 반항은 아니다. 당사자로서는 그게 마음에 안 들면 또 헌재로 오면 된다. 아쉬운 것은 헌재로서는 직접 수사를 할 것도 아니어서 한계가 있다는 것이다. 주된 자료가 검찰 것이기 때문이다."

문제는 35년 만에 해결된다. 형사소송법●이 2007년 12월 21일 크게 달라지면서 재정신청을

● 형사소송법 [개정시행 2007. 12. 21]
제260조 (재정신청) ① 고소권자로서 고소를 한 자(「형법」 제123조부터 제125조까지의 죄에 대하여는 고발을 한 자를 포함한다. 이하 이 조에서 같다)는 검사로부터 공소를 제기하지 아니한다는 통지를 받은 때에는 그 검사 소속의 지방검찰청 소재지를 관할하는 고등법원에 그 당부에 관한 재정을 신청할 수 있다.

확대했다. 당사자 고소 사건은 모든 범죄에 대해, 제3자 고발은 기존 3개 공무원 범죄에 대해 가능케 했다. 이에 따라 헌재로 오던 검찰의 불기소처분 사건은 크게 줄어들고 있다. 재정신청이 도입되기 전달인 2007년 11월 사건이 120건인 데 비해, 2009년 9월 접수사건은 30건으로 줄었다.

◈ 유치장 내 화장실 설치 및 관리행위 헌법소원 = 2000헌마546

◈ 의료법 2조 등 헌법소원 = 2004헌마1021

◈ 사법서사법 시행규칙 | 헌법소원 | 헌법소원 1호 = 88헌마1

◈ 검사의 공소권 행사 헌법소원 | 심판대상 선언 = 88헌마3

◈ 검사의 공소권 행사 헌법소원 | 첫 불기소 취소 = 89헌마10

◈ 검사의 공소권 행사 헌법소원 | 보도자료 사건 = 89헌마83

◈ 검사의 공소권 행사 헌법소원 | 두 차례 불기소 취소 = 93헌마113

1 | 헌법재판소, 『헌법재판소 20년사』 헌법재판소, 2008, 130쪽.

2 | 헌법재판소 사건의 접수에 관한 규칙 제8조.

3 | 《조선일보》 1989년 2월 11일 14면.

4 | 법무부, 『개정 형사소송법』 법무부, 2007, 132~158쪽.

5 | 「헌법재판소와 대법원의 파워게임」 월간 《말》 1990년 12월 29쪽.

6 | 「헌법재판소와 대법원의 파워게임」 월간 《말》 1990년 12월 29쪽. 《한겨레신문》 1990년 10월 16일 14면.

5

공격

대법원으로 이어진 질긴 닻줄을 자르다

헌법 개정자들은 재판소와 대법원의 권한을 애매하게 배분했다. 대법원은 헌법재판
을 마다하면서도 헌재가 많은 권한을 행사하는 것을 꺼렸다. 하지만 헌재는 불명확
한 부분을 하나 둘 자기 것으로 만들어갔다. 필연적으로 대법원과 부닥쳤고, 이 장면
에서 일부 재판관들이 주저했다. 그러자 변정수가 1990년 10월 15일 유례없는 극단
적 방법을 쓴다.

"대법원이 만든 법무사법시행규칙은 위헌이라는 헌법재판소 결
정문입니다. 오늘 오후 2시 선고지만 연기될 것 같아 미리 나눠 드
립니다. 이번 사건의 의미는 대법원규칙이라고 해도 헌법재판소에
서……." 1990년 10월 15일 재판관 변정수는 결정 선고를 2시간 앞두
고 오전 11시 30분 기자들에게 결정문을 뿌린다. 집필 재판관의 결정
문 사전배포라는 극단적 방법으로 변정수는 대법원으로 이어진 닻줄
을 잘라버린다. 헌재는 이렇게 대법원과 갈라선다.

헌법재판소에 관한 흔한 질문은 대법원과 비교해 어디가 높냐는

것이다. 이렇게 생각해보자. 국회의장과 대법원장 중에, 부산광역시
장과 광주광역시장 가운데 누가 높은가. 무의미한 질문이다. 마찬가
지로 헌재와 대법원도 우열을 가릴 수 없다. 양쪽 모두 법조인들이 모
여 있다 보니 던져지는 막연한 질문이다. 헌재와 대법원은 각각 다른
헌법기관이다. 헌법에는 법원이 제5장에, 헌법재판소가 제6장에 있
다.

그래도 헌재와 대법원이 헷갈리는 건 정당하다. 헌재가 권한이 명
확지 않은 상태로 태어났기 때문이다. 헌재가 처음부터 주변의 예상
을 깨고 적극적으로 활동하면서 영역을 확대했다. 자연히 다른 기관
과 부닥치게 되고, 상대는 대부분 대법원이었다. 헌재와 법원은 영역
을 공유할 수 없었고, 필연적으로 두 기관은 분쟁했다. 그러니 두 기
관을 헷갈리는 게 당연하다.

헌재와 대법원의 권한배분은 얼마나 애매할까. 인천지법 권순일 재
판부는 2003년 10월 권 아무개가 제기한 주장을 받아들여 그를 교사
임용시험에서 탈락시킨 인천광역시교육감의 결정을 취소했다. 공권
력 취소라면 앞에서 본 헌재법 68조 1항* 권리
구제형 헌법소원이 있지 않은가. 하지만 공권력
결정을 다투는 경우, 어지간한 변호사라면 행정
소송을 먼저 생각한다. 실제로 대부분 행정법원
에서 끝난다. 그렇다면 행정소송과 권리구제형
헌법소원의 차이는 뭘까. 정답은 애매함이다.
헌재법 68조 1항은 모든 구제수단을 거쳐 보고

● 헌법재판소법 [제정시행 1988. 9.
1]
제68조 (청구사유) ① 공권력의 행사
또는 불행사로 인하여 헌법상 보장된
기본권을 침해받은 자는 법원의 재판
을 제외하고는 헌법재판소에 헌법소
원심판을 청구할 수 있다. 다만 다른
법률에 구제절차가 있는 경우에는 그
절차를 모두 거친 후가 아니면 청구할
수 없다.

헌법재판소, 한국현대사를 말하다 1

도 안 되면 헌재로 오라면서도 법원을 거친 경우는 안 된다고 한다. 재판은 모든 것에서 제외된다는 모순적 표현이다. 이 애매함을 잘 아는 국가가 헌재 대심판정에서 자주 하는 주장이 이거다. '모든 수단을 거치라 했으니 여기서 이러지 말고 법원으로 먼저 가라.'

사건에서 인천시교육감이 가산점을 준 것은 관련 규칙에 따른 것이었다. 그렇다면 권순일 재판부가 위헌 판단한 대상도 규칙이란 얘기다. 법원에 명령·규칙 위헌성을 심사할 권한이 있다는 헌법 107조가 근거다. 명령·규칙이 아닌 법률의 경우는 헌법재판소가 한다고 돼 있다. 그렇다면 헌재에서 명령·규칙을 심사할 수 있을까. 만만치 않은 문제다. 이런 식으로 헌재와 대법원의 권한은 확실하게 구분되지 않는다. 그래서 두 기관이 싸우고, 국민들도 헷갈린다.

1기 재판소는 정치적으로 반드시 대법원을 넘어서야 했다. 대법원의 최종심판자 이미지를 탈색시키지 못한다면 헌재에 미래는 없었다. 하지만 재판관 대부분이 법관 출신이어서 대법원과 인간적으로 가까웠다. 머리는 을지로에, 그러나 심장은 서소문에 있는 셈이었다. 이때 위에서 살펴본 애매함에 바탕한 사건이 접수된다. 헌재가 대법원을 상대로 영역을 확보할 절호의 기회였다.

사건 내용은 이렇다. 김 아무개는 법무사사무소와 변호사사무소에서 27년 동안 일했고, 이제 법무사가 되고 싶다. 법무사법 4조에 따르

대한민국헌법 [개정시행 1988. 2. 25]
제107조 ① 법률이 헌법에 위반되는 여부가 재판의 전제가 된 경우에는 법원은 헌법재판소에 제청하여 그 심판에 의하여 재판한다.
② 명령·규칙 또는 처분이 헌법이나 법률에 위반되는 여부가 재판의 전제가 된 경우에는 대법원은 이를 최종적으로 심사할 권한을 가진다.

법무사법 [제정시행 1990. 3. 1]
제4조 (자격) ① 다음 각호의 1에 해당

하는 자는 법무사의 자격이 있다.

1. 7년 이상 법원·헌법재판소·검찰청에서 법원주사보나 검찰주사보 이상의 직에 있던 자 또는 5년 이상 법원·헌법재판소·검찰청에서 법원사무관이나 검찰사무관(검찰의 수사사무관을 포함한다) 이상의 직에 있던 자로서 법무사 업무의 수행에 요한 법률지식과 능력이 있다고 대법원장이 인정한 자.

2. 법무사시험에 합격한 자.

② 제1항 제1호의 규정에 의한 법무사의 자격인정 및 동항 제2호의 규정에 의한 법무사시험의 실시에 관하여 요한 사항은 대법원규칙으로 정한다.

● 법무사법시행규칙 [제정시행 1990. 3. 1]
제3조 (법무사 시험) ① 법원행정처장은 법무사를 보충할 요가 있다고 인정되는 경우에는 대법원장의 승인을 얻어 법무사시험(이하 "시험"이라 한다)을 실시할 수 있다.

● 대한민국헌법 [개정시행 1988. 2. 25]
제15조 모든 국민은 직업선택의 자유를 가진다.

면 법무사가 되는 방법은 두 가지. 법원·검찰 등에서 일정기간 일하거나, 법무사 시험에 합격해야 한다. 김씨는 법원·검찰에서 일한 경험이 없으니 시험을 봐야 한다. 하지만 아무리 기다려도 시험이 없었다. 이유는 법원·검찰 출신만으로도 수요가 충분하다는 시험기관의 판단 때문이었다. 그래서 법무사법이 시험실시에 관한 구체적 내용을 위임해줬다는 법무사법시행규칙®을 봤다. 그랬더니 정말로 시행당사자인 법원행정처장 마음에 달려 있었다. 그렇다면 이 대법원 규칙은 직업선택의 자유를 침해해서 위헌이라며 헌법재판소로 가져온 사건이다.

헌재가 보기에 기본권 침해는 명백했다. 헌법 15조® 직업선택의 자유에 반했다. 대법관 출신 재판관 이성렬만 위헌에 반대했다. 핵심은 헌재가 이 사건을 다룰 권한을 갖고 있는지였다. 앞서 살펴본 두 가지 애매함이 문제였다. 첫째, 법률이 아닌 규칙을 헌법재판소가 심사할 수 있느냐는 것. 둘째, 구제수단을 모두 거치고도 방법이 없을 때 헌법소원하는 것인 만큼, 법원에 소송부터 해야 한다는 것이다. 헌법재판소는 돌파한다. 첫째, 규칙도 헌법재판소 심사대상이다. 헌법 107조 2항에서 규칙 등을 대법원에서 심사할 권한이 있다고

한 것은, 규칙이 재판의 전제가 된다면 대법원이 알아서 판단하라는 것이다. 헌재가 할 수 없다는 것이 아니다. 둘째, 재판을 거치지 않은 것도 문제없다. 시험시행이란 최종목적을 향한 모든 방법을 말하는 것이 아니다. 공권력을 직접 문제 삼았으므로 그것을 해소하기 위한 모든 절차를 말한다. 청구인은 법령을 문제 삼고 있다. 이것은 법원이 어쩌지 못한다. 종합하면 대법원규칙도 헌법재판소의 심리대상이며, 규칙이 직업선택의 자유라는 기본권을 침해했으므로 위헌이다.

이제 선고하는 일만 남았다. 서둘러야 했다. 헌재가 선고를 미루면 대법원이 규칙을 개정하고, 자연히 헌재 선고는 무산될 수순이었다. 그러면 영역확보도 싸움도 물 건너간다. 이런 전개를 뻔히 알면서도 헌재는 주저한다. 적벽에서 패퇴한 조조를 잡겠다며 제갈공명에게 군령장까지 써주고도 끝내 주저하는 관우와도 같았다.

1990년 9월 17일 선고날짜를 논의한다. 변정수는 열흘 뒤 9월 27일을 제시하지만, 대법원장 지명재판관 측이 반대한다. "이일규 대법원장이 미국 출장에서 24일 돌아오는데, 귀국하자마자 기분 상하게 만들 필요가 있습니까." 소장 조규광은 법무사협회 의견도 들어보고 결정하자고 절충안을 낸다. 집필 재판관 변정수가 반대한다. 이해관계가 있는 공공단체가 아니어서 그럴 필요 없다고 했다. 그러자 한병채가 중재에 나서, 법무사협회 의견도 받되 선고일은 미리 정하자고 했다. 그래서 10월 15일로 정해졌다.

9월 27일 재판관 평의. 변정수는 이미 정한 10월 15일보다 앞당기자고 했다. 아무래도 그때까지 보안이 유지될 것 같지 않았다. 대법원장 지명재판관이 반대했다. "법원이 그러지 않아도 국민 불신을 받는데 이번 선고는 치명타가 됩니다. 선고를 미루고 대법원이 시행 규칙을 스스로 고치도록 합시다. 이 사건을 선고하지 않더라도 헌재가 대법원의 상위기관임을 누가 부인하겠습니까. 대법원을 좀 봐줍시다." 재판관 김양균이 말한다. "변정수 재판관이 지나친 걱정을 한다 싶었는데 막상 이렇게 되고 보니 진짜 염려됩니다." 한병채까지 동조한다. 그렇지만 당초 정한 대로 15일이 유지된다.

선고기일 통지서가 10월 12일 대법원에 도착한다. 결정문 집필자인 변정수가 일부러 10월 11일에야 통지서를 보냈다. 하지만 대법원은 기다렸다는 듯 10월 12일 당장 연기를 신청한다. 그리고 법원행정처 판사들이 헌재 이곳저곳을 찾아다닌다. 변정수는 결정문 유출을 확신하고 소장실로 간다. 마침 대법원장 이일규의 전화를 받고 있었다고 한다. "연기신청을 받았습니다만 이쪽 사정을 아시지 않습니까. …… 소장 마음대로 할 수 없다는 것 잘 아시지 않습니까. …… 그만한 일 가지고 왜 속병까지 생기십니까." 변정수는 연구관 이석연을 통해《한겨레신문》기자 성한용에게 알린다. 다음 날 10월 13일 토요일자《한겨레신문》1면에 기사가 난다. '대법원, 헌법재판소에 로비.'

선고당일 10월 15일 헌재 출입기자들은 소장실 문 가까이에 귀를 대고 있었다. 대법원이 제출한 선고 연기와《한겨레신문》기사를 두고 재판관들이 목소리를 높였다. 선고 연기와 선고 강행이 엇갈렸다. 소장 조규광은 고심했다. 그러자 오전 11시 30분 변정수는 기자들을 불러 결정문을 나눠준다. 이렇게 해서 사실상 상황은 끝난다. 소

헌법재판소, 한국현대사를 말하다 1

장 조규광은 선고시간 30분 전인 오후 1시 30분 표결에 붙인다. 선고 강행을 주장한 이는 변정수 · 한병채 · 김양균, 세 사람뿐이다. 하지만 소장은 상황이 너무 나갔다 싶었는지 선고키로 결정한다.

결국 우여곡절 끝에 변정수가 닻줄을 끊었다. 재판관들은 한 배에 올라 대법원을 떠났다. 사실 재판관 가운데 헌재의 대법원규칙 심사권을 부정한 사람은 없다. 위헌에 반대한 이성렬도 헌재에 심사권이 있다고 전제했다. 심사권을 가지고 판단해보니 기본권 침해는 아니라고 했던 것이다. 재판관들은 심정적으로 대법원에 마음이 쓰이긴 했어도 헌재 권한을 부인하지는 않았다. 이제 변정수의 돌출행동으로 대법원과는 완전히 남이 됐다. 남은 것은 대법원과의 치열한 전투뿐이었다.

대법원은 '헌재의 결정은 위헌적'이라고 비난한다. 헌재 선고 이틀 뒤인 10월 17일 긴급회의를 열고 대책 마련에 들어간다.[2] 그리고 법원행정처를 통해 반박 보고서를 만들어 언론기관과 전국법원에 배포한다. 대법원은 '명령 · 규칙의 위헌심사권에 관한 연구 보고서'에서 헌재의 결정을 그대로 뒤집어 되돌려준다. '우리 헌법은 명령 · 규칙 위헌심사권이 대법원에 있음을 분명히 하고 있음에도 헌법재판소가 이를 무시하고 위헌심사권을 주장하는 것은 있을 수 없는 일이다.' '명령 · 규칙이 직접 기본권을 침해하는 경우 우리 학설 · 판례상 행정소송을 통해 다툴 수 있음이 분명해 헌법재판소의 결정은 타당성이 없다.'[3]

논리로 해결되지 않는 싸움은 인신공격으로 이어진다. 헌재는 대법원 보고서에 대해 "반박할 필요를 느끼지 않는다"는 공식입장에 더해 "수십 년 간 정권의 눈치나 봐온 사람들이 무슨 할 말이 있다고……" 라고 했다. 이에 대법원도 "헌재 재판관 대부분이 과거 법관 시절 크게 빛을 보지 못한 인물이고, 법에 대해 아는 것이 별로 없는 사람들" 이라고 말했다.[4] 두 기관의 수장들도 가만히 있지 않았다. 헌재소장 조규광은 10월 "위헌심사권이 대법원에 귀속돼 있던 지난 수십 년 동안 단 한 건이라도 위헌결정을 내려 국민기본권을 보호한 적이 있느냐"고 대법원을 겨눈다.[5] 대법원장 김덕주 역시 1990년 12월 20일 취임 기자회견에서 "헌법상 명령·규칙의 위헌심사권이 대법원에 있는 것은 분명하다"고 말한다.[6]

학계와 법조계가 의견을 좁혀보겠다고 나선다. 명령·규칙에 대한 위헌심사권을 주제로 한국공법학회가 월례발표회를 연다. 양측 감정이 다소 누그러졌나 싶은 12월 14일이다. 그러나 이번에는 아예 상대방의 존재를 근본적으로 부정한다. 양측의 토론자는 이후 대법관에 오르는 박일환과 헌법소송 변호사로 이름을 날리는 이석연이다. 먼저 대법원 재판연구관 박일환은 "헌재가 독일식 헌법소원을 운영하는 것은 우리나라 헌법정신과 구조에 맞지 않는다. 우리나라는 본래 단일 최고법원제도이므로 헌법재판을 최고법원이 하고 이를 위해 나머지 사건에 대한 부담을 줄이는 방향으로 제도를 개선해야 할 것"이라고 주장했다. 이에 맞선 헌법재판소 연구관 이석연은 "대법원이 기본권 보장과 관련, 적극적으로 헌법판단을 해왔다면 헌법재판소가 간여할 필요가 없겠지만 대법원이 형식논리적 이론의 아성에 안주해

헌법재판소, 한국현대사를 말하다 1

기본권 보장의 사각지대가 생겨 헌법재판소가 부득이 헌법적 판단을 내린 것"이라고 지적했다.[7]

싸움은 헌법을 개정하지 않는 이상 끝날 수 없었고, 그렇다면 유리한 쪽은 헌재였다. 기존의 절대 강자는 대법원이었기 때문에, 헌재로서는 거칠게 논란의 중심으로 들어서서 나쁠 것이 없었다. 결론이 나지는 않았지만 법무사법 시행규칙 위헌 논란으로 확실히 이득을 챙긴 쪽은 헌재였다. 그리고 내부적으로는 이런 절호의 기회를 우물쭈물 놓치게 만들 뻔한 헌재 내부의 대법원 편향성을 고민하는 계기가 된다.

한편 결정문 사전배포로 변정수는 1990년 12월 1일 국회 법제사법위원회의 국정감사장에서 의원 유수호로부터 탄핵사유에 해당한다는 공격을 받았다. 그러자 변정수도 국회에 증인으로 나가 그간의 과정을 해명하겠다고 평민당을 통해 밝힌다. 하지만 법사위에서 재판관을 증인으로 부르는 것은 부적절하다고 의견을 모으면서 마무리된다. 변정수는 탄핵 논의에 대해 인터뷰에서 말했다. "나는 탄핵도 두려워하지 않았다. 내가 사전배포를 하지 않았다면 그 사건은 영원히 선고되지 못하고 역사에 묻혔을 것이다. 국회가 나를 탄핵했다면 그전에 이일규 대법원장과 조규광 헌재소장이 더 곤란해진다. 사퇴도 불가피했을 것이다."

재판관 김문희는 "선고 연기 문제는 내가 말할 것이 아니다. 선고기일 결정은 소장 소관이다. 재판관들에게 의견을 물어봤(고 재판관들은 거기에 대답했다). 결론적으로 위헌이라는 데 반대한 것은 이성렬 재판관뿐이다. 당시 이성렬·이시윤·김문희, 이렇게 세 명이 대법원장 지명을 받았다고 (변정수 재판관이) 그렇게 말한 것 같다"고 했다. 재판관 이시윤 역시 "대법원에서 찾아와 로비했다고 볼 수도 있겠다. (손지열) 법정국장이 재판소로 찾아왔다. 하지만 나는 만난 적도 없다. 변정수 재판관은 당시 특수공무집행 방해라고까지 얘기해 기가 막혔다. 재판관은 출신지를 생각하기에는 너무나 무거운 자리"라고 증언했다.

토론회에서 헌재를 방어한 연구관이던 이석연 인터뷰. "내가 재판소 대표로 뽑혀서 나간 것은 아니다. 변정수 재판관이 결정문을 집필했고 내가 전속연구관이어서다. 게다가 (대법원과의 문제여서인지) 다른 연구관들은 나가려는 분위기가 아니었다. 나는 확고한 생각을 가지고 있던 데다 결정문 만드는 데도 관여했으니 굳이 표현하자면 투쟁정신으로 나갔다. 대법원에서 하도 인신공격을 해대니 (다소 주춤했던) 재판관들도 나중에는 마음이 좀 (답답했을 것이다). 아무튼 토론회를 계기로 나는 법원에 찍혔다는 얘기가 돌았고, 법원에서 파견 오신 (손용근) 연구부장께서 (변호사보다는) 학계로 나가는 게 좋을 것 같다는 조언을 해주기도 했다."

이와 관련, 당시 대법관이던 박우동은 자서전에 이 사건에 관해 적었다. '주심재판관이 선고시간 이전인 오전 10시경 출입기자들에게 보도자료를 결정문과 함께 미리 배포한 것이었다. 더구나 그 보도자료에는 위헌결정의 실질적 의의라는 제하에 '대법원규칙 제정권을 위헌으로 취소함으로써 법원의 독선적 관료주의에 제동을 거는 동시

헌법재판소, 한국현대사를 말하다 1

에 대법원에 대한 관계에서의 헌법재판소의 위상을 명백히 함'이라고 기재한 것이었다. 대법원과 헌법재판소 간의 위상다툼을 노골적으로 표현한 것인데 지금과 같은 제도 아래서는 남북분단의 현실처럼 어떻게 해결할 길이 없는 것이다. 그래서 3부요인 외에 헌법재판소장이 끼게 되는 정부행사를 자주 보게 되고 사법부에서는 왜 두 사람의 수장이 등장하여야 하는가를 이해하지 못하는 사람도 많게 된 것이다.'8

끝으로, 이 사건에 관한 증언은 대부분 변정수에게서 나왔다. 여러 차례 서면 · 대면 인터뷰와 그의 기록을 통해 확인했다. 변정수는 사건 연기를 둘러싸고 있었던 재판관들의 발언을 상세히 기록해두었다. 다른 재판관들은 언급을 꺼렸다. 그래도 뼈대를 아주 부인한 경우는 없었다. 변정수는 결론 유출이 연구관이 아닌 재판관 수준에서 이뤄졌다고 의심하고 있었다. 하지만 확인할 수 없는 일이어서 옮겨 적지는 않았다. 물론 주관이 강한 변정수의 해석일 가능성은 여전하다. 하지만 다소간 약점에도 불구하고 변정수의 기록이 너무나 상세해, 사건 전개 자체를 왜곡했을 가능성은 희박하다.

◈ 법무사법 시행규칙 헌법소원 = 89헌마178

1 | 변정수, 『법조여정』 관악사, 1997, 198쪽.

2 | 《조선일보》 1990년 10월 18일 23면.

3 | 《조선일보》1990년 11월 10일 19면.

4 | 《세계일보》1990년 11월 11일 15면.

5 | 《세계일보》1990년 12월 12일 01면.

6 | 《세계일보》1990년 12월 21일 17면.

7 | 《한겨레신문》1990년 12월 15일 14면.

8 | 박우동, 『판사실에서 법정까지』 한국사법행정학회, 2000, 216~217쪽.

6

유출

검찰 법원 국회 청와대로, 정보는 새고

초기 헌법재판소는 정보 유출로 극심한 혼란을 겪는다. 정부는 재판관들의 평의 내
용을 실시간으로 들여다보고 있었으며, 걸핏하면 결론을 언론에 공개했다. 막아보
려 애를 썼지만 역부족이었다. 한편, 헌재는 파견연구관 중심의 기형적 구조로 출발
했다. 이 무렵 훗날 최고 헌법변호사와 헌법학자가 되는 이석연과 정종섭이 1·2호 자
체연구관으로 들어온다.

'제2차 평의회 시 재판관 9명 중 조규광 소장 · 김양균 · 김문희 ·
한병채 · 황도연 · 김진우 등 6명, 정치권에서 자체 해결토록 결정유
보 의견 제시.' '변정수 재판관, 더 이상 판결 지연시킬 경우 주심포기
하겠다고 항변.' '제3차 평의회에서 판결여부 결정키로 합의' 1992년
내무부에서 작성한 '헌법소원 관련 헌법재판소 동향^{法訴願 關聯 憲法裁判所 動}
^向이란 문건 가운데 일부다. 재판관 9명만 알 수 있는 평의 내용이 실
시간으로 심판 당사자인 피청구인 측에 전달되고 있음을 입증하는
증거다. 취재과정에서 확보한 것으로 문서에는 재판관들의 발언이 드
러나 있다. 도청이 아니라면 유출이 확실하다.

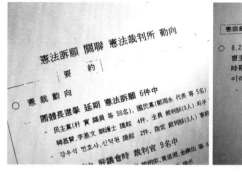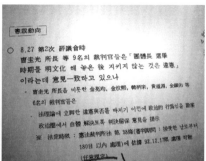

1992년 지방자치단체장 선거 헌법소원과정에서 내무부가 작성한 기밀 보고서. '헌법소원 관련 헌법재판소 동향'이라는 제목으로 심리진행 상황·재판관 성향·헌재 동향 등을 상세히 다루고 있다. 집필 재판관이던 변정수에 대해 김대중의 추천이며, 강한 비판 성향을 가지고 있다고 적었다. 그러면서 증거자료 보충 등을 이유로 삼아 기일을 연기할 수 있다는 작전까지 제시하고 있다. ⓒ 이범준

"사회보호법 5조 1항 보호감호 조항은 헌법에 위반된다." 1989년 7월 14일 을지로 헌법재판소 심판정에 이뤄진 선고는 사실 아무런 변화도 일으키지 못했다. 헌재의 화려한 출발탄이었던 보호감호 위헌결정은 초라한 불발탄이기도 했다. 헌재 공식사에는 (지강헌 사건 이후) 1988년 11월 18일 대법원이 직권으로 위헌제청하고, 헌재가 위헌선고한 것으로만 적고 있다.[1] 하지만 이것은 헌재의 정보 유출을 감추고 그럭저럭 결과만 추켜세운 간접 왜곡이다.

사회보호법 사건의 진실은 이렇다. 1980년 신설된 보호감호 조항은 줄곧 여론의 비판을 받았다 1984년에는 79세 노인 도 아무개가 1,000원 상당 절도를 저지르고, 동종 전과 등을 이유로 징역 2년과 보호감호 7년에 처해진다.[2] 판사도 어찌할 수 없게 한 보호감호 조항의

헌법재판소, 한국현대사를 말하다 1

강제력 때문이다. 그렇지만 대법원은 위헌제청할 생각조차 하지 않았고, 국회도 폐지하려 하지 않았다. 이런 태도는 민주화 이후에도 이어졌다. 1988년 4월 26일 여소야대 국회에서도 방관했으며, 헌재가 생긴 9월 1일 이후에도 법원은 위헌제청하지 않았다. 정부는 사나웠으며, 국회는 무책임했고 법원은 타성에 젖어 있었다.

이 무렵 부천서 성고문 사건 공소유지를 맡고 있던 변호사 조영황이 나선다. 우선 형사 사건을 일일이 뒤져 사회보호법 피고인을 찾아낸다. 그리고 감방에 있던 피고인을 설득해 법원에 위헌제청신청하고 기각되자 10월 25일 헌재로 가져간다. 대법원은 그걸 지켜보고 나서야 11월 18일 이회창 대법관 주심 사건에서 위헌제청한다. 이것이 법원이 떠밀려 내다시피 한 위헌제청 1호다.

이시윤은 인터뷰에서 "당시 사회보호법에 문제가 있다는 것은 콘센서스가 있었는데 (법원이) 위헌제청을 안 했다. 그래서 변정수 재판관이 노력을 많이 했다. 사실상 사건을 유치했다. (조영황 변호사가) 감호처분받은 사람을 면회해 위헌심사형 헌법소원을 내도록 도장을 받아냈다. 그 뒤에야 법원이 위헌제청을 했다"고 설명했다. 변정수 역시 "조영황 변호사에게 헌법소원을 적극적으로 활용하라고 조언했다. 사회보호법을 찍어준 것은 아니다. 조영황 자신이 새 제도에 관심을 갖고 헌재에 자주 출입했다. 나와는 정동 피어선 아파트 사무실에 같이 있었던 터라 잘 아는 사이였다"고 했다.

헌법소원을 받은 헌재는 을지로 심판정에서 첫 구두변론을 열었다. 뜨거운 토론 끝에 위헌으로 결정을 굳히고 대략 선고일까지 정했다.

하지만 결론이 검찰로 유출돼 법무부가 로비에 나선다. 3월이던 선고일은 두 차례 연기되고[3] 3월 25일 정부는 국회를 통해 사회보호법을 개정, 필요적 보호감호를 폐지한다.[4] 그러고 나자 헌재는 4월 17일 무기력하게 사건을 각하한다. 법이 개정돼 심판할 필요가 없다는 이유였다. 우리가 아는 7월 14일 위헌선고는 이런 우여곡절을 겪은 뒤, 앞서 각하결정을 뒤집은 것이다. 그리고 이날 위헌을 선고는 했지만 사실상 효력이 없었다. 국회는 이미 법을 바꾸었고 법원은 이미 새 법으로 재판했기 때문이다.

이듬해인 1990년 10월 15일 법무사법 시행규칙 선고를 앞두고 벌어진 일도 비슷하다. 변정수가 선고날짜를 두고 다른 재판관들과 격렬하게 대립한 것도 대법원으로 정보가 유출될 것을 우려해서였다. 그리고 실제로 정보 유출이 이뤄진 것으로 확신케 하는 일들이 벌어진 것이다. 결국 이 사건은 변정수가 결정문을 기자들에게 배포함으로써 끝이 났다. 유출을 문제 삼아 유출로 대응하는 게 초기 헌재의 현실이었다.

이렇게 헌재 정보가 쉽게 유출되다 보니, 너도 나도 선고 결과를 말했다. 그리고 이를 막으려는 헌재의 안간힘은 스스로를 초라하게 만들었다. "헌법재판소가 현행 선거구제에 위헌 요소가 있다는 결정을 내릴 것으로 보입니다." 1995년 11월 23일 자유민주연합 총재 김종필은 기자 간담회에서 태연하게 발언한다.[5] 그리고 12월 언론은 선거구 헌법소원 사건 선고일은 21일 또는 28일, 결론은 위헌이라고 자신 있게 보도한다.[6]

헌재는 언론 예상보다 하루 빠른 12월 27일 오전 10시 선고키로 한다. 하지만 재판관들은 선고시간을 15분이나 넘겨 심판정에 들어선다. 게다가 주문만 읽고 결정문도 배포하지 않는다. 이듬해 1월 11일에야 공개한다. 이런 소동의 이유도 역시 결론 유출 우려였다. 15분 늦은 이유는 선고 직전 한 재판관이 "사건 조항이 국회에서 개정된 게 아니냐"고 새삼 지적해, 이를 확인하느라 늦었던 것. 결론 유출과 이에 따른 사전 개정이 잦다 보니 당연히 든 생각이었다. 결정문 배포가 안 된 이유도 마찬가지였다. 결론 유출을 우려한 재판관들이 연구관이나 비서들에게도 결정문을 주지 않다가 뒤늦게 취합하는 바람에 결정문도 없이 요지만 선고했다고 한다. 이와 함께, 선고일 역시 내부적으로 12월 28일로 잡았다가 결론 유출을 우려해 27일로 당기고 26일에야 예고했다.[7] 결국 이번만은 결론 유출을 막겠다며 소동을 벌였지만, 결론은 결론대로 유출되고 심판은 심판대로 엉망이 된 셈이다.

결론 유출에는 언론도 한몫 한다. 1994년 8월 토지초과이득세 위헌, 1997년 7월 검찰총장 퇴임 후 공직제한 위헌 보도 등, 너무 많아 손꼽기 어려울 정도다. 이런 가운데 정보 유출의 절정은 2기에서 터진다. 헌재는 1995년 11월 23일 5·18 관련자 전원에 대한 검찰의 불기소를 일부 취소키로 내부적으로 정한다. 다음 날 11월 24일 대통령 김영삼은 벼락처럼 5·18 관련자 처벌 특별법을 지시한다. 청와대가 헌재의 불기소 취소 결정을 미리 알아냈다는 주장이 파다했다.[8] 더구나 언론은 아예 헌재가 계산한 공소시효 완성시점이 언제라는 구체적 내용까지 보도했다. 이 역시 사전 유출이다.

뿌리 깊은 유출 논란은 현재 4기 재판소까지도 이어진다. 기획재정부장관 강만수는 2008년 11월 6일 국회 대정부 질문에서 종부세 위헌심판에 대해 발언한다. "헌재와 접촉을 했습니다만 확실한 전망은 할 수 없습니다. 일부는 위헌 판결이 날 것으로 예상하고 있습니다만 어떻게 (날지는 모르겠습니다)"라고 말한다. 이 대답은 한나라당 의원 최경환이 "종부세 위헌 판결이 나오도록 그렇게 돼 있습니까. 대체로 어떤 판결을 예상하고 있습니까"라고 질문한 데 답한 것이다. 이후 논란이 확대돼 기획재정부 측이 헌법재판관을 만났는지 재판연구관을 만났는지 문제가 되고, 결국 국회 청문회를 통해 강만수가 일부 실언한 것으로 마무리된다.

이 사건에서 결론 유출 여부보다 심각한 것은 이런 질문을 한 여당 국회의원이나 대답한 장관의 헌법재판에 대한 인식이다. 최경환의 '위헌 판결이 나오도록 그렇게 돼 있습니까'라는 결론을 위헌이라고 전제한 질문부터 불법적이다. 백보 양보해 결론이 나오느냐고 물으려다 위헌 판결이 나오냐고 잘못 말했을 수 있다. 그렇다고 해도 국회의원이 국민이 보는 앞에서 결론을 예상하라는 질문을 할 수는 없다. 그런 질문에 대답하는 장관도 정상은 아니다. 이들에게는 헌재 결론은 당연히 알아낼 수 있는 것이고, 재판관도 접촉할 수 있다는 인식이 들어 있다. 그리고 이런 생각이 퍼진 궁극적인 책임은 초기부터 적잖이 결론을 유출한 헌재 자신에게 있다.

그렇다면 정보 유출은 누가 저지르는 걸까. 우선 결론에 접근할 수 있어야 하고 이를 검찰·법원에 알릴 만한 이유가 있어야 한다. 그럴 사람은 헌재에서 재판관 아니면 연구관뿐이다. 헌재 초기에는 법원과 검찰의 파견연구관제도 때문에 정보 유출이 가능성이 있다는 우려가 있었다. 하지만 헌재 구조상 핵심 정보는 재판관이 아니면 정보 가치가 있는 적절한 시간에 알기는 힘들다.

첫 검찰의 불기소처분 취소 결정이 1989년 7월 14일 나갔다. 변정수가 결정문 집필자였던 이유로 그의 파견연구관 조규정이 검찰 고위층에게 혼이 났다고 한다. '헌재에 나가서 하는 일이 무엇이냐', '그것도 몰랐단 말이냐', '평생 헌법재판소에 있어라'라는 말까지 들었다고 했다.[9] 변정수는 인터뷰에서 "법무부가 파견연구관에게 대놓고 결론을 알아내라고야 하지 않았겠지만 적어도 동정보고 정도는 기대하지 않았겠는가. 더구나 법무부장관이나 검찰총장은 헌법소원의 피청구인이란 점에서도 정보가 새나갈 우려가 있었다. 그래서 검찰 파견연구관에 처음부터 반대했다. 법원도 헌법재판소의 통제대상(인 만큼 법원 파견도 적절하지 않다). 헌법연구관은 파견판·검사보다는 자체연구관이어야 한다고 생각했다"고 말했다.

자체연구관을 쓰는 것이 최선이라는 점은 분명하지만 인력 확보가 쉽지 않았다. 우선 법원과 검찰이 새로운 제도에 대한 노하우를 축적하기 위해 대한민국 최고 수준의 인재를 보냈다. 김문희는 인터뷰에서 "헌재는 자체연구관을 기를 만한 여력이 없었다. 헌재에 파견 온 사람들이 대게 고등법원 배석판사급으로 경력 10년이 넘는 사람들이다. 그런 인재를 변호사 가운데 쓰려면 그 보수를 맞출 수가 없다. 그렇다고 초임 변호사들에게는 그만한 능력이 있기 어려웠다"고 설명했다. 이시윤 역시 인터뷰에서 "파견연구관은 우수한 자체연구관의 확보가 어려워 취한 고육지책"이라고 말했다.

문제는 보수를 떠나서도 파견연구관만 한 인재를 구할 수는 없었다. 이는 헌재에 파견된 인력이 더 없이 화려했던 것으로 확인된다. 연구관 가운데 서울고등법원 판사 박일환과 광주고등법원 판사 김지형은 대법관이 된다. 서울지방검찰청 검사 김종빈은 검찰총장이 되고, 서울지법 동부지원 부장판사 권오곤은 유고슬라비아 국제형사재판소 재판관이다. 나머지 파견연구관들도 대부분 법원과 검찰에서 승진에 성공해, 고등법원 부장판사나 검사장이 된다. 이에 대해 김양균은 인터뷰에서 "법원과 검찰이 경쟁적으로 우수한 인재를 뽑아 보냈다. 외국 유학까지 다녀온 수준급 인재들이었다. 헌재 초기에 외국자료도 워낙 많고 해서 그 정도 실력이 없으면 버틸 수 없기도 했다. 기관들로서는 평가절하되는 걸 원치 않았던 것 같다"고 설명했다.

헌재는 개소 이듬해인 1989년 초여름부터 재판관들은 전속연구관을 채용했다. 이때 연구관 출신으로 가장 유명한 두 사람이 1·2호로 뽑힌다. 헌법소송변호사이자 법제처장 이석연과 서울대 법과대학 교수 정종섭이다. 이로써 1989년 연구관은 모두 9명이 됐다. 하지만 법원 파견 5명, 검찰 파견 2명, 자체연구관 2명인 기형적인 구조였다.

김양균은 1989년 9월 사법시험 출신 헌법학 박사 정종섭을 채용한다. 정종섭은 서울대 법대를 나와 헌법학자 허영 교수를 좇아 경희대와 연세대에서 석·박사를 마쳤다. 김양균 역시 소년범죄를 공부하면서 석사·박사학위를 받았는데, 석사 당시 연세대 허영 교수와 인연을 맺었다. 김양균은 인터뷰에서 "허영 교수가 추천하기에 얼굴 한 번 안 보고 정종섭을 채용했다. 정종섭 교수 책에 김양균에게 많이 도움을 받았다고 썼지만 도리어 내가 도움을 받았다. 아주 우수하고 성실한 사람이다. 이후 청와대에서 들어오란다면서 어떻게 하면 좋겠냐고 연락이 왔기에, 내가 정치에 뜻이 있으면 가고 아니면 가지 마라, 학자로 크려면 안 가는 게 좋다고 조언할 정도로 가까웠다"고 밝혔다.

변정수는 1989년 6월 법제처 사무관 이석연을 전속연구관으로 채용한다. 1979년에 제23회 행정고등고시를 통해 법제처에서 일하다, 1985년 제27회 사법시험에 합격했다. 변정수의 인터뷰. "나 홀로 소수의견을 내는 바람에 1 대 8로 싸울 때가 많았다. 내 연구관이 반대의견을 돕는다고 생각해서인지 이석연까지 미움을 받았다. 이석연과 평의 관련 얘기를 많이 했다. 나와 뜻을 같이 한 재판관이 없었기에 더욱 그랬던 것 같다. 정책적 판단에 적잖은 도움을 받았다." 이석연의 인터뷰. "초창기에는 완전히 백지상태였던 만큼 재판관·연구관 구분 없이 공부했다. 1기 재판관들이 그런 면에서 고생이 많았다. 특히 변정수 재판관 전속연구관으로서 다수의견 이해를 바탕으로 소수의견까지 연구해야 했다. 그런 과정을 통해 많이 배우고 훈련했다." 이석연은 이후 국회의원 선거구 사건·신행정수도 특별법 사건 청구인·대리인으로 유명해진다. 2008년 3월 이명박 정부 초대 법제처장에 발탁된다.

자체연구관을 크게 늘려야 하는 것은 정보 유출을 막기 위해서만은 아니다. 파견연구관은 결과적으로 헌재의 자립에 악영향을 끼친다. 파견연구관들은 길어야 2년이면 법원과 검찰로 돌아간다. 그리고 심판 노하우는 모조리 판사와 검사 머릿속에만 남았다. 취약한 자체연구관 기반은 장기적으로는 헌재를 반식민지상태로 만드는 효과가 있다. 이와 관련, 헌법재판소 사무처장 하철용은 2007년 국정감사장에서 자체 연구 확보가 쉽지 않다고 호소했다.[10] "장래가 불확실하다. 법원에 가면 고등부장이나 법원장 이런 식으로 앞이 보인다. 제일 큰 메리트는 변호사를 할 수 있다는 것이다. 그런데 여기에는 무슨 메리트가 있냐. 그래도 국가적으로 중요한 일 한 번 하자, 사람이 지위가 올라가고 부귀영달이 제일은 아니지 않느냐(고 설득한다)."

헌재는 자체연구관을 늘리기 위해 여러 자구책을 마련한다. 헌법연구관보제도를 1991년 12월 24일 신설, 연구관보를 거쳐 연구관이 되도록 했다. 실제로 이후 실력은 물론 기관 이해도가 높은 우수한 인력을 확보하게 된다. 헌법연구관의 처우도 개선해, 1급 내지 3급 별정직 국가공무원에서 판사·검사와 같은 특정직 국가공무원으로 2003년 3월 12일 전환했다. 그래도 상태는 쉽게 좋아지지 않고 있다. 2009년 8월 4일 기준 자체연구관 38명, 파견연구관이 20명이다. 게다가 파견연구관은 대부분이 법원·검찰 출신이어서 최근 요구하는 헌재연구관의 다양성에도 도움이 안 된다. 법원 16명, 검찰 3명, 법제처 1명이다.

한편 재판소 초기에는 점심밥을 법원·검찰 파견연구관들끼리만 먹었다. 자체연구관인 정종섭·이석연은 좀처럼 끼워주지 않았다. 하지만 변정수가 주요 사건을 집필하고 자주 위헌 선고하면서 분위기가 바뀌었다. 특히 선고 직전에야 결론이 알려진 대법원 명령 · 규칙 심사권 사건 이후에, 자체연구관도 점심을 같이 했다. 이에 대해 변호사 이석연은 "파견연구관들은 부장급을 비롯해 경력이 많은 법조인이었다. 하지만 이석연 · 정종섭은 (행정고시나 박사학위를 하느라) 늦긴 했지만 사법시험 이후 경력이 짧았다. 그런 이유로 어색해서 그런 것으로 기억한다"고 말했다. 하지만 이석연이 설명한 이유가 전부는 아니라고 증언하는 헌재 관계자가 더 많다.

◈ 사회보호법 헌법소원 = 88헌마4

1 | 헌법재판소, 『헌법재판소 20년사』 헌법재판소, 2008, 599쪽.

2 | 《조선일보》 1984년 7월 29일 3면.

3 | 《한겨레신문》 1992년 10월 21일19면.

4 | 《한겨레신문》 1990년 10월 16일 14면.

5 | 《조선일보》 1995년 11월 24일 4면.

6 | 《동아일보》 1995년 12월 18일 5면. 《경향신문》 1995년 12월 27일 1면.

7 | 《경향신문》 1995년 12월 28일 2면. 《동아일보》 1996년 1월 12일 3면.

8 | 《경향신문》 1995년 11월 26일 5면. 《조선일보》 1995년 11월 26일 3면.

9 | 변정수, 『법조여정』 관악사, 1997, 346쪽.

10 | 국회사무처, 《제269회 국회 법제사법위원회 회의록 제7호》, 2007년 10월 17일, 10쪽.

7

공안

민주화 재판소, 또 다른 민주화를 마주하다

1990년 초반은 공안의 시대였다. 국가보안법·노동자파업·교직원노조 등이 사회를
흔들었다. 국회의원 노무현의 제안으로 제3자 개입금지를 완화한 새로운 법률이 국
회를 통과했지만, 대통령 노태우가 거부한다. 그러자 기다렸다는 듯이 노동쟁의조
정법의 위헌성을 가려달라는 사건이 접수된다. 사회보호법 등 악법을 처단한 재판
소라는 기대로 사건이 모여들었다.

변호사 노무현·이상수가 구속된다. 1987년 9월 대우조선 노동자
이석규 사망 사건에 얽혔다. 혐의는 제3자의 개입을 금지한 노동쟁
의조정법 13조의 2* 위반.[1] 1980년 12월 31일 국가보위입법회의에서
추가한 조항이다. 노동자와 사용자 당사자가 아니면 누구도 관여하지
못하게 했다. 예외가 없다. 그러다가 1986년 12월 31일 개정에서 '총
연합단체 노동조합'과 '산업별 노동조합'이 예외가 됐다. 하지만 여전
히 변호사나 노무사조차 관여할 수 없었다. 노무현과 이상수도 그래
서 구속됐다.

제3자 개입죄로 이후에도 수십 명이 구속된다. 그리고 노무현과 이상수는 구속 이듬해인 1988년 4월 26일 제13대 국회의원이 된다. 곧바로 노동쟁의조정법 13조의 2를 삭제한 개정안을 낸다. 평화민주당 이상수가 11월 25일, 통일민주당 노무현이 12월 5일.[2] 국회에서 조정되면서 삭제 대신 개입 가능한 제3자 범위를 확대한다. 변호사와 공인노무사를 추가했다. 다음해인 1989년 3월 9일 국회에서 의결한다. 제안설명도 법제사법위원회에선 이상수가, 본회의에선 노무현이 했다.[3] 이제 대통령 노태우의 공포만 남았다.

● 노동쟁의조정법 [개정시행 1986. 12. 31]
제13조의2 (제3자 개입금지) 직접 근로관계를 맺고 있는 근로자나 당해 노동조합 또는 사용자 기타 법령에 의하여 정당한 권한을 가진 자를 제외하고는 누구든지 쟁의행위에 관하여 관계 당사자를 조종·선동·방해하거나 기타 이에 영향을 미칠 목적으로 개입하는 행위를 하여서는 아니된다. 다만 총연합단체인 노동조합 또는 당해 노동조합이 가입한 산업별 연합단체인 노동조합의 경우에는 제3자 개입으로 보지 아니한다.

정부는 이 무렵 공안정국을 만들어간다. 중간평가 논란, 노사분규 심화, 대학가 시위 등이 이유다. 1989년 3월 22일 대통령 노태우는 폭력세력이 있다면 성당이든 정당이든 공권력을 투입하라고 지시한다. 같은 날 치안본부장 조종석이 전국 경찰에 M-16 소총을 지급하고 무기휴대 명령을 내린다. 다음 날 검찰총장 김기춘은 공공기관을 습격하거나 화염병을 던지면 모두 구속한다고 밝힌다.[4] 그리고 다음 날인 3월 24일 노태우는 노동쟁의조정법 개정안에 거부권을 행사한다. 개정안은 폐기된다.

개정이 무산되자 곧바로 7월 31일 청주지방법원 김윤기 판사가 제3자 개입금지 조항을 위헌제청한다. 피고인 정아무개 위헌제청신청을 받아들인 이유는 이렇다. '사용자는 우월한 경제력을 바탕으로 전

● 대한민국헌법 [개정시행 1988. 2. 25]
제33조 ① 근로자는 근로조건의 향상을 위하여 자주적인 단결권·단체교섭권 및 단체행동권을 가진다.

문가의 조력을 받아 노동쟁의를 유리하게 끌어간다. 하지만 근로자들은 대응할 지식이 부족해 그렇지 못한 만큼, 전문가 · 학자 · 법률가 등 제3자의 조언을 받아야 한다. 그래야 헌법 33조 1항*이 보장한 근로3권을 제대로 보장받는다.' 이듬해인 1990년 1월 15일 헌법재판소는 국회가 의결한 개정안을 대통령이 거부한 상황에서 결정을 선고한다.

우선 합헌의견은 쟁의가 당사자의 선택이라고 말한다. '쟁의에서 사용자는 이윤감소, 노동자는 임금감소 위험을 안고 있다. 이런 위험은 두 당사자에게만 미치므로, 쟁의와 대응도 자주적으로 해야 한다. 헌법 33조 1항에서 말하는 '자주적'의 의미가 이런 것이다. 다음으로, 이 사건 조항이 변호사나 노무사의 도움을 금지하지 않는다. '조종 · 선동 · 방해하거나 기타 이에 영향을 미칠 목적으로 개입하는 행위'를 금지한 것일 뿐이다.' 조규광 · 이성렬 · 한병채 · 최광률 · 김문희, 5명 의견이다. 위헌 정족수 6명은 이미 불가능해졌다. 이 사건은 합헌이다.

나머지는 한정합헌과 전면위헌의견. 한정합헌은 해석의 여지가 너무 많아 제한적으로 풀이해야만 한다는 주장이다. '사건 조항에는 조종 · 선동 · 방해한다면 무조건 처벌이라고 돼 있다. 근로자에게 어떤 쟁의가 적법한지 교육해도 처벌, 사용자에게 쟁의에는 직장폐쇄로 대응하라고 말해도 처벌이다. 심지어 위법한 쟁의행위를 방해하며 개입하는 것은 장려해야 할 일인데도 처벌대상이다. 이런 식으로는 헌법상 권리인 단체행동권, 즉 쟁의행위권이 보장되지 않는다. 법원은 이런 결과가 나오지 않도록 합헌적으로만 해석해야 한다.' 김진우와 이시윤의 의견이며. 김양균은 다른 이유로 한정합헌을 낸다.

변정수가 유일하게 전면위헌을 주장한다. '노동3권은 간섭받지 않는 자유권이 아니라 국가가 보호해야 하는 사회권이다. 따라서 국가가 외부의 조력을 차단하면 헌법상 기본권인 노동3권은 의미가 없어진다. 조종·선동·방해에 이른 행위만 처벌하면 된다는 주장도 현실을 외면한 억지다. 실제 그렇지 않은 선량한 행위마저 처벌하고 있지 않은가. 마지막으로 한정합헌은 의미가 없다. 법원이 따르지 않으면 그만이다.'

합헌 선고 이후 10년도 못 된 1997년 3월 13일 제3자 개입죄는 사라진다. 노동쟁의조정법이 노동조합법과 합쳐지면서 노동조합 및 노동관계조정법이 된다. 40조⦿에서 개입이 가능한 제3자 범위를 크게 확대한다. '노동부장관에게 신고한 자'와 '기타 법령에 의하여 정당한 권한을 가진 자'가 들어간다. 게다가 적용받은 사례도 없어져 사실상 사문화한다. 이와 관련, 민주노동당 전 대표 권영길이 제3자 개입죄로 2008년 11월 13일 대법원에서 벌금 1,500만 원을 확정받는다. 1994~1995년 저지른 범죄였고 사실상 마지막 피고인이 된다.

법정의견 집필자인 김문희는 인터뷰에서 합헌결정한 배경을 설명했다. "유신정부와 5공정부에서 노동자들을 탄압했다. 노동조합이 결성

⦿ 노동조합 및 노동관계조정법 [제정시행 1997. 3. 13]
제40조 (노동관계의 지원) ① 노동조합과 사용자는 단체교섭 또는 쟁의행위와 관련하여 다음 각호의 자로부터 지원을 받을 수 있다. 각호 생략

되면 사업자는 골프 치러 도망갔다. 대신 경찰이나 정보부가 나타나 노동자들을 끌고 가 때려서 해결했다. 6 · 29 이후에 노동운동이 난장판이 된 것은 그 반작용이다. 이런 식으로는 악순환만 되풀이된다. 당사자들이 머리를 맞대고 해결해야 한다. 그래서 결정문에서 상급노동조합 변호인의 개입은 허락된다고 했다. 결과적으로 헌재가 개입을 금지한 것은 불순노동세력과 정부다."

제3자 개입죄 합헌결정으로 헌재는 사상 · 공안분야에서 보수적이라는 점을 명확히 한다. 1기 재판소는 국가안보와 관계가 적은 형사소송 절차 등에서는 인권을 보호하는 데 적극적이지만, 국가안보나 공공질서 유지에 해당하는 공안 사건에서는 기존 법질서를 존중한다.[5] 이런 경향은 일본에서도 비슷하다. 헌법재판까지 담당하는 일본 최고재판소에 대한 해설에도 이른바 '두 개의 얼굴론'이 있다. '사상이 얽힌 공안 · 노동에는 엄격하고, 일반 사건에서는 인권을 중시하여 대담하게 판결한다'[6]는 것이다. 1973년 제6대 최고재 장관 무라카미 도모카즈村上朝一[7]가 취임하면서 확립됐다고 한다. 아무튼 우리 헌재의 사상 · 공안에 대한 보수적 입장은 이후 국가보안법 사건과 전국교직원노동조합 사건으로 이어진다.

헌재는 1990년 4월 2일 국가보안법 7조 1항● 고무 · 찬양죄 위헌제청 사건을 선고한다. 오랫동안 국가보안법을 연구한 변호사 박원순이 '가장 독소적이며 가장 심각하게 남용된 국보법의 상징'이라고 평가[8]하는 그 조항이다. 터무니없

● 국가보안법 [개정시행 1988. 2. 25]
제7조 (찬양·고무등) ①반국가단체나 그 구성원 또는 그 지령을 받은 자의 활동을 찬양·고무 또는 이에 동조하거나 기타의 방법으로 반국가단체를 이롭게 한 자는 7년이하의 징역에 처한다.

이 적용된 예도 수없이 많다. 집을 철거하려는 공무원에게 '김일성보다 더한 놈'이라고 했다가 구속되거나, 재일동포 유학생이 '북한이 남한보다 중공업이 발달되어 있다'고 했다가 유죄 판결을 받은 일도 모두 이 조항에 걸려서다.[9]

이 사건의 법정의견 집필자는 이시윤이다. 국보법 7조 1항을 하나하나 짚어가며 얼마나 애매하고 적용범위가 넓은지 매섭게 지적한다. '사건 조항에는 '반국가단체나 그 구성원 또는 그 지령을 받은 자의 활동을 찬양·고무 또는 이에 동조하거나 기타의 방법으로 반국가단체를 이롭게 한 자'가 처벌대상이다. 우선 단순하게 '구성원'이라고만 돼 있다. 북한 어린이에게 노래를 잘한다는 말을 해도 처벌대상이 된다. '동조' 역시 막연해 국제경기 남북단일팀 출전 제의에 찬성해도 해당된다. '기타의 방법으로 반국가단체를 이롭게 한 자' 부분은 적을 이롭게 한 이적죄다. 앞문장인 고무·찬양·동조에서 이어지는 게 아니다. 따라서 아무런 설명도 없이 '기타의 방법'으로 적을 이롭게 했다는 것이므로 구성 요건이 무한정이다. 마지막으로 '이롭게 한' 부분도 문제다. 북한집단과의 적대관계를 볼 때 대한민국에 해로우면 반사적으로 북한에 이익이다. 따라서 반정부활동만으로도 이적죄가 된다. 이렇게 다섯 군데 용어가 지나치게 다의적이고 적용이 광범위하다.' 소송법의 대가답게 적확하고 신랄하게 법조문을 분해해낸다.

그리고 헌법상 어떤 기본권을 침해했는지 설명한다. '국민들은 마음대로 말도 못하고 예술활동도 제약받아 헌법 21조 1항 ● 표현의 자유

● 대한민국헌법 [개정시행 1988. 2. 25]
제21조 ① 모든 국민은 언론·출판의 자유와 집회·결사의 자유를 가진다.

제11조 ① 모든 국민은 법 앞에 평등하다. 누구든지 성별·종교 또는 사회적 신분에 의하여 정치적·경제적·사회적·문화적 생활의 모든 영역에 있어서 차별을 받지 아니한다.
제4조 대한민국은 통일을 지향하며, 자유민주적 기본질서에 입각한 평화적 통일정책을 수립하고 이를 추진한다.

를 침해당하고, 국가가 마음대로 법을 적용하기 때문에 헌법 11조° 평등권을 박탈당하고, 평화통일을 위해 북한집단과 대화하거나 이 과정에서 일부 주장을 받아줘도 문제가 돼 헌법 4조° 평화적 통일 지향과 부닥친다.' 이제 결론으로 들어간다. 지금까지 뉘앙스로는 전면위헌이다.

하지만 이시윤은 다른 길을 선택한다. '남북 간에 일찍이 전쟁이 있었고 아직도 휴전상태다. 남북이 막강한 군사력으로 대치하며 긴장상태가 계속되고 있다. 따라서 완전폐기한다면 이익보다 불이익이 더 크다. 사건 조항에 합헌적이고 긍정적인 면도 있어 한정합헌 결론이 맞다.' 결국 헌재의 고무·찬양 조항 선고 결과는 8명 의견으로 한정합헌을, 변정수만 전면위헌을 주장했다.

이시윤은 마지막으로 어떻게 해석해야 합헌인지 제시한다. '국가의 존립·안전이나 자유민주적 기본질서에 무해한 행위는 처벌에서 배제하고, 이에 실질적 해악을 미칠 명백한 위험성이 있는 경우로 처벌을 축소 제한해야 한다.' 시민사회에선 헌재가 보수적이라고 비판하며 이 사건 결정을 자주 예로 든다. 국보법을 적나라하게 비판해놓고도 합헌을 선택한 데 대한 서운함이 있다.

이시윤 역시 인터뷰에서 서운함을 드러냈다. "국보법 고무·찬양죄에 한정합헌을 선고한 것에 자부심을 갖는다. 국민의 기본권을 탄압하는 수단으로 악용되던 것이다. 우리가 한정합헌을 결정하자 사실 남산(국가안전기획부)에서 아주 못마땅하게 생각했다. 그런데 반대

헌법재판소, 한국현대사를 말하다 1

편에서도 위헌이면 위헌이지 한정합헌이 뭐냐고 했다. 외국의 경우를 좀 봐야 한다. 독일이나 일본에서도 한정합헌을 한다. 죽일 거를 죽이고 살릴 거를 살리는 게 합리적 치료다. 이후 국가보안법이 헌재 한정합헌결정에 맞추어 개정되는 성과까지 올렸다. 하지만 들인 노력에 비해서는 저평가되는 것이 매우 아쉽다."

변정수는 이 사건에서 한정합헌양식 자체를 불신했다. '법률 조항들의 위헌성을 인정하였으면 헌재로서는 마땅히 위헌을 선언하는 것이 국민에 대한 책무이다. 이런 결론은 그렇지 않아도 불명확하고 광범위한 구성 요건에 또다시 불명확한 구성 요건을 보태는 것뿐이다. 어느 정도의 효과가 있을 것인지 의문이다.' 변정수의 예측은 정확했다. 실제로 대법원은 물론 하급심에서도 효과를 발휘하지 못했다.

한정합헌 직후인 4월 중순. 서울형사지법 회의실에서 법원장 장상재를 포함, 소속 법관 40여 명이 토론을 벌인다. '이전과 별로 달라질 것이 없다'는 견해와 '헌재 취지에 따라 국가보안법의 관련 조항을 엄격히 해석해야 한다'는 의견으로 나뉘었지만 결론은 없었다. 당시 서울형사지법 한 단독판사는 "국가보안법 자체가 1조에서 국가의 안전을 위태롭게 하는 반국가활동을 규제한다고 규정하고 있어 헌재 결정문 취지도 이를 강조하는 것 이상의 의미를 찾기 힘든 것 같다. 법원 판결이 헌재 결정 이전과 달라질 것은 없다"고 말한다.[10] 서울지법 북부지원 판사 강금실도 대한변호사협회에서 발행하는 《인권과 정의》10월·11월호에 잇따라 논문을 실어 한정합헌결정을 강하게 비판했다. 결국 대법원은 헌재 결정을 무시하고 예전대로 재판을 계속

● 국가보안법 [개정시행 1991. 5. 31]
제7조 (찬양·고무 등) ① 국가의 존
립·안전이나 자유민주적 기본질서를
위태롭게 한다는 점을 알면서 반국가
단체나 그 구성원 또는 그 지령을 받
은 자의 활동을 찬양·고무·선전 또는
이에 동조하거나 국가변란을 선전·선
동한 자는 7년 이하의 징역에 처한다.

했다.[11]

국회가 1991년 5월 31일 헌재의 결정 취지대로 법을 바꾼다. 7조 1항● 앞부분에 '국가의 존립 · 안전이나 자유민주적 기본질서를 위태롭게 한다는 점을 알면서'를 포함시킨 것. '기타의 방법으로 반국가단체를 이롭게 한 자'를 '국가변란을 선전 · 선동한 자'로 바꾼다. 하지만 이것이 기존 국보법 7조 1항과 비교해 얼마나 달라진 것인지에 대해서는 평가가 엇갈린다. 아무튼 헌법재판소의 대법원을 향한 한정합헌 선고는 아무런 효과가 없었던 것이다. 그리고 1995년 1월 17일 부산지법 박태범 재판부는 개정된 보안법 7조에 대해 직권으로 위헌제청한다. 이 사건을 받은 2기 재판소는 1996년 10월 4일과 1997년 1월 16일 단순합헌을 결정한다. 결국 이시윤은 글로벌 감각을 주장했고, 변정수는 대법원을 의심했으며, 대법원은 헌재 결정을 무시한 셈이다.

1991년 6월 3일 달걀과 밀가루를 뒤집어쓴 국무총리 서리 정원식의 처참한 모습이 전국에 방송된다.[12] 정원식을 공격한 한국외국어대 학생들은 중 · 고등학생 시절 담임선생이 눈앞에서 장학사에게 멱살까지 잡혀 학교를 떠나는 것을 보았고, 분노했다고 했다.[13] 정원식은 1988년 12월 5일 문교부장관에 임명돼 전국교직원노동조합이 1989년 5월 28일 출범하자 곧바로 해체작업에 나섰다. 전국적으로 교사 1,500여 명을 해임했고 여론의 반발을 받던 가운데 1990년 12월 28일 물러난다. 그리고 이듬해 1991년 5월 24일 총리 서리로 기용된 직후 한국외대 대학원에 갔다가 일을 당했다.

시간을 1년 전으로 되돌려 1990년 4월 16일 헌법재판소 심판정. 문교부 장관 정원식과 전교조 사무처장 이수호가 사진기자들을 향해 섰다.[14] 전교조 문제와 관련해 전국 법원에서 잇따라 위헌제청한 사립학교법 55조·58조 위헌 심판 사건 공개변론이다. 해직된 교사들이 해고무효 확인소송하는 과정에서 법원이 위헌성이 짙다며 위헌제청한 것. 변론일까지 88건, 선고까지 100건이었고, 법원에서 기각된 8건은 헌법소원했다.[15] 헌재 심판정에서 정원식은 "사립학교는 국·공립학교와 마찬가지로 국가의 감독권 아래 있으며 국가가 책임을 져야 할 보통교육의 일부분을 담당하고 있는 공교육기관"이라고 말했다. 이수호는 "사립교원은 공무원이 아닌데도 공무원에게 요구되는 모든 의무를 강요당하고 있으며, 공무원이 누리는 권리는커녕 노동3권 등 피고용자로서의 권리까지 박탈당한 채 인권과 생존권까지 재단에 저당잡혀 있다"고 주장했다. 헌재는 변론을 마치고도 1년을 더 가지고 있다가 1991년 7월 22일 합헌을 선고한다.

재판관 6명이 합헌의견이었다. '사립학교 교원에게 헌법 33조 1항이 정한 근로3권을 모두

● 사립학교법 [개정시행 1986. 5. 9]
제55조 (복무) 사립학교의 교원의 복무에 관하여는 국·공립학교의 교원에 관한 규정을 준용한다.
제58조 (면직의 사유) ① 사립학교의 교원이 다음 각호의 1에 해당할 때에는 당해 교원의 임명권자는 이를 면직시킬 수 있다.
4. 정치운동 또는 노동운동을 하거나 집단적으로 수업을 거부하거나 또는 어느 정당을 지지 또는 반대하기 위하여 학생을 지도·선동한 때.

● 대한민국헌법 [개정시행 1988. 2. 25]
제33조 ① 근로자는 근로조건의 향상을 위하여 자주적인 단결권·단체교섭권 및 단체행동권을 가진다.
② 공무원인 근로자는 법률이 정하는 자에 한하여 단결권·단체교섭권 및 단체행동권을 가진다.
③ 법률이 정하는 주요 방위산업체에 종사하는 근로자의 단체행동권은 법률이 정하는 바에 의하여 이를 제한하거나 인정하지 아니할 수 있다.
제37조 ② 국민의 모든 자유와 권리는 국가안전보장·질서유지 또는 공공복리를 위하여 요한 경우에 한하여 법률로써 제한할 수 있으며, 제한하는 경우에도 자유와 권리의 본질적인 내용을 침해할 수 없다.

금지한다 해도 근로기본권을 빼앗는 게 아니다. 현행법에 사립학교 교원의 보수와 신분이 보장돼 있고 교직단체 등을 통해 경제적·사회적 지위 향상을 꾀할 수도 있기 때문이다. 외국의 경우가 어떠하든 우리나라 교육제도 특성상 노동관계법 원리를 교원에게 그대로 적용할 수는 없다.' 조규광·이성렬·김진우·한병채·최광률·김문희.

그러나 이시윤은 적어도 단결권은 인정해야 한다며 한정합헌을, 김양균은 학생들의 수업권을 고려해 단체행동권만 제한하고, 단결권·단체교섭권은 인정해야 한다며 위헌을 주장했다. 앞서 다수의견은 단결권·단체교섭권·단체행동권을 모두 제거하는 것으로 전교조를 부인했다. 마지막으로 위헌의견 변정수가 합헌의견을 낸 재판관들을 공격한다. '다수의견은 설령 주관적인 애국적 동기에 의한 것일지라도 공권력의 위헌적인 처사를 합리화해준 헌법파괴행위다. 근로자의 노동3권은 공산주의에는 없고 자본주의에만 있다. 자유민주주의 체제에 유익한 것이며, 체제유지를 위한 안전판이다.'

헌재의 합헌 선고 3년 뒤인 1994년 10월 김영삼 정부는 전교조 탈퇴를 조건으로 해직교사 1,294명을 복직시켰다.[16] 선고 10년 뒤에는 '교원의 노동조합 설립 및 운영에 관한 법률'이 국회를 통과해, 전교조가 1999년

1기 공안 사건 선고 결과

재판관	제3자	국보법	전교조
조규광	합헌	한정합헌	합헌
이성렬			
한병채			
최광률			
김문희			
김진우	한정합헌		한정합헌
이시윤			
김양균			위헌
변정수	위헌	위헌	

7월 1일자로 합법화한다. 2002년 4월 27일에는 민주화운동 관련자 명예회복 및 보상심의위원회는 전교조의 결성 또는 가입행위에 대해 민주화운동으로 인정한다.

김문희는 인터뷰에서 '헌재가 역사를 뒤따라가는 것 아니냐'는 질문에 대답했다. "교원도 임금 노동자임에 틀림없지만 권리를 어디까지 하느냐에 대한 고민이 있었다. 지금에 와서 옳고 그르냐를 따질 문제라기보다, 하나의 시대적 판결이라고 이해하면 된다. 계희열 교수 같은 학자들은 사립학교법 합헌결정이 엄청난 사회적 비용을 줄였다고 평가했다." 김양균은 인터뷰에서 자부심을 나타냈다. "결과적으로 내가 10년 앞서 간 셈이 됐다. 단결권부터 3권을 모두 부인해야 전교조 자체를 부인할 수 있다. 그런데 그게 헌법상 논리가 안 나온다. 나는 학습권 침해 우려가 있는 단체행동만 금하자고 했다. 그런데 법정의견이 (전교조에) 지레 놀라서 3가지를 다 부인해버린 거다." 헌법 연구관 출신 헌법학자 정종섭은 1994년 10월 발표한 논문에서 '사립학교 교원에게는 노동3권이 인정되지 않는다고 판단한 헌재의 견해는 헌법이론적으로 유례를 찾아보기 힘든 독단적인 주장'이라고 평가했다.[17]

◆ 노동쟁의조정법 13조의2 제3자 개입금지 등 위헌제청 = 89헌가103

◆ 국가보안법 7조 고무·찬양 위헌제청 | 1기 사건 = 89헌가113

◆ 국가보안법 7조 1항 등 위헌제청 | 2기 사건 = 95헌가2

◆ 국가보안법 헌법소원 | 2기 사건 = 92헌바6 등 병합

◈ 사립학교법 55조 등 전교조금지 위헌제청 = 89헌가106

1 | 한승헌, 『한승헌 변호사 변론사건 실록 5』 범우사, 2006.

2 | 모종린 외, 「노동개혁-민주화 이후 노동법 개정사 」『한국 경제개혁 사례연구』 오름2002.

3 | 국회사무처, 《제145회 국회 제9차 본회의 회의록 제9호》, 1989년 3월 9일, 15쪽.

4 | 아이엠비씨 20년뉴스 DB <imnews.imbc.com/20dbnews/index.html>.

5 | 이석태, 「헌법재판소, 한국의 '양로원'」《황해문화》, 2004 겨울, 51쪽.

6 | 야마모토 유지, 『일본최고재판소이야기』 법률문화사, 2005, 487쪽.

7 | 最高裁判所 判事一覧表 <www.courts.go.jp/saikosai/about/saibankan/ hanzi_itiran.html>.

8 | 박원순, 『국가보안법연구 3』 역사비평사, 2000, 83쪽.

9 | 박원순, 『국가보안법연구 3』 역사비평사, 2000, 85쪽.

10 | 《한겨레신문》 1990년 6월 5일 15면.

11 | 헌법재판소 『헌법재판소 20년사』 헌법재판소, 2008, 337쪽.

12 | 아이엠비씨 20년뉴스 DB <imnews.imbc.com/20dbnews/index.html>.

13 | 《한겨레신문》 1991년 6월 5일 14면.

14 | 《조선일보》 1990년 4월 17일 3면.

15 | 《조선일보》 1990년 4월 17일 3면, 《동아일보》 1991년 7월 23일 3면.

16 | 《한겨레》 1998년 2월 7일 22면.

17 | 정종섭, 「제1기 헌법재판소의 활동과 그에 대한 평가」《인권과정의》, 1994년 10월, 21쪽.

8

변심

20년 간통논쟁, 범죄이거나 부도덕이거나

배우자 있는 사람이, 배우자 이외의 사람과 성관계하는 것은 범죄다. 형법에 따라 이 죄를 지은 남녀는 감방에서 징역을 살아야만 한다. 벌금형은 없다. 이것이 형법 241 조 간통죄다. 오랫동안 시비가 됐다. 간통 처벌 자체가 부당하다거나 징역형만 있는 것이 너무 가혹하다고 했다. 부부 문제이면서도 사회범죄이기 때문에 유명인의 간 통은 햇빛 아래 낱낱이 공개됐다.

○○소속 국가대표 농구선수 김○○ 씨(26·서울 ○○구 ○○2동 892)가 19일 부인 정○○ 씨(25)에 의해 서울 강서경찰서에 간통●혐 의로 피소됐다. 정씨는 이날 경찰에 제출한 고소장에서 '김씨가 19일 새벽 서울 강남구 신사동 ○○나이트클럽에서 박○○ 씨(24·무직·○○구 ○○동4가 56)를 만나 인근 ○○장여관에서 정을 통했다'고 주 장, 처벌을 요구했다.[1] 1990년 일간신문 사회면 에 실린 기사다. 실명·주소·여관이름까지 그

● 형법 [개정시행 2005. 7. 29]
제241조 (간통) ① 배우자있는 자가 간통한 때에는 2년 이하의 징역에 처 한다. 그와 상간한 자도 같다.
② 전항의 죄는 배우자의 고소가 있어 야 논한다. 단 배우자가 간통을 종용 또는 유서한 때에는 고소할 수 없다.

대로 드러난 인권유린에 가까운 보도다. 당시 이런 보도를 일삼은 언론들의 근거는 무엇이었을까. 간통이 형사처벌대상이란 점이 포함된다. 국가가 나서서 엄벌하는 죄인 만큼 알릴 가치가 있다는 것. 1980년대 후반부터 1990년대 초반까지 이런 기사가 끊이지 않는다. 1988년 가수 장 아무개, 1989년 방송진행자 정 아무개, 1990년 고법판사 오 아무개, 1991년 야당 최고위원 이 아무개……. 과연 간통은 어떤 죄일까.

대법원은 1989년 3월 14일 간통 조항을 합헌으로 판단한다. 김 아무개가 간통을 저지른 혐의로 구속되어 재판을 받으면서 신청한 위헌제청 요청을 기각한 것. 그러나 6개월 뒤인 1989년 9월 법무부 형법 개정 특별심의위원회가 간통 조항을 삭제한 새로운 형법 시안을 내놓고, 이듬해 1990년 2월 대검찰청도 개정특위에 폐지의견을 낸다. 분위기가 무르익자 6월 30일 부산지법 김백영 판사가 직권으로 간통 조항을 헌법재판소에 위헌제청한다. 헌법위 시절과 달리 대법원을 거칠 필요가 없었다. 따라서 당시 법률가들의 분위기는 간통 조항이 헌법 위반인지 아닌지는 나뉘지만 폐지할 만한 이유는 있다는 것으로 종합된다.

1기 재판소의 간통죄 결정이 1990년 9월 10일 선고된다. 대법원에서 위헌제청 기각당한 당사자가 직접 헌법소원한 그 사건이다. 재판관들의 의견은 4가지로 갈라진다. 합헌의견, 보충의견, 반대의견 1, 반대의견 2. 네 가지 의견은 앞으로 간통 조항이 어떻게 토론될지 보여주는 가늠자다.

우선, 합헌의견은 간통 조항이 행복추구권을 침해하는 것은 맞지만, 침해 정도가 공공이익을 위해 감수할 만한 수준이란 것이다. '행복을 추구할 권리가 헌법 10조●에 있다. 여기에는 자기운명결정권이 포함되고, 다시 이 안에는 성관계 상대방을 선택할 권리가 있다. 하지만 헌법상 권리라도 질서유지와 공공복리를 위해 필요하다면 본질을 해치지 않는 범위에서 제한될 수 있다고 헌법 37조 2항●이 밝혔다. 그리고 처벌형으로 징역형만 둔 것 역시 최소한으로 필요한 수준이다.' 이성렬 · 변정수 · 김진우 · 최광률의 의견이다.

● 대한민국헌법 [개정시행 1988. 2. 25]
제10조 모든 국민은 인간으로서의 존엄과 가치를 가지며, 행복을 추구할 권리를 가진다. 국가는 개인이 가지는 불가침의 기본적 인권을 확인하고 이를 보장할 의무를 진다.

● 제37조 ② 국민의 모든 자유와 권리는 국가안전보장·질서유지 또는 공공복리를 위하여 요한 경우에 한하여 법률로써 제한할 수 있으며, 제한하는 경우에도 자유와 권리의 본질적인 내용을 침해할 수 없다.

보충의견은 합헌의견에 추가해 간통 조항이 아직은 위헌성이 없지만 궁극적으로는 국회가 해결할 일이라는 주장이다. '인간의 행위를 국가가 처벌할 것인가 도덕에 맡길 것인가. 이 문제는 시대적인 상황과 사회구성원 의식에 따라 결정된다. (따라서 국민의 대표기관인) 의회가 결정하면 된다. (하지만 헌재에 들어온 이상 위헌성을 판단한 결과) 1990년 한국 사회에서 간통을 처벌하는 것이 위헌은 아니다. 아직은.' 폐지를 논하는 것과 위헌을 논하는 것은 다른 문제라는 생각이다. 조규광 · 김문희 재판관이 참여했다.

반대의견은 둘로 갈린다. 한병채와 이시윤은 징역만을 규정하고 있는 점이 위헌이라고 본다. '간통행위를 형사처벌하는 게 문제가 아니라 징역형만 정하고 있는 점이 문제다. 징역형만 있으면서도 고소권

1차 간통 선고 결과

처벌 자체	재판관	징역형만
합헌	조규광	합헌
	김문희	
	이성렬	
	변정수	
	김진우	
	최광률	
	한병채	위헌
	이시윤	
위헌	김양균	

자의 의사에 따라 처벌이 좌우되는 친고죄여서 이혼소송의 무기나 공갈 협박의 수단으로 작용한다.'

독실한 기독교 신자이자 검사장 출신 김양균은 처벌 자체가 위헌이라고 주장한다. 김양균이 무려 20개에 이르는 근거로 간통 처벌이 부당함을 밝힌다. 김양균은 인터뷰에서 "검사생활을 통한 다양한 현장 경험으로 간통 조항이 어떻게 부당하게 작동하는지 충분히 알았다"고 밝혔다. '간통죄는 사생활은폐권이라 불릴 만한 기본권을 침해하므로 위헌이다. 간통죄의 목표라는 일부일처 가정 보호 · 전통적 성도덕 등은 근거가 미약하다. 오히려 자신과 상대방 · 자녀에게 상처를 주고, 재결합을 방해하는 등 폐해가 더 크다. 게다가 징역형만 있는 점도 최소 침해 원칙을 벗어난다.'

당시 폐지 분위기에도 불구하고 유지로 결론이 모아진 데는 현실론이 작용했다. 한 1기 재판관은 "당시 평의에서 만약 이 조항이라도 없으면 개인들이 직접 폭력을 휘두를 수 있지 않겠냐. 간통으로 속이 뒤집힌 사람들이 사적 제재에 나설 수 있다. 그래도 형사처벌이 있어 개인이 폭력을 휘두르는 것을 막고 중간영역으로 끌어오는 역할을 한다고 웃으며 말한 기억이 있다"고 밝혔다. 법리판단보다는 상황판단에 의존한 것이다. 따라서 상황변화에 따라 결론도 급속하게 달라질 가능성이 있다. 그리고 이를 파악하기 위해 의견을 상세히 분류하는 것이 도움이 된다.

분석표에서 왼편은 간통 처벌 자체에 대한 입장, 오른편은 징역으로만 처벌하는 데 대한 의견이다. 합헌·합헌 혹은 위헌·위헌인 경우에는 사회가 변해도 결론이 달라지지 않는다. (처벌 자체) 합헌·(징역형만) 위헌인 재판관이 변화에 맞춰 입장을 바꾼다. 한병채·이시윤은 간통 조항에 벌금형만 추가되면 위헌에서 합헌이 된다. 다음으로 위헌·합헌은 이론상 불가능하다. 간통 자체를 위헌으로 보면 징역형이든 벌금형이든 인정 못한다. 하지만 비슷한 경우는 있다. 조규광·김문희가 그렇다. 위헌은 아니지만 내심 폐지를 기대한다. 단서는 '아직은'이란 단어다. 결정문에서 '아직은'이 다섯 번 나오는데 모두 이들이 썼다. '간통죄에 대한 조항이 아직은 헌법에 위반되지 아니한다'는 식이다. 현재는 징역형만 있더라도 넘어가지만 장기적으로 국회에서 없애라는 입장이다.

재판관들의 헌법 성향을 파악할 때 주의할 점은 '입법정책의 문제'라는 표현. 국회에 달려 있다는 말을 폐지를 바라는 것으로 오해해서는 안 된다. 가령 완전히 합헌을 주장하는 재판관들이라도 국회가 없앤다고 하면 할 말이 없다. 그래서 재판관 입에서 나오는 '입법정책의 문제'라는 표현은 가치판단이 없는 맹물이다. 실제로 징역형만 있는 것을 문제 삼지만 간통 처벌 자체에 찬성한 한병채·이시윤의 의견에도 '간통죄를 폐지하느냐 않느냐 등의 문제는 어디까지나 입법자의 입법형성권에 속하는 사항'이라고 적고 있다. 장기적으로 폐지해

야 한다는 내심은 '아직은'이라는 단어가 쓰여야 드러난다. 조규광·
김문희처럼.

김문희는 인터뷰에서 '아직은' 의견을 쓰게 된 과정을 설명했다.
"변정수 재판관이 작성한 합헌의견을 읽어보니 도저히 승복할 수 없
었다. 헌재가 위헌인지 가리는 것과 국회가 입법적으로 어찌할지는
다른 문제다. 민주적 정당성을 갖지 않는 헌재가 처벌을 하라 마라 말
하지 못한다. 다만 국민 모두가 처벌하면 안 된다고 하거나, 사회사정
에 바뀌면서 처벌할 값어치가 사라졌다거나, 처음부터 잘못된 것이라
면 헌재가 나설 수 있다. 하지만 그전 단계에서 처벌할지를 정하는 것
은 의회의 몫이란 점을 강조해야 했다. 간통죄 처벌이 아주 옳다는 얘
기는 아니다. 언젠가 의회가 없애면 몰라도 당시 우리가 위헌이라고
하기에는 이르다는 것이었다. 이제 20년 다 됐다. 헌재로 보내지 말고
의회가 해결해야 한다. 가령 동성동본 금혼 문제도 의회가 먼저 해결
했어야 하는데, 결국 헌재가 1997년 7월 헌법불합치 결정으로 해결했
다."

부산지법 김백영 판사가 제청한 사건도 1993년 3월 11일 1기 재판
소에서 똑같은 결정을 받는다. 정년퇴임한 이성렬의 후임 황도연이
전임과 같은 입장에 섰다. 김백영은 이후 대전지법 서산지원으로 발
령 나면서 위헌체청 이후 7개월 만에 법복을 벗는다. 한편 형법 개정
작업은 간통 조항 폐지로, 벌금형 추가로, 징역형 1년 이하로 완화하
는 방안까지, 뒤집히고 뒤집힌다. 그러다 1992년 6월 1일 간통 처벌
을 '1년 이하 징역 또는 500만 원 이하 벌금'으로 바꾼 개정안을 확정

한다.[2] 하지만 국회에서 3년간 기다리다 법제사법위원회조차 통과하지 못하고 폐기된다.[3] 김문희의 말대로 국회가 몸을 사렸다.

윤영철 3기 재판소가 첫 결정 이후 11년 만인 2001년 10월 25일 합헌을 확인한다. 의견 분포는 8 대 1. 결정 내용은 1기 재판소의 것을 거의 그대로 길게 인용한다. 다만 3기 재판소 법정의견에서는 국회 역할

2차 간통 선고 결과

처벌 자체	재판관	징역형만
합헌	윤영철	합헌
	한대현	
	하경철	
	김영일	
	김효종	
	김경일	
	송인준	
	주선회	
위헌	권성	불참

을 강조한다. '다만 입법자로서는 …… 간통죄 폐지 여부에 진지한 접근이 요구된다'고 적는다. 하지만 앞서 살펴본 대로 원론에 불과하다. 폐기의 내심을 담은 '아직은'이란 표현은 없다. 오히려 '여전히'란 표현이 두 차례나 쓰여 있다. 1기 보충의견이 합헌성에 손을 들면서도 미래의 폐지를 염두에 두고 있었다면, 3기 법정의견은 합헌성을 지지하면서 간통 조항의 역사성과 유지 필요성을 내세운 것이다. 오로지 합헌만을 주장한 1기 법정의견에 비교해보면 표현만 다소 세련된 것일 뿐, 본질은 같다. 주선회의 인터뷰. "언젠가는 폐지되어야 할 법이지만 위헌이라고 하는 것은 조금 이르다. 현재로서는 반대하는 여론도 많다. 사실은 없애야 하는 법이다. 5기 이후에 위헌이 될 수도 있지 않을까 싶다."

유일하게 반대의견을 낸 권성은 간통 자체가 위헌이라며 징역형

일원주의까지 가지도 않는다. 권성의 의견은 세 번에 걸친 간통 사건 의견 가운데 가장 독특하다. 간통죄는 원래 유부녀가 대상이다. 남녀 평등에 어긋난다는 비판 때문에 유부남이 추가됐다. 따라서 핵심은 유부녀 간통에 대한 처벌이다. 부부관계는 계약관계다. 아내는 남편의 진짜 후손을 낳고, 남편은 식량과 주거를 공급한다. 유부녀의 간통은 계약에 따른 성적 성실의무를 위반한 것이다. 그러므로 이혼하고 위자료를 청구하는 것으로 끝나야 한다. 윤리적 비난과 도덕적 회오의 대상이지 형사처벌의 문제가 아니다. 간통죄를 공개재판으로 처벌하면 인간존엄의 핵심인 자존심을 철저하게 짓밟게 된다. 인간존엄성을 보장한 헌법 10조 위반●이다.

셋째 사건은 다시 7년이 지나 2008년 4기 재판소에서 다뤄진다. 당사자 헌법소원 2건에, 법원이 17년 만에 위헌제청한 4건이 더해져 위헌 기대감이 컸다. 위헌제청신청자가 유명 여성 탤런트 옥 아무개였던 점도 화제였다. 그래서 언론이 경쟁적으로 선고 예상 기사를 쏟아냈다. 4기 재판관 가운데 8명이 국회 청문회를 거치면서, 발언한 것이 남아 있었다. 언론들은 적어도 6명이 간통죄에 부정적 시각을 가졌다며 위헌을 점친다. 입법적 해결이 중요하다는 발언을 근거로 삼았다.

● 대한민국헌법 [개정시행 1988. 2. 25]
제10조 모든 국민은 인간으로서의 존엄과 가치를 가지며, 행복을 추구할 권리를 가진다. 국가는 개인이 가지는 불가침의 기본적 인권을 확인하고 이를 보장할 의무를 진다.

입법론이란 말이 원론에 그친다는 점을 몰랐던 것이다. 참고로, 2000년 5월 30일 개정시행된 국회법은 헌재소장과 국회선출 재판관 3인을 청문토록 했다. 그러다가 2005년 7월 29일부터 재판관 모두를 청문하도록 헌재법이 개정됐다.

헌법재판소, 한국현대사를 말하다 1

이공현은 대법원장 지명인데 법 개정 직전인 2005년 3월 14일 재판관이 돼 이 사건 당시 유일하게 청문회를 거치지 않았다.

4기 재판관들의 청문회 발언을 보면[4], 이강국은 "세계적으로도 간통

3차 간통 결과 예측

처벌 자체	징역형만	재판관
① 합헌		이강국
② 합헌	위헌	민형기, 송두환
③ 위헌		김희옥, 김종대 이동흡, 목영준

죄는 폐지 추세다. 존폐는 국민의 의견수렴을 통해 입법론으로 해결돼야 한다"고 한다. 앞서 살핀 대로 입법론은 무의미한 단어다. 이 말로 알 수 있는 것은 이강국이 ③은 아니라는 것뿐이다. 그는 이어 "헌재의 합헌결정은 일부일처주의 · 혼인제도의 유지 및 가족생활의 보장을 위해서나 부부간의 성적 성실의무의 수호, 사회적 해악의 사전예방을 위한 취지"라고 3기 재판소의 법정의견을 그대로 인용한다. 법률가는 아무 때나 선례를 인용하지 않는다. 더구나 초보판사도 아니고 대법관 출신인 그에게 선례란 언제든 무너뜨릴 수 있는 대상이다. 그런데도 이를 인용했다면 심중이 드러난 것이다. 이강국은 3기의 법정의견인 ①이 틀림없다.

김희옥과 이동흡은 "여성 및 자녀보호 조치를 강화하는 전제로 폐지를 검토해야 한다", "여성의 권익 침해 가능성에 대한 보완조치를 전제로 폐지하는 것이 타당하다"고 말한다. 국회의원은 합헌이든 위헌이든 표결로 폐지할 수 있다. 하지만 법률가로서 폐지에 이르려면 위헌뿐이다. 위헌 가운데 폐지로 가는 것은 ③의견이다. ②입장은 폐지가 아닌 개정으로도 위헌성이 해결되기 때문이다.

김종대와 목영준도 각각 "간통죄는 법의 테두리 안에 둘 것이 아니라 도적적 관념에 맡기는 것이 타당하다", "남녀의 윤리와 도덕 문제라는 점에서 형사적 처벌보다는 민사적으로 해결해야 된다고 생각한다"고 밝힌다. 김문희의 설명대로, 어떤 문제를 도덕에 맡길지 법으로 해결할지 판단하는 곳은 입법부다. 그런데도 재판관 후보들이 의원들 앞에서 민감한 문제를 도덕과 민사로 넘기자고 한다. 형법에서 간통을 없애자는 얘기다. 법률가가 폐지할 수 있는 방법은 ③입장에 서는 것뿐이다.

다음으로 민형기와 송두환은 모두 "입법적으로 해결하는 것이 바람직하다"고만 언급한다. 역시 ③이 아니라는 신호일 뿐 어디를 선택할지 분명치 않다. (재판관들의 발언은 법률신문 기사를 재인용한 것인데 국회 속기록에는 없는 부분이 있다. 하지만 맥락에 차이가 없고 서면 답변서를 참고한 것으로 보여 그대로 썼다.) 다음으로 이공현은 청문회대상이 아니었고 조대현은 청문회를 거쳤지만 간통 관련 질문이 없었다.

헌재가 셋째 간통 사건을 선고한다, 2008년 10월 30일. 자료가 없던 이공현·조대현이 완전합헌의견인 ①에 섰다. 이제 위헌이 되려면 입장을 드러내지 않은 민형기와 송두환이 모두 위헌에 서야 한다.

결정문에서 두 사람 모두 처벌 자체는 합헌이지만 징역형만 있는 것은 문제라고 했다. 6표가 채워지면

3차 간통 선고 결과

처벌 자체	징역형만	재판관
합헌		이강국, 이공현 민형기, 조대현
합헌	위헌	송두환
위헌	불참	김희옥, 김종대 이동흡, 목영준

헌법재판소, 한국현대사를 말하다 1

서 위헌이 되는 순간이다. 하지만 민형기는 징역형만 둬서 문제지만 그 역시 입법으로 해결할 문제이지 위헌 수준은 아니라고 밝힌다. 예상치 못한 결론이다. 실제 심리과정에서 위헌을 주장한 5명은 민형기를 적극 설득했다고 한다. 과거 헌재가 여러 차례 '입법부가 간통죄 폐지 여부를 진지하게 고려해야 한다'고 지적했지만 변화가 없지 않느냐는 이유였다.[5] 하지만 민형기는 합헌을 선택한다. 사회가 합의해 국회에서 폐지하는 것이 적절하지, 헌재에서 위헌으로 폐지하기는 어렵다는 입장이었다. 간통이 행정목적으로 만든 법정죄가 아니라 반윤리적 성격이 있는 자연죄라는 판단이 근거였던 것으로 알려져 있다.

김양균은 인터뷰에서 "첫 사건에서 혼자서 전면위헌의견을 쓰면서 30~50년 안에는 내 의견대로 될 것이라고 했다. 그리고 19년이 지나 4기 재판관 5명이 위헌의견을 냈다. 검사생활을 통해 간통 조항이 상습적인 사람이 아닌 우발적인 사람들에게 주로 적용되는 걸 알았다. 이 조항 때문에 많은 가정과 개인을 파탄나는지 알게 된 것이 위헌의견을 내는 데 토대가 됐다. 간통 조항은 위헌이고 반헌법적이고 촌스럽다"고 말했다.

◈ 1차 형법 241조 헌법소원 = 89헌마82

◈ 1차 형법 241조 위헌제청 = 90헌가70

◈ 2차 형법 241조 헌법소원 = 2000헌바60

◈ 3차 형법 241조 위헌제청·헌법소원 = 2007헌가17 등 병합

1 | 《한국일보》 1990년 2월 20일 18면.

2 | 《조선일보》 1992년 6월 2일 30면.

3 | 《경향신문》 1995년 10월 7일 23면.

4 | 인터넷 법률신문 <www.lawtimes.co.kr/LawNews/News/NewsContents. aspx?serial=32148>.

5 | 《내일신문》 2008년 10월 31일 21면.

9

시장

경제는 청와대의 의지로 작동하지 않는다

전두환 정부는 1985년 재계서열 7위 국제그룹을 공중분해한다. 회장 양정모는 정치
헌금을 적게 바치는 바람에 찍힌 것이라고 했다. 그리고 헌법재판소가 출범하자 헌
법소원을 제기한다. 이 사건을 맡은 사람이 바로 '인권변호사' 조영래이다. 그는 사
건 주심이자 대학 스승인 이시윤을 찾아간다. 재판관실 소파에 앉아 유난히 밭은 기
침을 쏟아내고 있었다.

"선생님, 제가 밤을 꼬박 새워 쓴 변론서입니다. 그런데……, 사건은 어떻게 되겠습니까."
1989년 변호사 조영래는 전두환 정부 시절 국제그룹해체 사건 헌법소원을 청구한 뒤 어느 날 이시윤을 찾았다. 두 사람은 재판관과 변호사 이전에 사제지간. 조영래●는 1965년 서울대학교 법과대학에 수석합격했고 이시윤은 당시 이 학교 교수로 인연을 맺은 사이다. 지칠 대로 지

● 조영래(1947~1990) 대구. 서울대학교 법과대학 졸업. 1971년 2월 제13회 사법시험 합격. 71년 10월 사법연수원 재학 중 서울대생 내란음모 사건으로 구속. 1년 6개월 만기출소 직후인 73년 4월 민청학련 사건으로 수배. 피신생활 동안 『전태일 평전-어느 청년노동자의 삶과 죽음』 집필. 80년 3월 수배해제 및 복권, 사법연수원 재입소. 망원동 수재 사건·여성 조기정년 사건·부천서 성고문사건 변론. 90년 3월 폐암 3기 진단. 90년 12월 12일 여의도성모병원서 사망.[1]

쳐 보이는 제자에게 이시윤이 미안한 듯 몸을 당기며 말한다. "자네도 잘 알듯이 아직도 노태우 정부 시절이잖나. 그렇게 쉽지는 않을 것 같아." 이시윤을 한참 바라보던 조영래는 숨을 몰아쉬고는 다리에 힘을 모아 일어섰다. "조규광 소장을 좀 만나보겠습니다." 괜한 짓을 한다 싶었지만 그냥 보고 있었다. 다시 돌아온 조영래의 얼굴은 더욱 어두 웠고 자꾸 기침을 해댔다. "조 변호사, 기침하는 모양이 감기가 심한 것 같은데 치료를 좀 잘하시오." 조영래는 처진 어깨를 돌려 이시윤의 방을 나선다. 그리고 1990년 겨울 폐암으로 불꽃 같은 삶을 마감한다. 그리고 1989년 2월 27일 접수된 국제그룹해체 사건도 헌법재판소에서도 조용히 가라앉는다.

1985년 2월 21일 국제그룹해체가 발표된다. 국제는 재계 서열 7위로 충격파는 상당했다. 해체를 선언한 주체는 주거래 제일은행. 행장 이필선은 "국제는 사주가족 중심의 비능률적인 경영체제로 기업을 이끌어오면서 방만한 계열기업 확장에 주력, 만성적인 경영적자에 시달리며 심각한 경영위기를 겪게 됐다. 모기업인 국제상사에서 건설부분을 분리해 극동건설에, 나머지 신발·무역부분은 한일합섬에, 연합철강과 국제종합기계는 동국제강에……"라고 발표한다.[2] 누구도 예측하지 못한 것이었다. 국제그룹 회장 양정모는 공권력의 개입에 따른 것이라 생각하고 이를 밝혀내기 위해 동분서주한다. 그리고 1988년 12월 21일 '국제그룹해체의 진상'이란 자료를 만들어, 이해 11월 시작한 이른바 5공비리 청문회에 제출하고 이듬해 재차 증언한다. "부산상공회의소 회장이면서도 1985년 2·12 총선에 적극 협력하지 않았는데 부산지역 선거 결과가 좋지 않았고, 정치자금과 새마을성금 납부 등에도 소극적이었습니다. 1983년 새마을성금을 낼 때부터 다른 그룹에 비해 형편없이 적은 액수인 3억 원밖에 내지 않았고, 1984년에도 10억 원을 현금이 아닌 어음으로 헌납해 청와대에서 찍히기 시작했습니다. 1984년 12월 22일에는 폭설로 청와대 만찬에 지각하는 '불경죄'를 지은 것도 원인이 됐습니다."[3]

이와 관련, 대검찰청 5공비리 특별수사부는 1989년 1월 31일 "재무부장관 김만제 등 정부 개입은 인정되지만 전두환 전 대통령의 개인적 감정이나 다른 정치적 이유와 연관된 자료를 발견하지 못했다"고 밝힌다.[4] 이 무렵 양정모는 변호사 조영래를 통해 헌법재판소에 권리구제형 헌법소원을 낸다.

조영래가 숨진 이후 헌재는 이 사건을 가라앉힌다. 그리고 1993년 2월 25일 취임한 대통령 김영삼은 전임 정부와 차별화에 나선다. 청와대에 들어선 지 3일째인 27일 자신의 재산을 전격 공개한다. 민자당 의원과 당무위원들의 재산을 공개시키고, 5월 20일 공직자윤리법 개정안을 통과시켜 공무원 재산 공개를 제도화한다. 3월 8일에는 육군참모총장 김진영과 국군기무사령관 서완수를 경질하면서 신군부 세력을 제거한다. 5월 3일 슬롯머신의 대부로 불리던 정덕진이 서울지검 강력부 검사 홍준표에게 검거된다.[5] 사건은 순식간에 번져 22일에는 노태우 정부 핵심 인물인 국민당 의원 박철언이 구속된다. 1993년 정국은 김영삼의 주도로 흘러가고 있었다. 심지어 4월 17일에는 가수 이수만이 진행하는 문화방송 청소년 프로그램 〈이야기쇼! 만남〉

이 서울 시내 고교생 500명에게 스타가 누구인지 설문한 결과, 1위 대통령 김영삼, 2위 영화배우 최진실, 3위 농구선수 허재, 4위 가수 김원준, 5위 가수 서태지가 차지한다. 분위기는 극으로 치달아 8월 25일 서울 신세계백화점 미아점이 1층 중앙무대 벤치에 김영삼 밀랍인형을 놓고 기념사진을 찍어주는 개점 5주년 행사를 벌인다.[6] 이렇게 김영삼이 취임한 1993년은 노태우가 집권하던 1992년과는 완전히 달라져 있었다.

1993년 7월 29일 헌법재판소는 전두환 정부 시절 국제그룹해체는 제일은행을 앞세운 부당한 공권력 행사에 해당한다며 인용한다. 이시윤은 이 사건을 '자유시장경제이론'만으로 간단히 결론낸다. 제일은행이 아닌 재무부 주도인 것이 확인된 것으로 충분했다. 대통령 전두환이 지시했는지 재무부장관 김만제가 건의했는지, 국제그룹 사정이 좋았는지 나빴는지는 문제가 아니라고 했다. 정부가 사기업을 해체한 것 자체가 헌법 위반이란 것이다.

결정문에 따른 국제그룹 사건의 진상. '국제그룹은 1984년 후반 상황이 어려워졌다. 주거래은행인 제일은행은 자구계획 이행각서를 받고 자금을 지원하는 등 대책을 마련했다. 하지만 재무부장관 김만제가 1985년 2월 7일 당시 청와대 관심사이던 국제그룹 처리방안을 극비리에 보고한다. 1안은 점진적으로 처분 정리하는 것, 2안은 전면해체하여 3자에게 넘기는 것. 대통령 전두환은 재무부 주의견인 1안 대신 2안을 선택해 업계에 경각심을 고취시키겠다고 한다. 이후 2월 19일까지 재무부장관 김만제는 국제그룹을 해체하고 이를 인수할 대상을 정한다. 주거래은행인 제일은행과의 제대로 된 협의도 없었다. 2월 20일 제일은행장 이 선에게 국제그룹해체와 인수대상을 통보하고 '국제그룹 정상화 대책'이라는 보도자료를 넘겨 2월 21일 발표토록 했다.'

이제 헌법재판소 판단. "대한민국 경제질서는 개인과 기업의 경제상 자유와 창의를 존중하는 시장경제원리 경제체제라고 헌법 119조 1항(5공화국 헌법 120조 1항)●이 정하고 있다. 특단의 사정이 없는 이상 공권력은 개입할 수 없고, 부득이 하더라도 요건에 맞추어 비상조치를 하는 것이 합헌적이다. 따라서 재무부 주도로 제일은행을 들러리 세워 국제그룹을 해체한 것은 위헌이다." 재판관 최광률만이 청구기간을 넘겼다며 각하의견을 냈다.

이후 양정모는 한일합섬을 상대로 주식을 돌려달라고 소송을 내지만 1994년 5월 4일 서울고등법원 김영일 재판부에서 패소한다. 이에 대해 『헌법재판소 20년사』는 '헌재의 위헌결정이 주식인도계약의 유효성을 결정할 핵심적 전제라는 점을 가볍게 평가한 것으로 헌법상의 기본권적 가치를 제대로 반영하지 못한 것'이라고 주장했다.[7] 김영일은 5년 뒤인 1999년 12월 30일 대법원장 최종영 지명으로 헌법재판관이 된다. 김영일은 인터뷰에서 "대통령과 재무장관을 거쳐 은행장이 나선 것이지만 적어도 이필선 행장이 양정모 회장에게 그런 분위기를 전혀 풍기지 않은 것이다. 헌

● 대한민국헌법 [개정시행 1988. 2. 25]
제119조 ① 대한민국의 경제질서는 개인과 기업의 경제상의 자유와 창의를 존중함을 기본으로 한다.
② 국가는 균형 있는 국민경제의 성장 및 안정과 적정한 소득의 분배를 유지하고, 시장의 지배와 경제력의 남용을 방지하며, 경제주체간의 조화를 통한 경제의 민주화를 위하여 경제에 관한 규제와 조정을 할 수 있다.

재에서 위헌이라고 한 쟁점과 이 사건 민사재판의 재판의 쟁점이 다른 것으로 보인다. 정부가 강압적으로 했다는 것을 재판에 적용할 여지가 없었던 것으로 기억한다"고 설명했다.

조영래는 자신이 대리한 국제그룹 사건이 인용되리라고 생각하지 못했다. 이미 폐암이 몸에 퍼져가고 있던 그에게 실망감은 더욱 아팠을 것이다. 헌재가 조금 더 용기를 냈다면 한국 법조계의 거목 조영래와 조금 더 시간을 보냈을지도 모른다. 조영래 이후 함께 활동하던 황인철이 승계하지만 선고를 반년 앞둔 1993년 1월 52세에 간암으로 숨진다. 마지막으로 소설가 김동리의 차남인 김평우가 마무리했다. 1기 재판관 이시윤은 인터뷰에서 "질풍과 노도 시절 불세출의 영웅 조영래가 못내 뜻하던 결정을 보지 못한 데 통절의 비통을 금치 못한다. 뒤를 이어 실력이나 인격에 흠잡을 데가 없고 온건한 변호사가 승계하였는데 (헌재가) 시간을 끌다 보니 그 역시 소망을 풀지 못하고 타계했다"고 회고했다.

이시윤이 인터뷰에서 밝힌 조영래에 대한 기억. "조영래가 사법연수원생 시절에 (서울가정법원) 판사실로 찾아왔다. 서울대생 내란음모사건으로 구속되기 직전이다. '너는 판·검사하기에는 그릇이 너무 크다. 우리 같은 사람은 본분이 있기 때문에 이 직업을 택할 수밖에 없다. 하지만 너는 다르다. 그 대신 연수원 있는 동안에는 한눈팔지 말고 공부만 해서 수료해라. 변호사 자격을 따고 나면 (정권도) 너를 함부로 건드리지 못한다. 민권운동을 하든 민주주의 투쟁을 하든 너의 안전을 위해서 좋다.' 그리고 구속돼 실형 1년 6개월을 선고 받았다. 만기복역하고 나와서는 김홍한 변호사 사무원으로 일하면서, 영어수험서를 써서 생활했다. 그리고 유신헌법 이후 (민청학련 사건으로 수배된) 조영래가 없어졌다. 미국에서 데려갔다는 설, 유신세력이 죽였다는 설, 지하에 잠복했다는 설이 있었다. 1979년 10·26 이후 서울의 봄이 되니, 지하에서 나타났다. 지하잠복설이 맞았다."

국제그룹 사건과 함께 1기 재판소의 자유시장경제에 대한 입장을 굳힌 또 다른 사건이 있었다. 앞서 1989년 1월 25일 헌법재판소가 설립 이후 처음으로 위헌을 결정한 사건이 바로 그것. 재산권소송에서 승소하면 대부분 가집행이 가능하도록 판결주문에 적혀 있다. 소송촉진 등에 관한 특례법 6조 1항●에 따라 돈을 다툰 민사소송에서 이긴 사람은 재판이 확정되기 전에라도 패소한 상대방 재산을 확보할 수 있기 때문이다. 확정이란 최종심으로 재판이 끝나거나 중간심에서 패소한 쪽이 상소하지 않는 것이다.

예를 들면, 여자가 남자에게 빌려준 돈을 돌려받지 못해 소송을 냈다. 여자는 승소하고 판결문에는 가집행이 가능하다고 써 있다. 물론 남자 입장에선 상급심에서 뒤집을 가능성이 있다. 그런데도 법원이 가집행토록 하는 것은 모든 재판은 효력이 있다는 점에 바탕한다. 민사재판보다 엄격한 형사재판에서도 1심에서 징역형이면 대부분 구치소에 갇힌다. 2심에서 무죄가 날 수도 있지만 법정구속된다. 민사이건 형사이건 1심도 재판이기 때문이다. 이 밖에도 민

● 소송촉진 등에 관한 특례법 [개정 시행 1981. 3. 1]
제6조 (가집행의 선고) ① 재산권의 청구에 관한 판결에는 상당한 이유가 없는 한 당사자의 신청 유무를 불문하고 가집행할 수 있음을 선고하여야 한다. 다만 국가를 상대로 하는 재산권의 청구에 관하여는 가집행의 선고를 할 수 없다.

사 가집행에는 소송을 빠르게 하려는 목적, 형사 법정구속은 신병을 확보하려는 목적이 있다. 문제는 이런 소송촉진 등에 관한 특례법에서는 패소한 쪽이 국가인 경우에는 가집행을 불가능하게 하는 단서 조항이 있었다. 이 조항이 헌재 심판정에 오른다.

변호사 정인봉은 국가를 상대로 공탁금 반환소송을 제기했다. 1988년 4월 26일 제13대 국회의원 총선거에 출마했다가 낙선하면서다. 하지만 소송촉진 등에 관한 특례법 때문에 최종심이 끝나기 전에는 공탁금을 받아낼 수 없었다. 서울민사지법 황상현 재판부는 정인봉의 신청을 받아 1988년 12월 12일 헌법재판소에 위헌제청한다. 이에 대해 법무부는 3가지 이유로 합헌을 주장한다. 법무부의 논리는 첫째, 가집행제도의 근본취지는 집행불능을 방지하려는 것인데 국가는 그럴 일이 없다. 둘째, 가집행을 허용하면 소송과 직접 관계없는 기관이 집행돼 국가회계가 문란해진다. 셋째, 상급심에서 판결이 번복될 경우 원상회복이 어려울 수 있어 국고손실이 예상된다. 세 가지 모두 허술하다. 법무부 스스로도 부당하다고 생각했거나, 헌법재판을 해보지 않아 감이 없었던 게 이유다.

허술한 논리인 만큼 헌재는 간단히 깨버린다. '첫째, 가집행은 신속한 권리실현을 위한 것이지 집행불능을 막으려는 제도가 아니다. 둘째, 국가회계가 문란해질 것 같으면 예방하면 되므로 문제가 안 된다. 셋째, 상급심에서 판결이 번복돼 생기는 문제는 개인의 경우도 마찬가지이므로 국가만 예외여야 하는 근거가 못 된다.' 그리고 근거로 든 것이 모든 국민은 법 앞에 평등하다는 헌법 11조 1항●과 모든 국민은 신속한 재판을 받을 권리가 있다는 헌법 27조 3 항●이다. '비록 국가라 할지라도 권력작용이 아닌, 민사소송의 대상이 되는 국고작용으로 인한 법률관계에 있어서는 사인과 동등하게 다뤄져야 한다.' 이것이 바로 헌재의 1호 위헌결정 사건이다. 집필 재판관은 변정수다.

이 결정이 나간 뒤 곳곳에서 가집행이 벌어진다. 확정 판결을 받아야만 가능하던 가집행이 1심 승소부터 가능해지자 국민들이 권한을 적극적으로 행사한 것. 국립병원·철도청·체신부 등 현금을 다루는 국가기관은 현금을 가집행당하는 일이 잦아진다. 당시 보도[8]에 따르면 1990년 5월 21일 국립의료원 현금수납창구에 집달관(집행관의 옛 이름)들이 현금 491만 원을 집행해가고, 그 뒤로 의료원이 현금을 숨기자 다음에는 동전만 20만 원을 가져간다. 당시 승소자들은 국가기관 가운데 현금을 주로 다루는 철도청과 체신청을 주로 대상으로 삼았다. 얼핏 보면 국가에 예외를 인정해주지 않으면 국가회계가 문란해진다는 법무부의 둘째 이유가 현실화된 것. 하지만 헌재의 반박대로 법무부는 한 달만에 예방조치를 내놓는다. 1990년 10월 23일 법무부는 국가를 상대로 소송한 당사자가 가집행 선고금의 지급을 요구하면 지체 없이 돈을 내주라고 정부부처에 지침을 보낸다. 결국 법무부는 예방할 능력이 있으면서 없는 것처럼 말했고, 위헌을 합헌이라 주장한 셈이다.

● 대한민국헌법 [개정시행 1988. 2. 25]
제11조 ① 모든 국민은 법 앞에 평등하다. 누구든지 성별·종교 또는 사회적 신분에 의하여 정치적·경제적·사회적·문화적 생활의 모든 영역에 있어서 차별을 받지 아니한다.

● 제27조 ③ 모든 국민은 신속한 재판을 받을 권리를 가진다. 형사피고인은 상당한 이유가 없는 한 지체 없이 공개재판을 받을 권리를 가진다.

이시윤은 국제그룹해체 사건을 사실상 마지막으로 중도퇴임한다. 국무총리로 자리를 옮긴 이회창 후임으로 김영삼 정부 2기 감사원장이 된다. 이시윤은 인터뷰에서 "신설기관인 헌재가 과거 헌법위처럼 휴면기관으로 전락할 수 있는 상황에서, 활성화의 터전을 다진 것에 큰 보람을 느낀다. 관치금융에 대표적 폐해인 국제그룹해체 사건과 안보를 빌미로 국민의 기본권을 탄압한 국가보안법 고무 · 찬양죄 사건에서 주심을 맡은 것에 긍지를 갖는다"고 말했다.

◈ 공권력 행사로 인한 재산권 침해 헌법소원 = 89헌마31

◈ 소송촉진 등에 관한 특례법 6조 위헌제청 = 88헌가7

---

1 | 조영래 변호사를 추모하는 모임 엮음, 『진실을 영원히 감옥에 가두어둘 수는 없습니다』 창작과 비평사, 1996, 409~410쪽.

2 | 《경향신문》 1985년 2월21일자 1면. 《한국일보》 1985년 2월 22일 1면.

3 | '제5공화국에 있어서의 정치권력형 비리조사특별위원회 부실기업정리 관련 비리조사청문회' 국회영상회의록시스템, 1989년 2월 22일 오전 10시 이후 부분. 《조선일보》 1993년 7월 30일 11면.

4 | 《동아일보》 1989년 1월 31일 5면. 한국일보 1989년 2월 1일 4면.

5 | 박철언, 『바른 역사를 위한 증언 2』 랜덤하우스중앙, 2005, 359~407쪽.

6 | 《한국일보》 1993년 4월 18일 22면. 《조선일보》 1993년 8월 26일 31면.

7 | 헌법재판소, 『헌법재판소 20년사』 헌법재판소, 2008, 465쪽.

8 | 《조선일보》 1990년 6월 13일 19면.

10

늑장

벙어리 재판소, 세월 흐르기만 기다리다

1990년 3당합당으로 민주자유당이 출현한다. 마음대로 법률을 날치기하고 정해진
법률을 무시했다. 그러자 야당들은 헌재로 달려왔다. 재판소의 상대는 개헌의석으
로 신생 헌재를 쥐락펴락할 수 있는 여당이다. 한편, 헌재 최장 심리는 그린벨트 사
건으로 불리는 89헌마214. 9년 3개월 5일 만에 선고했다. 최단 기록은 선거법 가운
데 하나인 95헌마172, 4일 만에 결론났다.

　　1989년 대통령 노태우는 고전했다. 정치적으로는 무력했다. 1989
년 3월 17일까지 진행된 5공비리 청문회 정국에서 태생적 한계를 드
러낸다. 자신에게 이어질 만한 대목에선 숨기고 감췄다. 그래서 국민
들은 직선 대통령인 그가 본래 쿠데타 주모자임을 기억해야 했다. 3
월 20일에는 핵심 대선공약인 중간평가를 무기한 연기키로 선언하면
서 정치적으로 곤란해진다. 경제도 어려웠다. 1989년 9월 기준으로 1
년새 전국 37개 도시 주택가격이 22.1퍼센트 아파트값이 33.1퍼센트
올랐고,[1] 해가 바뀌어서도 달라지지 않았다. 5월 소비자물가는 전년

대비 6.0퍼센트, 전월 대비 1.3퍼센트 상승하고,[2] 반면 이해 경상수지 흑자규모는 전년 36.8퍼센트 수준인 53억 442만 달러로 하락했다.[3]

노태우가 힘들어진 원인은 바닷속만큼 깊고 복잡하다. 하지만 사상 첫 여소야대 국회가 반대하는 것만이 눈에 들어왔을 것이다. 1988년 4월 26일 제13대 국회의원 총선거에서 정해진 불리한 의석은 90년 까지 이어졌다. 민정당 129 · 평민당 70 · 민주당 59 · 신민주공화당 35 · 비교섭단체 6석(전체 299석). 여기서 예상치 못한 일을 벌인다. 노태우(민주정의당) · 김영삼(통일민주당) · 김종필(신민주공화당)이 손 을 잡는다. 1990년 1월 22일 민주자유당이 벼락같이 나타났다. 이제 민자당 217, 평화민주당 70, 비교섭단체 10석(전체 297석)이 됐다.[4] 개 헌도 가능한 거대 여당이다. 김대중 일파는 고립됐고 김영삼과 결별 한 민주당 잔류파는 무력했다. 이들을 대신해 학생 · 재야가 나섰다. 최루탄과 화염병이 거리에서 격렬하게 부닥치고 사람들이 죽었다. 노 태우는 노련미로 다져진 정치인 김영삼을 앞세워 거침없이 정국을 주도했다.

1990년 7월 14일 민자당은 의안변칙처리, 이른바 날치기로 법률안 14건 등 26개 의안을 통과시킨다. 야당을 따돌리려 국회의장 박준규 대신 국회부의장 김재광을 동원했다. 대한민국 국회 공식사인 『대한 민국국회 60년사』는 이렇게 기록했다. '김재광 부의장은 의장석이 아 닌 일반의원 의석에서 갑자기 기립하여 마이크와 의사봉이 없는 상 태에서 이의 여부를 묻고 30초 만에 의안을 처리하였다.'[5] 김정길 · 노무현 · 이해찬을 시작으로 야당의원 78명이 의원직 사퇴서를 낸다.

헌법학자도 강하게 비난했다. 연세대학교 법학과 교수 허영은 물었다. '정해진 모든 절차를 생략한 채 의사원칙을 무시한 날치기로 변칙 통과된 법률이 과연 국회에서 제정된 법률이고 그것이 과연 법률로서 제구실을 할 수 있다고 생각하는가.'[6]

1990년 8월 10일 평민당과 민주당 의원 79명이 권리구제형 헌법소원을 낸다. 국회의장이 자신들의 입법권을 침해했다고 했다. 그런데 헌법상 어떤 기본권이 문제되는지 애매하다는 의견이 나왔다. 그러자 9월 20일 국회의원과 국회의장 사이의 권한쟁의심판을 낸다. 두 사건은 한 가지 일을 두고 다른 이름으로 제기한 쌍둥이 소송이다. 집필자는 헌법소원 사건이 평민당 추천 변정수, 권한쟁의 사건이 민정당 추천 한병채로 정해졌다. 언론들은 헌재가 정치 문제를 다루는 것에 관심을 보였다. 정치 문제를 다루는 것이야말로 헌법재판소의 핵심이라는 설명이 있었다. 하지만 결론이 언제 나올지는 아무도 몰랐다.

시간은 흘러 반년을 넘긴다. 1991년 3월 6일 청구인들인 야당 국회의원 79명이 빠른 심리를 요청한다. 훈시규정이지만 헌재법 제38조에 따르면 180일 이내에 결론을 내야 한다. 이에 맞서 거대여당 민자당은 헌재를 압박한다. 4월 11일 민자당 당무회의, 국회의원 이치호가 발언한다. "헌법재판소가 광역의회 후보의 기탁금 조항 등을 위헌

○ 민주당 = 3당합당에 참여하지 않은 통일민주당 잔류 의원 이기택·노무현 등과 무소속 박찬종·이철 등이 1990년 6월 15일 만든 당. 1991년 4월 15일 평민당이 신민주연합당으로 개칭하고, 1991년 9월 16일 민주당과 통합하면서 새로운 민주당을 만든다. 이전 당을 꼬마민주당으로, 이후 당을 통합민주당으로 나눠 부른다.

○ 헌법재판소법 [제정시행 1988. 9. 1]
제38조 (심판기간) 헌법재판소는 심판사건을 접수한 날로부터 180일 이내에 종국결정의 선고를 하여야 한다. 후단 생략

으로 판결, 국민의식의 혼선을 가중하고 있고 대법원과 위상 다툼을 벌이고 있어 입법부가 법률적인 교통정리를 해야 한다." 민자당은 신생 조직인 헌재가 권한 문제로 애먹고 있다는 걸 잘 알았다. 대선 후보로 사실상 확정된 김영삼이 쐐기를 박는다. "그렇지 않아도 그 문제를 다루려고 했다. 그러나 워낙 예민한 문제이니 별도 검토가 필요하다."[7] 개헌의석을 가진 여당이 이 정도 말한다면 협박이다.

재판관 이시윤은 인터뷰에서 "사법권의 독립에 악영향을 주는 헌법불합치의 발언이라고 본다. 재판관이라면 이러한 경우에 좌고우면할 것이 아니라 초연한 자세로 자신의 신념을 굽히지 않을 용기가 필요하다"고 했다. 김영삼 정부에서 감사원장까지 지낸 그도 이렇게 말했다. 김문희는 "헌법재판은 권력통제기관이니 권력기관에서 좋아할 리가 없다. 귀 기울이지 않았다. 그런 말 듣다가는 문 닫아야 한다"고 했다. 2기에 민자당 추천을 받아 연임한 그다. 변정수는 "나를 제외한 다른 재판관들에게는 상당히 영향을 주었을 것"이라고 말했다. 이렇듯 1기 재판관들은 당시 김영삼과 민자당의 발언에 문제가 있다는 데 동의했다.

밖에서는 난리가 났는데, 안에서는 어땠을까. 변정수는 당시 변론기일을 잡자고 여러 차례 주장했지만 쌍둥이 사건을 맡은 한병채 등이 준비 부족을 이유로 미뤘다고 증언했다. 4월 23일 변정수는 자기 사건을 차라리 다른 재판관에게 재배당하라고 압박한다. 그러자 4월 29일 재판관들이 광역의회 선거일인 6월 20일 이후에나 변론을 잡자고 했다. 여전히 먼 얘기라고 생각한 변정수는 다음 날 다시 재배당

헌법재판소, 한국현대사를 말하다 1

요구서를 낸다. 우여곡절 끝에 교수들을 참고인으로 불러 진술을 듣기로 한다. 하지만 날짜만 5월 13일 · 5월 30일 · 7월 25일 · 1992년 2월 25일로 미뤄지다, 사건은 조용히 잠든다.

정치 사건을 두려워하는 헌재를 시험하는 사건이 다시 들어온다. 1992년 지방자치단체장 선거 연기에 관한 헌법소원. 사건의 내용은 이렇다. 1987년 제13대 대통령 선거에서 민정당 후보 노태우는 지방자치 실시를 공약으로 건다. 1989년 12월 30일 여소야대 4당국회는 지방자치법 개정안을 의결해 지방자치의회 선거 1990년 6월 30일, 자치단체장 선거는 1991년 6월 30일까지 실시키로 한다. 하지만 이듬해 1월 3당합당 회오리 속에 무산된다. 1990년 12월 31일 다시 법을 개정해 선거를 각각 1년씩 연기, 자치의회 1991년 6월 30일, 자치단체장 1992년 6월 30일까지 실시키로 한다. 드디어 지방자치의회 선거가 1991년 3월 26일 실시되지만 지방자치단체장 선거는 연기 조짐을 보인다. 대통령 노태우는 임기 마지막 해인 1992년 1월 10일 새해 기자회견에서 지방자치단체장 선거 연기를 선언한다. 이유는 1992년 3월 24일에 국회의원 총선거, 12월 18일에 대통령 선거가 있는 만큼 사회가 혼란스러울 수 있다는 것이었다.

하지만 노태우의 선거 연기 의도에는, 총선과 대선을 앞두고 정부가 임명한 자치단체장이 교체되게 할 필요가 없다는 생각도 있었다고 보인다. 지방 선거는 제정헌법부터 정해진 것인데도 실시가 되지 않은 것도 이런 이유다. 우리나라는 지방자치 실시를 비롯한 구체적인 내용은 법률에서 정하도록● 했다. 따라서 실시는 국회, 정확히는

● 대한민국헌법 [제정시행 1948. 7. 17]
제97조 지방자치단체의 조직과 운영에 관한 사항은 법률로써 정한다. 지방자치단체에는 각각 의회를 둔다. 지방의회의 조직, 권한과 의원의 선거는 법률로써 정한다.

다수의석을 점한 여당에 달려 있었다. 이승만 정부에서는 지방자치를 애매하게 실시하거나 악용했고, 박정희 정부와 전두환 정부에서는 폐지했다. 청와대로 권력을 집중시키기 위해서는 지방단체장을 직접 임명하는 편이 한결 유리하기 때문이다.

아무튼 정부는 1995년 6월 30일까지로 선거를 또다시 연기하는 개정안을 국회에 보내지만 처리되지 못한다. 그리고 당시 법이 정한 지방자치단체장 선거공고 마지막 날인 1992년 6월 12일을 넘긴다. 그러자 지방자치단체장 선거 출마준비자 등 59명이 1992년 6월 22일을 전후로 권리구제형 헌법소원 6건을 제기한다.

헌재는 이 사건 역시 시간 끌기로 일관했다. 하지만 날치기 사건 때와는 달리 비판이 거셌다. 이유는 첫째, 날치기 사건은 이미 벌어진 일에 대한 판단인데 비해 지자체장 선거는 현재 법이 위반된 상태가 지속돼 결론이 급하다는 것. 둘째, 날치기는 그래도 현장상황 등 확인할 사실관계가 있었다. 그러나 지자체장 선거는 지방자치법에 날짜가 박혀 있는데, 대통령이 진행하지 않고 있는 게 분명한 만큼, 심판만 하면 된다는 점이다.

언론들은 연일 비난을 퍼부었다. 조선일보는 사설에서 '명문규정이 분명한 것을 연기시킨 데 대해 위헌심판을 안 내릴 수도 없고, 그렇다고 위헌심판을 했을 때 여권 입장이 코너로 몰릴 것을 감안해 지연전술을 쓰고 있다고 보는 사람이 많다. 민주화된 이 사회에서 무엇 때문에 이 같은 자세를 보여 세인의 지탄을 자초하고 있는지 이해할 수 없다[8]고 했다. 동아일보 역시 '의식적으로 지연작전을 펴고 있는 것이 아니냐 하는 의혹을 살 만도 하게 됐다. 결정이 늦어지면 그만큼 그 결정에 따른 실익이 줄어들기 때문이다. 지방자치단체장 선거 연기 조치에 관련된 헌법소원에 대해 헌재가 조속히 결정을 내리도록 촉구한다[9]고 했다.

이 무렵《법률신문》에 실린 전북산업대 법학과 조교수 남복현의 칼럼이 눈길을 끌었다. '만약 헌재가 선거 연기행위를 합헌으로 결정한다면 존립기반이 무너질 것이며 국민적 저항을 초래할 것이다. 그렇다고 위헌으로 결정한다면 정치권력에 의한 탄압과 압력 때문에 존폐위기까지 불러일으킬지 모른다. 따라서 이를 피하려면 합헌도 아니고 위헌도 아닌 제3의 결론이 필요한데 그것은 심리회피 말고 다른 방법이 없다.'[10]

헌재의 시간 끌기는 의혹으로 번진다. 9월 15일에는 헌법재판관들이 청와대에 불려가 대통령 노태우와 점심식사를 한 사실이 알려지고, 민주당은 '기본적 양식에도 어긋나는 행위를 저질렀다'며 강력하게 반발한다.[11] 앞서 8월 7일에는 청구인 측인 민주당은 '조규광 소장이 박준규 국회의장에게 수차례 전화해 지방자치법 개정안을 조속히 처리하지 않으면 헌재가 곤란해진다고 했다'고 폭로한다. 헌법재판소는 8월 8일 '민주당은 앞으로 사실에 기초하지 않은 잘못된 주장을 토대로 헌법기관을 모독하는 일이 없길 바란다'고 맞섰다. 이와 관련, 민주당은 폭로 직전인 8월 3일 정대철 최고위원 등을 헌재에 보내 조속 결정을 촉구한 바 있다. 진실은 둘 중 하나. 민주당이 직접 찾아가 봐도 뜻대로 되지 않으니 성명을 무작정 던진 것이거나, 헌재가 민주당의 항의에 적잖이 당황해 우회로를 찾았다가 들통난 것이다. 그리고 이 책 6장에서 문건과 함께 공개한 대로 당시 헌재의 핵심 정보가 실시간으로 정부에 들어가고 있었다.

헌재 내부는 다시 싸움이다.[12] 9월 5일 변정수는 재판관 8명에게 '9월 8일 평의에서 분명한 입장을 밝혀 이달 중 선고가 내려질 수 있게 협조해달라'는 의견서를 보낸다. 그리고 속도를 내기 위해, 대통령의 통치행위 여부를 따지자는 의견부터 반박한다.[13] 선거 연기는 통치행위가 아니라는 권영성·김철수·허영 등 헌법학자 10명의 연구 자료를 냈다. 그래도 재판은 앞으로 나가지 않았다. 9월 18일 변정수는 주심 사퇴서를 낸다. '단체장 선거 연기가 위헌인지 가리는 이번 사건은 지극히 단순하고 명료하다. 게다가 위헌이라면 하루속히 대통령의 공권력 남용에 제동을 걸어 단체장 선거를 실시케 해야 한다. 그래서 국민의 참정권을 회복시키는 것이 재판관들의 책무다. 그런데도 불 요한 변론을 개최하는 등 주심 재판관으로서 아무런 구실도 할 수 없어 사퇴한다.'[14]

이제 안팎을 가리지 않고 불만이 터져 나온다. 9월 21일에는 청구인 가운데 하나인 한기찬·이기문 변호사가 헌재에는 아무런 의지도 없어 소송을 계속할 이유가 없다며 취하서를 던진다. '헌법재판소가 이번 사건을 신중하게 심리한다는 이유를 들어 처리를 늦추고 있으나 이는 대통령의 위헌적 조치를 위헌이라고 선언할 용기가 없기 때

헌법재판소, 한국현대사를 말하다 1

문이다. 헌법수호 의지와 용기를 잃은 헌법재판소에 슬픔과 비애를 느끼며 청구를 취소한다."[15] 헌재 내부 싸움도 깊어진다. 11월 11일 헌재 사무처장 김용균이 '헌법소원 처리절차도 제대로 모르는 일부 재판관이 단체장 관련 헌법소원 사건을 빨리 처리하라고 요구하는 것은 말이 안 된다. 모 재판관이 사건처리의 지연을 내세워 주심을 사퇴한 것은 국민을 기만하는 것'이라고 주장한다. 그러자 당사자인 재판관 변정수는 14일 김용균에 대한 면직건의서를 소장 조규광에게 제출하기에 이른다.[16] 변정수는 인터뷰에서 "재판관들 아무도 내 말을 안 들으니 사무처장까지 나를 만만히 보고 인격모독까지 한 것이다. 자기가 그렇게 해봐야 내 편을 들 사람 없다고 생각한 것이다. 재판관들은 고소해했다"고 말했다.

결국 날치기 사건도 지자체장 선거 연기 사건도 결론 나지 않은 채, 1992년 12월 18일 제14대 대통령 선거가 치러진다. 민자당 후보 김영삼이 당선되고 민주당 후보 김대중은 정계를 은퇴한다.

한편 평민당 총재 김대중은 변정수를 해임하려 했던 것으로 처음 확인됐다. 1991년 무렵 김대중은 변정수를 추천한 비서실장 조승형을 불렀다. "조 변호사, 우리 평민당에서 추천한 변정수 재판관 바꿀 방법 없어요?" 조승형은 깜짝 놀랐다. "국회에 3명 선출권이 있어서 우리가 1명 추천한 것입니다. 그렇지만 추천했다고 해임할 권한이 있지 않습니다. 탄핵되지 않는 이상 물러나지 못합니다." 조승형이 물었다. "변정수 재판관 주변이 시끄럽다고 해도, 민주주의 위해서 총재님 위해서 홀로 싸우다 보니 그러는 것 아니겠습니까." 김대중이 대답했다. "조 실장, 나는 정치인이고 표를 얻어야 하는 사람이에요. 그런데 자꾸 얘기가 나오면 곤란해요. 헌재 직원이 200명에 불과하다 해도 가족과 친척 표가 있고, 다들 오피니언 리더란 말이에요." 조승형은 이후 이런 뜻을 넌지시 변정수에게 전했다고 한다.

지자체장 선거 연기 사건은 허무하게 마무리된다. 정치권은 1995년 6월 27일에 실시키로 1994년 3월 4일 지방자치법을 결국 개정한다. 그러자 헌재는 임기만료 직전인 1994년 8월 31일 '정치권이 선거 날짜를 잡았으니 헌법소송의 실익이 없다'며 슬며시 각하한다. 변정수와 김양균이 결론을 내야 한다며 반대한다. 헌재 공식사인 『헌법재판소 20년사』는 이렇게 평가한다. '헌법재판소로서는 여러 가지 헌법적 쟁점에 대하여 심리를 심도 있게 진행하면서도 한편으로는 정치 형성적인 국회의 기능과 권한을 존중하여 국회에서의 바람직하고 적절한 해결을 기대하였고 국회도 이에 부응하여 위에서 본 바와 같이 정치관계법심의특별위원회를 구성하여 그 실시시기에 관하여 여러 차례 조정하고 지방자체단체의 장 선거를 1995년 6월 27일에 실시하기로 하였다. 헌법재판소의 심리절차가 입법자의 결단에 실질적으로 영향을 미친 것이다.' 헌법기관의 공식사라고 하기에는 낯뜨거운 해석이다.

변정수는 인터뷰에서 "단체장 시간 끌기는 입건감이다. 검찰에서 수사했어야 했다. 직무유기죄로 내가 고소장을 냈어야 했다. 당시 상황은 지금도 이해할 수가 없다. 아무리 심리를 하자고 해도 끄떡도 안 했다"고 말했다.

헌법재판소, 한국현대사를 말하다 1

날치기 사건은 허무한 마무리조차 안 된다. 헌재는 사건 3년이 지난 1993년 국회 현장검증을 나간다. 국회는 달가워하지 않았다. 국회 권위를 생각해서라도 본회의장을 검증하는 것은 어색하다는 분위기였다.[17] 게다가 사건 발생일부터 3년도 더 지난 일이었다. 결국 헌재의 강력한 주장으로 1993년 8월 24일 헌법재판관들이 국회를 찾아가, 본회의장이 아닌 국회의장 이만섭 접견실에서 비디오테이프를 보고 왔다. 하지만 그걸로 끝이었다. 이들은 아무런 결론도 없이 1994년 9월 15일 퇴임한다.

한병채는 인터뷰에서 "주심이던 나와 변정수 재판관 모두 입법부를 견제해야 한다고 생각했고, 인용의견이었다. 일부 재판관들은 국회에서 예산도 따야 하고 여러 문제가 있으니 (기다려보자는 식이었다). 그렇지만 변정수식으로 밀어붙였다간 우린 소수의견이 되고 말았다. 나는 끝까지 인용을 하고 싶었기에 서둘러 (각하로) 결론 내는 것에 반대했다. 각하할 바에는 2기 재판소로 넘기자고 주장했고 결국 그렇게 됐다"고 설명했다.

2기 재판소가 1995년 2월 23일 헌법소원·권한쟁의 모두 심판대상이 아니라며 전원일치로 각하한다. 이에 자신감을 얻었는지 민자당 후신인 신한국당은 1996년 12월 26일 노동조합 및 노동관계조정법안 등 11개 법안을 또다시 변칙처리한다. 그리고 이 사건은 다시 2기 재판소에 권한쟁의 심판이 청구된다.

이시윤은 인터뷰에서 "국회에서 하는 일을 감히 우리가 어떻게 하겠냐 하는 민·형사재판의 타성 때문이었다. 헌법재판소 재판관들이 글로벌센스가 없다. 독일 헌재는 입법재판도 헌법재판이다. 예컨대 독일에서는 국회의원을 징계해서 제명한다면 전형적인 헌법소원대상이다. 국회 날치기 사건 같은 것은 내가 있었으면 끝까지 손봤다"고 했다. 서면 인터뷰에서는 "지금까지 민·형사재판만 하여오던 재판관들의 타성도 작용하여 정치적으로 어마어마한 사건에 당하여 오랫동안 심사숙의 결과라고 좋게 해석하면 해달라"고 했었다.

이성렬 후임 황도연 재판관은 인터뷰에서 "1기 재판소의 사건처리는 한 건 한 건이 그야말로 황무지를 개척하는 것과 똑같았다. 선 도 없고 외국의 판례가 더러 있지만 법제도 자체가 달라 그대로 가져다 쓸 수도 없었다. 이런 이유로 선고가 늦어진 것이지 어떤 정치적 고려나 정당 등의 압력 때문에 일부러 심리를 늦춘 것은 아니다"라고 밝혔다.

◈ 입법권 침해 등 헌법소원 = 90헌마125

◈ 국회의원과 국회의장 간의 권한쟁의 = 90헌라1

◈ 지방자치단체장 선거일 불공고 헌법소원 = 92헌마126

---

1 | 《조선일보》 1988년 9월 30일 6면.

2 | 《조선일보》 1989년 5월 31일 7면.

3 | 한국은행 경제통계시스템 <http://ecos.bok.or.kr/>.

4 | 국회사무처, 『대한민국국회 60년사』 국회사무처, 2008, 633쪽.

5 | 국회사무처, 『대한민국국회 60년사』 국회사무처, 2008, 621쪽.

6 | 《경향신문》 1990년 7월 13일 5면.

7 | 《경향신문》 1991년 4월 11일 2면. 《조선일보》 1991년 4월 12일 3면.

8 | 《조선일보》 1992년 8월 12일 3면.

9 | 《동아일보》 1992년 9월 17일 3면.

10 | 《법률신문》 1992년 9월 17일 11면.

11 | 《국민일보》 1992년 9월 17일 2면.

12 | 《조선일보》 1992년 9월 10일 3면.

13 | 《한겨레신문》 1992년 9월 6일 1면.

14 | 《조선일보》 1992년 9월 19일 23면.

15 | 《조선일보》 1992년 9월 22일 31면.

16 | 《조선일보》 1992년 11월 15일 19면.

17 | 《조선일보》 1993년 8월 10일 4면.

2

"황도연 재판관은 방촌 황희 선생 직계 후손이시지 않습니까. 그렇게 훌륭한 집안에서 나신 재판관께서 동성동본 금혼조항을 위헌이라고 하실 리야 만무합니다만, 이 혼인윤리라는 것은……." 성균관 유도회 간부가 훈계에 가까운 설명으로 황도연을 설득하고 있었다. 소탈하고 겸손한 황도연도 노골적 압박에는 얼굴이 굳어졌다. 이야기가 빨리 끝나기만을 바랐다. 동성동본 위헌심판은 모두 8건으로 사실 소장 김용준을 제외한 모든 재판관이 주심이었다. "밖에는 나 혼자만이 주심인 것으로 알려졌다. 유림대표들이 내 방으로 찾아와 황희 정승이 선조인 것까지 거론하며 설득 반 협박 반의 엄포를 놓았다. 장수 황씨 문중에서도 듣기 거북한 폭언이 난무하는 등 매우 시끄러웠다"고 황도연은 인터뷰에서 기억했다.

11

서열

3부요인 그러나 4부요인 또는 헌법기관장

1994년 1기 재판관들이 퇴임하고 2기 재판관이 취임한다. 국회·대통령·대법원 모두
심혈을 기울여 재판관을 뽑는다. 헌법재판소가 개소 이후 6년 동안 확고하게 자리
를 잡아 영향력이 커졌다. 그렇지만 헌재소장은 여전히 국가행사에서 제대로 대접
받지 못했다. 1기 소장 조규광이 겪은 수모는 좀처럼 해결될 기미를 보이지 않았다.
이렇게 2기 재판소가 출범한다.

1994년 늦여름. 고운정보다 미운정이 많은 1기 재판관들은 퇴임을
준비했다. 조용하고 아담한 북촌마을을 떠나 서울 집으로, 남도 고향
으로, 변호사 사무실로 옮길 채비를 했다. 청사 터를 찾아 시내 곳곳
을 누비고, 설계와 땅파기로 시작한 재동에서, 얼굴을 붉혀 토론하던
일들이 스쳤다. 스산한 마음과 달리 가슴에는 땀이 가득했다. 기록적
인 무더위가 전국을 삶았다. 서울에선 체온보다 높은 38.4도까지 오
르는 등 1904년 관측 이래 가장 뜨거웠다. 그래도 재판관들은 햇빛에
눈을 찡그려 가며, 백송을 비롯해 재판소 곳곳을 망막에 담아넣었다.

9월 14일 퇴임식이 다가오고 있었다.

정치권과 법조계에선 새로운 재판관 후보들을 재고 또 예측했다. 특히 헌재소장 후보에 관심이 많이 쏠렸다. 누가 되든 무심했던 헌재 출범 당시와는 달랐다. 2기 재판소 100일을 앞둔 6월 7일 일찌감치 김진우가 유력한 소장 후보로 입에 오른다.[1] 1988년 헌재 출범 당시 김영삼이 총재이던 통일민주당 추천으로 재판관에 선출된 그다. 그리고 임명권자는 1992년 12월 18일 제14대 대선에서 당선한 대통령 김영삼이었다. 한편 대법원에선 1994년 7월 9일 대법관 6명이 퇴임을 앞두고 있었다. 안우만과 김용준은 연임이 유력하게 점쳐졌지만,[2] 두 사람 모두 연임하지 못한다. 청와대에서 연임을 원했지만 대법원이 제청하지 않았다[3]고 했다. 그리고 나자 헌재소장 후보로 김진우·안우만·김용준 세 사람이 거론됐다.[4]

이 무렵 이들 가운데 안우만이 가장 앞섰고, 내정됐다는 얘기도 나왔다.[5] 하지만 반대가 잇따랐다. 8월 29일 대한변호사협회가 '안 씨는 과거 권력에 영합, 사법부 독립을 지키지 못한 인물'이라며 반대한다. 8월 30일 민주사회를 위한 변호사모임이 반대성명을 내고, 9월 7일 민주당이 '과거경력 등에 비추어 이 시대에 적합하지 않은 인물'이라며 반대한다. 그러자 9월 9일 김용준이 2기 헌재소장으로 청와대에서 내정되고 무난하게 임명된다. 안우만은 같은 해 12월 23일 법무부장관에 기용된다.

대통령 임명 재판관 3명에는 대법관 출신 김용준, 헌법재판관 김진우 그리고 대구고검장 정경식이 뽑힌다. 소장 김용준은 불편한 몸을 딛고 일어선 유명 법조인. 세 살에 소아마비를 앓고 열두 살에 아버지가 납북됐다. 장애를 이유로 경기중학교에서 입학을 거절당하고, 서울고등학교 시절에는 극장에 갔다가 무기정학당한다. 검정고시로 서울대 법대 입학. 1957년 12월 2일 만 스무 살 생일에 9회 고등고시 사법과에 최연소 수석 합격한다. 좌배석 판사 시절인 1963년 박정희의 대통령 출마를 반대하다 구속된 전 육군참모총장 송요찬을 적부심에서 석방한다. 대통령 김영삼과 직접 이어진 인연은 없다. 1992년 여름 제9회 바르셀로나 장애인올림픽 선수단이 훈련 중이던 서울 구의동 정립회관에서 처음 만났다고 한다. 당시 대법관 김용준은 1975년 장애인 재활 복지관인 정립회관을 설립한 핵심 인물이었고 김영삼은 민주자유당 대통령 후보였다.

소장 후보였던 김진우는 연임한다. 앞서 1993년 2월에도 김영삼 정부 초대 감사원장 후보로 이름이 올랐었다.[6] 김진우는 연임 2년 4개월 만인 1997년 1월 21일 정년퇴임한다. 재판관 정년은 65세, 소장 정년은 70세. 헌재에서 연임한 경우는 1·2기를 이은 김진우와 김문희뿐이다. 그리고 김진우 후임재판관에 헌재 사무처장 이영모가 임명된다. 정년퇴임까지 4년 2개월간 65건 소수의견[7]으로 2기 재판관 가운데 가장 많다. 이영모는 미국 연방대법관 올리버 홈스 Oliver Wendell Holmes, Jr. 등을 결정문에 인용하는 등 영미법에 해박하다. 재임 중 그린벨트와 과외금지에 유일하게 합헌의견을 냈다. 그린벨트 사건에서 쓴 소수의견이

● 헌법재판소법 [개정시행, 1994. 12. 22]
제7조 (재판관의 임기) ① 재판관의 임기는 6년으로 하며, 연임할 수 있다.
② 재판관의 정년은 65세로 한다. 다만 헌법재판소장인 재판관의 정년은 70세로 한다.

유명하다. '(헌법전에) 환경권을 명시한 글귀는 사유재산 보장 조항에 밀려 한지에 붓으로 정성껏 쓴 대한민국 헌법원전에만 초라하게 남은 한낱 골동장식품으로 전락하고 말았다.' 의령농업고등학교와 부산대 법대를 거쳐 1961년 고등고시사법과 제13회에 합격했다.

대통령 김영삼이 임명한 마지막 재판관은 대구고검장 정경식. 그와 관련, 안우만 소장 임명을 반대하던 민주당과 변협에선 정경식의 재판관 임명도 우려했다. 1979년 서울지검 공안부 검사 시절 계엄사령부 합동수사본부로 파견돼 육군참모총장 정승화를 조사한 것, 1980년 서울지검 특수2부장 검사 때 국가보위비상대책위 사회정화위원회 2부장을 맡은 것, 1992년 대선 때는 부산지검장으로 부산 초원복국집 사건●에 관여한 것[9] 등이 문제됐다. 임명 직전인 1994년 9월 12일 대한변협회장 이세중은 "과거 유신 시절에 수많은 민주인사들을 긴급조치 위반으로 구속하고 인권을 탄압하는 데 앞장섰다"고 주장했다.[10] 학구파로 박사학위는 물론 수십 편의 논문을 썼다. 경북고등학교 · 고려대 법대를 거쳐 1963년 1회 사법시험에 합격했다.

다음으로 국회는 헌법재판관 선출방식을 두고 다툰다. 1992년 5월 30일 임기를 시작한 14대 국회는 민자당 156 · 민주당 97 · 국민당 32석이었다. 하지만 그해 12월 18일 14대 대통령 선거에서 정주영이 낙선하면서 1993월 3월 2일 국민당은 해체한다. 2기 재판관 선출을 앞둔

● 부산 초원복국집 사건 = 14대 대선 1주일 전 1992년 12월 11일 부산 대연동 초원복국집에 기관장들이 모여 지역감정을 부추겨 김영삼을 당선시키자고 논의한 사건. 참석자는 법무부장관 김기춘·부산지검장 정경식·부산경찰청장 박일용·안기부 부산지부장 이규삼·부산직할시장 김영환 등 8명이다.[8] 12월 15일 정주영의 통일국민당 측이 대화를 녹음, 폭로하면서 알려진다.

헌법재판소, 한국현대사를 말하다 1

1994년 9월에는 299석 가운데 민자당 176 · 민주당 98석인[11] 양당체제였다. 9월 6일 총무회담에서 민주당 신기하는 민자 1 · 민주 1 · 합의 1명 안을 주장한다. 그러나 민자당 이한동은 "표결로 여당이 3명을 모두 선출할 수도 있다"고 압박[12], 민자 2명 · 민주 1명 안을 관철한다. 앞서 1998년 9월 1기 재판소 구성 때는 4당 가운데 상위 3개 당이 1명씩 추천했다. 하지만 2기에 적용된 다수당 2명 추천방식은 처음이자 마지막이 된다. 3기에서 김효종, 4기에서 목영준이 여야 합의로 선출되면서 1.5명 추천방식이 자리 잡는다. 2기 재판관 선출부터 정치권은 단단히 싸운다. 헌재의 영향력을 실감해서다. 그래서 다음 3기 재판소를 앞두고 헌재소장과 국회선출 재판관을 청문키로 국회법 46조의 3●을 2000년 5월 30일 신설한다.

민자당은 1기 재판관 가운데 대법원장 지명이던 김문희를 국회 선출로 연임시킨다. 이로써 김문희는 1 · 2기에 걸쳐 12년 동안 재임한다. 1기의 경험을 바탕으로 2기 재판소를 안착시키는 역할을 한다. 보수적이라 평가되지만 뒤집으면 재판소의 주류의견을 주도한 셈이다.

민자당이 추천한 다른 한 사람은 부산지검장 신창언. 1993년 대검찰청 21세기연구기획단 초대 단장으로 있으면서 검찰발전계획을 수립했다. 1987년 서울지검 형사2부장 시절 검사 안상수와 함께 박종철 고문치사 사건을 수사했다. 그리고 서울고검으로 좌천성 인사발령을 받는

● 국회법 [개정시행 2000. 5. 30]
제46조의3 (인사청문특별위원회) ①
국회는 헌법에 의하여 그 임명에 국회의 동의를 요하는 대법원장·헌법재판소장·국무총리·감사원장 및 대법관과 국회에서 선출하는 헌법재판소 재판관 및 중앙선거관리위원회 위원에 대한 임명동의안 또는 의장이 각 교섭단체대표의원과 협의하여 제출한 선출안 등을 심사하기 위하여 인사청문특별위원회를 둔다.

다. 당시 수사에 대해 평가가 엇갈린다.[13] 보성고 · 서울법대. 1964년 제3회 사법시험.

민주당은 김대중 총재 비서실장이던 검사 · 국회의원 출신 조승형을 추천한다. 1기 재판관 변정수를 DJ에게 추천한 주인공이다. 검사 시절 강성이었지만 정치생활을 통해 부드러워졌다. 사형 조항에 위헌 의견을 내며 스스로 '좌고우면'했다고 표현했다. 퇴임 이후, 손자들을 위해 평생 이야기를 붓으로 적었다. 100쪽 한지책 33권이며 2년쯤 걸렸다고 한다. 목포고 · 서울법대 · 1957년 제9회 고등고시 사법과.

마지막으로 대법원장 지명재판관은 이미 2명이 바뀌었다. 1991년 1월 26일 사법연수원장 황도연과 1993년 12월 30일 이재화가 임기를 시작했다. 비상임으로 정년퇴임한 이성렬과 감사원장에 임명된 이시윤 후임이다. 그리고 광주고등법원장 고중석이 새 재판관으로 1994년 7월 5일 대법원장 윤관에게 지명됐다. 이로써 대법원장 지명재판관은 모두 현직 법원장 출신이 된다. 1기 재판소에서 이시윤만 법원장이었고, 김문희 · 이성렬은 법관 출신 변호사이던 것과는 달라졌다. 헌재의 영향력이 예상 밖으로 강해지면서 대법원은 인사권을 통해 견제할 필요성이 생겼다. 법원장들도 재판관 자리를 적극적으로 원했다. 대법원장이 현직 법원장만을 지명하는 흐름은 3기에도 마찬가지다.

황도연은 대법원장 김덕주가 지명해 1 · 2기에 3년씩 재임했다. 정치적 변화에 흔들리지 않

● 헌법재판소법 [개정시행 2005. 7. 29]
제6조 (재판관의 임명) ② 재판관은 국회의 인사청문을 거쳐 임명·선출 또는 지명하여야 한다. 이 경우 대통령은 재판관(국회에서 선출하거나 대법원장이 지명하는 자를 제외한다)을 임명하기 전에, 대법원장은 재판관을 지명하기 전에 인사청문을 요청한다.

는 확고한 법리 일관성으로 유명하다. 반면 소송법과 절차를 중시해 헌재의 정치 판단 기회를 줄인다는 평가도 있다. 청렴하고 겸손한 인품이지만 재판에서는 과감하고 강직하다. 전형적인 법관. 부산상고 서울법대 1958년 제10회 고등고시 사법과.

이재화는 윤관 대법원장의 지명으로 재판관이 됐다. 언론 프로필에는 '온후한 성품에 재판업무와 사법행정에 두루 능통하다는 평. 동네 아저씨 같은 푸근한 인상이지만 여행 중에도 일일이 메모하는 치밀한 성격'이라고 적혀 있다. 재판관 시절 건강 문제로 어려움을 겪었다. 충주고 · 서울법대. 1959년 제11회 행정고시 1962년 제14회 사법고시.

고중석도 윤관 대법원장이 지명했다. 고재호 대법관의 조카이며 최종영 대법관과 사촌 처남매제 사이인, 법관 집안이다. 5 · 18 불기소 사건에서 소수의견이 공개되는 데 결정적인 역할을 한다. 광주고 · 서울법대 · 1962년 제14회 고등고시 사법과. 2기 재판소에서 한정위헌으로 대법원과 분쟁할 당시, 대법원장 지명 세 사람이 소극적이었다.

한편 2기에 들어서도 헌재는 해결하지 못한 문제가 있었다. 국가행사에 제대로 대접받지 못했던 것이다.[14] 1기 소장 조규광은 전혀 초청받지 못한다. 1988년 9월 17일 올림픽개막식, 10월 15일 장애인올림픽개막식, 10월 1일 국군의 날, 10월 3일 개천절까지. 주요 국가 행사에 헌재소장은 없었다. 10월 9일 한글날에는 식장을 향해 나서다가 자리가 없다는 연락을 받고 공관으로 차를 돌리기도 했다. 해가 바뀌어 1989년 3월 1일 삼일절 드디어 한 자리가 남지만 3부요인 뒷줄이란 사실을 알고 참석을 포기했다.

조규광의 인터뷰. "국군의 날 기념식을 여의도 광장에서 했다. 미리 알아보니 단상 아래라고 했다. 사무처에 지시해 잘 설명을 해보라고 했지만, 저쪽에서 안 들어먹는다는 대답만 돌아왔다. 헌재가 높다고 자랑하러 가는 것도 아니어서 말았다. 그래도 마음이 안 좋았다. 화가 나 있던 참에 같이 산행하는 친구가 와서 소주만 마셨다. 낮 12시 지나서 국방부에서 전화가 왔다. 오전에 실례했다면서 오후 파티에 좌석을 정리할 테니 나오라는 거였다. 내가 그걸 오후에 가겠나. 안 간다고 했다. 그런 일이 대여섯 번 있었다. 그때마다 속은 부글거렸지만 행정부가 거기까지는 (이해가) 안 돼서, 또 우리 헌재가 국민에게 알려지지 않아 그런 모양이라고 생각하면서 참았다. 의전문제 생각하면 구질구질하지만 그래도 (단순히 넘어갈) 그런 (문제인) 것만은 아니었다."

상황이 이쯤 되자 행사를 피한다. 조규광은 현충일을 하루 앞둔 6월 5일, 추념식 준비로 한창인 현충원에 미리 참배한다. 다음 날 보훈처에서 자리를 만들어놨다는 연락이 온다. 조규광은 다시 한 번 현충원을 찾아 결국 이틀 연속 추념한다. 드디어 헌법을 만든 날인 제헌절에야 초청을 받는다. 7월 17일 오전 10시 국회의사당 중앙홀에서 열린 제41회 제헌절 기념식. KBS 1TV에선 앞자리 인사들을 소개한다. "김재순 국회의장, 이일규 대법원장, 강영훈 국무총리, ……, 3부요인과 각당 대표." 언론 종사자조차 조규광의 얼굴을 몰라 소개를 안 했다. 그건 어쩔 수 없다고 해도 문제는 순서였다. 헌재로선 총리 다음이란 순서를 부당하다고 여겼다.

처음에 초청조차 받지 못한 것은 헌법위원회 시절 관행이 이어진 탓이다. 1987년 민주화 헌법 3~6장은 각각 국회 · 정부 · 법원 · 헌법재판소다. 헌재가 법원과 함께 네 번째 국가기관이란 것. 문제는 이전 헌법에 헌법재판소 대신 있던 헌법위원회가 전혀 활동하지 않은 것. 헌법이 바뀌어도 관행이 유지됐던 셈이다. 하지만 헌법재판소● 소장은 3부요인인 대법원장과 같은 급이다. 헌법위원회● 상임위원이 대법원 판사와 같은 수준이었던 것과는 다르다. 따라서 헌법재판소는 헌법위원회와는 격이 다른데도 같은 취급을 당한 것이다. 여하튼 참석 문제는 금세 해결이 되지만, 서열 문제는 오랫동안 논란으로 남는다.

김문희는 인터뷰에서 "헌재는 사법기관을 대법원과 양분한 셈이다. 그리고 행정부의 경우 수반은 대통령이고 총리는 그 아래다. 따라서 의전순서도 국회의장 · 대법원장 · 헌재소장 순이다. 그런데 의전을 주관하는 총무처가 국무총리 직속 하부기관이다 보니, 자꾸 총리를 위로 올리려 했던 것이다"고 설명했다. (참고로, 총무처는 1998년 내무부와 합쳐 행정자치부가 된다). 김양균도 인터뷰에서 "헌재소장 의전서열이 총리보다 상위여야 하는 것은 말할 필요도 없고, 대법원장 아래 있는 것도 사실 말이 안 된다. 나는 헌재 출범 이후,

● 헌법재판소법 [제정시행 1988. 9. 1]
제15조 (헌법재판소장등의 대우) ① 헌법재판소장의 대우와 보수는 대법원장의 예에, 상임재판관의 대우와 보수는 대법관의 예에 준한다.

● 헌법위원회법 [개정시행 1982. 4. 2]
제10조 (위원의 대우) ① 상임위원이 아닌 위원은 명예직으로 한다. 후단 생략 ② 상임위원은 정무직국가공무원으로 하며 그 보수와 대우는 대법원 판사의 예에 준한다.

헌법재판소는 대헌원으로 헌법재판관은 대헌관으로 바꾸어야 한다고 주장했다"고 밝혔다.

의전서열 문제는 2기 재판소에서도 결론나지 않는다. 2기 소장 김용준의 인터뷰. "완전히 매듭지어지지 않았다. 사무처장을 통해 의전서열을 알아보고 불참한 경우도 있던 것으로 기억한다. 헌재법 15조에 소장에 대한 대우는 대법원장의 예에 의한다고 정해져 있다. 대법원장하고 똑같이 예우하라는 뜻이다. 총리가 중간에 들어 있는 것은 불가능하다. 아무튼 문화관광부 등 행정각부 주관 행사에는 웬만하면 가지 않았다. 현장에서 싸울 수도 없는 일이다. 하지만 제헌절 행사는 양보할 수 없었다. 우리가 헌법을 수호하는 기관 아닌가."

3기 재판소는 다양한 방법을 동원해 의전서열 고치기에 나선다. 우선 국무총리를 앞에 적어둔 법령을 찾아, 의견을 내고 고치게 만든다. 2001년 11월 27일 재정경제부는 예우 순위를 헌재소장 다음 국무총리로 조정한다. 당시 재경부 관계자는 '헌법재판소가 헌재법 15조 1항에 따라 헌재소장의 대우를 대법원장 수준으로 맞춰줄 것을 요청했다'고 밝혔다.[15] 2005년 11월 5일에는 행정안전부가 상훈법 제18조 가운데 '대법원장 · 국무총리 · 헌법재판소장'으로 있던 것을 '대법원장 · 헌법재판소장 · 국무총리'로

● 공항에서의 귀빈예우에 관한 규칙
  [개정시행 2001. 3. 29]
제4조 (귀빈실의 사용대상자) ① 귀빈실을 사용할 수 있는 자는 다음과 같다.
2. 국회의장·대법원장·국무총리·전직 국회의장·전직 대법원장 및 전직 국무총리
3. 헌법재판소장.

● 공항에서의 귀빈예우에 관한 규칙
  [개정시행 2001. 11. 27]
제4조 (귀빈실의 사용대상자) ① 귀빈실을 사용할 수 있는 자는 다음과 같다.
2. 국회의장·대법원장·헌법재판소장·국무총리·전직 국회의장·전직 대법원장·전직 헌법재판소장 및 전직 국무총리.

1989년 6월 6일 서울국립묘지(현재 국립서울현충원)에서 열린 제34회 현충일 추념식. 사진 오른쪽부터 의전서열 높은 순서다. 국회의장 김재순은 유럽 3개국 출장으로 불참했고, 대법원장 이일규·국무총리 강영훈·헌재소장 조규광 순으로 국민의례하고 있다. 헌재소장이 국무총리보다 낮은 서열이었다. 그 뒤로 여당 민정당 대표위원 박준규·야당 평민당 총재 김대중·국가보훈처장 이상연이다. ⓒ 세계일보

바꾼다.

　이런 식으로 조금씩 의전서열을 바로잡기 시작했다. 4기 재판소가 2009년 4월 13일자로 취재에 공식답변한 상황은 이렇다. '삼일절, 현충일, 광복절 등 국경일에는 대통령이 참석하고 국무총리가 나오지 않기 때문에 문제가 없다. 한글날이나 개천절 같은 국무총리 주재 행사에는 헌재소장과 대법원장은 가지 않아 역시 문제없다.' 하지만 언제부터 이렇게 정리된 것인지 확실치가 않다. 다만 헌재의 설명은 4기 현재에는 이렇게 자리 잡았다는 뜻으로 이해된다. 계속해서 '다만 제헌절과 청와대 신년인사회에는 소장과 총리가 모두 참석한다. 제헌

절은 당초부터 국회에서 헌재소장 좌석을 국무총리 앞에 두어 배치하고 있다.' 하지만 1989년 7월 17일 제헌절 기념식에서는 국무총리 강영훈 다음에 헌재소장 조규광이 앉은 것으로 확인된다. 따라서 재판소가 말하는 '당초'가 언제부터인지 역시 애매하다.

의전서열이 가장 문제되는 것은 청와대 행사. 2006년 1월 3일 청와대 신년인사회에 3기 소장 윤영철이 불참한다. 재판소는 "헌재소장을 국무총리 뒤에 놓아 독립기관인 헌재의 지위를 무시했다"고 주장했다. 하지만 청와대는 "3부요인인 국회의장·대법원장·국무총리 다음에 헌재소장이 자리한 것은 1988년 헌재 설립 이후 유지해온 관행"이라고 했다. 국가의전편람도 근거로 들었다. 이와 관련, 2000년 이후 보도를 종합해보면 청와대 행사에서 소장이 앞선 경우는 많지 않았다. 2003년 5월 방미 결과 설명 오찬, 2004년 1월 신년인사회 정도가 알려진 전부다. 따라서 청와대가 2006년 신년인사회에서 일부러 헌재를 홀대해 문제가 불거졌다고 보기는 어렵다. 오히려 3기 재판소가 임기 마지막 해에 작심하고 서열 문제를 공론화한 것으로 보인다. 이 무렵 2005년 12월에는 재판소 측이 국무총리보다 앞에 헌재소장 신년사를 실어줄 것을 언론사에 요청하기도 했다.

노무현 정부 청와대 비서실장 문재인의 인터뷰. "헌재에서 대법원과 같은 위상으로 맞춰줄 것으로 지속적으로 어필해왔다. 서상홍 사무처장이 노무현 대통령과 사법연수원 동기이기도 하지만 저와도 잘 아는 사이다. 저에게 요청을 많이 해오셨다. 헌재가 연륜이 깊지 못하다 보니 이전(정부)까지는 관행대로 해오던 것을, 우리 정부에서 위상을 찾으려 목소리를 내기 시작했던 것 같다. 헌재 주장이 일리 있었고, 실제로 (참여정부에서) 의전 위상이 많이 올라갔다. 국가 행사에서 대법원장 옆자리에 헌재소장이 앉으면 괜찮지만 (좌석 배치가) 대법원장까지 앞줄이고 헌재소장부터는 뒷줄인 경우가 있었다. 그 밖에 과거부터 3부요인 초청이라고 붙여진 행사에는 대법원장은 해당되지만 헌재소장은 (4부요인이어서) 빠져야 했다. 우리 정부는 '3부요인 초청'을 '헌법기관장 초청'으로 고치는 식으로 해소했다. 헌재에서 바라는 바를 바로바로 해드리지 못했는지는 몰라도 신경을 많이 썼다. 말하자면 헌재의 위상이 명실상부하게 올라갔다는 것을 보여준 사다."

실제로 헌재의 항의성 신년인사회 불참 석 달 뒤인, 2006년 3월 31일 청와대는 의전서열을 수정해 발표한다. 국회의장 · 대법원장 · 헌법재판소장 · 국무총리 · 중앙선거관리위원장 순이었다. 1999년 발간 의전편람 181쪽에는 '3부요인 및 헌법재판소장'으로 적혀 있었다. 이날 발표한 서열은 2008년 발간 의전편람에 반영된다. 당시 청와대 관계자는 "대법원장과 헌재소장을 사법기관의 공동대표로 봤다"고 설명했다.[16]

---

1 |《국민일보》1994년 6월 7일 18면.

2 |《서울신문》1994년 7월 5일 23면.

3 |《문화일보》2003년 8월 14일 3면.

4 |《국민일보》1994년 9월 3일 18면.

5 | 《서울신문》 1994년 8월 26일 1면.

6 | 《경향신문》 1993년 2월 23일 3면.

7 | 이인호, 『소수와의 동행, 그 소리에 귀를 열고』 박영사, 2001, 7쪽.

8 | 박철언, 『바른 역사를 위한 증언 2』 랜덤하우스중앙, 2005, 340쪽.

9 | 「위헌 5대 합헌 4에 의한 합헌결정 내막」 《월간조선》 1996년 4월호, 185~186쪽.

10 | 《한겨레신문》 1994년 9월 13일 3면.

11 | 《세계일보》 1994년 9월 11일 2면.

12 | 《서울신문》 1994년 9월 13일 4면.

13 | 《조선일보》 1995년 12월 16일 38면. 《한겨레신문》 1994년 9월 13일 1면.

14 | 《조선일보》 1989년 8월 10일 3면.

15 | 《한국일보》 2001년 11월 29일 12면.

16 | 《한겨레》 2006년 4월 1일 6면.

12

영토

생존과 국가의 토대 vs. 욕망과 소유의 대상

1980년대 후반부터 부동산값이 치솟는다. 재벌 등의 투기가 주요한 이유다. 1988년 대통령에 취임한 노태우는 토지공개념 3법을 도입한다. 이후 김대중 정부에서 다시 부동산 경기를 부양한다. 앞서 김영삼 정부에서 외환위기로 부동산이 무너지자 내놓은 수습책이다. 그리고 노무현 정부가 전투적으로 부동산값 잡기에 나선다. 노태우와 노무현 두 정부는 모두 현재 심판정에 선다.

　"어떤 일이 있더라도 부동산과 아파트값을 안정시키라고 여러 번 지시했습니다. 그러나 아파트값은 중형도 대형도 잡히지 않고 있습니다. 정부 대책이 어디가 잘못됐는지 책임부서와 책임자를 문책해서 결과를 보고하도록 하세요." 1989년 3월 14일 대통령 노태우가 경제기획원 장관 겸 부총리 조순을 질책하고 있었다.[1] 그도 그럴 것이 노태우의 취임과 동시에 1988년에만 땅값 27.5퍼센트 집값 13.2퍼센트, 1989년에는 땅값 32.0퍼센트 집값 14.6퍼센트가 올랐다.[2] 사실 전두환 정부 막바지부터 투기조짐이 있었고,[3] 노태우는 대선에서 집값을 잡겠다고 공약했다. 당선이 되자 정권을 걸고[4] 공약을 수행 중이었다.

주택 200만 호 건설(공약코드 31-50-40), 토지과다보유세 신설(공약코드 21-21-12). 두 가지가 노태우가 내건 집값 잡기 공약이다.[5] 주택공급은 순조로웠다. 1988년 9월 13일 5762만 평 택지 확보와 평촌·산본 신도시 개발 계획을 발표한다. 1989년 4월 27일 성남시 분당동에 540만 평, 고양군 일산읍에 460만 평 신도시 개발을 발표했다. 그리고 토지과다보유세. 이것이 토지공개념이다. 하지만 재벌들과 지난한 싸움을 벌여야 했다. 그리고 상대편 최전선에 민정당이 나와 있었다. 총재와 당의 싸움이었다. 양측은 목표가 달랐다. 단임제 대통령인 노태우는 부동산값을 잡아 역사에 남아야 했고, 민정당은 정치자금(을 대주는 대기업)의 압력을 무시하지 못했다.[6]

이런 가운데 노태우 정부는 토지공개념 3법안을 내놓는다. 7월 6일에 개발이익환수법과 택지소유한상한법을, 8월 25일 토지 과이득세법을 발표했다. "부동산을 과점한 상위 5퍼센트 계층에서 언론까지 동원하면서 토지공개념에 대한 정부의 개혁의지를 음해하고 있다. 지난 30여 년간 경제발전과정에서 파생된 불로소득 등 정의롭지 못한 경제행태는 세상에 알려진 것보다 훨씬 심각하다. 토지공개념 확대 등 개혁작업을 지금 실시하지 않으면 우리는 그 기회를 영원히 잃어버려 5·16이나 10·26 같은 불행한 사태를 몰고 올 수 있다."[7] 정기국회를 하루 앞둔 8월 31일, 청와대 경제수석비서관 문희갑이 작심하고 발언한다. 부동산값이 이렇게 오르다가는 시민혁명으로 정부가 엎어지게 생겼단 얘기다.

민정당은 저항한다. 정부원안을 대폭 완화키로 당내 토지공개념 심사소위가 9월 5일 결정한다. 그리고 민정당 사무총장 이춘구는 토지공개념을 사실상 거부한다. "일시에 토지공개념을 확대하는 데 따르는 충격을 고려해 택지소유상한제·토지초과이득세는 5년 유예기간을 거쳐 단계적으로 추진하자." 그리고 다음 날 앞서 청와대 경제수석 문희갑의 혁명발언을 민정당 대표위원 박준규가 그대로 뒤집어 돌려준다. "혁명적인 토지공개념 도입이 오히려 혁명의 불씨가 될 수 있다."[8] 이런 와중에 노태우를 지지하고 나선 것은 오히려 김영삼과 김대중이었다. 6일 민주당 총재 김영삼은 "민정당이 벌써부터 정부안에서 후퇴하는 것은 참으로 개탄스럽다. 우리는 토지공개념제도를 포함한 경제정의실현에 분명하고 단호한 입장을 관철시키겠다"고 밝힌다. 평민당 총재 김대중도 마찬가지. "민정당은 정부안의 대폭 후퇴를 시도하면서 중산층을 위한 것으로 위장한다. 그러나 대기업과 토지소유자의 반발을 무마시키려는 의도에 불과하다."

그렇다면 대기업은 도대체 얼마나 많은 투기성 토지를 갖고 있었을까. 노태우가 민정당을 상대로 힘을 겨루던 1989년 9월 현재, 23개 대기업 소유 3,123만 평 가운데 43.3퍼센트인 1,353만 평이 비업무용 토지라고 보도된다. 감사원 감사관 이문옥의 제보를 받아《한겨레신문》이 1990년 5월 12일 밝힌 것이다. 이는 30대 재벌의 비업무용 토지가 1.2퍼센트라던 1989년 5월 17일 은행감독원 발표와 엄청나게 차이가 났다. 그러자 국세청은 5대 재벌의 비업무용 토지가 18.2퍼센트 정도라고 1990년 6월 25일 주장한다. 수치가 무엇이든 재벌이 부

동산투기에 매달려 있던 사실을 부인할 수는 없었다.[9]

정부는 민정당 배후이던 대기업을 직접 설득한다. 1989년 9월 12일 부총리 조순은 경제부처장관들과 함께 전국경제인연합회 등 6개 민간경제단체장을 만난다. "토지공개념을 시행해도 기대이익이 상대적으로 줄어들 뿐, 땅 가진 사람들에게 큰 손해 없을 겁니다." 경제학자 출신다운 점잖은 표현이지만, 새겨보면 '부동산으로 예전처럼 대박을 못 낸다 뿐이지 어차피 공돈은 계속 먹는 거 아니냐'는 반설득 반협박이다. 그러나 정부는 원안에서 주춤주춤 후퇴한 안으로 12월 18일 토지공개념 3법을 통과시킨다. 이 법도 효과를 발휘해 집값은 1991년부터, 땅값은 1992년부터 하락한다.[10]

1994년 7월 29일 김영삼 정부 시절 1기 재판소는 퇴임을 한 달여 앞두고 토초세법●을 결정 선고한다. 토지공개념 3법의 핵심이다. 쓰지 않고 놀리는 땅값이 기준 이상 오른 경우, 예상 이득의 50퍼센트를 세금으로 물리는 법이다. 재판관들은 다양한 헌법 가치로 거의 모든 조항을 검토한다. 이 사건 판시사항에서 헌법 위반이라 지적한 5가지 가운데 3가지가 헌재에서 직접 만들어 검토한 것이다. 다양하고 복잡한 쟁점 가운데 핵심을 추리면 이렇다.

첫째, 땅값이 해마다 정상 상승분 이상으로 올라 토초세를 내왔다. 그런데 어느 시점에서 토지가격이 폭락해 구입한 가격보다 떨어졌다. 그렇다면 그동안 낸 토초세는 무엇인가? 헌재

● 토지 과이득세법 [제정시행 1990. 1. 1]
제1조 (목적) 이 법은 각종 개발사업 기타 사회경제적 요인으로 유휴토지 등의 지가가 상승함으로 인하여 그 소유자가 얻는 토지 과이득을 조세로 환수함으로써 조세부담의 형평과 지가의 안정 및 토지의 효율적 이용을 기하고 나아가 국민경제의 건전한 발전에 이바지함을 목적으로 한다.

의 답은 '수득세^{收得稅}의 본질을 거스르므로 위헌'이다. 사실 수득세에서 심판은 끝난다. 새로 생긴 이득에 대한 세금이란 뜻이다. 소유하고 있는 재산에 물리는 재산세^{財産稅}가 아니라는 얘기다. '토초세가 재산세 성격을 띠고 있다 하더라도, 본질적으로는 수득세다.' 따라서 구입가 이하로 집값이 떨어졌는데도 낸 세금이 있다면 부당하다. 결국 첫째 쟁점은 수득이 없는데 수득세를 물려서 위헌이다.

둘째, 땅을 팔아 이득이 나면 당연히 양도소득세를 낸다. 양도세는 대표적인 수득세다. 그런데 토초세도 수득세라고 했으니, 결과적으로 수득세를 두 번 낸 셈이다. 이중과세 아닌가? 헌재의 답은 '그렇다'이다. '두 세금은 모두 수득세다. 토초세는 미리 내는 양도세다. 따라서 토초세만큼 양도세에서 깎아주지 않으면 이중과세이고, 위헌이다.' 따라서 둘째 쟁점은 한 번 수득에 두 번 수득세를 물려서 위헌이란 셈이다. 이로써 토초세는 무너진다. 나머지 3가지 위헌 이유는 그나마 치유 여지가 있다. 하지만 수득이 없는데 수득세를 물리고, 한 번 수득에 두 번 수득세를 물린다는 결점은 치명적이다. 한편 논란이던 미실현 이득에 대한 과세는 예외적이지만 가능하다고 했다.

재판관 전원일치로 헌법불합치●를 결정했다. 문제된 조항들이 무너지면서 다른 조항도 의미가 없게 됐다며 개정 때까지 법 전체를 적용 중지시킨다. 이날 전국경제인연합회는 "기업들이 공장을 짓고 싶어도 규제로 건축이 제때 이뤄지지 않을 때 토초세까지 부과되는 경우가 많았

● 헌법불합치 = 1기 재판소가 만든 변형결정의 한 형태. 사건 조항이 개정될 때까지 적용을 중지시키고, 대신 개정법률에서 그사이의 법적 상태를 규정하게 한다. 개정 시한을 제시하면서 적용도 중지하는 게 일반적. 하지만 시한이 없거나 적용을 유지하는 경우도 있다.

다. 앞으로 기업의 토지 관련 부담이 줄어들 것으로 기대한다"고 밝힌다.[11] 서울 잠실 제2롯데월드 예정지 등에 대한 토초세 문제로 정부와 마찰을 빚던 롯데그룹도 환영의 뜻을 나타냈다.[12]

다음으로 개발이익환수법은 몇몇 조항에서 위헌결정이 되기도 하지만 전반적인 틀은 합헌으로 살아남는다. 개발이익환수제는 아파트 단지 조성 등 토지 개발로 이익이 생긴 경우, 오른 땅값 50퍼센트를 부담금으로 걷는 제도. 대상은 1990년 시작부터 1,000평 이상에만 해당됐으며, 2009년에는 대도시 200평 · 도시 300평 · 시골 500평 이상 등 지역마다 달라졌다. 그렇지만 실제 개발이익 환수율은 2006년의 경우 1.1퍼센트 수준[13]에 불과했다. 다양한 방법으로 감면들을 받은 탓이라고 한다.

남은 토지공개념 3법인 택지소유상한법은 어떻게 됐을까. 1997년 김영삼 정부 마지막 해 경기는 급속히 후퇴한다. 결국 11월 21일 국제통화기금[IMF]에 구제금융을 신청한다. 나라 안에 돈이 없으니 나라 밖에서 돈을 빌려오고, 당연히 금리가 오른다. 은행빚으로 부동산을 사들인 사람들은 이자부담을 견디지 못해 토지와 건물을 내놓는다. 거품이 무너지며 부동산값이 급격히 하락한다. 12월 18일 김대중이 대통령에 당선하고 이때부터 부동산정책은 경기부양수단으로 돌아선다. 1998년 4월 16일 건설교통부장관 이정무는 대통령 업무보고에서 부동산경기 활성화 방안을 밝힌다. 양도세 · 등록세 · 취득세 등 부동산세금 대폭 완화, 국민주택을 포함한 모든 아파트 분양가 자율화, 준농림지 전환사용 확대와 재개발 재건축 활성화 등으로 구체화한다.

그리고 택지소유상한법은 9월 19일 폐지된다.

2기 재판소는 법률 폐지 7개월 뒤인 1999년 4월 29일 택지소유상한법을 선고한다. 접수 6년 만이다. 택지소유상한법●은 한 가구가 가질 수 있는 주택용 땅의 한계를 정하고, 이를 넘으면 처분·개발하도록 강제하거나 부담금을 물리

● 택지소유상한에 관한 법률 [제정 시행 1990. 2. 28]
제1조 (목적) 이 법은 택지를 소유할 수 있는 면적의 한계를 정하여 국민이 택지를 고르게 소유하도록 유도하고 택지의 공급을 촉진함으로써 국민의 주거생활의 안정을 도모함을 목적으로 한다.

는 제도다. 소유상한은 대도시 200평·도시 300평·시골 400평 등이다. 헌재는 3가지 쟁점으로 나눈 다음, 각각에서 법 시행 전부터 토지를 소유한 사람과 이후에 사들인 가구로 가른다. 헌재는 첫째, 원칙적으로 제한 자체는 괜찮지만 200평은 너무 작아 위헌이라고 한다. 소유시기를 가를 필요도 없다. 둘째, 개발의무를 지우는 것도 괜찮으나 법 시행 이전 소유자에게 그런 것은 위헌. 셋째, 부담금을 물리는 자체도 문제없지만, 기간제한 없이 계속 부과해 그 금액이 너무나 커져 위헌. 정리하면, 택지소유상한법의 취지는 나무랄 게 없으나, 부과금액 부과대상 등 정도가 심해 위헌이다. 이번에도 법률 전체가 위헌이다.

이영모가 유일하게 반대의견을 낸다. 여러 수치를 동원해 '우리나라 대도시 주택상황에 비춰 200평은 작은 것도 아니며, 법 시행 이전 소유자에게 다양한 기회와 시간을 주고 있어 차별하는 것도 없고, 부담금의 수준 역시 입법자의 권한을 벗어날 정도로 심하지도 않다'고 밝힌다. 그러면서 헌재는 전체적으로 가치를 주로 판단하고 세밀한 잘못은 정부와 국회에 맡기라고 주장한다. '시대 변화에 맞추어 새로

운 정책을 수립하고 집행하는 것은 입법자의 몫이다. 시행착오나 일부 역기능도 입법자나 법집행자가 해결할 일이지, 곧바로 위헌결정할 게 아니다. 다수의견은 택지소유상한제의 당위성은 인정하면서도 기술적인 문제로 위헌을 선언한다. 하지만 (자세히 보면 기술적 근거인) 수와 양으로 입증하지도 못했다. 설득력이 없다. 결과적으로 택지소유권의 사회성보다는 소유자의 재산권 보장을 우선한 것으로 밖에 안 보인다.'

1·2기 재판관 김문희는 유일하게 모든 토지 사건을 심판했다. 토지공개념 3법은 물론 국토이용관리법상 토지거래허가제 합헌 사건까지다. 그는 인터뷰에서 오랜 고민을 거쳤음을 밝혔다. "토지공개념의 핵심은 재산처분의 자유가 생산된 생산수단, 즉 인간이 만든 재화에만 해당한다는 것이다. 근본적인 생산수단인 자연에는 해당하지 않는다고 한다. 여기에 더해 상황에 따라 조금씩 더 다르다. 예를 들어 아메리카 신대륙에서 토지는 위험을 감수해 자기가 만든 것이다. 인디언과 야생동물을 방어해가며 확보한 것이라 소유권이 절대적이다. 그래서 동업자(끼리 배타적으로 소유해야 할) 의미가 강하다. 반면 유럽이나 한국 같은 곳이라면 (근대 전에) 이미 전부 개간됐다. 가질 수 있는 땅에 한계가 있었다. 땅이 좁은 제주도에서는 사촌이 아니라 이촌이 땅을 사면 배가 아프다고 한다. 우리는 경쟁자(이고 따라서 나눠 써야 할) 의미가 강한 게 사실이다." 그러면서 김문희는 토지재산권 역시 평등과 자유에 대한 헌법적 판단이라고 했다. "헌재재판관으로 가장 먼저 부닥치는 것이 평등 문제다. (토지 문제에서도 자유든 평등이든)

한계가 분명히 있다. 이 사건에서는 자유를 핵심으로 판단했다. 자유권은 인간의 본질적 권리로 남에게 폐를 끼치지 않는 이상 보장돼야 한다. 본질적 권리 가운데 물질적 권리가 가장 기본이고 중요하다. 6·25 때 남한으로 내려온 사람들은 자유권을 찾아온 것 아닌가. 땅값 오른다고 (시장을 조절하지 않고, 무리한) 행정력(을 동원해 힘)으로 잡으려는 것은 적절하지 않다고 봤다."

김대중 정부 5년간 부동산값은 꾸준히 오른다. 마지막 해인 2002년에는 집값 16.4퍼센트 땅값 9.0퍼센트로, 1991년 이후 최고 상승률을 기록한다.[14] 2003년 2월 25일 취임한 후임 대통령 노무현은 각종 부동산 안정대책을 내놓고, 2005년 1월 5일 종합부동산세법●을 입법한다. 종부세는 한 세대가 가진 모든 주택 또는 비사업용 토지 공시가격이 각각 9억 원 또는 6억 원을 넘는 경우 과세하는 제도. 4기 재판소에서 2008년 11월 13일에 선고한다. 우선 헌재는 토 세 사건에서 헌법 위반으로 결정난 쟁점들을 확인한다. 종부세는 수득세가 아니라 재산세(또는 보유세)라고 확인한다. 따라서 대표적인 수득세인 양도소득세와 함께 이중수득세라는 주장은 기각된다. 지방자치단체가 걷는 재산세와 중복되는 이중보유세라는 주장 역시 정부가 지방세만큼 깎아 과세하고 있어서 그렇지 않다고 밝힌다.

4기 재판소는 세대별 합산과 1가구 1주택인 경우를 문제 삼아 위헌과 불합치를 선고한다. 세대별 합산이 독신자, 사실혼부부 등에만 유리

● 종합부동산세법 [제정시행 2005. 1. 5]
제1조 (목적) 이 법은 고액의 부동산 보유자에 대하여 종합부동산세를 부과하여 부동산 보유에 대한 조세부담의 형평성을 제고하고, 부동산의 가격 안정을 도모함으로써 지방재정의 균형발전과 국민경제의 건전한 발전에 이바지함을 목적으로 한다.

● 대한민국헌법 [개정시행 1988. 2. 25]
제36조 ① 혼인과 가족생활은 개인의 존엄과 양성의 평등을 기 로 성립되고 유지되어야 하며, 국가는 이를 보장한다.

해, 결과적으로 기혼자들을 차별하므로 헌법 36조 1항●을 위반한다는 것. 다음으로 주거목적 1가구 1주택 특히 소득이 없는 경우 종부세가 가혹하게 작용한다면서 헌법불합치를 선고한다.

재판관 조대현 · 김종대는 두 쟁점 모두 합헌이라고 했다. 조금씩 다른 의견이지만 대체로 이렇다. '세대별 합산은 정당하다. 주택은 소유권이 개인에게 있더라도 사용은 가족이 함께 한다. 따라서 세대가 여러 주택을 가지고 있으면 합산과세하는 것이 논리적이다. 다음으로, 1가구1주택 과세가 위헌이라면서 (논리적 일관성을 주장하다 보니) 식구수대로 집을 갖고 있어도 종부세를 면제해 줘야 한단다. 더욱 납득하기 힘들다. 오히려 1주택인 경우에 주거 안정을 위해 6억 원까지 공제해주고 외국에 비해서도 낮은 수준이다. 합헌이다.' 한편 선고에 앞서 2008년 2월 25일 보수를 표방한 한나라당 대통령 이명박이 취임하고, 4월 9일 제18대 총선에서 과반 의석을 차지한다. 이들은 종부세 개정을 추진하던 가운데 헌재 선고를 계기로 2009년 5월 27일 종부세를 대폭 완화한다.

재정학을 전공한 서울대학교 교수 이준구는 자기 홈페이지[15]에서 이날 결정을 비판했다. '헌재 결정을 경제학 용어로 풀면, 세대별 합산이 결혼중립성을 위배해 위헌이라는 것이다. 하지만 과세를 결정할 때 더욱 중요한 것이 있다. 같은 경제능력을 가진 사람은 같은 조세 부담을 져야 한다는 수평적 공평성, 그리고 경제능력이 더 큰 사람은 더 많은 세금을 내야 한다는 수직적 공평성이다. 두 가지가 과세원칙의 핵심이며, 이에 비교하면 결혼중립성은 사소한 것에 불과하다. 헌재는 사소한 것을 위해 핵심을 포기한 것이다. 나는 헌법을 모르기 때문에 공평성원칙이 명기되어 있는지도 알 수 없다. 그러나 혹시 적혀 있지 않다고 해도 헌재 결정은 그르다. 왜냐하면 너무나 자명해서 적지 않았을 것이기 때문이다.'

조세법 전문가인 참여정부 비서실장 문재인 인터뷰. "종부세를 준비하면서 위헌 시비를 의식했다. 세대별 합산과세 등이 가장 문제였다. 그래서 많이 고심했다. 위헌 우려가 있는 부분을 모두 제외할 것인가, 아니면 문제가 되면 대응하고 우선은 입법목적을 위해 밀고 나갈 것인가. 결국 우리는 후자를 택했다. 왜냐하면 그런 부분을 모두 떼버리면 종부세제도의 실효성이 없어져, 입법목적을 실현할 수 없다고 봤다. 실제로 세대별 합산하지 않으면 기준을 넘는 부동산도 부부 간에 나눠가지면 된다. 이렇게 법망을 벗어나는 여러 방법이 생기기 때문에 법의 효력이랄까 실효성이 크게 잠식된다. 아무튼 반대하는 쪽에서는 위헌소송을 예고한 상태였고 우리는 입법 필요성을 제대로 설명한다면 (합헌이) 가능하다고 봤다. 실제로 세대별 합산한 예가 없지도 않다. 소득세법 89조 양도소득세 1가구 1주택 비과세가 그렇다. 종부세가 기존 재산세와 달리 특별법이어서 위헌 논란이 증폭된 면도 있다. 재산세제에 일원적으로 규정됐다면 시비가 훨씬 적었을 것이다. 어쨌든 종부세법은 위헌 시비를 각오한 것이다." 문재인의 발언은 위헌 선고 우려가 있다는 걸 알았다는 뜻이지, 위헌으로 생각하면서도 시행했다는 의도는 아니었다.

1기 재판관이자 소송법학자 이시윤은 인터뷰에서 '토지는 영토'라고 설명했다. "토지는 소송법에서도 다르게 취급한다. 외국 토지에 관한 소송이라면 원고와 피고가 모두 한국 국적이고 한국에 살고 있더라도, 우리 법원에 관할권이 없다. 소송물이 바로 외국의 영토이고, 제3국이 영토의 속성을 재판할 수는 없기 때문이다. 이렇게 토지는 영토의 일부고, 영토는 주권의 속성이다. 주권·국민·영토가 국가의 3요소다. 그래서 토지공개념이 일리가 있다. 노무현 정부에서 한 것 가운데 부동산정책은 잘한 것이다. 김정일의 대남적화공작이 사회교란의 요인이지만, 다른 하나는 국민통합을 해치는 (부동산) 투기세력이다. 불로소득을 조장하고 사회에 위화감을 조장하기 때문이다. 한정합헌으로 다소 완화하면 되는 것으로 봤었다. 후배라고 할까, 위헌결정 재판관들의 입장이 우리와는 다르다고 생각했다. 학계로부터 비판을 좀 받았을 것이다."

◈ 토지초과이득세법 헌법소원 = 92헌바49 등 병합

◈ 택지소유상한법 헌법소원 = 94헌바37 등 병합

◈ 종합부동산세법 헌법소원·위헌제청 = 2006헌바112 등 병합

---

1 | 《조선일보》 1989년 3월 15일 2면.

2 | 국정브리핑 특별기획팀, 『대한민국 부동산 40년』 한스미디어, 2007, 131쪽.

3 | 《조선일보》 1986년 5월 16일 1면.

4 | 《조선일보》 1989년 9월 30일 4면.

5 | 국무총리행정조정실, 『제6공화국정부5년 노태우대통령공약실천』, 국무총리행정조정실, 1993, 88·832쪽.

6 | 《조선일보》 1989년 9월 7일 3면.

7 | 《한국일보》 1989년 9월 1일 7면.

8 | 《조선일보》 1989년 9월 7일 3면.

9 | 《조선일보》 1990년 6월 26일 7면.

10 | 《조선일보》 1993년 1월 19일 11면.

11 | 《조선일보》 1994년 7월 30일 6면.

12 | 《동아일보》 1994년 7월 30일 4면.

13 | 「땅 재벌 롯데의 미소」 《한겨레21》, 2009년 4월 17일, 52쪽.

14 | 국정브리핑 특별기획팀, 『대한민국 부동산 40년』, 한스미디어, 2007, 22쪽.

15 | '교과서를 바꿔 쓰라는 말인가?' 서울대학교 경제학부 이준구 교수 홈페이지 <jkl123.com/sub3_1.htm?table=my1&st=view&page=2&id=64&limit=&keykind=&keyword=&bo_class=>.

13

1980 1

총칼로 반란, 공포로 탄압, 합당으로 생존

1979년 10월 16일 대통령 박정희가 중앙정보부장 김재규의 총탄에 숨진다. 이 사건을 수사하던 합동수사본부장 전두환이 노태우 등과 함께 군대를 동원, 육군참모총장 정승화를 제압하고 군부를 움켜쥔다. 1993년 정승화 등은 전·노가 대통령에서 물러나자 내란과 반란 혐의로 고소한다. 하지만 검찰은 죄를 묻지 않기로 한다. 전직 군인들은 불기소가 부당하다며 헌법소원을 제기한다.

1979년 10월 26일 오후 7시 40분. 서울 종로구 궁정동 50번지 중앙정보부 식당. 32구경 총탄이 중앙정보부장 김재규의 독일제 월터 PPKPolizei Pistole Kurz(총번 159270)를 운명처럼 떠난다. 야수의 속도로 몸을 뻗은 총알은 단숨에 맞은편 사내의 움츠러든 심장을 파고든다. 쿵하고 무져 내린다. 그 사람, 대통령 박정희가 쓰러진다.[1]

10월 27일 오전 4시 제주도를 제외한 전국에 비상계엄이 선포된다. 대통령 권한대행은 국무총리 최규하, 계엄사령관은 육군참모총장 정승화가 맡았다. 박정희 사망 사건 조사를 위해 계엄사 합동수사본부를 만들었다. 합수본부장은 국군보안사령관 소장 전두환, 검찰 · 경찰 수사체계를 통합했다.[2] 이 무렵 육군참모총장 정승화는 박정희 정권 시절부터 군내 주요 직책을 차지한 사조직 하나회의 힘을 빼려 했었다. 핵심 멤버 전두환을 1979년 12월 13일자로 동해안경비사령관으로 발령키로 했다. 그러나 정보가 국방부 차관 김용휴를 통해 하나회로 전달된다. 전두환은 12월 12일에 맞춰 계엄사령관 정승화를 박정희 시해 사건의 관여자로 체포키로 계획한다.[3]

이를 위해 불법적으로 군대를 동원한다. 국방부 군수차관보 중장 유학성 · 1군단장 중장 황영시 · 9사단장 소장 노태우 등 수십 명이다. 서울 한남동 육참총장공관에서 총격전을 벌이며 재가도 없이 정승화를 강제 연행한다. 그리고 오후 7시 21분 보안사 서빙고 분실에 가둔다. 서울시 삼청동 총리공관에 있던 대통령 최규하에게 협박에 가까운 뒤늦은 재가를 요구하지만 거절된다.

소식을 전해들은 3군사령관 중장 이건영 · 수도경비사령관 소장 장태완 · 특수전사령관 소장 정병주 등이 정승화 구출을 시도한다. 하지만 전두환 일파는 전방의 노태우 9사단을 수도권으로 불러들이고, 특전사령관 정병주 등의 부하를 포섭해 정보를 교란한다.[4] 결국 수경사령관 장태완 등 쿠데타 반대세력은 전두환 등의 반란 진압에 실패한다. 한편 전두환 등에게 형식적 재가를 재차 요구받은 최규하는 국방부장관 의견을 들어야 한다며 마다한다. 그러자 전두환 일파는 13일 오전 3시 30분 국방장관 노재현을 찾아내고, 대통령 최규하는 오전 5시 10분 재가서에 서명한다. 그리고 12월 14일 보안사에서 샴페인 축하파티를 열어 자축한다.[5] 전두환 일파는 군 내부의 역 쿠데타를 경계[6]하면서 숨 고르기에 들어간다.

1980년 서울 봄. 1979년 12월 12일 반란 이후 전두환은 잠잠했다. 곧바로 정권 탈취로 진행하지 않았다. 나중에 세계적으로 유례가 없는 초장기 쿠데타였다는 평가가 있다. 당장 이런 상황이 되자, 김영삼·김대중·김종필은 대권에 다가선 듯 분주했다. 2월 9일 공화당과 신민당은 대통령 직선제 헌법 개정안을 제시한다. 2월 12일 신민당 총재 김영삼이 대선 출마를 시사한다. 2월 29일 유신 긴급조치 위반으로 가택연금 중이던 김대중 등 687명이 복권됐다. 3월 26일 김대중이 대통령 선거 출마의사를 내비친다. 4월 4일 김영삼·김대중이 2시간 15분간 만나지만 후보단일화에 실패한다. 그러던 4월 14일 국군보안사령관 전두환이 중앙정보부장서리를 겸임한다. 5월 10일 법제처장 김도창은 12일부터 전국을 돌며 열기로 한 개헌 공청회를 취소한다.

5월 14일 서울 21개와 지방 11개 대학 학생들이 민주화 요구시위를 벌인다. 5월 15일 서울역 광장에 대학생 등 10만여 명이 모인다. 심재철·유시민 등 학생지도부는 진출과 퇴각을 놓고 격론한 끝에 자진해산한다. 5월 16일 김영삼과 김대중이 만나 계엄해제 등 6개 사항을 요구한다. 그러나 시위대 퇴각 이틀 만인 5월 17일 정부는 오히려 1979년 10월 27일 발령한 비상계엄을, 제주도까지 전국으로 확대키로 한다. 그리고 계엄사령부는 사회혼란 배후 조종 혐의로 김대중 등 26명을 연행한다. 결과적으로 학생지도부의 자진해산은 오판이었

헌법재판소, 한국현대사를 말하다 1

고, 김대중의 계엄해제 요구는 하루 만에 체포로 돌아왔다.

　1980년 광주 봄. 5월 10일 학원시위 진압계획이 전투교육사령부로 하달된다. 5월 17일 '5월 18일 0시 1분을 기해 불순분자를 체포하라'고 2군사령부가 지시한다. 5월 18일 자정 비상계엄이 전국으로 확대된다. 계엄해제를 요구하던 학생들이 대검으로 진압된다. 5월 19일 충장로와 금남로 상가가 철시, 시민들은 돌과 화염병으로 저항한다. 11공수여단 63대대가 M-16을 발사한다. 5월 20일 3공수여단장 최세창이 각 대대에 M-16 실탄 장착을 지시하고, 발포한다. 5월 21일 오후 1시 전남도청 앞에서 계엄군과 시민이 총격전을 벌인다. 오후 3시 35분 계엄사령관 육군참모총장 이희성이 광주 시내에서 철수하고 광주 외곽을 봉쇄토록 명령한다. 5월 23일 전남북계엄분소가 광주 시내에 최후 통첩문을 뿌린다. '점거당한 광주시의 평온을 되찾고 선량한 시민을 보호하기 위하여 광주 시내에 진주한다. 선량한 난동자는 불순분자에게 더 이상 속지 말고 총을 버리고 자수하라. 시민은 거리로 나오지 마라. 반항하는 자는 사살한다. 학부형들은 자녀를 단속하라. 작전은 금일 중으로 실시한다.' 하지만 한미협의를 이유로 진압이 연기된다. 25일 오후 12시 5분 2군사가 '27일 오전 1시 진압작전 개시'를 명령한다. 오후 6시 대통령 최규하가 전교사를 방문했다가 오후 9시 10분 말없이 귀경한다. 26일 송정리 비행장과 전교사에 대기하던 사병에게 소고기가 전달된다. 27일 새벽 계엄군이 광주 시내에 다시 진입한다. 여기서 마지막 저항이 벌어지지만 오전 5시 21분 계엄군이 전남도청을 접수한다.

광주민주화운동 열흘간 피해자는 2007년 7월 광주광역시 민주선양과 5·18 유공자현황에 따르면 사망·행방불명 318명, 부상 2,267명, 기타 희생 247명. 1980년 6월 광주지검 자료에 따르면 민간인 사망 166명 부상 852명, 군인·경찰 사망 27명 부상 108명이다. 1994년 서울지검은 사망자수를 재확정하는 것은 불가능하다고 했다. 동원 병력은 공수부대 3개 여단 10개 대대 등 47개 대대 2만 297명이다.[7]

1980년 서울 여름. 6월 5일 국가보위비상대책위원회 상임위원회가 설치되고 전두환이 위원장에 취임한다. 7월 2일 전 공화당 총재인 국회의원 김종필이 모든 공직에서 사퇴한다. 7월 4일 계엄사가 김대중 내란음모 사건을 발표한다. 8월 13일 신민당 총재 김영삼은 정계를 은퇴한다. 8월 16일 10대 대통령 최규하 하야. 8월 27일 유신헌법에 따른 통일주체국민회의에서 11대 대통령에 전두환 당선. 9월 1일 취임. 10월 22일 제5공화국 헌법 국민투표로 확정. 10월 27일 5공헌법 공포. 제10대 국회 해산. 국보위 국가보위입법회의로 개명해 국회 대체. 1981년 1월 23일 김대중 대법원에서 사형 확정. 1월 24일 정부 비상계엄해제. 2월 25일 5공헌법에 따른 선거인단으로 전두환 대통령 당선. 3월 3일 12대 전두환 대통령 취임. 4월 10일 국가보위입법회의가 폐회하고 4월 11일 11대 국회가 개원한다.

전두환 정부 7년과 노태우 정부 5년을 거친다. 그리고 1992년 12월 18일 민자당 후보 김영삼이 제14대 대통령 선거에서 당선한다. 김대중은 마포 민주당사에서 정계 은퇴를 선언한다. "저는 또다시 국민 여러분의 신임을 얻는 데 실패했습니다. 저는 이것을 저의 부덕의 소치

로 생각하며, 저의 패배를 겸허한 심정으로 인정합니다. 이로써 40년
의 파란 많았던 정치생활에 사실상 종막을 고한다고 생각하니 감개
무량한 심정을 금할 길이 없습니다. 국민 여러분의 하해 같은 은혜를
하나도 갚지 못하고 물러나게 된 점, 가슴 아프고 송구스럽게 생각합
니다."

1993년 2월 25일 김영삼 취임과 함께 노태우가 퇴임한다. 이로써
12·12와 5·18 주모자인 전두환·노태우가 정권에서 모두 물러난
다. 하지만 노태우는 1991년 3당합당을 통해 군사정부 유전자를 민
자당에 복제했다. 김영삼 당선은 민자당 집권이었고, 민자당에 남은
12·12와 5·18 실행자들의 생존이었다. 민주화 투쟁 1세대 김영삼
에게 군사정부 청산은 반드시 풀어야 할 숙명의 과제였다. 김영삼 자
신의 대통령 당선이나 라이벌 김대중의 은퇴가 끝이 아니었다. 김대
중의 은퇴로 1980년의 짐은 혼자 져야 하는 부담이었다.

이러한 정치 역학을 누구보다 잘 아는 김영삼은 첫 방문지로 광주
직할시를 택하고 1993년 3월 18일 망월동 묘역에 참배키로 한다. 하
지만 광주·전남지역 총학생회연합 대학생들의 점거 시위로 취소된
다. 언론은 광주와 김영삼의 관계가 미묘한 것이라고 했다. 1980년 전
두환 쿠데타 이후 정치활동을 금지당하고 가택 연금됐으며, 1983년
에는 광주의거 3주년을 맞아 23일 단식을 벌인 광주의 동반자였다.
하지만 민주정의당과의 합당은 김영삼과 광주의 관계를 대립적인 것
으로 바꿨다고 해설했다.[8]

김영삼은 취임과 함께 폭발적인 국민 지지를 얻었고, 그사이 김대

중의 정치력에만 의존해왔던 민주당은 길을 잃고 허둥댔다. 이때 민주당 의원 박계동이 민자당의 혈통을 시비한다. 5월 8일 국무총리 황인성에 대한 대정부 질의. "다시 OX형으로 질문하겠습니다. 12·12 사태는 쿠데타냐, 합법적 군사행동이냐." 황인성이 답한다. "12·12 사태는 당시 특수한 그런 국가적 위기상황에서 일어났던 하나의 군사적 행동이었다고 봅니다만 현재까지는 위법사항은 아니라는 견해입니다." 3당합당한 민주자유당 총리로선 최선의 답변이었다. 이번에는 민주당 의원 이해찬이 나선다. "총리께서는 육군사관학교를 졸업하고 군대 경력이 있기 때문에 그런 정도는 합법이라고 생각하시는지 모르겠지만 그것은 명백하게 내란죄에 해당하는 행위였습니다. 총리에게 그 발언에 대해 사과할 수 있는 기회를 줍시다."[9] 황인성이 다시 말한다. "12·12 사태가 5공과 6공으로, 현재 국가 경영으로 이어지기 때문에 불법은 아닌 것으로 해석하고 있습니다."[10]

1993년 5월 13일 국무총리 황인성의 발언 논란은 닷새가 지나도록 가라앉지 않았다. 민주당은 몰아쳤고, 민자당은 주춤했다. 대통령 김영삼은 이날 오후 벼락같이 '5·18 광주민주화운동과 관련한 특별담화'를 전국에 발표한다. "1980년 5월, 광주의 유혈은 이 나라 민주주의의 밑거름이 되었습니다. 분명히 말하거니와 오늘 정부는 광주민주화운동의 연장선 위에 서 있는 민주정부입니다. 저는 광주민주화운동에 대한 진상규명과 책임자 처벌을 요구하는 주장이 있다는 것을 잘 알고 있습니다. 그러나 진상규명은 역사를 올바르게 바로잡고 정당한 평가를 받자는 데 그 목적이 있습니다. 진상규명과 관련하여 미흡한 부분이 있다면 훗날 역사에 맡기는 것이 도리라고 믿습니다. 진실은 역사 속에서 반드시 밝혀지고 만다는 것이 저의 확신입니다."

그리고 '12·12 사태에 대한 청와대의 입장'을 청와대 대변인 이경재를 통해 내놓는다. "12·12 사태는 김영삼 대통령이 누차 언급한 바와 같이 하극상에 의한 군사 쿠데타적 사건입니다. 이러한 불행한 역사 때문에 우리 국민은 지난 2월 25일 새로운 문민정부를 세우기까지 험난한 긴 고난의 역정을 걸어왔습니다. 이제 우리는 비로소 그 불행한 역사를 청산하고 있는 것입니다. 우리가 해야 할 일은 왜곡된 역사를 바로잡는 것이라고 생각하며, 현재 진행 중인 변화와 개혁이 바로 이 작업입니다. 그러나 황인성 국무총리의 일부 잘못된 표현은 매우 유감스러운 일입니다."

하지만 12·12 관련자들은 역사에 맡기지 않았다. 곧바로 준비에 나서 7월 19일 정승화·이건영·장태완 등 22명이 전두환·노태우·유학성 등 34명을 고소한다. 혐의는 형법상 내란 등과 군형법상 반란 등 17가지로, 역할에 따라 3가지에서 13가지가 해당됐다. 그리고 사건 접수 15개월 뒤인 1994년 10월 29일 서울지방검찰청 1차장 검사 조준웅이 수사 결과를 발표한다. 검찰은 12·12의 성격을 군사 반란이라고 했다. 그러나 수사과정에서 추가된 피의자 4명까지 38명 전원을 불기소한다. 앞서 1993년 5월 13일 대통령 김영삼이 특별담화를 통해 밝힌 선에서 더하지도 덜하지도 않은 정확히 같은 결론이었다. 검찰은 내란 관련 죄는 혐의 자체가 없음, 반란 관련 죄는 혐의는 있지만 기소하지 않음, 그 밖에 피의자가 사망한 경우 등은 공소권

● 형법 [개정시행 1975. 3. 25]
제87조 (내란) 국토를 참절하거나 국
헌을 문란할 목적으로 폭동한 자는 다
음의 구별에 의하여 처단한다.
1. 수괴는 사형, 무기징역 또는 무기금
고에 처한다.
2. 모의에 참여하거나 지휘하거나 기
타 중요한 임무에 종사한 자는 사형,
무기 또는 5년 이상의 징역이나 금고
에 처한다. 살상, 파괴 또는 약탈의 행
위를 실행한 자도 같다.
3. 부화수행하거나 단순히 폭동에만
관여한 자는 5년 이하의 징역 또는 금
고에 처한다.

● 군형법 [개정시행 1975. 5. 5]
제5조 (반란) 작당하여 병기를 휴대하
고 반란을 한 자는 다음의 구별에 의
하여 처벌한다.
1. 수괴는 사형에 처한다.
2. 모의에 참여하거나 지휘하거나 기
타 중요한 임무에 종사한 자는 사형,
무기 또는 7년 이상의 징역이나 금고
에 처한다. 살상, 파괴 또는 약탈의 행
위를 한 자도 또한 같다.
3. 부화뇌동하거나 단순히 폭동에만
관여한 자는 7년 이하의 징역이나 금
고에 처한다.

없음 처분을 내렸다. 피의자마다 혐의마다 판
단이 얽히고설켜 결정을 하나하나 설명하기 어
렵지만 크게 나누면 위와 같다. 검찰은 내란 혐
의 없음 처분에 대해 "내란죄의 전제인 국헌문
란 목적이 있었다고 보기 어렵다. 12·12로 헌
법이나 헌법이 정한 정부조직제도 자체가 파괴
된 것이 아니다. 당시 대통령과 국무총리 등 헌
법기관이 그대로 유지됐기 때문"이라고 한다.
반란 기소유예를 두고는 "공소제기를 통해 잘못
된 과거를 청산하는 것이 마땅하다. 전·노 두
전 대통령 등이 하극상에 의한 군사반란을 일으
켜 헌정사를 후퇴시켜서다. 하지만 이들은 기소
하면 국가분열과 대립양상이 재연될 수 있는 점
등을 감안해 기소를 유예한다"고 밝힌다.[11]

정승화·이건영·장태완 등은 검찰 결정을
받아들이지 않고, 피의자 가운데 수괴로 인정된
전두환을 골라 서울고검과 대검찰청에 항고와
재항고한다. 하지만 1994년 11월 18일 검찰이
최종적으로 고소를 기각하자, 정승화 등은 검찰
의 불기소처분을 취소해달라며 11월 24일 헌법소원을 제기한다. 결
국, 1기 재판소가 사건을 확보하기 위해 시작한 불기소 취소 청구 사
건이, 출범 71일에 불과한 2기 재판소를 시험하는 중요한 사건이 된

다. 접수 18일 뒤인 1994년 12월 12일이 되자, 헌재가 공소시효● 15년을 넘겨 기소와 재판이 사실상 끝난 것 아니냐는 보도가 나왔다.[12] 역시 공소시효가 예민한 문제였다.

접수 58일 만에 2기 재판소가 선고한다. 1995년 1월 20일 재동 헌법재판소 대심판정. 우선 반란죄 혐의다. 헌재는 불기소 사건에서 범죄의 공소시효가 남아 있어야만 기소유예 정당성 판단으로 간다. 그래서 첫째 단계는 반란죄 공소시효 문제. '전두환이 대통령이던 7년 5개월 24일간 공소시효가 정지했다. 대통령 재임기간에는 내란죄로만 소추된다는 헌법 62조●에 따라 반란죄 시효는 정지된다. 그래서 시효는 2001년 이후에나 완성된다'고 밝힌다. 정확히는 2002년 6월까지이고 노태우 역시 재임 5년간 정지해 계산하면 시효는 1999년 12월까지다. 둘째 단계, 반란죄 기소유예 정당성. 첫째 단계에서 김문희 · 황도연은 시효정지제도를 인정하지 않았다. 따라서 시효가 남았다는 7명이 정당성을 심사해, 고중석 · 조승형 2명만 부당하다고 했다. 6명을 못 채워 헌법소원 기각이다. 기소유예 결정이 정당한 것으로 결론난다.

다음은 내란죄 혐의다. 첫째 단계 공소시효 문제. 다수의견은 '내란죄는 재임기간에도 소추 가능하므로 시효가 멈추지 않는다. 공소시효는 진행됐고 범행 종료 15년 뒤인 1994년 12월 11일과 12일에 완

● 공소시효 = 공소시효는 범죄행위가 종료된 후 일정한 기간이 지나면 검찰의 기소권이 없어지는 제도. 대다수 국가에서 채택하고 있다. 법정형에 따라 다른데, 사형에 해당하는 범죄는 15년이었다. 2007년 12월 21일 개정된 형사소송법에서 25년으로 늘었다.

● 대한민국헌법 [개정시행 1972. 12. 27]
제62조 대통령은 내란 또는 외환의 죄를 범한 경우를 제외하고는 재직 중 형사상의 소추를 받지 아니한다.

12·12 반란 선고 결과		
재판관	공소시효	불기소
김문희	완성	불참
황도연		
김용준	남음	정당
김진우		
이재화		
정경식		
신창언		
고중석		부당
조승형		

12·12 내란 선고 결과		
재판관	소원 중 시효	재임 중 시효
김문희	진행	
황도연		
김용준		
김진우		
정경식		
고중석		
신창언		
이재화	정지	불참
조승형		

성됐다. 이유는 1979년 12월 12일과 13일에 범행이 종료했기 때문이
다'라고 했다. 반면, 이재화 · 조승형은 다른 시효 문제를 꺼낸다. 헌재
사건이 접수된 이후에도 시효가 멈춘다는 것이다. 1994년 11월 24일
헌재가 접수한 만큼 시효가 18일은 남았다는 생각이다. 하지만 두 사
람 의견은 소수에 그치고, 정당성을 따지기 전에 시효조차 남지 않은
무자격 헌법소원이라며 각하된다.

반란 혐의 처벌을 주장한 두 재판관은 우연찮게도 헌재에 2명뿐인
호남 출신 재판관이다. 조승형은 전남 순천 출신으로 대선 패배 뒤 은
퇴한 김대중의 마지막 비서실장, 고중석은 전남 담양에서 태어나 헌
법재판관 직전까지 광주고등법원장이었다. 조승형의 반대의견. '검찰
은 사건 진상을 규명하여 범죄임을 명백히 인정했으니 사법적 판단

은 검찰 결정으로 마무리하고, 국론 분열을 우려가 있으니 역사적인 평가는 후세에 맡기자고 한다. 하지만 실체 규명은 법원재판으로 하지 검찰 수사로 되는 게 아니다. 이렇게 기소하지 않고 진실을 덮어두는 것이야 말로 국론을 분열시키는 것이다.' 고중석의 반대의견. '검찰은 피의자 전두환을 재판하면 국가안정이나 국가발전에 지장을 초래한다고 하는데, 범죄인을 재판하는 것이 국가발전에 지장을 초래한다는 것은 형사사법의 정의에 반하는 소리다. 전두환이 대통령으로서 국가발전에 기여한 점 정도는 그가 12·12 범행으로 국민에게 굴욕·좌절감을 주고 헌정사를 후퇴시킨 것에 비교되지 않는 (사소한) 것이다.'

◆ 12·12 불기소처분 취소 헌법소원 = 94헌마246

1 | 김재규 내란목적살인 등 혐의 공소장, 《조선일보》 1979년 12월 5일 3면에서 재인용.

2 | 국회사무처, 『제147회 국회 제5공화국에있어서의 정치권력형 비리조사특별위원회와 5·18 광주 민주화운동 진상조사특별위원회와의 연석회의 회의록』 1989년 12월 31일.

3 | 국방부과거사진상규명위원회, 『12·12, 5·17, 5·18 사건 조사결과보고서』 2007년 7월 24일, 34쪽.

4 | 윌리엄 글라이스틴, 『알려지지 않은 역사』 중앙M&B, 1999, 136쪽.

5 | '1979년' 광복 60주년 특별기획 KBS 영상실록, 2005년 9월 25일 오후 11시 방송분. 서중석, 『한국현대사』 웅진지식하우스, 2005, 307쪽.

6 | 윌리엄 글라이스틴, 『알려지지 않은 역사』 중앙M&B, 1999, 136쪽.

7 | 국방부과거사진상규명위원회, 『12·12, 5·17, 5·18 사건 조사결과보고서』 2007년 7월 24일. 5·18

광주민주화운동 고소·고발 사건 검찰 발표문, 《조선일보》 1995년 7월 19일자에서 재인용.

8 | 《한겨레신문》 1993년 3월 20일 2면.

9 | 《한겨레신문》 1993년 5월 9일 1면.

10 | 국회사무처, 《제161회 국회 국회본회의회의록 제9호》, 1993년 5월 8일, 63쪽.

11 | 《세계일보》 1994년 10월 30일 1면.

12 | 《조선일보》 1994년 12월 13일 3면.

14

1980 2

성공한 쿠데타는 처벌하지 못한다는 이론

검찰은 12·12 불기소에 이어, 5·18 사건까지 불기소한다. '성공한 쿠데타는 처벌할 수 없다'는 이유를 들었다. 국민은 부글부글 끓었다. 다시 헌재에 기대를 걸고, 소원을 냈다. 헌재는 국민의 압박 속에서 새로운 결론을 낸다. 그런데 다음 날 대통령 김영삼이 특별법을 받아들이기로 한다. 그리고 새정치국민회의 고문 변정수의 집으로 한 통의 전화가 걸려온다.

검찰은 1994년 5월 13일 또 다른 고소장을 받았다. 광주 시민 등 5 · 18 피해자들이 낸 것으로 전직 군인들이 제기한 12 · 12 고소와 비슷했다. 대상이 전두환 · 노태우 등이고 혐의도 내란과 반란 등으로 같았다. 하지만 5 · 18 피해자들은 내란과정을 3단계로 봤다. 1979년 12월 12일 군사반란으로 군부 장악 → 1980년 5월 18일 비상계엄 확대로 권력 확보 → 1980년 9월 1일 전두환 취임까지다. 하지만 헌재가 12 · 12 불기소를 정당화하면서, 검찰이 5 · 18 고소에도 같은 불기소결정을 내릴 것이 확실해졌다.

● 공소권 없음 = 확정 판결·사면·시효 완성된 때, 범죄 후 형이 폐지되거나 피의자가 사망한 때, 고소·고발이 요한 범죄에 그것이 없는 때 같은 경우 기소하지 않고 사건 종료하는 것. 검찰 사건사무규칙 제52조 (불기소처분) ③ 4가 근거.

서울지검은 예상대로 7월 18일 불기소한다. 하지만 결론은 뜻밖에도 공소권 없음●이었다. 예상하지 못한 결과였다. 수사 결과 발표 전날까지도 12·12 사건처럼 혐의 없음 또는 기소 유예할 것으로 언론은 봤다.[1] 그런데 공소권 없음이라고 했다. 이른바 '성공한 쿠데타는 처벌할 수 없다'는 이론이다.

"정치적 변혁의 주도세력이 정권 창출에 성공해 국민의 정치적 심판을 받아 새로운 헌정질서를 수립한 경우, 사법심사가 불가능하다는 견해가 유력하다. 전두환은 일련의 행위를 바탕으로 비록 간접선거에 의했으나 국민적 심판을 거쳐 새 정권을 창출하고 새 헌법질서를 형성하는 데 성공했다. 전두환·노태우 전 대통령의 행위나 조치가 구체적으로 내란(반란)죄에 해당하는지 여부를 판단하지 않고, 형식 판단 우선 법리에 따라 전원 공소권 없음 결정을 내리게 됐다." 이렇게 장황한 설명과 함께 1995년 7월 18일 서울지검은 전두환·노태우 등 5·18 관련 피고소인 58명 전원을 불기소했다.

검찰은 왜 느닷없이 공소권 없음이라고 했을까. 앞서 12·12 사건을 처리하면서 비웃음을 샀기 때문이다. 반란 혐의를 기소유예한 것은 검찰의 권한이라고 쳐도 내란죄를 두고 혐의 없음한 것은 수긍키 힘들었다.[2] 전두환에게 내란 의도가 없었다는 설명인데 그 말을 믿을 사람은 별로 없었다. 그래서 이번에는 공소권 없음이라는 표현을 동원해, 마음으로는 내란과 그 과정인 반란을 인정하지만 사법적으로는 어쩔 수 없다고 주장한 것이다.

여론은 격렬하게 반대했다. 언론들은 성향에 상관없이 일제히 검찰을 비난했다.[3] '성공한 쿠데타 주장은 곧 힘이 정의라는 논리로 역사 인식과 가치관의 혼란을 초래할 수 있다', '검찰 결정은 김영삼 대통령이 밝힌 처리방향에 지극히 부합된 것일 뿐, 이상도 이하도 아니다' 등이다. 7월 22일 대학생 1,500여 명이 불기소 철회를 요구하며 시위했고, 전남지역 대학생 40여 명이 청와대로 진격하다 붙잡힌다.

여론이 나쁘게 돌아가자 검찰은 방어에 나섰다. 7월 21일 서울지검 공안1부장 장윤석이 이론적 배경을 재차 설명한다. 게오르그 옐리네크[Georg Jellinek] · 한스 켈젠[Hans Kelsen] · 구스타프 라드부르흐[Gustav Radbruch] 세 사람을 근거로 내세웠다. 그러자 법학자들이 비판에 나선다. 헌법학자 연세대 교수 허영이 22일자 신문에 기고한다. "19세기적인 법실증주의적 논리는 현대 법철학에서는 극복된 지가 이미 오래다. 옐리네크 · 켈젠 · 라드브루흐 등의 진부한 법철학이론이 21세기의 문턱에서 아직도 우리 검찰 결정의 핵심적인 논거로 인용되고 있다면 그것은 한국법학의 비극이요 수치다."[4] 형법학자 연세대 교수 박상기도 토론회에 참석해 검찰을 비판한다. "검찰은 '과거 행위에 대한 단죄가 혼란을 야기시키며 통치행위는 사법심사의 대상이 될 수 없다'고 주장했으나, 이에 대한 판단은 사법부의 몫이다. 검찰은 다만 형법상의 범죄 구성 요건과 위법성만 판단하면 되는 것이다."[5]

헌재는 7월 23일 5 · 18 불기소 사건을 접수, 심리한다. 처음 불기소 사건을 정당화해줬던 헌재로서는 들끓는 여론을 마주하고 있었다.

그러던 중 다행인지 불행인지 중요한 변수를 만난다. 10월 19일 민주당 의원 박계동이 노태우 비자금 4,000억 원 의혹을 제기한다. 11월 1일 노태우가 대검찰청 중앙수사부에서 조사받는다. 11월 16일 구속된다. 그리고 5·18 특별법안을 9월 22일 새정치국민회의가, 11월 13일 민주당이 국회에 제출해, 김영삼과 민자당을 압박한다.

헌법재판소 303호 재판관회의실, 5·18 불기소 사건을 두고 조승형이 입을 열었다. "이게 성공한 내란이나 반란은 처벌할 수 없다고 검찰에서 공소권 무無로 뗀 사건입니다. 근데 검찰이 핵심적으로 인용한 게 한스 벨첼Hans Welzel이란 말이죠. 그런데 연구관을 시켜 직역해보니까, 성공한 내란이나 반란은 처벌할 수 없다는 게 아니었습니다. 오히려 처벌할 수 없는 환경에 처해 있다는 탄식[6]입니다. 내란에 성공한 자가 정권을 잡았기 때문에 도저히 처벌할 수 없다는 뜻이에요." 조승형은 적극적으로 재판관들을 설득하는 데 나섰다. 제7차 5·18 헌법소원 평의가 11월 23일 열렸다. 회의실 창에 눈과 비가 부닥쳐 번졌다. 쌀쌀한 날이었지만 재판관들은 더웠다. 여섯 차례 평의를 거친 이날 재판관들은 드디어 결론을 내렸다. 나흘 뒤 11월 27일에 최종 평의를 열어 문안을 확정하고, 11월 30일 선고키로 한다.

그런데 다음 날인 11월 24일 민자당 사무총장 강삼재가 전격적으로 5·18 특별법을 제정키로 했다고 발표한다. 11월 23일 평의 결론이 밤새 청와대로 들어갔다는 보도가 나왔다. "이 땅에 정의와 진실, 그리고 법이 살아 있다는 것을 국민에게 보여주도록 하겠다. 관련자는 의법처리될 것이다. 당사자들은 전두환·노태우 전 대통령을 포

헌법재판소, 한국현대사를 말하다 1

함한 것으로 알고 있다." 민자당 그 가운데서도 민정계는 충격에 빠졌다. 김영삼의 특별법 발표에도 불구하고 헌재는 11월 27일 마지막 자구 수정 평의를 마치고 결정문을 사실상 완성했다.

그날 밤 1기 재판관 변정수 집에 전화가 걸려온다. 당시 변정수는 새정치국민회의 인권특별위원장이며, 새정치국민회의는 김대중이 1995년 7월 18일 정계에 복귀해 만든 당이다. "밤늦게 죄송합니다. 조선일보 이창원 기자라고 합니다." 변정수는 어둠 속에서 전화에 집중했다. "헌재에서 내란범죄 종료시점을 최규하 대통령 하야일인 1980년 8월 16일로 잡아 1995년 8월 15일 공소시효 만료라고 선고한다는데, 그래도 내란죄 공소시효를 연장하는 특별법을 만들 수 있습니까?" 변정수가 물었다. "헌재가 그렇게 선고한답니까. 시효 완성 전에 연장하면 몰라도 끝나고 나서 잇는다면 위헌입니다. 전두환·노태우의 내란죄는 끝나고 반란죄만 남아요. 나머지 사람들은 내란과 반란 모두 공소시효가 끝나는 셈입니다."

변정수는 다음 날 여의도 당사에 출근해 소취하 아이디어를 낸다. 헌재가 범행 종료시점과 공소시효 완성일을 언급하지 못하게 입을 막은 다음, 특별법을 만들어 전두환과 노태우를 처벌하자는 의미다. 그리고 5·18 고소·고발자 389명이 선고 하루 전인 29일 취하서를 낸다. 오후 4시 취하서를 받은 재판관들은 소장 김용준 방으로 모였다. 연구관들은 연구부장 윤용섭 사무실에 있었다. 여름 휴가도 못 가고 11만 장에 이르는 기록을 검토한 터라 맥이 빠졌다. 두 방의 분위기는 착 가라앉아 있었다. 결론이 정치권과 언론으로 유출되고, 당사자와 정치권이 헌법소원을 취하한 과정이 아쉬웠다. 소장실 앞에서 기자들이 기다렸다. 국민회의 김대중과 가까웠던 조승형을 채근했다. "무산됐지 뭐……." 무산이란 표현과 씁쓸한 표정이 심정을 드러냈다. 변정수를 향한 서운함과 김대중에 대한 답답함이다. 타박타박 재판관실로 사라졌다.

11월 30일 오전 10시 7분 헌법재판소 1층 대심판정에 소장 김용준 등 재판관 9명이 들어선다. 김용준은 잠시 안경을 고쳐 쓴 뒤 "5·18 관련 헌법소원 4건 선고는 청구인들이 어제 취하신청서를 제출했기 때문에 연기합니다"라고 읽고 심판정을 나간다. 입정에서 퇴정 55초, 발표문 낭독 15초. 심판정을 나선 재판관 9명은 303호 재판관 회의실에 둘러앉았다. 재판관들은 점심시간까지 1시간 30분 동안 사건을 어떻게 마무리할지 의견을 나눴다.[7] 재판관들은 절차에 따라 상대방인 검찰에 동의를 묻기로 했다. 그러나 무의미했다. 청구인의 소원 취하는 불기소를 받아들이겠다는 뜻이어서 검찰이 동의하지 않을 리가 없었다. 한편 서울지검은 이날 대검찰청 지시로 '12·12 및 5·18 특별수사본부'를 만들어 전면 재수사를 시작한다. 다음 날 12월 1일 특별수사본부는 전두환을 불러 조사하겠다고 발표한다. 12월 2일 전두환은 연희동 골목에서 거부성명을 발표하고 고향인 경남 합천으로 간다. 12월 3일 검찰은 전날 발부받은 영장을 집행해 전두환을 안양교도소에 수감한다. 5·18 사건은 헌재를 떠나 다시 검찰 손아귀로 가고 있었다.

그렇다면 2기 재판소가 선고 직전 합의한 내용은 무엇이었을까. 이

헌법재판소, 한국현대사를 말하다 1

와 관련, 불기소 헌법소원에서 헌재는 무조건 시효 문제부터 따진다. 왜냐하면 시효가 완성된 사건이라면 혐의가 아무리 명백해도 기소하지 못하기 때문이다. 비교적 간단한 시효심사를 해봐서 남았다고 확인되는 경우에만, 시간이 많이 걸리는 불기소의 부당성을 판단했다. 이런 순서로 심리하는 것이 합리적이고 효율적이다. 어렵사리 부당성을 확인했는데 시효가 지났다면, 시간과 자원만 낭비하는 것이기 때문이다. 1기 재판소부터 줄곧 그랬다.

하지만 5·18 불기소 사건에서는 달랐던 것으로 확인됐다. 정당성과 공소시효를 함께 토론했다고 한다. 이유가 뭘까. 당시 검찰은 잔꾀를 부려 '성공한 쿠데타'를 주장했고, 국민은 부글부글 분노했다. 만약 재판소가 성공한 쿠데타이론에 대해 판단하지 않는다면, 재판소는 검찰보다 더한 공격을 받을 것이 확실했다. 그래서 시효에 상관없이 정당성도 살폈다.

내란 혐의와 반란 혐의를 모두 검토했다. 왜냐하면 검찰은 성공한 내란을 내세워 공소권 없음을 결정했지만, 관련자들의 고소 이유는 반란과 내란이었다. 검찰은 성공한 내란으로 공소권 없음을 결정했지만, 결국 내란 안에 반란을 포함했다고 보는 것이 상식적이다. 이렇게 해서 2기 재판소는 공소권 없음의 정당성과 공소시효 문제를, 반란과 내란으로 나눠 심사키로 한다. 그리고 결론을 냈다. 하지만 급작스런 변정수의 취하로 선고되지 못하고, 지금까지도 알려지지 않았다. 하지만 이번 취재에서 처음으로 발굴하는 데 성공했다.

첫째, 공소시효가 남았는지 문제. 우선 범죄 종료날짜인 기수일^{既遂日}

5·18 불기소 내란 결정 내용		
가벌성	재판관	시효
불참	김문희 황도연	
있음	김용준 고중석 신창언 정경식 김진우	완성
	이재화 조승형	남음

5·18 불기소 반란 결정 내용		
가벌성	재판관	시효
불참	김문희 황도연	완성
있음	김용준 고중석 신창언 정경식 김진우 이재화 조승형	남음

을 1980년 8월 16일로 잡았다. 최규하 대통령 하야일이다. 그리고 공소시효는 15년이므로 1995년 8월 15일에 완성된다. 재판관들의 각각 다른 입장은 여기에서 갈라진다. 김문희 · 황도연은 정지 제도를 인정하지 않아, 내란과 반란시효가 모두 완성됐다고 했다. 반대로 이재화 · 조승형은 내란과 반란 모두 정지해 시효가 남았다고 했다. 나머지 5명은 내란은 정지했었기에 남아 있고 반란은 진행했으므로 완성됐다고 했다. 이들은 두 가지를 달리 판단한 이유에 관해 내란죄는 재임 중에 소추가 불가능해서라고 했다. 둘째, 공소권 없음 결정이 정당한지 문제. 다른 말로 성공한 쿠데타를 처벌할 수 있느냐는 것. 시효정지제도를 부인해 이 부분에 불참한 김문희 · 황도연을 제외한 재판관이 7명이 모두 인정했다. 그래서 최종 결론은 내란죄에 대한 헌

법소원 각하, 반란죄에 대한 헌법소원 인용이다. 내란 결론에는 이재화·조승형이, 반란 결론에는 김문희·황도연이 반대했다.

변정수와 조승형, 두 사람의 판단은 무엇이었을까. 변정수는 헌재가 선고하면 내란죄 처벌은 불가능하기 때문에 꼭 막아야 한다고 믿었다. 반면 조승형은 반드시 그렇지만도 않을뿐더러 더구나 이 시국에 핵심은 그게 아니라고 여겼다. 현직 정치인이지만 뼛속이 법률가인 변정수에게 목표는 처벌이었다. 헌재가 내란죄 범행 종료날짜인 기수일을 80년 8월 16일이라고 선고하고 나면, 특별법의 위헌 가능성이 높아지는 것은 사실이다. 변정수는 이런 위험 인자를 모두 없애려 했다. 쿠데타세력 처벌에 중점을 둬서다. 더구나 81년도 아닌 80년을 기수시점으로 잡는 보수적 헌재라면, 이후 특별법에도 위헌 선고할 우려가 있었다. 그렇게 되면 5·18 사건은 아무도 처벌하지 못하는 결과가 된다. 반면 현직 재판관이지만 정체성은 정치인인 조승형은 흐름에 주목했다. 이미 국민이 강하게 처벌을 원했고 대통령 YS가 결단으로 응답했다. 게다가 헌재가 가벌성을 인정해줬다. 시효도 특별법이라면 헌법논리로 해결된다. 그렇다면 어차피 처벌은 당연한 것이고, 그 이후가 중요했다. 헌재가 쿠데타 처벌을 선고하면 주인공은 사실상 사건 청구인인 DJ가 된다. 하지만 선고가 무산되면 특별법을 받아들여 '역사 바로 세우기'를 내세운 결단의 YS가 조명받는다.

선고 무산으로 헌법재판소는 관심에서 벗어났다. 헌재와 대검을 함께 담당하는 기자들이지만 재동에는 나타나지 않았다. 새벽부터 밤 늦게까지 서초동에 머무르며 서울지검 특별수사본부 취재에 열을 올

● 헌법재판소법 [개정시행 1995. 8. 4]
제23조 (심판정족수) ① 재판부는 재판관 7인 이상의 출석으로 사건을 심리한다.
② 재심판부는 종국심리에 관여한 재판관의 과반수의 찬성으로 사건에 관한 결정을 한다. 다만 다음 각호의 1에 해당하는 경우에는 재판관 6인 이상의 찬성이 있어야 한다.
1. 법률의 위헌결정, 탄핵의 결정, 정당해산의 결정 또는 헌법소원에 관한 인용결정을 하는 경우.
2. 종전에 헌법재판소가 판시한 헌법 또는 법률의 해석적용에 관한 의견을 변경하는 경우.

렸다. 헌재는 홀가분하면서도 서운한 마음으로 마무리 평의에 들어간다. 당사자가 사건을 되찾아간 만큼 심판기관 헌재는 사건을 종료해야 하는지, 아니면 취하에도 불구하고 선고할 것인지 고민이었다. 헌재 정족수●는 위헌결정 때만 6명일 뿐 그 외에는 모두 과반수이다. 재판관 평의에서 김진우 · 이재화 · 조승형은 "5 · 18 피해자의 개인 권리 차원인 기수일 문제는 당사자가 취하한 만큼 접어두더라도, 성공한 쿠데타 처벌 여부는 국가 장래를 위해 그와 상관없이 헌법적 해명이 필요합니다"라고 주장했다. 신창언은 "이번 사건은 청구인 취하에도 불구하고 헌법질서수호를 위해 예외적으로 종료되지 않았다고 봐야 합니다. 준비한 결정문 모두를 그대로 선고합시다"라고 말한다. 하지만 김용준 · 김문희 · 황도연 · 정경식 · 고중석 5명이 종료 선언을 주장했다. 결국 결정 선고는 없던 일이 됐다.

그래도 선고를 주장한 김진우 · 이재화 · 조승형 · 신창언은 물러서지 않았다. "종료로 가는 것은 받아들이겠습니다. 그렇지만 선고를 해야 한다는 재판관들의 반대의견은 적도록 해줘야 하는 것 아닙니까. 반대의견표시는 당연한 것 아니에요?" 종료 선언을 판단한 재판관들이 고개를 저었다. "결정 선고가 되면서 반대의견이 있는 것도 아니고, 심판 종료에 무슨 반대의견을 씁니까." 이렇게 쿠데타에 대한 헌재 판단은 추측으로만 남을 뿐 영원히 묻히게 된다. 그때 고중석이 나섰다. "나는 종료 선언을 주장했어도 반대의견은 드러나야 한다고 생각합니다." 결국 5 대 4로 뒤집히면서, 재판소가 종료를 선언하면서 결정 선고를 주장한 소수의견이 딸린 사상 첫 결정문이 탄생한다. 그리고 조승형 등은 종료 선언에 대한 반대의견을 펴기 위한 근거라며 당초 헌재

5·18 불기소결정 내용

마무리	재판관	소수의견
종료	김용준	생략
	김문희	
	황도연	
	정경식	
선고	고중석	표시
	김진우	
	이재화	
	조승형	
	신창언	

가 합의한 성공한 쿠데타에 대한 입장까지 포함시켰다. 이런 식이다. '다수의견인 종료 선언에 반대한다 → 취하해도 종료되지 않을 수 있다 → 헌법적 해명이 필요한 사건에서 그렇다 → 이번 사건이 그런 경우다 → 이유는 이렇다.' 그러고는 주요 내용을 적는다. 다만 기수일만은 헌법적 해명과 상관이 없다는 이유로 넣지 않았다. 하지만 마음속으로는 범행 종료시점을 1980년 8월 16일로 잡은 이상, 밝혀봐야 특별법에 위헌 논란만 가중할 뿐이란 점도 분명히 고려했을 것이다.

소수의견은 이렇다. 우선, 성공한 내란이론 같은 것은 없다. '내란범을 처벌하지 못하는 것은 국가와 국민이 그에게 억압돼 힘이 없기 때문일 뿐이다. 범죄 성공 여부가 형벌법규의 존폐를 좌우한다는 논리는 법의 본질에 반한다. 게다가 헌법 제84조는 내란 또는 외환의 죄에 대해서는 재직 중에도 소추받는다고 밝히고 있다. 이는 내란죄는

성공 여부에 상관없이 언제라도 처벌한다는 헌법의 결단이다.' 시효는 정지됐던 것이라고 밝힌다. '국민으로부터 정당하게 국가 권력을 위탁받은 국가기관이 그 기능을 회복하기까지 사실상 처벌되지 않는 상태가 지속되는 것일 뿐이며, 훗날 정당한 국가기관이 그 기능을 회복한 이후에는 그동안 사실상 불가능하였던 처벌이 실현될 수 있는 것으로 보아야 한다.' 그리고 선고 무산 직전까지 다수 재판관이 성공한 내란론을 부정했음을 알려야 했다.

이 부분에서는 소수의견 네 사람 외에 다수의견 재판관들도 가세했다. 불기소를 취소한 인원수를 명시하자는 의견, 절대다수 정도로 뭉뚱그려 표현하자는 견해 등이 나왔다. 토론 끝에 역사에 남은 결정문은 '헌법재판소법 23조 2항 1호 소정의 인용결정에 필요한 정족수를 넘었고'이다. 그리고 재판소는 검찰의 이의제기기한인 2주일을 채우고 다음 날인 12월 15일 소송 종료를 선언한다.

한편, 선고가 무산된 5·18 사건의 결정문은 취하서 접수 이전에 완성된 상태였다. 일부 재판관은 서명하고 도장까지 찍었다. 그리고 몇몇 재판관이 정본과 사본을 나눠 보관하고 있다고 한다. 선고 무산 직전의 재판관들의 합의 내용, 그리고 종료 선언된 5·18 사건의 소수의견이 고중석의 선택으로 결정문에 남은 사실은 이번 취재에서 14년 만에 처음으로 밝혀졌다.

◈ 5·18 불기소처분 취소 헌법소원 = 95헌마221 등 병합

1 | 《경향신문》 1995년 7월 17일 1면.

2 | 《한겨레신문》 1994년 10월 29일 4면.

3 | 《동아일보》 1995년 7월 8일 3면. 《한겨레신문》 1995년 7월 19일 3면. 《세계일보》 1995년 7월 19일 3면. 《국민일보》 1995년 7월 19일 3면. 《조선일보》 1995년 7월 20일 3면.

4 | 《동아일보》 1995년 7월 20일 5면.

5 | 《한겨레신문》 1995년 7월 26일 20면.

6 | Hans Welzel, 『Das Deutsche Strafrecht』 Elfte neubearbeitete und erweiterte Auflage, Walter de Gruyter Co., Berlin 1969. p. 480.

7 | 《세계일보》 1995년 12월 1일 7면.

15

1980 3

이러지도 저러지도 못하던 헌재, 무너지다

전두환·노태우를 처단하기 위한 특별법이 만들어진다. 그러자 5공화국 신군부 일파
는 공소시효가 지난 일을 뒤늦게 이어붙이는 법이므로 위헌이라고 주장한다. 지난
날 헌재가 공소시효를 못박아가며 검찰의 불기소를 정당화해준 것을 염두에 둔 문
제제기다. 헌재는 갈림길에 선다. 궁색하게 입장을 바꿔 흐름을 따를 것인가, 그간
입장을 지키는 대신 쿠데타세력을 놓아줄 것인가.

서울지검은 1995년 11월 28일 무렵부터 재수사 의사를 밝힌다. 헌
재에 5·18 불기소 헌법소원 취하서가 접수되기도 전이다. 검찰이 서
둘러 특별수사본부를 꾸린 속내는 특별검사를 막기 위해서였다. 여
론은 검찰 재수사보다 특검 새 수사를 원했다. 이미 공소권 없음 결
정을 내린 검찰이 기소하는 것은 모순이란 얘기다. 그래서 검찰은 더
욱 서두르고 공식 재수사 사흘 만인 12월 3일 전두환을 반란 혐의로
구속한다. 이렇게 해서 앞서 11월 16일 뇌물 혐의로 붙잡은 노태우까
지 전직 대통령 두 사람을 모두 가둔다. 그리고 줄줄이 공소를 제기한

다. 12월 4일 노태우 뇌물, 12월 21일 전·노 반란, 1996년 1월 12일 전두환 뇌물, 1월 23일 전·노 내란으로 세 차례씩 기소한다. 마지막에 내란 혐의가 붙은 것은 '5·18 민주화 운동에 관한 특별법'과 '헌정질서파괴범죄의 공소시효 등에 관한 특례법'에 따른 것이다. 이 무렵 국회가 만든 특별법이 전·노의 내란시효와 그 외 관련자들의 내란·반란시효를 해결했다. 검찰은 수사를 계속해 1996년 2월 28일까지 모두 21명을 법정에 세운다. 12·12와 5·18 혐의로 구속 기소 11명·불구속 기소 6명, 전두환 비자금 혐의로 5명이다. 이렇게 되자 이번에는 신군부가 헌법재판소에 하소연한다.

헌법재판소는 아주 곤란한 입장에 처한다. 이제까지 과정을 살펴보면, 헌재는 우선 ^{YS}의 정치적 입장을 반영한 검찰의 12·12 불기소를 추인했다. 하지만 들끓는 여론에 밀려 5·18 불기소를 취소하고 입장을 전환하려 했지만 변정수의 소취하로 기회를 놓친다. 그리고 국민의 힘에 밀린 정치권이 특별법을 만들어 신군부를 단죄하겠다고 나섰다. 이런 상황에서 신군부가 헌재를 찾은 것이다. '재판관 당신들이 불기소가 정당하고 시효도 완성됐다고 하지 않았느냐. 특별법은 부당한 법이라고 말을 좀 해보라.' 헌재가 이런 곤혹스러움을 피하려면 12·12 사건

● 5·18 민주화운동 등에 관한 특별법 [제정시행 1995. 12. 21]
제2조 (공소시효의 정지) ① 1979년 12월 12일과 1980년 5월 18일을 전후하여 발생한 헌정질서파괴범죄의 공소시효 등에 관한 특례법 제2조의 헌정질서파괴범죄행위에 대하여 국가의 소추권 행사에 장애사유가 존재한 기간은 공소시효의 진행이 정지된 것으로 본다.
② 제1항에서 "국가의 소추권 행사에 장애사유가 존재한 기간"이라 함은 당해 범죄행위의 종료일부터 1993년 2월 24일까지의 기간을 말한다.

● 헌정질서파괴범죄의 공소시효 등에 관한 특례법 [제정시행 1995. 12. 21]
제2조 (용어의 정의) 이 법에서 "헌정질서파괴범죄"라 함은 헌법 제2편 제1장 내란의 죄, 제2장 외환의 죄와 군형법 제2편 제1장 반란의 죄, 제2장 이적의 죄를 말한다.

쌍둥이인 5·18 사건에서 한 번 좌회전하고, 특별법 사건에서 다시 좌회전했어야 했다. 하지만 첫 좌회전 신호를 놓치면서 이제는 불법 유턴해야 하는 처지가 된 셈이다.

1월 18일 서울지법 김문관 판사는 5·18 특별법 2조를 위헌제청 신청을 받아들인다. 30경비단장 출신 장세동과 3공수여단장이던 최세창의 구속영장 청구를 기각하면서다. 유학성 등 신군부 6명도 같은 조항에 헌법소원한다. 2기 재판소는 세 번째로 1979~1980년 역사를 다룬다. 접수 30일 만인 2월 16일 결정을 선고한다. 아주 복잡한 이론 전개를 통해 입장을 뒤바꾼다. 대통령 김영삼이 상황 변화에 따라 정치적 입장을 바꾼 것과 맥락을 같이한다고 이해할 수밖에 없다. 세 사건에서 입장이 바뀌지 않은 재판관은 4명뿐이다. 시효는 어떤 경우라도 진행되므로 완성됐다는 김문희·황도연, 쿠데타 사건에서 모든 시효는 정지하므로 남아 있다는 이재화·조승형이다.

이와 관련, 1979~1980년 쿠데타의 종료시점에 대한 의견은 다양했다. 전두환 일파의 쿠데타가 언제 끝난 것인지 애매했기 때문이다. 샴페인을 터뜨린 1979년 12월 13일, 10대 대통령 최규하가 하야한 1980년 8월 16일, 전두환이 유신헌법으로 11대 대통령에 취임한 1980년 9월 1일, 전두환이 5공헌법으로 12대 대통령에 취임한 1981년 3월 3일, 국가보위입법회의 제25차 회의가 끝난 1981년 4월 10일 등이었다. 12·12와 5·18 사건에서 헌재는 가장 앞선 두 날짜를 선택했다. 종료시점은 계속 논란이 된다.

아무튼 특별법 사건에 대한 헌재 판단의 출발은 이렇다. 5·18 특

별법은 전·노의 반란·내란 공소시효가 대통령 재임기간만큼 정지
했음을 확인하려 만들었다. 헌정질서파괴범죄는 처벌이 불가능한 기
간에는 시효 정지되는 것인데, 우리나라 법원이 이런 점을 확인·선
고할 기회가 없었기 때문에 국회가 나섰다. 만약, 국회 주장대로 헌정
질서파괴범죄의 시효가 당연히 정지된다면 국회는 법이념을 확인만
한 것이다. (따라서 합헌이다.) 반대로 국회 생각과 달리 당연히 정지되
는 것이 아니라면 국회가 새로운 제도를 만들어 시효를 늘인 것이다.
(일반적으로 위헌이다.) 그래서 재판소가 공소시효와 헌법정신의 본질
을 따져보겠다.

재판관들 입장이다. 김문희와 황도연은 특별법은 부당하다고 한다.
'공소시효 정지는 법률로 (미리) 밝힌 경우에만 가능하다. 5·18 특별
법은 전에 없던 공소시효 정지 효과를 만들었다. 따라서 소급효를 금
지한 헌법 12조 1항과 13조 1항●를 위반한 것이다.' 두 사람의 입장은
한결같다. 3개 사건, 12·12 불기소, 5·18 불기소, 5·18 특별법에서
일관성을 유지한다.

이재화와 조승형 역시 반대편에서 일관된 입장을 지킨다. 첫 번
째 12·12에서 내심으로는 정지로 봤다고 한
다. 하지만 헌법소송 절차상의 이유만으로 내
란죄시효가 남아, 대통령 재임 중 정지되는지
에 대해 굳이 밝히지 않았다는 것이다. 두 번째
5·18에서는 내란시효가 정지된다고 명확히 했
었다. 하지만 선고되지 못했다. 세 번째 특별법

● 대한민국헌법 [개정시행 1988. 2.
25]
제12조 ① 전단 생략 법률과 적법한 절
차에 의하지 아니하고는 처벌·보안처
분 또는 강제노역을 받지 아니한다.
제13조 ① 모든 국민은 행위 시의 법률
에 의하여 범죄를 구성하지 아니하는
행위로 소추되지 아니하며 후단 생략

사건에서 내란시효가 정지된다고 결정문에 남겨 주장했다. '기소가 불가능한 기간은 공소시효가 정지됐다는 게 원칙. 나치 이후 독일에서 시효 정지법을 만든 것이 예다. 따라서 5·18 특별법은 전·노 재임 중 시효 정지라는 원칙을 확인했을 뿐이어서 합헌이다.' 그런데 여기에 김진우가 함께 한다. 한데 김진우는 1995년 12·12 불기소 사건에선 내란시효가 끝났다고 했었다. 입장을 바꾼 것이다.

남은 김용준·정경식·고중석·신창언은 앞서 12·12 불기소 사건에서 내란시효는 완성됐다고 했다. 그런데 이번에는 시효가 법원에서 확정할 문제라고 미룬다. '공소시효는 헌법 아닌 법률에 근거. 따라서 법률 해석에 관한 것이고 법원이 가려야 한다. 법원에서 1979~1980년 범죄에 대해 전·노 재임 중 시효가 정지됐다고 한다면 특별법은 합헌, 반면 정지대상이 아니라고 하면 죽은 시효를 살려

내란죄의 대통령 재임 중 시효

	12·12	5·18	특별법
김문희 황도연	진행	진행	진행
김용준 고중석 신창언 정경식 김진우			법원
이재화 조승형	남음	정지	정지

5·18 특별법 심리 1단계

	공소시효
김문희 황도연	완성
김용준 고중석 신창언 정경식	법원
김진우 이재화 조승형	남음

헌법재판소, 한국현대사를 말하다 1

내 소급한 것이어서 위헌이 문제된다.' 이들이 시효 판단을 갑자기 법원으로 보낸 것은 좀처럼 이해되지 않는다. 앞서 두 불기소 사건에서는 시효 문제를 가장 먼저 그리고 적극적으로 해석했기 때문이다.

아무튼 이렇게 해서 3 대 4 대 2 가 된다. 유례가 없는 특이한 결론이다. 어느 의견도 과반수를 점하지 못한다. 이 애매한 결론 앞에서 재판소는 김용준·정경식·고중석·신창언 4명이 마련한 '가정의 세계'로 간다. 하지만 김진우·이재화·조승형과 김문희·황도연 입장에서는 부당한 상황이다. 김진우·이재화·조승형은 시효가 남았다고 분명히 밝혔음에도 시효가 완성된 경우에 대한 의견을 내야 한다. 김문희와 황도연의 경우 시효 완성을 수차례 주장했음에도 시효가 남은 상황을 가정해야 한다. 이게 모두 법원에서 시효를 확정해야 한다는 가정법을 동원한 네 사람 탓이다. 어쨌든 재판관 9명은 시효가 남은 경우와 남지 않은 경우를 생각해서 각각 의견을 제출한다.

우선, 시효가 완성되지 않은 경우를 가정한다. 줄기차게 시효 완성을 주장한 김문희와 황도연이라도 시효가 남았다는 데에는 할 말이 없다. 당연히 합헌이다. 김문희와 황도연으로서는 수긍하지 못할 전제에 몰려, 합헌의견을 강요당한 셈이다. 그리고 반대로 시효 완성도 가정한다. 이번에는 김진우·조승형·이재화가 억울하다. 분명히 시효가 남았다고 믿는데도 완성된 경우를 말해야 한다. 만에 하나, 세 사람 가운데 시효가 완성된 경우에는 시효 재생 특별법이 돼버려 위헌이라고 생각하더라도 그렇게는 말할 수는 없었을 게다. 그래서인지 이들은 다소 거친 이론을 내세운다. '소급입법은 법치국가원리에서

5·18 특별법 심리 2단계

완성 가정	재판관	남음 가정
위헌	김문희	합헌
	황도연	
	김용준	
	고중석	
	신창언	
합헌	정경식	
	김진우	
	이재화	
	조승형	

허용되지 않는 것이 원칙이다. 그러나 우리 헌정사에서 공소시효에 관한 단 한 번 예외를 허용한다면 이번 경우다.' 결론은 다시 2 대 2, 원점이다.

이제 가정법 개발자인 4명 재판관은 무슨 말을 할까. 가정법을 동원한 이유가 있다. 모든 것을 법원으로 미룬다. 법원에서 시효가 남았다고 한다면 합헌이고, 끝났다고 하면 위헌이란 것이다. 그래서 시효가 남은 경우 전원일치 합헌이다. 반면 시효가 완성된 경우 위헌이 6명으로 결과는 위헌이 되고, 최종 결론은 한정위헌이 돼야 한다. 그런데 그렇지 않다. 정경식이 합헌으로 돌아섰다. 이것은 이재화·조승형이 시효가 남았다고 줄곧 주장해둔 상태에서, 설령 시효 완성이라 가정하더라도 합헌이라고 주장하는 것과는 차원이 다르다. 왜냐하면 정경식은 앞서 12·12 사건에서 시효가 완성됐기 때문에 불기소가 정당하다고 했었는데, 이번 특별법 사건에서는 시효는 완성됐지만 처벌법은 합헌이라고 말하고 있기 때문이다. 이런 점에서는 김진우도 마찬가지이지만 가정법으로 가기 전에 입장을 전환해, 시효가 정지된다고 주장하고 있었다. 아무튼 김진우·이재화·조승형·정경식 4명이 합헌의견이다. 그래서 최종 결론은 '시효가 남았다면 전원합헌, 시효가 끝났다면 가까스로 합헌'이다.

그런데 인터뷰과정에서 조승형과 황도연은 모두 자신들이 가정법 상황에 동의하지 않았다고 했다. 하지만 결정문에는 가정법상황에 각각 의견을 낸 것으로 적혀 있다. 따라서 당시 평의가 매끄럽지 않게 마무리된 것이거나, 가정법 전개를 내심 부당하다고 여겨온 것 같다. 그래서 기억이 다소 복잡하게 남은 것으로 보인다.

그리고 헌재는 이날 위헌의견 5명일 때 쓰던 '위헌불선언' 주문을 없앤다. 위헌불선언은 예컨대 '국토이용관리법 31조의2는 헌법에 위반된다고 선언할 수 없다'는 식이다. 단순합헌 주문은 '5·18 민주화운동 등에 관한 특별법 2조는 헌법에 위반되지 아니한다'처럼 쓴다. 이날 선고를 계기로 위헌 5명일 때도 단순합헌으로 표기하게 된 것. 당시 언론은 헌재의 정치권 분위기를 고려해 스스로의 관 를 어겼다고 비판했다.[1] 이에 대해 재판관 김문희는 인터뷰에서 "헌재법 23조에 따라 위헌 정족수는 6명이다. 3분의 2가 아니어서, 7명이 심리해도 6명이다. 사법부 판단은 모두 과반수인 점을 보면 헌재의 위헌결정을 어렵게 하는 면이 있다. 이런 경우에 쓰자며 1기 이시윤 재판관이 아이디어를 낸 것이다. 그러다 5·18 특별법부터 합헌으로 하자고 했고 이후로 없어졌다"고 설명했다. 재판관 이시윤은 인터뷰에서 "과반이 아닌 6명 절대다수로 위헌 선언할 수 있게 한 것은 제약이다. 헌법 조 1항은 기회가 있다면 수정을 고려해야 한다. 아무튼 이런 상황에서 위헌의견이 5명인 경우 과수라는 것을 명시해 신중하게 법을 운용케 하려 안출된 1기 재판관들의 노작이다. 이것이 허물어져 허탈감을 금치 못했다. 최소한 이것이 사라져야 하는 이유라도 명시했어

● 대한민국헌법 [개정시행 1988. 2.
25]
제113조 ① 헌법재판소에서 법률의
위헌결정, 탄핵의 결정, 정당해산의
결정 또는 헌법소원에 관한 인용결정
을 할 때에는 재판관 6인 이상의 찬성
이 있어야 한다.

야 한다"고 밝혔다.

이에 반해 재판관 조승형은 인터뷰에서 "5 · 18 특별법 이전부터 위헌불선언 양식(을 없애자는) 얘기가 있었다. 국민에게 확실히 얘기를 해줘야 한다. 위헌 정족수를 충족하지 못했으면 합헌인데 이게 무슨 주문이냐. 합헌으로 국민 앞에 명백히 알려드리자고 합의했고 이후 모두 단순합헌으로 선고했다"고 밝혔다. 2기 소장 김용준은 인터뷰에서 "예를 들어, 국회 개헌안 의결의 경우 재적의원 3분의 2 이상 찬성을 얻어야 한다. 그렇지 않은 경우 과반이더라도 단순히 부결이라고 한다. '가결을 선언할 수 없다'고는 않는다. 그리고 단순합헌 주문이 '헌법에 합치된다'가 아니라 '헌법에 위반되지 아니한다'(이니 위헌불선언과 차이도 별로 없)다. 그래서 언젠가 고쳐야겠다, 고쳐야겠다 그러고 있다가 이 사건을 계기로 했다. 그랬더니 정치권 눈치를 보느니 어쩌느니 그러는데 전혀 그럴 문제는 아니었다"고 밝혔다.

1996년 8월 26일 서울지방법원 김영일 재판부는 전두환에게 사형, 노태우에게 징역 22년 6월을 선고한다. 내란행위 종료시점은 비상계엄 해제일인 81년 1월 24일. 같은 해 12월 16일 서울고등법원 권성 재판부는 전두환 무기징역, 노태우 징역 17년으로 감형했다. 대신 내란행위 종료시점을 6 · 29 선언이 발표된 1987년 6월 29일로 잡았다. 김영일과 권성은 이후 3기 재판관이 된다.

김영일의 인터뷰. "사건이 나무나 늦게 기소되다 보니 동정적인 여론도 있었다. 광주에서 직접 총을 쏜 것도 아니잖느냐, 대통령 하는 동안 잘한 일도 있지 않느냐는 식이었다. 소박한 얘기다. 생각해봐라. 광주에서 죽은 사람이 몇 명이냐. 집권 동안 어마어마한 비자금을 받았다. 원통하기 짝이 없는 일이다. 이런 것을 두고 집권한 다음에 뭘 했다고 해서 감형한다면 쿠데타 안 할 사람이 어딨느냐. 나는 법이 있으나 마나한 결과를 국민 앞에 내놓을 수는 없었다. 그래서 사형을 선고했다."

권성의 인터뷰. "사회 분위기가 가열되면서 '전두환 · 노태우 피고인을 치라'는 분위기였다. 광주에서 일으킨 일을 생각하면 이해가 된다. 하지만 그렇게 해서는 피로 피를 씻는 정치 보복이 계속된다. 민주주의가 정착하려면 악순환의 고리를 끊어야 했다. 그러기 위해서는 국민들을 설득을 해야 했다. 그래서 고심하다가 아무도 쓰지 않는 고어투 문장을 썼다. 그게 항장불살^{降將不殺} 판결문이다. 결과적으로 관심을 끌었고 긍정적인 반응도 이끌어냈다. 내 의도에 부합하는 결과가 됐다고 생각한다."

1997년 4월 17일 대법원 전원합의체는 검찰과 피고인의 상고를 기각하면서 형을 확정한다. 다만 내란의 종료시점은 다시 81년 1월 24일로 수정된다. 두 사람이 복역 중이던 12월 18일 새정치국민회의 후보 김대중이 15대 대통령에 당선. 12월 20일 당선자 김대중과 대통령 김영삼이 특면사면에 합의한다. 12월 22일 전두환 · 노태우 등이 사면 · 석방된다.

2기 헌재는 취임 직후 15개월 동안 세 가지 전두환 쿠데타 사건을 처리하면서 자체 동력을 상당부분 잃는다. ^{YS}가 정치적으로 결심하면 검찰은 독점권한으로 실행했고, 청와대가 정치적 이유로 번복하면 대검은 무리한 법리로 뒤집기를 반복했다. 이 과정에서 2기 재판소는 심판 결론을 유출하는 등 허둥지둥 움직였고, 세 번의 결론 모두가 검찰 결정을 뒤따라가면서 정당성을 인증해주는 모양새가 됐기 때문이다.

◈ 5·18 민주화운동 등에 관한 특별법 2조 위헌제청 등 = 96헌가2 등 병합

---

1 | 《조선일보》 1996년 2월 17일 3면.

16

반격

대법원 마침내 재판소를 겨누다

대법원이 마침내 헌법재판소를 공격한다. 헌재가 10년 가까이 해오던 한정위헌결정
을 전면적으로 부정한다. 재판소의 결정에 조금도 영향 받지 않겠다고 선언했다. 헌
재가 발칵 뒤집힌다. 그리고 대법원의 이런 결정을 취소해달라는 헌법소송이 들어
온다. 헌재는 의지를 다지며 심리에 착수한다. 그리고 1997년 크리스마스 이브를 택
해 결정을 선고한다.

'착공 1991. 11. 29 대법원장 김덕주, 준공 1995. 9. 23 대법원장 윤
관'이란 머릿돌이 붙은 서초동 대법원이 문을 연다. 1995년 10월 28
일이다. 동시에 '정초 : 소화 2년 11월 조선총독 자작 사이토 마코토
定礎 : 昭和 二年 十一月 朝鮮總督 子爵 齋藤實'로 상징되는 서소문 대법원은 문을 닫
는다. 현재 서울시립미술관 서소문 본관이다. 이로써 헌재와 대법원
은 물리적으로 강남북만큼 멀어진다. 그리고 심리적으로도 완전히 결
별하는 분쟁이 일어난다. 1기 재판소에서 있은 '법무사법시행령 위헌
결정' 정도는 작은 사건에 불과했다.

1996년 4월 9일 서초동 대법원 대법정. '헌법재판소의 법률 해석에 관한 견해는 최고법원인 대법원에 어떠한 영향도 미칠 수 없다.' 대법원이 헌재 결정을 무참히 구겨버린다. 대법관 4명으로 이뤄진 소부小部 판결이었지만, 대법관 13명 전원이 관여했다. 가장 적극적으로 결정을 무시하자고 주장한 사람은 대법관 이용훈. 이 일을 계기로 헌재는 그에게 감정을 갖게 된다. 이용훈이 2000년 9월 김대중 정부에서 3기 소장 후보에 거론되지만, 헌재 안팎의 반대로 좌절되고 윤영철이 취임하는 원인이 되기도 한다. 이런 사실은 2명 이상의 재판관과 정치권 관계자에게 반복적으로 청취한 내용이다. 그렇다면 헌재를 이렇게 가스러지게 만든 대법원의 무시 판결은 무엇일까.

헌법재판관은 합헌 여부가 아닌 위헌 여부만을 선고한다고 헌재법 45조●에 정해져 있다. 그래서 헌재 결정문에서도 '위반되지 아니한다'고만 쓰지 '헌법에 합치된다'고는 적지 않는다. 사소해 보이지만 이유가 있다. 누군가 법률이 위헌인 것 같다며 소송할 순 있지만, 합헌을 확인해달라고 소송을 내지는 않아서다. 이렇듯 법률가들의 표현은 정밀하고 엄정하다. 그런데 1기 재판소는 '위반되지 아니한다'와 '위반된다'라는 테두리를 기술적으로 벗어난다. '……로 해석하는 한, 헌법에 위반되지 아니한다'와 '……로 해석하는 한, 헌법에 위반된다'이다. 한정합헌과 한정위헌, 모두를 변형결정이라고 한다. 대법원이 겨냥한 것이 이 변형결정이다. 그럼, 변형결정은

● 헌법재판소법 [제정시행 1988. 9. 1]
제45조 (위헌결정) 헌법재판소는 제청된 법률 또는 법률 조항의 위헌 여부만을 결정한다. 다만 법률 조항의 위헌결정으로 인하여 당해 법률 전부를 시행할 수 없다고 인정될 때에는 그 전부에 대하여 위헌의 결정을 할 수 있다.

헌법재판소, 한국현대사를 말하다 1

왜 나왔을까.

1989년 초여름 을지로 헌재 재판관 회의실. 남의 이름으로 부동산을 소유하다 걸리면 증여세를 물리는 상속세법 32조의2●를 토론한다. 당시 부동산을 많이 가진 사람 가운데는 세금을 줄일 목적으로 여러 이름으로 등기한 경우가 적지 않았다. 재산이 많을수록 높은 세율을 적용받으니 재산을 여럿으로 쪼개 낮은 세율을 각각 적용받으려는 것. 이들에게 증여세를 물려 손해를 주기로 한 법이다. 헌재가 접수한 사건도 이런 경우였다. 어느 석유회사가 농지를 사려는데 필요 증명서를 갖추기 어려웠다. 일단 대표이사 개인 이름으로 등기하고 얼마 뒤 회사 앞으로 돌려놨다. 그런데 국세청에서 석유회사가 대표이사 이름을 빌려 농지를 구입했으니 증여세를 내라고 했다. 그러자 대표이사가 법원에 세금 취소소송을 내고, 법률 조항을 헌법소원한 사건이다.

토론 끝에 1기 재판소는 '조세회피의 목적이 없이 실질소유자와 명의자를 다르게 등기 등을 한 경우에는 적용되지 아니하는 것으로 해석하는 한, 헌법에 위반되지 아니한다'고 1989년 7월 21일 결정한다. 다른 사람 이름으로 부동산을 산 사람 가운데 세금 줄일 의도가 있던 사람에게만, 증여세를 물린다면 합헌이란 얘기다. 첫 한정합헌이자 변형결정이다. 이런 주문을 만든 재판관 역시 이시윤이다. 물론 변정수는 거세게 반대했다. '다수의견은 뚜렷한 위헌 조항을 두고 해석에 따라 합헌도 위헌도 된다며 애매하게 답한다. 헌재법 47조 1항●에서

● 상속세법 [개정시행 1982. 2. 1] 제32조의2 (제3자 명의로 등기 등을 한 재산에 대한 증여의제) ① 권리의 이전이나 그 행사에 등기·등록·명의개서 등(이하 "등기 등"이라 한다)을 요하는 재산에 있어서 실질소유자와 명의자가 다른 경우에는 국세기본법 제14조의 규정에 불구하고 그 명의자로 등기등을 한 날에 실질소유자가 그 명의자에게 증여한 것으로 본다.

● 헌법재판소법 [제정시행 1988. 9. 1]
제47조 (위헌결정의 효력) ① 법률의 위헌결정은 법원 기타 국가기관 및 지방자치단체를 기속한다.
제68조 (청구사유) ① 공권력의 행사 또는 불행사로 인하여 헌법상 보장된 기본권을 침해받은 자는 법원의 재판을 제외하고는 헌법재판소에 헌법소원심판을 청구할 수 있다. 후단 생략

● 소득세법 [개정시행 1982. 1. 1]
제23조 (양도소득) ④ 양도가액은 실지거래가액에 의하되 대통령령이 정하는 경우에는 그 자산의 양도 당시의 기준시가에 의한다.

● 소득세법 [개정시행 1983. 1. 1]
제23조 (양도소득) ④ 양도가액은 그 자산의 양도 당시의 기준시가에 의한다. 다만 대통령령이 정하는 경우에는 그 자산의 실지거래가액에 의한다.

위헌결정만이 법원을 기속한다고 했는데 (한정합헌이) 무슨 의미가 있는지, 68조 1항●에서 헌법소원대상에서 법원재판을 제외한 상황이라 (법원이 이 결정을 따르지 않아도 어쩌지 못하는데 말이다).' 그리고 반대자 변정수는 퇴임한다.

헌재 2기 재판소는 계속해서 변형결정을 선고한다. 헌재 설립 이후 대법원이 한정합헌 · 한정위헌을 충실하게 따랐는지 일일이 확인하기 어렵다. 하지만 법원이 헌재 결정을 심각하게 생각하지는 않았다는 점은 확실하다. 예를 들어 1990년 4월 2일 헌재가 국보법 7조에 한정합헌하면서 해석기준을 제시하지만 대법원 판례는 변하지 않는다. 게다가 해석이라는 것이 명징하지 않은 경우가 많아 쉽게 드러나지도 않았다. 그렇지만 위장된 평화일 뿐, 잠재된 불안은 곧 현실이 된다.

1980년대 전국에서 토지와 아파트를 가리지 않고 부동산값이 엄청나게 올랐다. 사람들은 서로 짜고 이른바 다운계약서를 만들어 세금들을 줄였다. 대책에 나선 정부가 기준시가를 정하고 이에 따라 과세했다. 과거 실거래가 원칙에 기준시가 예외이던 것을 기준시가 원칙에 실거래가 예외로 뒤바꾼 것이다. 실제로 1982년과 1983년 소득세법●에는 기준시가와 실거래가가 뒤바뀌어 있다. 아무튼 양도세 부과

는 나라가 정한 기준시가가 원칙, 개인이 거래한 실거래가가 예외다. 김 아무개는 어쩌다 보니 실거래가격을 적용받아 세금을 내게 됐고, 그게 기준시가로 할 때보다 많았다. 그래서 국세청이 법을 잘못 이해했다며 소송을 냈지만 1·2심에서 모두 졌다. 대법원에서는 상고를 기각하면서 위헌제청신청도 기각했다. 패소가 확정됐지만 김 아무개는 나중에 재심할 요량으로 헌법소원을 낸다. 그리고 1995년 11월 30일 헌재가 소득세법 23조 4항에 한정위헌을 선고한다. '실거래가 세금이 기준시가 세금보다 많이 나오는데도, 실거래가격으로 과세하는 것으로 소득세법을 해석하는 한 헌법에 위반된다.' 실거래가가 기준시가보다 납세자에게 유리할 때만 적용하란 뜻이다.

한편, 같은 이유로 양도세를 통지받고 재판하던 이 아무개가 헌법재판소 결정 소식을 듣고 대법원에 간다. 헌재가 소득세법 23조가 한정위헌이라고 했으니 취소소송에서 이기리라 생각했다. 하지만 대법원은 1996년 4월 9일 대법관 4명 소부에서 헌재의 결정을 박박 구겨버린다. '구체적 사건에서 법령의 해석·적용 권한은 사법권의 본질적 내용으로 전적으로 대법원을 최고법원으로 하는 법원에 전속한다. 그러므로 헌재는 한정위헌결정을 통해 적용범위에 관해 견해를 표명했을 뿐이다. 어떠한 영향을 미치거나 기속력도 가질 수 없다.' 이것이 대법원의 헌재 무시 판결이다. 헌재가 발칵 뒤집혔다. 헌재의 결정을 '견해 표명'으로 낮잡고, '어떠한 기속력도 가질 수 없다'고 무력화했기 때문이었다.

대법원은 벼르고 있었고 적당한 기회였다. 첫째, 이번 사건에서 헌재가 제시한 기준이 수치로 드러난다는 점. 이전 사건들은 '조세회피 목적이 없는 경우에는 적용되지 아니하는 것으로 해석하는 한'처럼 주로 의도를 제한했다. 그래서 대법원이 따르지 않아도 눈에 띄지 않았지만 이번 사건은 달랐다. 둘째, 이 무렵 1994년 7월 11일 대법관 13명 가운데 6명이 바뀌면서 자신감을 되찾았다. 1993년 9월 11일 대법원장 김덕주가 재산 문제로 사퇴하고, 5·6공 정치판사 문제로 지탄받아 다소 위축됐었다.

이와 관련 1990년 1기 재판소 변정수가 대법원으로 이어진 닻줄을 잘라냈을 때, 대법원이 만들어 배포한 '명령·규칙의 위헌심사권에 관한 연구 보고서'가 대법원에서 집중적으로 연구된다. 이미 헌재 결정을 무시하기로 작심했던 것으로 보인다. 이 사건은 한정위헌과는 아무런 상관이 없다. 공통점은 오로지 헌재와의 권한분쟁에서 대법원이 강경한 태도를 보인다는 것뿐이다. 이 같은 사실은 대법원 법원도서관 보관된 대출 기록에서 확인했다.

헌재 결정을 근거로 제시하고도 대법원에서 패소한 이 아무개는 사건을 헌재로 가져왔다. 헌재법 68조 1항●이 헌법소원대상에서 법원재판을 제외하고 있기 때문에 우선 이를 문제 삼았다. 헌재법이 위헌이므로 재판소는 당장 이 사건을 심판하란 것. 다음으로 헌재 결정을 따르지 않은 대법원 재판이 기본권을 침해한 것을 확인해달라고 했다. 1997년 12월 24일 헌재는 68조 1항에 대해 한정위헌결정했다. '법원재판을 헌법소원심판

● 헌법재판소법 [개정시행 1995. 8. 4]
제68조 (청구사유) ① 공권력의 행사 또는 불행사로 인하여 헌법상 보장된 기본권을 침해받은 자는 법원의 재판을 제외하고는 헌법재판소에 헌법소원심판을 청구할 수 있다. 후단 생략

법원도서관에 보관된 『명령·규칙에 대한 위헌심사권』은 모두 세 권이다. 대출 기록에 따르면 1995년 11월 30일 헌재의 한정위헌 결정이 있는 다음 주인 12월 6일부터 법정심의관 주경진이 58일간 대출했다. 다음 달 1월 3일부터 재판연구관 소순무가 다른 한 권을 70일간 빌린다. 그리고 1996년 4월 9일 대법원이 무시 판결을 내린다. 사건이 헌재로 돌아가자, 다시 헌재와의 관계가 연구된다. 5월 1일부터 다시 소순무가 38일간, 10월 12일부터 재판연구관 박기봉이 5일간 대출한다. ⓒ 이범준

의 대상으로 한다면 또 한 번의 기본권 구제절차를 국민에게 제공하는 것이므로 더욱 이상적일 수 있다. 하지만 기본권 구제 기회를 부여하지 않았다고 해서 위헌일 수는 없다. 그렇지만 이번처럼 (헌재가 한정)위헌으로 결정한 법률을 법원이 예전과 똑같이 적용한다면 기본권 침해다. 따라서 이런 경우에 한해 헌법재판을 하지 못하게 한 68조 1항이 위헌이다.' 68조 1항은 한정위헌이고 대법원 판결은 기본권을 침해했다고 확인까지 했다. 그런데 이 사건은 대법원이 헌재의 결정을 따르지 않아서 생긴 문제다. 이대로는 약했다. 결국 사상 처음으로 대법원 판결을 취소하고, 동작세무서의 처분도 취소한다. 김용준 · 김문희 · 조승형 · 정경식 · 신창언 · 이영모. 이 사건 집필자인 조승형은 인터뷰에서 "그런 대법원 판결이 다시 있으면 안 된다. 앞으로 대

법원 판결이 자꾸 깨져도 안 된다. 그러니 대법원에는 경고를 주고 헌재의 위상을 확보하기 위해서 취소해야 한다고 주장했다. 아마 사법 사상 처음이자 마지막일 것이라고 생각했다. 그래서 선고도 뜻있는 날을 고르자고 주장해 12월 24일 크리스마스 이브로 했다. 보통 선고는 마지막주 목요일(이나 휴일이면 그 앞 주)에 하는데 일부러 수요일인 12월 24일을 골랐다"고 했다.

다만 재판관 3명은 68조 1항에 합헌을 주장했고, 대법원 판결에 대해서도 위헌성만 확인하고 취소할 필요는 없다고 했다. 이들은 이재화 · 고중석 · 한대현이며, 공교롭게도 대법원장인 윤관의 지명을 받은 세 사람 전원이다.

이 결정 이후 이 아무개는 동작세무서에서 세금을 돌려받았다. 하지만 앞서 대법원 패소 이후 한정위헌을 처음으로 받아낸 김 아무개는 계획대로 재심을 청구하지만 기각됐다.[1] 왜 다를까. 동작세무서가 세금을 돌려준 게 헌재 결정을 존중해서가 아니다. 논란이 되자 국세청이 예외적으로 인심을 써서 해결한 것[2]이다. 다른 사람들은 이 아무개처럼 구제받지 못한다. 그래서 이 헌재 결정에 모든 국민에게 영향을 끼치는 규범력이 없다는 것이고, 대법원 판결과 헌재 결정 중에 어떤 것이 힘이 센지 결론나지 않은 것이다. 결국 1996년 대법원이, 1997년 헌재가 서로를 향해 폭탄을 던졌지만 두 기관 모두 살아 있는 셈이다.

그렇다면 법원의 재심 거부는 헌재에서 어떻게 해결될까. 진행상황이 똑같은 사건이 2001년 6월 4일 헌재에 접수된다. 한 손해보험회사가 민사 재판과정에서 법원에 위헌제청을 신청했지만 기각당해 직접 헌법소원을 냈다. 그러나 법원은 헌재 결정도 기다리지 않고 패소를 선고했다. 이후 헌재는 헌법소원을 받아들여 한정위헌을 선고했다. 그래서 이를 이유로 재심을 청구했지만 대법원이 4월 27일 기각했다고 한다. 3기 재판소는 토론 끝에 결론을 냈다. '헌재의 한정위헌에 따른 재심 청구는 인용되어야 하며 그렇지 않은 대법원 판결은 취소가 마땅하다.' 전원일치다. 하지만 선고 직전 당사자가 취하한다. 그러자 2003년 4월 24일 재판관 2명이 헌법적 해명을 위한 선고를 주장하지만, 7명이 절차에 따라 종료해야 한다는 데 손을 든다.

선고 주장 재판관 김영일의 인터뷰. 최종영 대법원장이 지명했다. "헌재에서 위헌결정이 났으면 그 부분은 효력이 없는 것인데, 대법원은 계속 적용한다. 대법원이 묵살하면 하급심까지 그런다. 이렇게 헌재 결정은 백지화된다. 도대체 국가기관 간에 그럴 수 있느냐. 분명히 하자고 결론을 내놨는데, 취하가 됐다. 송인준 재판관과 (헌법적 해명을 위해) 선고하자고 했다. 위헌결정이 무시되는 것은 헌재 존립을 위태롭게 한다. 대법원에 잘못됐다고 얘기하고, 자세히 설명해서 바로잡았어야 했다. 헌법재판소가 최고ㆍ최종 사법기관인데, 그렇게 넘어갈 문제가 아니었다."

헌재와 대법원의 한정위헌 다툼을 정리하면, 1997년 헌재는 한정위헌을 무시한 대법원 판결을 취소했고, 2003년에는 한정위헌에 따른 재심 청구를 기각한 대법원 판결도 취소할 수 있다고 밝혔다. 그렇지만 대법원은 아랑곳없다. 2009년 2월 12일 대법원은 헌재의 한정위헌결정에 기속되지 않는다고 또다시 선고한다.

변형결정 도입을 반대한 1기 재판관 변정수는 인터뷰에서 입법적으로 해결할 필요도 없이 헌재가 안 하면 된다고 주장했다. 김진우와 한병채 등이 특정 사안에서 변형결정을 반대한 적은 있지만, 양식 자체를 반대한 것은 변정수뿐이다. "시비를 가리는 재판에서 애매모호한 표현은 절대 안 된다. 두 기관 사이에 벌어지는 일을 입법적으로 해결할 필요도 없다. 헌법재판소에서 안 쓰면 된다. 명확한 표현을 쓰면 된다." 그러면서 자신이 소수의견을 통해 한정위헌을 강하게 비판해왔음을 강조했다. "다양한 뜻으로 해석되는 법률이 바로 위헌법률이다. 질적 위헌이라는 주장은 말장난에 불과하다. 그런 법률에서 위헌성을 제거하는 것은 입법부 소관이지 헌재가 할 수 있는 일이 아니다. ……으로 해석하는 한 헌법에 위반되지 아니한다는 주문은 독일어를 직역한 것에 불과하다. 우리 법률문화나 언어감각에도 맞지 않는다. 언어유희 같은 이런 주문을 고집하는 것은 국민을 우롱하는 극히 독선적이고 권위주의적인 처사다." 변정수가 퇴임 이후 펴낸 소수의견집 제목도 『위헌이면 위헌違憲, 합헌이면 합헌合憲』[3]이다.

반면 변형결정 도입에 적극적이었던 다른 재판관들의 생각은 달랐다. 1·2기 연임 재판관 김문희는 인터뷰에서 "법조문 일부만 위헌인 경우에는 위헌적인 부분만 배제하면 된다. 하지만 법조문이 구분되지 않고 이어지는 경우에는 질적 일부가 위헌이라고 볼 수 있다. 사회에서 벌어지는 일도 맞거나 틀리는 것으로 명확히 나뉘지는 않는다. 위헌적인 요소가 있다고 법을 모두 없애버리면 생활관계가 무너진다.

대법원과 일부 마찰이 있지만 독일에서도 결정이 먼저였고 이후 입법으로 해결됐다"고 설명했다.

● 헌법재판소법 [개정시행 2008. 6. 15]
제47조 (위헌결정의 효력) ① 법률의 위헌결정은 법원 기타 국가기관 및 지방자치단체를 기속한다.

사실상 변형결정을 도입한 이시윤은 인터뷰에서 대법원과의 분쟁과 관련 "헌재법 47조●가 정한 기속력의 범위에 관한 문제다. 기속력이 (대법원 판결의) 주문에만 미치느냐 이유에서 판단한 중요 사항까지 미치느냐이다. 국민의 입장에서 살필 일이며, 독일 판례를 따르는 것이 옳을 것으로 생각한다"고 말했다. 이시윤의 설명은, 헌재법 47조 1항에서 정한 기속의 범위가 법원의 결론뿐 아니라 이유까지 포함하는 것으로 봐야 한다는 것. 그래서 법원의 해석에 가이드라인을 제시하는 한정위헌·한정합헌결정이 가능하다는 설명이다. 이와 함께 변형결정 자체를 반대하는 주장에 대해서도 "올 오어 나싱All or Nothing은 심플한 원시적 사고다. 일본·독일에서도 모두 변형결정을 한다. 국회가 정한 법률을 무작정 부인할 수는 없다. 죽일 것은 죽이고 살릴 것은 살리는 게 합리적인 치료방법"이라고 했다.

대법원 판결 취소에 참여한 2기 재판관 이영모는 인터뷰에서 "대법원 입장에선 자기 해석을 손대지 말란 의미다. 하지만 주문에 (해석) 한정을 포함하지 않는 나라가 없다. 그렇지 않으면 법률을 다 죽이란 말밖에 안 된다. 법률이 성질로 나뉘는 경우가 얼마든지 있다. 헌법재판제도를 가진 나라에서는 모두 (변형결정을) 한다"라고 진단했다. 그리고 대법원 판결 취소 당시와 관련 "헌법에 관해서는 헌재가 대법원보다 상위기관이다. 오류가 없어서 최고법원이 아니라 다툴 수 없어서 최고법원이다. 당시 나로서는 헌재의 한정위헌이 잘됐다 못 됐다 따져보지도 않았다. 특별한 이유를 이유 쓸 필요도 없이 기속원리에 의해서 취소하는 게 당연했다"고 말했다.

대법원 판결 취소 집필자인 2기 재판관 조승형은 변형결정을 입법으로 확실히 할 필요가 있지만 그와 상관없이 대법원 판결은 근본적으로 잘못됐던 것이라고 했다. 조승형은 인터뷰에서 "독일 형편을 따를 필요는 없지만 그래도 변형결정이 필요하다면 법에 정해놓자는 입장이었다. 그렇다고 해도 대법원이 헌재 결정을 따르지 않은 것은 전혀 다른 문제였다. 위헌은 위헌이다"라고 말했다.

헌법재판소의 변형결정 건수는 줄어들고 있다. 한정합헌과 한정위헌은 결과적으로 차이가 없는데, 한정합헌은 2기 재판소를 정점으로 사실상 사라졌다. 2002년 4월 25일 국가보안법 6조 잠입·탈출 조항 한정합헌이 마지막이다. 반면 한정위헌 건수는 꾸준하다. 합치면 변형결정이 줄고 있는 것은 사실이다. 전체 접수사건수와 비교하면 더욱 잘 드러난다. 이와 관련, 헌재 20년사는 상호모순되거나 불명확한 헌재법 조항 가운데 하나로 '한정합헌 한정위헌 등 변형결정의 근거를 명시하지 아니한 것'을 꼽고 있다.[5] 하지만 대법원과의 갈등이 법이 허술해서 발생한 문제는 아니다. 1차적으로 법원 판결을 헌법재판대상에서 제외했지만 헌재가 내심 받아들이지 않아서고, 근본적으로는

위헌심판 선고 결과 움직임[4]

	사건	단순위헌	한정위헌	한정합헌
1기 6년	2089	42	13	8
2기 6년	3942	160	18	19
3기 6년	7343	93	17	1
4기 3년	4327	42	3	0

헌법재판소, 한국현대사를 말하다 1

대법원과 헌재의 관계가 명확히 나뉘지 않은 상태에서 출발했기 때문이다. 1988년 당시 대법원으로서는 헌법재판소가 이렇게 성장하리라고 상상하지 못했다.

◈ 상속세법 32조의2 1항 헌법소원 = 89헌마38

◈ 소득세법 23조 2항 헌법소원 = 94헌바40 등 병합

◈ 94헌바40에 근거한 증여세 취소 청구 대법원 소송 = 95누11405

◈ 95누11405 판결의 위헌성 확인 헌법소원 = 96헌마172 등 병합

◈ 대법원의 재심 거부의 위헌성 확인 헌법소원 = 2001헌마386

◈ 2009년 2월12일 대법원의 한정위헌 무시 판결 = 2004두10289

---

1 | 《세계일보》 1998년 5월 21일 25면.

2 | 《문화일보》 2006년 10월 25일 8면.

3 | 변정수, 『위헌이면 위헌, 합헌이면 합헌』 관악사, 1998.

4 | 헌법재판소 홈페이지 사건통계 <www.ccourt.go.kr/home/main/bpm/statistic_list.jsp>.

5 | 헌법재판소, 『헌법재판소 20년사』 헌법재판소, 2008, 183쪽.

17

가위

노래 부르고 이야기 짓는 자유에 관하여

정당성 없는 독재정권은 문화예술인의 풍자를 받아들이지 못했다. 비판이 두려운 독재자들은 사전심의라는 허울로 검열했다. 가위를 들고 영화를 뭉텅뭉텅 잘랐고, 빨간펜을 쥐고 노랫말을 죽죽 지웠다. 장산곶매가 잡혀가고, 서태지가 분노했다. 하지만 헌법에서는 표현의 자유를 강하게 보장하고 있었다. 이제 창작자와 검열자의 끈질긴 공방이 시작된다.

전남대학교 상공에 전남지방경찰청 헬기가 뜨고, 다연발 최루탄 발사차 6대가 교문을 향해 전진했다. 1990년 4월 13일 정복·사복 경찰 1,800명이 제1학생회관과 대강당 등을 수색했다. 영화 〈파업전야〉● 상영을 저지하고 필름을 압수하려 학교를 소란스레 되누볐다.[1] 공권력의 영화상영 저지는 서울·부산·대전 등 전국 수십 개 도시에서 이뤄졌다. 1주일 앞선 4월 4일 서울지검 공안2부

● 〈파업전야〉 = 영화제작소 장산곶매가 1990년에 만든 둘째 극영화. 〈접속〉을 연출한 장윤현, 〈공동경비구역 JSA〉를 제작한 이은 등 4명이 연출하고, 가수 안치환이 〈철의 노동자〉 등을 만들어 불렀다. 한국영상자료원이 뽑은 한국영화 100선 작품이다. 2006년 11월 10일 KBS 1TV 〈독립영화관〉에서도 방송됐다. 한국 독립영화의 고전.

장 검사 최병국은 "6일부터 상영 예정인 16밀리 필름 영화 〈파업전야〉는 모든 영화를 사전심의 받도록 한 영화법 12조●등을 위반한 혐의가 있어 형사처벌하겠다"고 했다.[2] 그러고는 상영 하루 만인 7일 〈파업전야〉를 돌린 서울 혜화동 예술극장 한마당에서 필름과 영사기를 압수하고, 극장 대표 김명곤을 동대문경찰서로 잡아간다. 영장은 서울지법 서기석 판사가 발부했다. 열흘 뒤 17일 서울지방경찰청은 〈파업전야〉를 만든 장산곶매 2대 대표 이용배를 조속히 검거하라고 지시한다. 그러는 사이에도 〈파업전야〉는 인기를 얻어 전국에서 30만 명 넘는 대학생과 노동자가 관람한다. 경찰은 가을하늘이 파래지도록 장산곶매를 잡지 못했다. 하지만 법정에는 이미 또 다른 장산곶매가 있었다.

1989년 만든 첫 번째 영화 〈오! 꿈의 나라〉 사전심의 위반 혐의로 1대 대표 홍기선과 상영관인 예술극장 한마당 대표 유인택이 같은 해 벌금형을 선고받았다. 이들은 1990년 3월 30일 항소심 법정에서 영화법 12조를 위헌제청해달라고 신청하고는, 〈파업전야〉 상영에 돌입한 것. 그래서 장산곶매는 도피처에도 재판정에도 모두 있었다. 마침내 검거지시 156일째인 9월 19일 이용배가 서울 불광동 시외버스터미널에서 체포된다. 이때까지도 1대 대표가 위헌제청신청한 영화법 12조는 법원에서 잠들어 있었다. 신청 15개월 만인 1991년 5월 7일

● 영화법 [개정시행 1987. 11. 28]
제12조 (심의) ① 영화(그 예고편을 포함한다)는 그 상영 전에 공연법에 의하여 설치된 공연윤리위원회의 심의를 받아야 한다.
② 제1항의 규정에 의한 심의를 하지 아니한 영화는 이를 상영하지 못한다.

제32조 (벌칙) 다음 각호의 1에 해당하는 자는 2년 이하의 징역 또는 500만 원 이하의 벌금에 처한다. 1~4호 생략
5. 제12조 제1항 또는 제4항의 규정에 의한 심의를 받지 아니하고 영화를 상영한 자.

서울지법 박재윤 재판부가 기각하자, 1대 대표 홍기선 등이 직접 헌재로 간다. 그리고 장산곶매는 셋째 극영화 〈닫힌 교문을 열며〉를 필름에 담는다. 4월 24일부터 전국 24개 대학교 등에서 튼다. 어김없이 검찰은 8월 20일 장산곶매 3대 대표 강헌을 사전심의 위반 혐의로 기소한다. 그리고 1993년 10월 9일 서울형사지법 김건일 판사가 3대 대표 강헌의 신청을 받아들여, 영화법 12조를 위헌제청한다. 1기 재판소는 장산곶매 사건들을 3년 5개월 가지고 있다가 2기 재판소로 넘긴다.

사전심의는 음악에서도 마찬가지였다. 가수 정태춘·박은옥이 1993년 10월 20일 공연윤리위원회 사전심의를 거부한 음반 '92년 장마, 종로에서'를 낸다. 시인 곽재구, 영화배우 문성근·안성기, 가수 김수철·양희은, 코미디언 전유성이 지지성명을 보낸다.[3] 정태춘은 음비법 16조[●] 위반 혐의로 기소되자 위헌제청을 신청하고 서울형사지법 변진장 판사가 1994년 5월 10일 받아들인다. 그리고 1995년 9월 15일 서태지와 아이들 4집 '컴백홈'에 실린 〈시대유감〉의 노랫말 가운데 '정직한 사람들의 시대는 갔어'가 사전심의기구 공연윤리위원회로부터 수정지시를 받는다. 서태지는 항의하는 의미로 가사 전체를 들어내고 연주곡으로 바꿔 10월 6일 발매한다. 대중가수와 팬들까지 술렁이자, 국회는 12월 6일 음비법을 개정한다. 제작음반 사전심의는 폐지하고, 수입음반은 추천으로

● 음반 및 비디오물에 관한 법률[개정시행 1993. 3. 6]
제16조 (심의) ① 판매·배포·대여등의 목적으로 음반 또는 비디오물을 제작하거나 제13조 제1항의 규정에 의한 수입·반입 또는 복제허가를 받고자 하는 자는 당해 음반 또는 비디오물의 내용에 관하여 대통령이 정하는 바에 의하여 미리 공연법에 의한 공연윤리위원회(이하 "공연윤리위원회"라 한다)의 심의를 받아야 한다. ②항 생략

변형한다. 여기서 다시 10개월이 지나서야 2기 재판소가 사전심의 위헌 여부를 선고한다. 1996년 10월 4일 영화법 12조, 10월 31일 옛 음비법 16조다.

그사이 장산곶매 사람들은 이미 주류 영화계에 진출했다. 1대 대표 홍기선은 〈가슴에 돋는 칼로 슬픔을 자르고〉를 연출하고, 2대 이용배는 애니메이션 〈소나기〉의 감독으로, 3대 강헌은 문화잡지 《리뷰 REVIEW》 음악평론가로 활동하고 있었다. 그러면서 사건 접수 6년째가 되자 포기하는 심정이 된다. 이용배는 인터뷰에서 "당시 사실상 재판이 끝나고 처벌까지 마쳤는데도 헌재에선 소식이 없었다. 오히려 현장에서는 새로운 방법으로 사전검열이 자행되고 있었다. 사회의 억압이 여전히 견고하다고 생각했다. 낙관적으로 기대하기보다는 반드시 철폐해야 한다는 절박한 심정이었다"고 기억했다.

심리한 시간에 비해 핵심은 간단했다. 헌법 21조 1항●이 언론·출판의 자유를 보장하고, 21조 2항●이 이에 대한 검열을 금지한다. 우선 영화가 언론·출판인지를 가리고, 다음 사전심의가 검열에 해당하는지 판단하면 됐다. 영화 내용은 전혀 고려할 필요가 없었다. 2기 재판관 김용준은 인터뷰에서 "영화 내용이 중요하지도 않았고 실제로 보지도 않았다. (사전심의가) 헌법에서 금지한 사전검열에 해당하는지 아닌지만 판단하면 됐다"고 말했다.

우선 영화가 언론·출판이 아니라는 주장은, 1대 대표 홍기선 위헌제청신청을 기각한 1991

● 대한민국헌법 [개정시행 1988. 2. 25]
제21조 ① 모든 국민은 언론·출판의 자유와 집회·결사의 자유를 가진다.
② 언론·출판에 대한 허가나 검열과 집회·결사에 대한 허가는 인정되지 아니한다.
③④ 항 생략

년 서울지법 박재윤 재판부 결정문에 나온다. '영화는 언론 · 출판의 자유에 의하여 보호되는 대상이 아니다. 영화가 가지는 대중예술성과 표현의 직접성에 비추어 볼 때 공공질서의 유지 및 미풍양속의 보전을 위하여 사전검열은 필요하고도 가능하다.' 이에 대해 2기 재판소는 언론 · 출판이 맞다고 정의한다. '헌법 21조 1항의 언론 · 출판의 자유 가운데는 의사표현의 자유가 있다. 그리고 의사표현의 매개체에는 영화가 포함된다.'

사전심의는 검열이 아니라고 문화체육부가 주장한다. 문체부는 '영화 검열은 1984년에 없어졌다. 지금은 민간기구인 공륜의 사전심의다. 언론 · 출판 자유도 (공공복리 등을 위해 제한받기도 하는 만큼) 한계가 있다'고 주장한다. 그러나 헌재는 이번에도 인정하지 않는다. '헌법이 말하는 검열이란 명칭이나 형식에 상관없이 실질적으로 그런 작용을 하고 있으면 검열이다. 국가에 의해 검열절차가 계획되고 의도된 이상, 민간인으로 구성된 공륜이 나선다고 해도 (검열이 아닌 것은) 아니다. 공공복리를 위해 필요한 경우 기본권도 제한된다고 헌법 37조 2항[●]에 정해놓은 것은 맞다. 하지만 헌법 21조 2항의 뜻은 언론 · 출판에 대한 검열만은 (공공복리는 물론) 법률을 만들어서도 불가능하다는 것이다.' 결국 헌재는 전원일치로 '영화법 12조에 근거한 공륜의 사전심의는 헌법 21조 2항을 위배하는 검열제도이므로 헌법에 위반된다'고 밝힌다. 10월 31일 음비법 16조 등도 같은 이유로 전원일치로 위헌결

● 대한민국헌법 [개정시행 1988. 2. 25]
제37조 ② 국민의 모든 자유와 권리는 국가안전보장·질서유지 또는 공공복리를 위하여 필요한 경우에 한하여 법률로써 제한할 수 있으며, 제한하는 경우에도 자유와 권리의 본질적인 내용을 침해할 수 없다.

정된다.

 늦은 선고였지만 결론은 선명했다. 집필자인 재판관 김문희는 인터뷰에서 "사전심의에 위헌을 선고하고 나니 감독들이 더 놀랐던 것으로 기억한다"고 말했다. 〈파업전야〉 제작자 이용배는 인터뷰에서 "깜짝 놀란 것이 사실이다. 그 무렵 관계기관에서 사전검열을 다양한 방법으로 바꾸고 있었기 때문에 헌재 결정도 그 정도 수준일 것으로 생각했었는데 의외였다"고 말했다. 사건 대리인 김형태 변호사 역시 인터뷰에서 "사건이 처박혀 있다가 위헌이 나와서 깜짝 놀랐다. 당시 (문화정책을 비롯해) 사회 분위기가 엉터리였다. 위헌이 나오리라고 예상하지 못했다. 그래서 굉장히 좋아했다. 강헌 · 이용배와 얼싸안고 엄청나게 좋아했던 기억이 난다. 아주 인상 깊었고 (법률가로서 사회활동을 많이 한 입장에서 봐도) 획기적이었다"고 말했다.

 하지만 핵심격인 〈파업전야〉는 헌법소송하지 않았고, 당사자인 이용배는 영화법 12조 사전심의 위반을 받아들여 소송을 포기했던 것으로 취재에서 확인됐다. 1992년 여름, 〈닫힌 교문을 열며〉 전국 상영 중이던 때, 이용배 측은 위헌제청신청도 헌법소원도 하지 않고 막연히 항소심 재판에 있었다. 그러자 9월 9일 서울중앙지법 유헌 재판부에서 징역 6월 집유 1년을 선고한다. 4조* 무죄, 12조 유죄. 사전심의가 유죄다. 헌법재판은 않더라도 적어도 대법원 상고는 해야 했다. 하지만 다시 가만히 있는다. 오히려 검사가 무죄가 나온 4조 혐의로 대법원을 찾아 유죄를 받아낸다. 결국 한국 영화사에서 검열 싸움의 상징인 〈파업전야〉가 사실은 법정에서 사전심의를 제대로 문제 삼지 않

● 영화법 [개정시행 1987. 11. 28]
제4조 (영화업의 등록) ① 영화의 제
작을 업으로 하고자 하는 자 또는 외
국영화의 수입을 업으로 하고자 하는
자는 문화공보부에 등록하여야 한다.
등록사항을 변경하고자 하는 때에도
또한 같다. 다만, 대통령령이 정하는
경미한 사항의 변경은 신고로 등록에
갈음한다.

았고, 심지어 항소심에서는 대법원 가는 길마저 포기해 스스로 유죄를 확정했다. 아무튼 장산곶매는 극영화 3편과 기록영화 〈87에서 89로 전진하는 노동자〉를 남기고 해산한다.

하지만 이걸로 끝이 아니었다. 국가의 간섭의지는 강했다. 사전심의 위헌 6개월만인 1997년 4월 10일 상영등급제도를 개발한다. 핵심은 18세 관람가 · 15세 관람가 등급과 함께 있던 등급보류 등급이다. 과거 영화법 시절에는 사전심의를 거쳐 관람등급을 줬다. 새로운 영진법에서는 보류와 관람등급이 한 번에 결정된다. 달라진 게 없었다. 검열기구인 공륜(공연윤리위원회)이 공진협(한국공연예술진흥협의회 · 1997년 10월)과 영등위(영상물등급위원회 · 1999년 6월)로 개명한 것뿐이다.

새로운 등급보류는 사라진 사전심의와 똑같은 효과를 냈다. 1998~1999년 임상수 연출 〈처녀들의 저녁식사〉와 김유민 연출 〈노랑머리〉가 등급보류를 받는다. 두 영화는 삭제한 뒤 개봉한다. 장선우 연출 〈거짓말〉이 1999년 8월 9일 등급보류를 받는다. 다음 달 베니스국제영화제 경쟁부문에서 좋은 평가[4]를 받지만 10월 26일 다시 등급보류. 12월 29일 다시 손을 보고서야 18세 이상 관람가 등급이 된다. 그리고 이지상 연출 〈둘 하나 섹스〉가 9월 27일과 12월 2일 등급보류된다. 제작자 곽용수는 소송을 제기하고, 서울행정법원 조병현 재판부가 2000년 8월 25일 영화진흥법 21조 4항●이 검열에 해당한다며 위헌제청한다.

3기 재판소는 1년 만인 2001년 8월 30일 위헌을 선고한다. 등급보류가 검열이라고 선언한다. '사전등급 자체는 위헌이 아니지만 등급보류를 무한정 반복할 수 있어, 결과적으로 검열이고 위헌이다.' 그리고 언론·출판이 무엇인지 확실하게 정의하기 위해, 영화뿐 아니라 각종 예술분야를 열거한다. '영화뿐 아니라 담화·연설·토론·연극·방송·음악·가요·문서·소설·시가·도화·사진·조각·서화 등 모든 의사표현은 언론·출판의 자유를 누린다.' 합헌의견은 재판관 송인준과 주선회가 냈다.

● 영화진흥법 [제정시행 1999. 7. 1] 제21조 (상영등급분류) 전항 생략 ④ 영상물등급위원회가 제3항의 규정에 의하여 상영등급을 분류함에 있어서 당해영화가 다음 각호의 1에 해당된다고 인정되는 경우에는 내용검토 등을 위하여 대통령령이 정하는 바에 따라 3월 이내의 기간을 정하여 그 상영등급의 분류를 보류할 수 있다.

위헌의견을 낸 하경철 인터뷰. "청소년 보호 필요성에는 다들 공감했다. 뭔가 필요하지만 사전검열로 가면 큰일 난다. 과거 독재를 경험했기 때문에 그런 생각이 강했다. 토론을 많이 했다. 영화는 언론 이전에 예술에 속하지만 표현은 출판물이다. 언어로 의사 표시되기 때문에 발현과정에서 언론출판의 영역으로 들어온다. 예술영역에 속하지만 국민에게 의사전달의 매체로 표현돼 나올 때는 언론과 출판으로 보호받아야 한다. 예술영역이기 때문에 검열이 허용된다는 것은 곤란하다. 사전검열은 절대 안 된다. 그래서 예술에 속한 것이지만 표현으로 가능성이 있는 것은 모두 열거해 집어넣었다."

합헌의견을 낸 송인준 인터뷰. "지식정보사회에는 쓰레기 정보도 의미가 있기 때문에 무조건 묶어서는 안 된다. 그렇지만 자유사회에서 그런 부분을 법적으로 규제하는 게 위헌인가? 아니라고 생각한다.

청소년 문제 · 저질 사회화 · 국가안정 혼란에 대비해 법으로 규제할 수 있다. 이런 바탕에서 심의기구 성격 같은 구체적 문제를 검토했다. 언론 관련 법률은 모두 이렇게 접근했다. 질서는 이렇게 만드는 것이지, 전부 열고 무얼 해도 괜찮은 게 아니다. 기본 바탕은 보호받지만 문제점은 규제로 건강하게 만들어 고품격 사회 · 안전한 사회로 가야 한다. 내가 리버럴한 편인데 어쨌든 그 부분은 그렇다."

2기 재판소가 사전심의에, 3기 재판소가 등급보류에 위헌을 선고해 제도를 없앴다. 그러자 제한상영등급제도가 2002년 5월 1일 개발된다. 제한상영관에서만 상영 가능한 등급인데, 이 극장은 제한상영가 영화만 틀어야 하고, 건물 외부에 광고가 금지되고, 복합상영관에 설치해도 안 된다. 이렇게 기준이 엄격하다 보니 수익을 기대할 수 없고 따라서 만들려 하지 않았다. 있어도 금세 폐업했다.[5] 박진표 연출 〈죽어도 좋아〉가 제한상영가를 두 차례 받는다. 마침내 2002년 10월 30일 노출장면을 어둡게 조작해 18세 관람가 등급을 받는다. 이 영화 역시 수작으로 평가받아, 도쿄 필름엑스 국제영화제 경쟁부문 · 캐나다 밴쿠버 국제영화제 경쟁섹션 용호상 부문, 런던 영화제 진출했다. 세 편이 더 제한상영가 등급을 받는다.

그리고 쿠엔틴 타란티노 연출 〈킬빌Kill Bill : Vol. 1〉이 네 장면 12초를 잘라내고 18세 관람가 등급을 받는다. 2003년 11월 5일 제한상영가 등급을 받은 데 따른 후속조치다. 서태지가 가사검열을 거부한 것과 비슷한 파장을 불러일으켰다. 세계적으로 유명한 상업영화 감독이 만든 〈킬빌〉은 같은 해 미국 · 일본 · 호주 등 9개국에서 흥행기록 1위

에 올랐다.[6] 제한상영가가 일반인에게도 논란이 된다. 하지만 제한상
영가 결정을 거쳐 스스로 필름을 잘라내는 일은 계속된다. 그러다 멕
시코 카를로스 레이가다스 연출 〈천국의 전쟁Batalla en el cielo〉이 제한상
영가 등급을 받자 소송을 내고, 2006년 7월 5일 서울행정법원 신동승
재판부가 영진법 21조 3항 5호●를 위헌제청한다.

제한상영가에 대해 4기 재판소가 2008년 7월 31일 헌법불합치를
결정한다. '상영 및 광고 · 선전에 있어서 일정한 제한이 필요한 영화
라고만 했다. 결과적으로 영등위가 마음대로 권한을 행사할 수밖에
없다. 언론 · 출판의 자유를 침해하고 있다. 그래서 위헌이다.' 2009년
12월 31일까지 유효하고 그때까지 개정하지 않으면 조항은 사라진
다. 재판소는 제한상영가 기준이 모호해 언론 · 출판의 자유를 제약한
다고만 했다. 제한상영가가 사전검열에 속하는지까지는 나가지 않았
다. 신동승 재판부가 제청한 이유가 모호성이었고 헌재도 그것만으로
불합치를 결정했다. 그러자 국회는 2009년 5월 21일 헌재의 주문대
로 기준을 구체화했다며 개정법을 내놓는다. 영화 및 비디오물의 진
흥에 관한 법률 29조 2항 5호●를 개정한 것. 영등위는 기다렸다는 듯
다음 날 5월 22일 헌법불합치 이후 재신청된 〈천국의 전쟁〉에 제한상
영가 등급을 결정한다.

4기 재판소는 임기 중에 제한상영가를 다시
판단할 것이 확실하다. 만일 개정법이 모호성을
해소했다면, 제한상영관의 강력한 제한이 사실
상 검열 역할을 하는지 판단해줘야 한다.

● 영화진흥법 [개정시행 2002. 5. 1]
제21조 (상영등급분류) 전항 생략 ③
제1항의 규정에 의한 영화의 상영등
급은 다음 각호와 같다. 단서 생략
1~4호 생략. 5. "제한상영가" : 상영 및
광고·선전에 있어서 일정한 제한이
요한 영화.

● 영화 및 비디오물의 진흥에 관한
법률 [개정시행 2009. 5. 21]
제29조 (상영등급분류) ② 생략 5. 제
한상영가 : 선정성 · 폭력성 · 사회적
행위 등의 표현이 과도하여 인간의 보
편적 존엄, 사회적 가치, 선량한 풍속
또는 국민 정서를 현저하게 해할 우려
가 있어 상영 및 광고 · 선전에 일정한
제한이 필요한 영화.

음비법 사건 집필자인 고중석은 인터뷰에서 검열에 대해 말했다. "사전검열은 헌법에 명백히 위반된다. 정부에서 문구만 바꿔 비슷한 짓을 하니까 계속 (사건이) 왔을 거다. 우리는 영화 내용을 보지도 않았다. 따라서 보수고 진보고 있을 수 없다. 정부가 해오던 타성으로 계속하지 말고 다른 방법을 써야 한다. 일단 상영하게 하고 문제 있으면 상응하는 조치를 해도 된다. 언론 · 출판의 자유는 헌법 조항 가운데서도 강하게 보장하는 것이다. 절대로, 헌법이 금지한 검열 성격의 제한을 해서는 안 된다."

◈ 영화법 12조 사전심의 위헌제청·헌법소원 = 93헌가13 등 병합

◈ 영화진흥법 21조 4항 등급보류 위헌제청 = 2000헌가9

◈ 영화진흥법 21조 3항 5호 제한상영가 위헌제청 = 2007헌가4

◈ 음비법 16조 1항 사전심의 위헌제청 = 94헌가6

1 |《동아일보》1990년 4월 14일 18면.

2 |《한겨레신문》1990년 4월 5일 11면.

3 |《세계일보》1993년 10월 25일 10면. 국민일보 1993년 10월 22일 10면.

4 |《동아일보》1999년 9월 10일 14면.

5 | '동방신기가 음란하다?-유해와 불온의 기준은' <문화방송 뉴스후>, 2009년 3월 28일.

6 |《한겨레》2003년 11월 7일 28면.

18

동행

사랑하고 결혼하고 낳아 기르는 수많은 방법들

사랑해도 함께하지 못하는 연인들은 목숨을 끊었다. 이들을 가로막은 것은 대한민국 민법이었다. 성과 본이 같은 남녀는 결혼할 수 없다고 했다. 국가는 10년에 한 번씩 사실혼부부들을 구제했다. 그러면서도 제도를 없애지는 않았다. 국회는 표를 의식해 부당함을 알면서도 몸을 사렸다. 부부가 아닌 부부들은 재판소를 찾는다. 그리고 유림이 이 사건 주심 황도연을 압박한다.

동성동본 금혼 조항 , 성·본이 같으면 결혼을 금지했다. 1960년 1월 1일 민법●이 처음 생길 때부터 그랬다. 법률상 부부로 인정받지 못한 사실상 부부는 불이익을 당했다. 아이들은 사생아로 호적에 올랐고, 건강보험·세금공제도 못 받았다. 주민등록상 동거인일 뿐이라며 같이 살던 부인이 빈 몸으로 쫓겨났다. 상속이나 재산 문제도 복잡했다. 이를 피해 불법과 편

● 민법 [제정시행 1960. 1. 1]
제809조 (동성혼 등의 금지) ① 동성동본인 혈족 사이에서는 혼인하지 못한다.

제정 민법 = 1912년 조선총독부가 만든 조선민사령에 따라 일본민법전을 그대로 썼다. 1959년까지 계속됐다. 1960년 우리 민법이 생겼다. 옛 일본 민법은 빌려썼다는 뜻에서 의용민법(依用民法)이라고도 부른다.

법으로 결혼하기도 했다. 여자를 다른 집에 입양시켜 본을 바꾸거나, 새로운 본관을 창설했고, 해외에서 혼인한 증명서를 동사무소에 제출했으며, 호적 브로커에게 돈을 주고 본을 바꿨다.[1] 이런 어려움 때문에 부모들이 사실혼조차 반대하자, 상심한 끝에 스스로 목숨을 끊기도 했다. 특히 대규모 본관이 많아 더 심각했다. 1985년 전체 인구의 9.1퍼센트가 김해 김씨, 6.7퍼센트 밀양 박씨, 5.9퍼센트가 전주 이씨였다.[2] 전국적으로 50쌍 가운데 1쌍이 동성동본 부부라고도 했다.[3]

그러자 국회는 혼인에 관한 특례법●을 만들어 1978년 1년간 1988년에도 1년간, 사실혼부부의 혼인신고를 받아 법률혼 부부로 만들어줬다. 1990년대 들어 여성계와 동성동본 부부들은 본격적으로 국회에 폐지를 청원했지만, 정치권은 유림 등의 눈치를 보며 결단하지 못한다. 결국 1995년 5월 19일 서울가정법원 안문태 재판부가 동성동본 사실혼부부 8쌍의 신청을 받아 위헌제청한다. 그러자 국회는 다시 1996년 1년짜리 특례법을 만든다.

헌재에서는 동성동본 금혼을 심판하고 있었지만, 시중에선 동성동본 결혼이 크게 늘었다. 역설적인 상황이었다. 한시법에 쫓기듯 서둘러 결혼하는 어린 연인도, 특례법 시한을 방패 삼아 부모를 설득하는 사람도 있었다.[4] 금혼 조항 두 번째 공개변론이 1996년 6월 13일 열린다. 서울대학교 생명과학부 교수 이정주가 참고인으로 나와 촌수에 따른 유전병 대물림 확률을 제시했다. 형제자매 간 자녀 25퍼센트, 8촌 간 0.8퍼센트, 14촌 0.00625

● 혼인에 관한 특례법 [제정시행 1977. 12. 31]
제1조 (목적) 이 법은 제809조의 규정에 위반하여 혼인 또는 사실상의 혼인관계에 있는 자의 혼인에 관한 특례를 규정함을 목적으로 한다.

퍼센트로 준다고 했다. 특히 16촌은 0.00153퍼센트인데 평균 유전병 발생빈도 0.00200~0.00333퍼센트보다 낮은 수치라고 했다. 헌재는 2차 변론을 마치고 반년이 흘러 특례법이 끝나가는 연말에도 고민만 계속했다. 특례법 시한이 다가오자 위헌소송을 제기한 사실혼부부들은 흔들렸다. 소송 당사자 자격을 유지하려면 혼인신고를 말아야 하는데 헌재에서 합헌을 결정하면, 자신들은 10년에 한 번 있는 결혼 기회만 놓치는 셈이기 때문이다. 결국 그해 11월 모두 혼인신고를 마쳤다.[5] 12월 31일까지 헌재가 결정을 내리지 못했다.

"황도연 재판관은 방촌 황희 선생 직계 후손이시지 않습니까. 그렇게 훌륭한 집안에서 나신 재판관께서 동성동본 금혼 조항을 위헌이라고 하실 리야 만무합니다만, 이 혼인윤리라는 것은……." 성균관 유도회 간부가 훈계에 가까운 설명으로 황도연을 설득하고 있었다. 소탈하고 겸손한 황도연도 노골적 압박에는 얼굴이 굳어졌다. 이야기가 빨리 끝나기만을 바랐다. 동성동본 위헌심판은 모두 8건으로 사실 소장 김용준을 제외한 모든 재판관이 주심●이었다. "밖에는 나 혼자만이 주심인 것으로 알려졌다. 유림대표들이 내 방으로 찾아와 황희 정승이 선조인 것까지 거론하며 설득 반 협박 반의 엄포를 놓았다. 장수 황씨 문중에서도 듣기 거북한 폭언이 난무하는 등 매우 시끄러웠다"고 황도연은 인터뷰에서 기억했다.

● 재판장·주심 = 재판장은 평의를 주재하며 헌재소장이 맡는다. 주심은 재판관들이 사건별로 돌아가며 맡는다. 연구관에게 지시해 만든 보고서를 재판관들에게 돌리고 설명한다. 이와 관련, 헌재는 2008년 9월부터 결정문에서 주심 표시를 뺐다. 재판관 전원이 동등하게 평의하고 결론내는 데도 주심이 주도적이라는 오해가 있었기 때문이다. 한편 주심은 결정문을 집필한다. 그렇지만 주심이 소수의견이면 다수의견 재판관이 쓴다. 12·12 불기소 사건 주심은 황도연이지만 소수의견만 집필했다.

모든 재판관이 사건을 갖고 있었지만, 누구도 집필을 맡으려 하지 않았다. 사건번호가 95헌가6에서 '13번까지였는데, 마침 황도연이 가장 빠른 6번을 배당받았다. 이를 핑계로 소장이자 재판장인 김용준이 황도연을 설득한다. "뭐 끝까지 쓰지 않겠다고 하시면 도리 없지만, 다들 안 쓰려 하는데 십자가를 좀 매주시면 어때요." 황도연이 안경 너머로 김용준을 바라보며 고개를 끄덕였다. 단단하고 의지 강한 황도연이라면 이 사건이 선고될 수 있었다. 이제야 김용준의 표정이 한시름 놓았다는 듯 밝아졌다. "남들한테 욕먹는 거 두려워하면 재판관 못한다. 아예 딱 떼놓고 시작해야지. 공인이 그럴 수 없잖아." 황도연 인터뷰다.

헌재는 1997년 7월 16일 동성동본 금혼 조항에 위헌 여부를 선고키로 한다. 8월 25일 퇴임을 앞두고 있던 황도연의 의지가 작용했다. 각하결정으로 문제를 회피하지도 않기로 했다. 선고 당일, 수염을 가지런히 내리고 도포를 갖춰 입은 유림들이 헌법재판소 앞을 가득 매웠고, 한국가정법률상담소를 비롯한 여성단체 직원들도 긴장된 얼굴로 대심판정에 들어섰다. 소장 김용준은 마이크를 켰다. "민법 809조 1항은 헌법에 합치되지 아니한다." 결국 유림의 집요한 공세를 뿌리치고 위헌을 결정한다. 1998년 12월 31일까지 조항의 적용을 중지토록 하고, 그때도 개정하지 않으면 1999년 1월 1일로 효력은 사라진다고 했다. 헌법불합치 결정이다. 위헌은 김용준 · 김문희 · 황도연 · 신창언 · 이영모, 불합치는 정경식 · 고중석, 합헌은 이재화 · 조승형이다. 조승형과 함께 합헌의견을 내고 집필한 이재화는 유림집안 출신

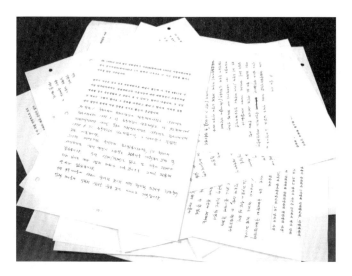

재판관 황도연이 글쓴이에게 건넨 답변서. 섬세한 글씨체로 하나의 오자도 없는 게 인상적이다. 취재과정에서 기자는 모든 취재원에게 질문지를 보냈다. 일부는 구체적인 사실을 확인해 써넣은 서면 답변지를 주며 추가 인터뷰에 응했고, 다른 경우는 시간을 갖고 자료를 검토한 뒤 장시간 인터뷰를 해줬다. 답변서를 적은 경우는 의미가 오해되지 않기를 바라 가능한 구체적으로 증언했으며, 장시간 인터뷰를 한 경우는 여러 배경을 설명하는 대신 오프 더 레코드를 많이 걸었다. ⓒ 이범준

에 부친이 성균관 부관장이었다. 하지만 본인의 소신이 확실하게 합헌 쪽은 아니라고 주변에 말한 것으로 알려져 있다.

위헌의견 집필자인 재판관 황도연은 인터뷰에서 "집안에서 '자네는 (위헌의견에서) 빠지라'고 말했고 종중에서는 파종하겠다고 했다. 심리적으로 타격을 많이 받았지만 동성동본 금혼 조항은 위헌이라고 확신했다. 국회에서 여러 번 특례법을 만든 것도 구제해야 할 필요가 간절해서였다. 그러면서도 국회는 폐지하지 못했고 이후로도 못할

것이라고 생각했다. 유림과 여성이 맞선 상황에서 표에 민감한 정치인은 (애매한 타협은 몰라도 폐지는) 어려웠기 때문이다. 그래서 헌재가 아니면 안 됐고, 반드시 위헌을 선언하겠다고 다짐했다"고 말했다.

헌법불합치 의견이었던 고중석은 인터뷰에서 "동성동본 혼인금지는 수백 수천 촌까지도 막는 셈이어서 말이 안 됐다. 그렇다고 해도 너무 가까운 근촌까지 혼인을 허용하는 것도 문제였다. 물론 근친혼을 제한하는 조항●이 있었지만, 적당한 범위에서 제한하자는 취지였다. 입법부가 시간을 갖고 관습·의식을 조사해 적절한 범위로 제한하자는 생각에서 헌법불합치를 결정했다. 위헌 쪽에 섰다면 더 박수를 받았을지 모르지만, 아무나와 결혼하는 사태가 돼서는 안 됐다"고 말했다.

합헌의견은 독특한 논리전개가 인상적이다. 우선 보기 힘든 결혼관을 밝힌다. '성씨 분포 등에 비춰볼 때 혼인 상대방 선택을 본질적으로 침해하지 않는다'고 한다. 이는 '신세대들은 본관을 미리 묻지도 않으며 동본이라고 결혼을 포기하는 경우도 적다'고 한 위헌의견과 정반대다. 위헌 재판관의 결혼관이 '이 사람과 결혼을 못할 이유가 없다'라면, 합헌 재판관은 '이 사람 아니라도 결혼은 할 수 있다'는 얘기다. 다음으로 국회의 법률 폐지를 위헌에 필요한 근거로 요구한다. '개폐 문제가 건국 이후 몇 차례 논의된 바 있지만 그 폐지의견이 국회를 통과하지 못한 점에 비추어 보더라도 합헌이 분명하다.' 법이 없어져야 심사하겠다는 셈이다.

● 민법 [제정시행 1960. 1. 1]
제809조 (동성혼 등의 금지) ① 항 생략 ② 남계혈족의 배우자, 부의 혈족 및 기타 8촌 이내의 인척이거나 이러한 인척이었던 자 사이에서는 혼인하지 못한다.

마지막으로, 법률가임에도 헌법● · 논리보다는 사회 · 경제요소를 강조한다. '친족체계가 사회적 · 경제적 그 밖의 요인의 변화에 의하여 남녀평등적 또는 여계혈족 중심으로 점차 변하여 갈 수는 있겠지만 오랜 역사에 걸쳐 형성되어 온 현재의 가족관계를 단순한 논리만으로 평가하여 하루아침에 변혁시킬 수는 없다고 할 것이다.' 신념에 바탕하지 않은 이론은 공허하다.

대법원은 헌재 선고 직후인 7월 31일 '동성동본 혈족 혼인신고 예규'를 만들어 곧바로 구제에 나선다. 하지만 정치권은 이후 18개월 동안 헌법불합치 조항을 방치, 헌재가 정한 1998년 12월 31일을 넘겨서 효력을 상실시킨다. 국회가 먼저 손대지는 않으리라는 황도연의 예상이 맞았다. 결국 2005년 3월 31일에 가서야 이 조항이 개정●된다. 헌재가 위헌결정으로 폐지한 것과 내용이나 형식에서 사실상 차이가 없다. 국회의원의 의결로 헌재의 폐지를 확인한 수준이다.

한편, 합헌의견에 가담한 조승형은 남다른 고민이 있었다. 국회의원으로 활동하던 1989년 12월 18일 국회의사당 법제사법위원회 회의실. "법안심사 제2소위원회 위원장 조승형 위원입니다. 민법 개정 법률안 중 금혼 조항은 현행대로 유지하기로 의견일치를 봤습니다."6 평민당 의원 조승형이 개정 민법안을 설명했다. 민정당 의원 강재섭

● 대한민국헌법 [개정시행 1988. 2. 25]
제36조 ① 혼인과 가족생활은 개인의 존엄과 양성의 평등을 기 로 성립되고 유지되어야 하며, 국가는 이를 보장한다.

● 민법 [개정시행 2005. 3. 31]
제809조 (근친혼 등의 금지) ① 8촌 이내의 혈족(친양자의 입양 전의 혈족을 포함한다) 사이에서는 혼인하지 못한다.
② 6촌 이내의 혈족의 배우자, 배우자의 6촌 이내의 혈족, 배우자의 4촌 이내의 혈족의 배우자인 인척이거나 이러한 인척이었던 자 사이에서는 혼인하지 못한다.
③ 6촌 이내의 양부모계의 혈족이었던 자와 4촌 이내의 양부모계의 인척이었던 자 사이에서는 혼인하지 못한다.

과 함께 협상 대표였다. 협상에서 유림과 여성의 대결이 첨예했다. 조
승형은 중재했다. "여성은 실리를 가져가시고, 유림은 명분을 드리겠
습니다. 유림은 동성동본 금혼 유지 그리고 호주제도 유지, 여성은 딸
아들 상속분 동등하게 그리고 배우자 상속분 1.5배 명시, 이렇게 하시
죠."

재판관 조승형 인터뷰다. "금혼 조항은 헌법 위반이란 소신을 갖고
있었다. 다른 재판관들도 내가 위헌의견인 것으로 알았다. 하지만 소
신을 따르자니 일관성이 없는 행동이라는 비판이 무서웠고, 행동의
일관성을 취하자니 소신이 없다는 비판이 무서웠다. 그게 갈등이었
다. 그리고 내가 위헌을 끝까지 고집을 한다면, 유림에서 어떤 반응이
나올 것인지에 대한 두려움도 있었다. 비밀 협상이었지만 양측 대표
는 다 알았다. 그래서 평의에서 '사랑을 따르자니 스승이 울고, 스승
을 따르자니 사랑이 운다'고 조크도 한 것이다."

조승형에게 1997년 5월 23일부터 6월 10일
까지 미국·캐나다 출장이 잡힌다. 미국에선 윌
리엄 렌퀴스트$^{William Hubbs Rehnquist}$가 대법원장으
로 있는 연방대법원을 방문한다. 당시까지 미국
역사상 2명뿐이자 모두 현직이던 여성 대법관
샌드라 오코너●와 루스 긴즈버그●를 만나기로
계획한다. 두 대법관, 특히 긴즈버그 대담에서
동성동본 금혼 조항에 대한 실마리를 찾을 수도
있으리라 생각했다. 여러 문제에 의견을 교환하

● 샌드라 데이 오코 (Sandra Day
O'Connor, 1930~) 미국의 첫 번째
여성 연방대법관. 1981년 공화당 대
통령 로널드 레이건이 임명. 스탠포드
로스쿨을 3등으로 졸업하지만 여성
인 탓에 로펌 취직에 실패. (당시 1등
은 대법원장 랜퀴스트이며 둘은 연인
이었다.)[7] 무급 부검사로 시작하지만,
아리조나 상원의원·아리조나 항소법
원 판사에서 곧장 연방 대법관이 됐
다. 2006년 알츠하이머에 걸린 남편
간호를 위해 퇴임한다. 스탠포드 동창
인 그는 기억을 완전히 잃고 요양원에
서 새로운 사랑에 빠져 있었다.[8] 대체
로 보수적이라고 평가한다.[9]

헌법재판소, 한국현대사를 말하다 1

다, 슬쩍 금혼 조항을 설명하면서 생각을 물었다. 긴즈버그가 관심을 보였다. "재판관께서 말씀하신 제도가 한국의 관습입니까. 자세히는 알 수 없지만 나라마다 관습은 중요한 만큼 합헌으로 해석할 수 있습니다. 동성동본 금혼도 관습으로 지켜져 왔다면 존중해야 할 것입니다"라고 말했다. 오코너 역시 같은 의견이었지만 조승형은 긴즈버그의 답변에 강한 인상을 받는다. 조승형은 인터뷰에서 "헌법 해석을 들으려 한 것은 아니다. 다만 미국 최고 여성 지성인들은 어떻게 생각하는지 알고 싶었다. 소신대로 해야 한다는 마음을 굳히고 싶었는지도 모른다. 하지만 두 대법관 모두 인정할 만한 것이란 의견을 내는 바람에, 나는 행동의 일관성을 지키기로 마음을 정하게 됐다"고 말했다.

동성동본 금혼 조항 위헌결정 이후 여성계는 3기 재판소에 민법 조항을 쉼 없이 문제제기한다. 3기 헌재는 2005년 2월 3일 호주제를 구성하는 민법 778조 · 781조 1항 후단 · 826조 3항●에 헌법불합치를 선고한다. 시한은 제시하지 않았다. 하지만 정치권은 동성동본 금혼 조항을 폐지하는 김에 민법을 두루두루 손보는 중이었다. 불합치 결정 다음 달인 3월 31일 호주제 조항을 삭제 · 개정한다. 금혼 조항 폐지를 확인하면서다.

● 루스 베이더 긴즈버그(Ruth Bader Ginsburg, 1933~) 미국의 두 번째 여성 연방대법관. 1993년 민주당 대통령 빌 클린턴이 임명. 하버드 로스쿨에 입학, 졸업은 코넬에서 했다. 두 곳에서 모두 편집장을 지낸 실력파. 하버드가 펠릭스 프랑크퍼터 연방대법관 연구관으로 강하게 추천하지만 여성인 탓에 거절된다.[10] 컬럼비아 등에서 강의하면서 성차별 문제에 깊은 관심을 보인다. 1980년 민주당 대통령 지미 카터에 의해 전통의 워싱턴 D. C. 연방항소법원 판사에 임명된다. 2009년 췌장암 수술을 받는다. 진보적이라고 평가된다.[11]

● 민법 [개정시행 2002. 1. 14]
제778조 (호주의 정의) 일가의 계통을 계승한 자, 분가한 자 또는 기타 사유로 인하여 일가를 창립하거나 부흥한 자는 호주가 된다.
제781조 (자의 입적, 성과 본) ① 자는 부의 성과 본을 따르고 부가에 입적한다. 다만 부가 외국인인 때에는 모의 성과 본을 따를 수 있고 모가에 입적한다.

제826조 (부부간의 의무) ③ 처는 부의 가에 입적한다. 그러나 처가 친가의 호주 또는 호주승계인인 때에는 부가 처의 가에 입적할 수 있다.

● 민법 [개정시행 2008. 1. 1]
제778조 삭제
제781조 (자의 성과 본) ① 자는 부의 성과 본을 따른다. 다만 부모가 혼인신고 시 모의 성과 본을 따르기로 협의한 경우에는 모의 성과 본을 따른다.
②~⑤ 생략
⑥ 자의 복리를 위하여 자의 성과 본을 변경할 필요가 있을 때에는 부, 모 또는 자의 청구에 의하여 법원의 허가를 받아 이를 변경할 수 있다. 다만 자가 미성년자이고 법정대리인이 청구할 수 없는 경우에는 제777조의 규정에 따른 친족 또는 검사가 청구할 수 있다.
제826조 (부부간의 의무) ③삭제

3기 재판소는 같은 해 12월 22일 아이들은 아버지 성을 따르고 유지하라는 민법 781조 본문●에 헌법불합치를 결정한다. 이 조항은 재혼 여성의 자녀가 새 아버지와 살게 되더라도 옛 아버지의 성을 지키도록 해 문제가 됐다. 하지만 헌재 결정 이전에 국회가 금혼 조항과 호주제를 손보면서 민법 781조 6항●을 추가해 이미 해결된 상태였다. 따라서 이날 헌재 결정이 효력은 없었다. 하지만 이는 3기 재판소가 국회보다 손이 늦다는 식으로 탓할 문제는 아니다. 오히려 2기 재판소가 과감하게 결정한 덕에 국회가 눈치 보지 않고 개정한 측면이 있다. 물론 2004년 4월 15일 제17대 총선에서 이른바 진보로 분류되는 열린우리당이 과반수 의석을 차지한 의회 상황도 무시할 수 없다.

호주제 합헌·아버지 성 따르기 합헌인 권성의 인터뷰. 핵심은 문화와 헌법의 관계에 대한 설명이며, 문화로 굳어진 생활체계를 법률로 뒤집지 못한다는 것이다. "문화와 헌법의 관계, 참 어려운 테마다. 헌법 이전에 하나의 문화다. 일부일처 부성주의 이런 것은 모두 문화다. (오랜 시간을 거쳐) 확립된 문화, 다수가 받아들인 문화를 강제적인 법률을 가지고 일거에 뒤엎으려고 하는 것은 안 된다. (부계혈통주의 문화가 엄연히 실재하는데 이를 부인하는 것은) 불가능한 일이다. 그걸 위헌으로 결정했다고 부계혈통주의가 없어지나. 어림도 없는 일이다. 법이 만능이라는 생각은 잘못이다. 게다가 그걸 뒤엎을 만한 합리적 필요성이 어디에 있는지 모르겠다. 결혼의 인류학적 의미, 결혼제도 발전과정을 생각해보자. 인류학자 스테파니 쿤츠Stephanie Coontz의 『진화하는 결혼MARRIAGE : A History』은 결혼의 문화적 속성을 속속들이 밝혀놓은 책이다.(시간 내서 읽어보면 좋겠다)."

호주제 위헌 · 부성주의 합헌인 주선회의 인터뷰. "호주제 같은 제도가 있는 나라가 없다. 일본에도 있다가 없어졌다. 호주라는 게 이상하다. 성하고는 다르다. 어른으로 모시는 거다. 종속이다. 아흔 살 할머니가 있어도 다섯 살배기 손자가 이어받는다. 그건 현대 사회와 전혀 맞지 않는 것이다. 세상이 많이 변했다. 헌법은 시대의 가치관을 반영하는 산물인데, 우리 헌법이 그런 제도를 지향하지는 않을 것이다. 그래서 호주제는 폐지해야 했다. 변화한 세상에 걸맞게 (헌법 가치를 구현) 해야 하지 않느냐. 그리고 부성주의도 자료를 많이 봤다. 북유럽에서는 모성을 이어받는다. 바이킹들이 전쟁이나 바다에 나가 많이 숨지니 모계사회가 된 것 같다. 남녀 성을 같이 쓰는 것은 부적절하다고 본다. 그렇다면 한쪽을 선택해야 하는데 우리가 오랫동안 해왔으면 부성주의가 맞다. 만약 제주도에서 오랫동안 모계 성을 받아왔으면 그건 인정해줘야 한다는 식이다. 논리 문제라기보다는 선택문제다. 따라서 헌법 위반은 아니었다. 헌법정책의 문제라 합헌으로 봤다. 다만 사회가 복잡다기해지고 이혼도 많고 재혼도 하고 이런 상황에서, 너무 예외를 인정하지 않는 것은 곤란하지 않느냐 해서 그 부분에 불합치를 한 것이다."

　호주제 위헌·부성주의 위헌인 송인준 인터뷰. 재판관 전효숙을 제외하고는 유일하게 부성주의에 위헌의견을 냈다. "내가 페미니스트라서가 아니라 세상이 바뀌었다. 여자는 가정의 주체가 되면 안 되는 호주제, 자녀는 남자인 아버지 성을 따라야 하는 부성주의, 이런 콘셉트는 달라진 세상에 잘 안 맞는다. 개념이 너무 좁아서 다양한 가정을 끌어안을 수가 없다. 외국인과 함께하는 가정이나 아이들을 여럿 입양한 가족이 우리나라에도 많다. 혼자 사는 사람이나 동성끼리 사는 커플 이런 특별한 형태가 늘어나고 있다. 지금의 호주제·부성주의로는 해결을 할 수 없다. 품이 작아서 안 된다. 기본 아이디어는 거기에 있다. 여자라고 사회에서 차별을 받아야 한다는 것은 어떠한 논리로도 성립이 안 된다. 남녀는 평등하다. 헌법이 밝힌 기본이다. 개인적으로 사돈댁이 유림에서 중요한 일을 맡은 분이다. 비판도 하시고 사회를 콩가루 만드는 것 아니냐는 말도 있으셨다. 하지만 세계화 사회에서는 개인의 개성이 중시되고, 모래알처럼 흩어지면서도 경쟁과 협력으로 서로 존중해가면서 사회가 움직인다. 무슨 남자가 여자를 거느려서 식구를 어쩌고 하는 그런 것은 말이 안 된다."

◆ 동성동본 결혼금지 위헌제청 = 95헌가6 등 병합

◆ 호주제도 위헌제청 = 2001헌가9 등 병합

◆ 아버지성 따르기 위헌제청 = 2003헌가5 등 병합

1 |《조선일보》1997년 7월 17일 20면.

2 | 1985~1985 성씨·본관별 가구 및 인구, 국가통계포털 <www.kosis.kr>.

3 |《조선일보》1997년 7월 17일 20면.

4 |《동아일보》1996년 12월 22일 25면.

5 |「금지된 사랑-헌재는 '현실'을 택했다」《뉴스플러스》1997년 7월 31일, 34쪽.

6 | 국회사무처,《제147회 국회 법제사법위원회 회의록 제16호》1989년 12월 18일, 49쪽.

7 | Supreme Court Justice Sandra Day O'Connor spoke with FOX News' James Rosen on May 22, 2003. <www.foxnews.com/story/0,2933, 161325,00.html>.

8 | New York Times, November 18, 2007. <www.nytimes.com/2007/11/18/ weekinreview/18zernike.html?ex=1196053200&en=068c63f02cc8cb90&ei=5070&emc=e ta1>.

9 | oyez.org project <www.oyez.org/justices/sandra_day_oconnor>.

10 | New York Times, August 30, 2006. <www.nytimes.com/2006/08/30/ washington/30scotus.html>.

11 | oyez.org project <www.oyez.org/justices/sandra_day_ oconnor>.

19

의회

망설임과 뒤집기, 주권자의 대표를 심판하다

2기 재판소는 1기에서 떠넘긴 날치기 권한쟁의를 각하한다. 날치기는 헌재 심리 대
상이 아니라고 했다. 이에 힘입은 민자당 후신 신한국당이 노동법을 날치기한다. 국
민은 들불처럼 도심으로 나가 항의했다. 결국 대통령 김영삼은 항복한다. 헌재는 또
다시 날치기 사건을 갖게 됐다. 국회 날치기는 헌재에서 다룰 일이 아니라는 결정문
잉크가 채 마르기도 전이었다.

1기 재판소가 1990년 8월 10일에 접수해 1994년 9월 15일 퇴임 때
까지 쥐고만 있었던 사건. 국회 날치기 권한쟁의가 1995년 2월 23일
2기 재판소에서 재판관 전원일치로 각하된다. 권한쟁의대상이 안 된
다는 이유는 이렇다. '헌법재판소가 관장하는 권한쟁의심판은 헌법
제111조 1항 4호●와 헌재법 62조 1항 1호●에 정해져 있다. 국가기관
급에서라면 국회·정부·법원·중앙선거관리위원회 사이 문제이며,
국회라면 오로지 정부·법원·중선관위와만 권한의 있고 없음 또는
한계를 다툰다. 국회의 일부인 의원이나 교섭단체가 다른 일부인 국

헌법재판소, 한국현대사를 말하다 1

회의장을 상대로 권한쟁의심판을 청구할 수 없다. 따라서 교섭단체 민주당과 국회의원 79명이 국회의장을 상대로 낸 이 사건은 심판대상이 아니어서 각하다.' 이렇게 간단히 끝낼 결정을 5년 동안 끌고, 국회 현장검증까지 했던 셈이다.

민자당은 1995년 12월 6일 신한국당으로 개명한다. 1996년 4월 11일 제15대 국회의원 총선거에서 139석을 얻어 제1당을 차지하고, 정계개편을 통해 157석으로 늘린다. 그리고 과반의석을 바탕으로 1996년 12월 26일 노동 관련 4개 법안과 국가안전기획부 법안을 날치기 통과시킨다. 노동자의 권리를 제한하는 법'이라며 반대가 심했던 법이다. 이 무렵 경제는 안에서부터 썩어 11달 뒤인 1997년 11월 21일 국제통화기금ᴵᴹᶠ에 구제금융을 신청한다. 하지만 김영삼 정부는 2주 전 1996년 12월 12일 경제협력개발기구ᴼᴱᶜᴰ에 가입한 흥분만 남아 있었을 것이다. 결국 정부는 선진국형 노사관계를 주장했지만, 노동자들은 기본적인 생존권이 위협받고 있음을 잘 알았다.

날치기 다음 날 12월 27일 전국민주노동조합총연맹과 한국노총이 총파업에 돌입한다. 같은 날 천주교 정의구현전국사제단은 사제 · 신도 500여 명이 참석한 시국미사를 서울 명동성당에서 연다. 12월30일 전국 대학교수 120여 명이 종로성당에서 '노동법 · 안기부법 개악 무효선언 교수대회'를 개최한다. 같은 날 한국기독교교회협의회 목회

● 대한민국헌법 [개정시행 1988. 2. 25]
제111조 ① 헌법재판소는 다음 사항을 관장한다.
4. 국가기관 상호 간, 국가기관과 지방자치단체 간 및 지방자치단체 상호 간의 권한쟁의에 관한 심판.

● 헌법재판소법 [개정시행 1994. 12. 22]
제62조 (권한쟁의 심판의 종류) ① 권한쟁의심판의 종류는 다음과 같다.
1. 국가기관 상호 간의 권한쟁의심판, 국회, 정부, 법원 및 중앙선거관리위원회 상호 간의 권한쟁의심판.

자 100여 명은 기독교회관 강당에서 비상시국토론회를 한다. 그렇지만 1997년 1월 7일 대통령 김영삼은 연두기자회견에서 "노동법을 선진국형으로 바꾼 것이며, 소수가 다수를 이기는 국회는 없다"고 말한다.

1월 10일 유럽연합 한국대사관에 국제자유노동조합총연맹[ICFTU] 사무총장 빌 조던[Bill Jordan] 등 국제노동기구 대표 100여 명이 방문, 개정 노동법 철회를 요구한다. 1월 12일 시민과 학생 2만여 명이 서울 도심에서 격렬한 시위를 벌이고 경찰이 최루탄을 발사한다. 1월 13일 불교계 13개 단체가 '반민주악법 저지를 위한 불교비상시국회의'를 구성하고 서울 조계사에서 시국법회를 연다. 그러나 1월 14일 대통령 김영삼은 신한국당과의 만찬자리에서 "새 노동법은 근로자들에게 일방적으로 불리한 제도가 결코 아니다"라며, 재개정을 다시 거부한다.

1월 16일 전국 25개 신문·방송·통신사가 연대 제작 거부에 나섰다. 같은 날 서울대 교수 131명이 '민주화에 역행하는 안기부법과 노동관계법에 대한 우리의 견해'라는 시국성명서를 발표한다. 결국 [YS]가 물러선다. 1월 21일 대통령 김영삼은 국민회의 김대중과 자민련 김종필을 만나, 국회 재논의를 수용한다. 3월 13일 여야 합의로 노동법이 재개정된다. 한편 이 사건을 계기로 PC통신에 검은리본(▶◀)이 처음으로 등장한다. '민주주의의 죽음을 진심으로 애도한다'는 뜻이라고 했다. 1996년 12월 29일 통신동호회 협의체 '통신연대'의 제안으로 천리안·하이텔·유니텔·나우누리에 퍼진다.[2]

그리고 1997년 7월 16일 2기 재판소는 노동관련법 날치기 권한쟁의 결론을 선고한다. 권한쟁의심판대상에 날치기는 포함될 수 없다고 결정한 지 불과 2년 5개월 뒤다. 재판관도 1명만 바뀌고 나머지는 그대로이다. 당연히 각하가 나와야 한다. 하지만 헌재는 결정을 뒤집는다. '헌법 제111조 1항 4호에서 '국가기관 상호 간'이라고 한 것을, 국회가 만든 헌재법 62조 1항 1호에서 제한하면 안 된다. 헌법재판소가 해석을 통해 확정해야 한다. 그래서 해석해 보니 헌재법이 가능한 전체를 열거한 게 아니라, 권한쟁의의 일부 예로 든 것이다. 국회의원과 국회의장의 권한쟁의 심판 청구는 가능하다.' 재판소 사상 가장 낯뜨거운 장면이다. 헌재도 다른 이유를 대지 못하고 당시 결정을 변경한다고 밝히고 있다. 여러 2기 재판관들에게 변경 이유를 물었으나 명확하게 설명한 경우는 없었다.

  헌재가 이렇게 극단적으로 변신한 이유를 추측하면 이렇다. 먼저, 신생조직인 헌법재판소는 가능하면 영역을 확장하려고 다양한 이유로 사건을 확보하고 선고했다. 그렇지만 1차 날치기 사건에서만은 특이하게도 '우리 것이 아니다'라며 멀찍이 밀어낸다. 왜냐하면 헌재 사건으로 인정돼도 별 이익이 없다. 기본적으로 날치기 권한쟁의가 드물어 영역 확대에 도움이 안 되고, 국회 문제이기 때문에 본안에 들어가 어떤 결정을 내려도 여야 한쪽은 강하게 반발할 게 분명하기 때문이다. 이 경우 뿌리가 얕은 헌재로서는 조직이 흔들릴 우려가 있었다. 그래서 1기 재판소는 시간 끌기로 버틴 것이고, 2기 재판소는 본안에 가지 않고 각하해 회피한 것이다. 설령 세월이 흘러 헌재가 단단해지고 정치환경이 달라져 결정례를 바꿔 사건을 가져와야 한다고 해도,

그런 일이 2기 재판소 임기에 있을 리는 없다고 여긴 듯하다. 그렇지만 한치 앞을 모르는 게 정치다. 게다가 노동법 날치기에 대한 엄청난 국민 여론은 결정 틀 바꾸도록 강하게 작용한다. 헌재로서는 강력한 여론에 기대 날치기에 위헌을 선고할 절호의 기회였고, 동시에 시간을 끌거나 다시 각하결정을 했을 때 나올 반발 여론이 부담이기도 했을 것이다. 수치를 무릅쓰고 결정을 변경해 국민의 지지도 확보하고, 영역도 넓힌 셈이다.

한편 2차 날치기 사건에서 헌재법 23조 2항 2호에 따른 결정 변경 정족수인 6명이 가담하지만, 실제로 개인의견을 뒤집은 사람은 김용준·김문희·이재화·고중석 4명이다. 나머지 조승형은 1차 날치기 권한쟁의를 청구한 민주당 국회의원 당사자였기 때문에 헌재법 24조 1항에 따라 결정에 빠졌었다. 이영모는 2차 날치기 심리를 앞두고 김진우 후임으로 임명됐다. 헌재는 결정 변경에 필요한 6명 정족수를 정확히 채워 본안 판단으로 왔다. 우선 국회의장의 날치기가 국회의원의 권한인 표결·심의권을 침해했는지 가린다. '사건 당시 국회의장과 신한국당은 오전 6시에 가결시켰다. 이에 대해 원내수석부총무들인 신한국당 하순봉은 새정치국민회의 남궁진과 자유민주연합 이정무에게 오전 5시

● 헌법재판소법 [개정시행 1995. 8. 4]
제23조 (심판정족수) ① 재판부는 재판관 7인 이상의 출석으로 사건을 심리한다.
② 재심판부는 종국심리에 관여한 재판관의 과반수의 찬성으로 사건에 관한 결정을 한다. 다만 다음 각호의 1에 해당하는 경우에는 재판관 6인 이상의 찬성이 있어야 한다.
1. 법률의 위헌결정, 탄핵의 결정, 정당해산의 결정 또는 헌법소원에 관한 인용결정을 하는 경우.
2. 종전에 헌법재판소가 판시한 헌법 또는 법률의 해석적용에 관한 의견을 변경하는 경우.

● 헌법재판소법 [개정시행 1995. 8. 4]
제24조 (제척·기피 및 회피) ① 재판관이 다음 각호의 1에 해당하는 경우에는 그 직무집행에서 제척된다.
1. 재판관이 당사자이거나 당사자의 배우자 또는 배우자이었던 경우.

30분에 통지했다고 주장하고, 반대
로 남궁진과 이정무는 오전 6시 10
분에 전화를 받았다고 설명한다. 헌
재에서 보건대 설령 신한국당 주장
대로 5시 30분에 통지했다 해도, 야
당들이 도저히 출석할 수 없이 시급
하게 한 것이어서 부적법하고 따라
서 심의 · 표결권 침해다.'

이제 다음으로 노동법 날치기 통
과를 무효화할 것인지가 남았다. 처

1·2차 날치기 사건 입장 변화

1차		2차
불참	조승형	
각하	김용준	인용
	김진우:이영모	
	김문희	
	이재화	
	고중석	
	황도연	각하
	정경식	
	신창언	

음부터 각하를 주장한 황도연 · 정경식 · 신창언은 이 문제에 참여하
지 않는다. 심판대상을 주장한 재판관 가운데 이재화 · 조승형 · 고중
석이 무효화를, 김용준 · 김문희 · 이영모가 무효화 반대의견을 낸다.
두 의견이 갈린 근거는 헌법 49조●에 대한 해석 차이다. 무효화에 반
대한 재판관 3명의 근거 가운데는 '당시 본회의장에 재적의원 과반수
인 155명이 있었고 전원찬성으로 법률안이 처리돼 헌법을 명백히 위
반한 것은 아니다'도 있다. 반면 무효의견 재판관 3명은 '소수파에게
토론에 참가해 다수파의 견해를 비판하고 반대
의견을 밝히도록 해야만 다수결이 정당성을 갖
는다. 그런데 이 사건에선 토론 기회를 보장하
지 않은 만큼 다수결의 원리를 부정한 것이고
따라서 헌법 위반이다'라고 밝힌다. 이렇게 권

● 대한민국헌법 [개정시행 1988. 2.
25]
제49조 국회는 헌법 또는 법률에 특
별한 규정이 없는 한 재적의원 과반수
의 출석과 출석의원 과반수의 찬성으
로 의결한다. 가부동수인 때에는 부결
된 것으로 본다.

2차 날치기 쟁점별 입장

재판관	1단계	2단계
김용준	인용	놔둠
김문희		
이영모		
이재화		취소
조승형		
고중석		
황도연	각하	불참
정경식		
신창언		

한쟁의 정족수인 과반 미달로 결국 날치기 통과는 유효가 된다. 그래서 결론은 '국회의장이 국회의원 125명의 심의·표결권을 침해했지만 가결과 선포가 무효는 아니다'이다.

이로써 2기 재판소는 정치권에 약한 모습을 다시 확인시킨다. 한정위헌의 기속력을 둘러싸고 대법원 판결까지 취소하던 헌재였다. 그런데 국회의장의 권한 침해는 확인만 하고 무효화하지는 않았다. 헌재법 66조 2항●이 침해를 확인한 뒤에도 취소·무효화하지 않을 수 있게 정한 것이 근거다. 특히 '재적의원 과반수 출석에, 재적의원 과반수 찬성으로 통과됐기 때문'이란 논거는 1차 날치기 각하결정 때와 마찬가지로 또 다른 날치기를 용인하는 셈이다. 왜냐하면 모든 날치기는 반드시 '재적 과반 출석과 재적 과반 찬성'으로 이뤄지기 때문이다.

● 헌법재판소법 [개정시행 1995. 8. 4]
제66조 (결정의 내용) ① 헌법재판소는 심판의 대상이 된 국가기관 또는 지방자치단체의 권한의 존부 또는 범위에 관하여 판단한다.
② 제1항의 경우 피청구기관의 처분 또는 부작위가 이미 청구인의 권한을 침해한 때에는 이를 취소하거나 그 무효를 확인할 수 있다.

그리고 3차 날치기 근거. 2000년 7월 24일 국회 운영위원회에서 새천년민주당 국회의원 천정배가 위원장인 같은 당 정균환을 대신해 국회법 개정안을 상정하고 강행처리한다. 앞서 1997년 12월 18일 제15대 대선에서 새정치국민회의 후보 김대중은 자유민주연합 총재 김종필과 후

헌법재판소, 한국현대사를 말하다 1

보단일화해 당선한다. 그러나 2000년 4월 13일 16대 국회의원 총선거에서 한나라당 133석, 국민회의 후신 새천년민주당 115석, 자민련이 17석을 차지한다. 특히 자민련은 20석에 못 미쳐 교섭단체 구성에 실패하자 두 당이 교섭단체기준을 10석으로 낮추는 국회법 개정안을 만들어 통과시킨 것이다. 한나라당은 곧바로 이를 문제 삼아 권한쟁의심판을 청구한다. 하지만 10석안은 운영위 이후 절차인 법제사법위원회와 본회의로 진행하지 못한다. 10월 5일 여야가 합의로 법사위에 있던 법안을 운영위로 보내 폐기시킨다. 대신 2001년 1월 10일 자민련은 민주당 의원 4명을 이적받아 교섭단체가 된다. 그러자 한나라당 의원들은 4월 24일 권한쟁의를 취하한다. 6월 28일 사건은 종료 선언된다. 하지만 3기 재판소는 소수의견을 통해 종료 직전 합의 내용을 공개한다. 5·18 불기소 헌법소원에서 시작한 헌재만의 독특한 전 다.

재판관들이 3차 날치기 사건이 국회의원의 권한을 침해한 것을 인정하고, 무효도 선언키로 합의했었다고 밝힌다. 1997년 2차 날치기 권한쟁의에 참여한 재판관은 아무도 없어, 결정을 다시 변경하는 일이 한결 가벼웠다. 재판관 7명 윤영철·한대현·하경철·김영일·김효종·김경일·송인준은 민사소송법을 준용해 종료를, 나머지 2명 권성과 주선회는 헌법적 해명을 위해 선고를 주장했다. 그리고 소수의견에서 평의 내용을 공개한다. '당초 결정문 작성까지 마쳐 4월 26일 선고할 예정이었는데 이틀을 앞두고 취하됐다. 합의된 내용은 재판관 7명의 찬성으로 침해를 확인하고 무효도 확인한다는 것이었다.'

그러나 결정문에 구체적인 내용을 적어두지는 않았다. 하지만 추측해보면 우선 헌법 49조 다수결의 의미를 재정의한 다음, 국회 모든 회의로 확대시켰을 법하다. '다수결은 토론과 반론을 거쳐야 한다. 이런 원칙은 본회의뿐 아니라 소위를 비롯한 모든 회의에 똑같이 적용된다.' 날치기가 잦은 현실을 생각하면 머지않은 시일에 실제 결정문이 드러날 것이고, 그때는 이런 추측이 맞았는지 확인할 수 있다.

결과적으로 헌재는 세 차례 날치기 사건을 처리하면서, 1차에선 시간을 끌다가 결론 포기, 2차에선 침해만 인정하고 무효는 포기, 3차에선 취하된 사건에 무효 선언 시도했으나 불발로 옮겨온 셈이다.

그리고 4기 재판소는 4차 날치기 권한쟁의를 선고한다. 집권 한나라당이 2009년 2월 22일 미디어 관련 법안들을 날치기한 사건이다. 재판소는 석 달 뒤 10월 29일 선고에서 다시 침해만 인정하고 무효화하지 않는다. 이전과 달리 여론의 반발이 거셌다. 똑같은 결론을 선고한 2차 날치기 사건의 경우 김영삼이 재논의를 약속한 상태여서 관심이 적었다. 이에 비해 이른바 미디어법은 곧바로 시행되면서 현실에 작용했기 때문에 즉각 반응이 나왔다.

1·2기에 연임한 재판관 김문희는 인터뷰에서 "1차 사건 때는 권한쟁의 전례가 없어 합의하는 데 시간이 많이 걸렸다. (권한쟁의를 인정하지 않는다면) 전국구 깡패(같은 의원) 몇 명 모아놓고 의회를 지배해도 된다는 거냐는 얘기(까지 다양하고 심각한 논의)가 있었다. 결국 권한쟁의가 기관 대 기관 다툼인데 개별 국회의원을 어떻게 볼 것인지가 쟁점이었고, (1차 사건에서는 인정하지 않다가 2차 사건에서) 국회

의원도 개개인이 헌법기관으로 보면서 본안에 들어간 것이고, 본안에서는 표결권 침해가 인정이 되고, 정립된 것"이라고 설명했다.

1·2기에 걸쳐 재임한 재판관 황도연은 인터뷰에서 "국회의원이나 교섭단체에게 청구인 자격이 있느냐는 문제가 오래 논의됐다. 1차 사건 때는 (각하였으므로) 본안을 볼 것도 없었고, 2차에서도 역시 헌재가 결정례를 바꿔 본안에 들어갈(것인지까지 토론이 길다). 2차 사건 결정이 국회의원이나 교섭단체의 권익을 더 후하게 보호한다는 측면에서는 더욱 진보적인 것인지 모르겠다. 하지만 현행 헌법이나 헌재법 조항으로는 역시 무리라고 생각한다. 나는 지금도 국회의원 개인은 권한쟁의 자격이 없다고 생각하고 있다"고 밝혔다.

한편 2·3차 날치기 사이에 다른 권한쟁의가 있었다. 김대중은 1998년 2월 25일 대통령 취임과 동시에 국무총리 김종필 임명동의안을 국회에 보낸다. 제15대 대선에서 자유민주연합 김종필과의 정책연합으로 당선했기 때문에, 총리 자리를 줘야 했다.

한나라당 161·국민회의 79·자민련 43석 등 전체 299석으로 구성된 1996년 5월 30일 개원 15대 국회였다. 따라서 공동여당은 한나라당 내 반란표를 바랐고, 한나라당은 이탈표를 방지하려 했다. 3월 2일 임시국회 마지막 날 인준투표에서 공동여당은 한나라당이 이탈표를 막으려 백지투표로 기권을 만들고 있다며 투표를 중단시킨다. 다음 날 김대중은 김종필을 국무총리서리로 임명하고, 한나라당 의원 150명이 권한쟁의를 청구한다. 헌법에 있지도 않은 서리를 임명해 임명동의권을 침해당했다고 했다.

1998년 7월 14일 헌재는 각하를 선고한다. 각하 5 · 기각 1 · 인용 3 이었다.

김용준 · 조승형 · 고중석의 각하의견이 독특하다. '임명동의권 권한쟁의 당사자는 대통령 대 국회다. 의원과 정당은 아니다. 다만 다수의원이 동의권 표결을 방해한다면 소수의원이 문제제기할 수밖에 없다. 이런 경우 소수의원이 국회 전체를 대신하는 셈이다. 하지만 이 사건 청구인은 150명 과반수다. 따라서 (헌재에 올 필요 없이) 그냥 동의권 표결을 하면 된다. 따라서 당사자 자격이 없다. 각하다.' 이 무렵 한나라당 소속은 161명, 인준 표결 참여는 155명, 헌법소송은 150명이 했다. 그러면서도 청구서에는 '소수파인 야당 국회의원'이라 적었고 이게 발목을 잡는다. 만약 149명이 위헌제청을 청구했다면 어땠을까.

기각의견 이영모 인터뷰. "당시 이론가들은 서리와 대리의 차이를 구분해가면서 별소리를 다했다. 하지만 표현은 (중요한) 문제가 되지 않는다. (다수당이 총리인준을 거부하는데) 새로 정권 잡은 대통령이 전임 총리와 일하란 말인가. 법률에 서리제도가 없단 이유로 사표를 제출한 전임총리와 일하라고 해석하는 것은 문언에 얽매인 것이다. 대통령 중심제의 본질이나 외국의 경우를 보더라고 서리제가 필요하다. 그렇다면 이런 흠을 헌재가 해석으로 보충해줘야 한다." 이영모의 결정은 확연히 눈에 띈다. 법리의 계단을 밟지 않고 정책적 판단만으로 결론에 치달았다. 이 사건에서 이른바 사법적극주의자의 면모를 확실하게

● 대한민국헌법 [개정시행 1988. 2. 25]
제86조 ① 국무총리는 국회의 동의를 얻어 대통령이 임명한다.

드러낸다.

아무튼 김종필은 8월 17일 국회에서 임명동의를 받는다. 선고일까지도 김종필은 서리였으므로 헌재는 살아 있는 사건을 선고한 셈이다. 결론이 각하이긴 하지만 의견이 5가지로 나뉘는 등 정치 사건에 자신감을 보인 경우다. 이를 씨앗으로 3차 날치기 사건에서도 과감한 결론을 합의한다. 그리고 이런 경험은 3기 재판소가 대통령 탄핵 등 엄청난 정치 사건을 받아 처리하면서 영향력을 확대하는 거름이 된다.

◈ 1차 날치기 헌법소원 = 90헌마125

◈ 1차 날치기 권한쟁의 = 90헌라1

◈ 2차 날치기 권한쟁의 = 96헌라2

◈ 3차 날치기 권한쟁의 = 2000헌라1

◈ 4차 날치기 권한쟁의 = 2009헌라8 등 병합

◈ 김종필 총리서리 권한쟁의 = 98헌라1

---

1 | 《한겨레신문》 1996년 12월 2일 3면.

2 | 《한국일보》 1997년 1월 7일 32면.

20

선거

같은 가치로 투표하고, 같은 조건에서 당선하라

헌법연구관 출신 변호사 이석연은 헌법소원을 낸다. 벼러왔던 선거구소송이다. 국회의원을 뽑는 선거구민의 수가 너무나 차이나 불평등하다고 했다. 선거구민이 적은 곳은 7만 명, 많은 곳은 35만 명이었다. 평등선거가 아니었다. 그렇지만 모든 선거구민수를 20만 명이나 30만 명으로 똑같게 해야 하는지, 한국 현실에 농촌을 배려하지 않아도 되는지 문제가 복잡했다.

서울대학교 총학생회장 출신 스물일곱 청년 김민석은 낙선했다. 4만 8,151표나 얻었지만 260표차로 경제부총리 출신 나웅배에게 패했다. 두 사람이 맞붙은 1992년 3월 24일 제14대 총선에서 서울 영등포구을 유권자는 모두 17만 5,365명이었다. 한편, 전라남도 장흥군 선거구에서는 이영권이 1만 3,704표로 3선 의원이 됐다. 이 지역은 유권자수가 4만 5,880명으로 낙선한 김민석이 얻은 투표수보다 적다. 심지어 5만 9,764표로 낙선한 경우도 있었다. 경상북도 포항 선거구 이진우로 이곳 유권자수는 전남 장흥의 4.21배인 19만 3,433명이었다.[1]

제15대 국회의원 총선거가 1996년 4월 11일에 예정돼 있었다.

1995년 7월 15일 정치권은 전체 299석은 유지하되 전국구를 줄이고 지역구를 260개로 늘리기로 의결한다. 그래서 선거구를 조정했다. 하지만 가장 작은 선거구와 가장 큰 선거구의 인구 차이가 5.87배나 났다. 전남 장흥군 선거구 인구는 6만 1,529명, 부산 해운대구·기장군은 36만 1,396명이었던 것. 원칙 없이 선거구를 자르고 붙이기도 했다. 충청북도 영동군과 보은군을 합치고, 가운데 옥천군을 떼어냈다. 제천시와 단양군을 합치면서 충북 지역 선거구 수가 1개 줄자, 단일 선거구 영동·보은·옥천을 갈라놓기로 타협한 것이다.[2]

그러자 1기 재판관 변정수의 연구관 출신인 변호사 이석연이 헌법소원을 낸다. 자신이 청구인 겸 대리인으로 제기한 기획소송이다. 대상은 1995년 개정 공직선거 및 선거부정방지법 별표1 국회의원지역선거구구획표다. 이런 선거구 사건은 대표적인 헌법소송으로 외국에서는 예가 많다. 1964년 2월 17일 미국 연방대법원 웨즈베리 대 샌더스[Wesberry v. Sanders](376 U.S. 1) 사건[3], 1976년 4월 14일 일본 최고재판소 중의원정수배분규정[衆議院議員定数配分規定](昭和49行ツ75) 사건[4]이 대표적이다. 이석연은 이후 기획소송을 꾸준히 제기해, 2004년 신행정수도특별법에도 헌법소원을 낸다.

1995년 12월 27일, 1차 선거구소송에서 2기 헌재는 전원일치로 위헌을 선고한다. 헌법 11조 1항·41조 1항● 위반이다. 핵심은 적정 인구편차가 얼마냐는 것. 미국과 일본에선 위헌과 개정을 반복해 이 무렵 1.10 대 1과 2.14 대 1 수준이었다.[5] 헌법재판소 첫 의견은 4 대 1. 4 대 1은 상하 60퍼센트라고도 쓴다. 평균이 100이라면, 하한 60퍼센트

● 대한민국헌법 [개정시행 1988. 2. 25]

제11조 ① 모든 국민은 법 앞에 평등하다. 누구든지 성별·종교 또는 사회적 신분에 의하여 정치적·경제적·사회적·문화적 생활의 모든 영역에 있어서 차별을 받지 아니한다.

제41조 ① 국회는 국민의 보통·평등·직접·비밀선거에 의하여 선출된 국회의원으로 구성한다.

는 40이고 상한 60퍼센트는 160, 그래서 4대 1이다. 실제 헌재는 당시 선거구 평균인구 17만 5,460명을 기준으로, 상한 28만 736명 또는 하한 7만 184명을 벗어나면 위헌이라고 했다. 이후 국회는 선거구 7개를 줄이고 7.5만 명~30만 명으로 선거구표를 개정, 제15대 총선을 치렀다. 한편, 2기 헌재는 문제의 선거구뿐 아니라 구획표 전체를 무효로 만든다. 다만 조승형이 문제 선거구만 없애는 게 낫겠다고 입장을 달리 했다.

이석연 인터뷰. "헌재 연구관으로 있을 때부터 기획소송을 준비했다. 변호사 개업 다음 해에 곧바로 냈다. 투표 가치의 불평등이 심화되게 선거구를 나누면 위헌이다. 이건 확고하다. 청구 이유에 4 대 1까지는 가야 한다고 주장했다. 헌법 교과서에 나오는 대로 원칙대로 했다. 선거구구획표 전체를 위헌으로 선고한 것은 특히 의미가 컸다."

2000년 4월 13일 제16대 총선을 앞두고 정치권은 선거구 조정으로 몸살을 앓았다. 자기 선거구가 통폐합된다는 소식에 격분해 국회에서 욕설을 퍼붓기도 했다. 시민들의 요구로 의석수를 299석에서 273석으로 줄이면서, 선거구를 조정했기 때문이다. 2월 8일 어렵사리 9만~35만 명 선거구가 통과된다. 인구편차 3.88이지만 위헌 논란이 있었다. 왜냐하면 2기 재판소가 4 대 1라고만 밝힌 게 아니었기 때문이다. '인구편차가 2 대 1을 넘지 않는 수준으로 합리적 기간에 조정함이 마땅하다.' 김문희 · 황도연 · 신창언 3명 재판관이 다수의견에 가담하면서도 보충의견으로 적어둔 문구가 근거 중 하나다.

　그리고 2차 선거구 사건을 총선 이듬해 10월 25일에 3기 재판소가 선고한다. 총선이 지나 선고한 이유는 선거구가 투표일 코앞에 통과됐고, 헌법소원도 선거일 직전에 들어와서다. 결론은 헌법불합치. 법정의견은 이렇다. '4 대 1 선고 이후 5년이나 지났다. 이제는 3 대 1이라야 하고, 상당기간 뒤에는 2 대 1로 가야 한다.' 다만 한대현과 하경철은 반대했다. '3 대 1 제안에는 동의한다. 그렇지만 이 선거구구획표는 합헌이다. 4 대 1 선고하고 이제 5년 지났는데 위헌일 순 없지 않은가.' 두 사람 의견에서 주목할 것은 '언젠가 2대 1'에 대해 언급하지 않은 점이다. 2 대 1에 반대한 셈이다. 그리고 3기 재판소는 개정시한을 2003년 12월 31일로 한다. 제16대 국회 재 · 보궐 선거에서 혼란이 없도록 기존 선거구를 유지하다가, 2004년 4월 15일 제17대 총선 이전에만 바꾸면 된다는 배려다. 그리고 3기 재판소도 선거구 일부가 아닌 전체에 위헌을 선고한다. 이렇게 해서 선거구 전체 위헌이 결정로 굳어진다.

　2차 선거구 사건 집필 재판관 김영일 인터뷰. "(도시 농촌별 기준을 쓰지 않은 것은) 도시와 농촌을 정확히 구분하기가 쉽지 않기 때문이다. 어디부터 도시이고 어디부터 농촌인지 구분하기가 애매하고, 굳이 구분해도 투표 가치 문제에서는 의미가 없다. 입법자가 선거구 획정하면서 고려하는 것은 몰라도, 헌재가 말할 것은 못 된다. 그래서인지 심각하게 논의되지는 않은 것으로 기억한다. (미래에는 2 대 1로 가자고 쓴 것은) 이번 사건에서 위헌으로 선고는 하지 않지만 동등한 투표 가치에 따라, 헌재가 언젠가는 2 대 1로 판단할 것이라고 암시한 셈이다."

두 차례 선거구 인구비율 사건에서, 재판소는 '이번에는 여기까지, 다음에는 저기까지'라는 아주 독특한 주문을 썼다. 어떻게 이런 방식이 나왔을까. 자세히 살펴보면 2차 선거구 사건은 법정의견 자체가 '이번에는 3 대 1, 나중에는 2 대 1'이다. 그러나 1차 사건부터 그런 것은 아니다. 과반수 재판관인 5명이 '이번에는 4 대 1'이라고 하지만, 이 가운데 3명만이 '다음에는 2 대 1'이라고 보충했다. 1 · 2기 연임 재판관 김문희는 인터뷰에서 "4 대 1로 해준 것은 합의가 도저히 안 돼서 임시로 한 것이다. 그래서 보충의견을 고심해서 썼다"고 설명했다. 풀어보면, 당시 어느 의견도 과반수를 이루지 못하자 일부 재판관이 차선으로 4 대 1에 가담하면서, 대신 보충의견을 쓴 것이다. 그리고 이것이 3기로 이어져, 아예 법정의견에서도 미래 기준을 제시하게 됐다고 봐야 한다.

2기 재판소 평의과정에서 인구비율을 놓고 5명 의견이 나오지 않은 것은 도시와 농촌 간 격차를 인정해야 한다고 주장한 재판관들이 상당수 있었기 때문이다. 이들은 선거구 전체적으로 4 대 1을 넘더라도, 도시 선거구끼리 또는 농촌 선거구끼

1차 선거구 선고 결과

	현재	미래
김용준		없음
김문희	단일기준 4 대 1	
황도연	(김진우는 도농끼리	2 대 1
신창언	3 대 1도 지지)	
김진우		
이재화		
조승형	전체기준 4 대 1	없음
정경식	도농끼리 3 대 1	
고중석		

리 비교해 3 대 1에 들면 합헌이라고 했다. 뒤집어 말하면 두 가지 기준을 모두 위반해야 위헌이라고 까다롭게 본 것이다. 2기 사건 집필자인 황도연의 인터뷰. "인구비례가 가장 중요하고 기본적인 기준이다. 그렇지만 유일하고 절대적인 잣대는 아니었다. 여기까지는 재판관들 모두가 공감했다. 다만 그 외 요소가 무엇이고 얼마만큼 반영하느냐는 문제에서 갈렸다. 다수의견은 여러 가지 현실을 고려한 합리적 안이다. 그리고 합리적 기간 뒤에는 2 대 1 미만 기준으로 판단해야 한다고 생각한다. 이것이 (평등선거를 선언한) 헌법의 뚜렷한 요청이다."

3기 재판관 주선회도 결국에는 2 대 1이 되어야 한다고 인터뷰에서 밝혔다. "이상적으로는 1 대 1이다. 모든 국민은 평등해서다. 하지만 현실적으로 도시와 농촌상황이 다르다. 그래서 현실에 맞춰 조정한 것이고, 당장은 2 대 1이 아닌 3 대 1로 한 것이다. 3기에서도 2 대 1로 가려 했다. 하지만 갑자기 그렇게 하면 선거구가 엉망이 되는 등 부작용이 있다. 그래서 일단 3 대 1로 갔다. 하지만 언젠가는 2 대 1이 되리라고 본다. 1 대 1까지는 몰라도 2 대 1은 가능하다. 그리고 2기 때와 같이 농촌과 도시를 다른 기준으로 보자는 주장도 있었다. 검토도 했고 일리도 있다. 그러나 그것은 행정구역에 대한 고려이고 핵심적인 기준은 평등선거의 원칙이다. (그래서 그 부분은 토론 끝에 3기 선고에서는 빠졌다)."

3기 재판관 하경철은 미래 2 대 1에 가담하지 않은 이유를 인터뷰에서 설명했다. "국회의원이 지역의 대표가 아니라 국가의 대표라고 말들은 한다. 하지만 현실적으로 지역구 의원은 지역 대표성을 가진다. 2 대 1로 간다면 인구가 많은 서울 강남구는 국회의원을 많이 내고, 반면 무주 · 진안 · 장수 같은 곳은 의원을 하나도 뽑지 못한다. 그런 일은 (헌법이 보장한) 지방자치와 지방분권에 역행한다. (인구가 아닌) 국토규모로만 보자면 지방이 수도권보다 크다. 그런데 의원수는 훨씬 적다면 그것도 올바르지 않은 것이다. 그래서 3 대 1이 적당했다."

이와 관련, 2기 재판소에서 엄격하게 4 대 1을 주장한 재판관 4명은 모두 거대 도시 서울 · 부산에서 고등학교를 졸업했고, 농촌에는 기준을 풀자던 5명은 그 밖의 지역에서 학창 시절을 보냈다. 헌법재판 재판관 의견은 개인의 현실 경험과 역사 이해를 반영한다는 사실을 방증한다.

한편 헌재 출범 직후 1기 재판소는 정치 관련 사건, 특히 국회 사건에서는 몸을 사렸다. 대개 특정 정파가 다른 정파를 상대로 문제를 삼은 것이어서, 과감히 한쪽 손을 들지 못했다. 대표적인 것이 민자당 날치기 권한쟁의와 노태우 정부 지방자치 선거 불시행에 대한 헌법소원을 사실상 회피한 것이다. 1기 재판관 한병채는 인터뷰에서 "두려워하는 재판관들이 있었다. 서두르지 말자고들 그랬다. 국회에서 예산도 따야 하고 뭐도 해야 하고 그러면서, 국회를 건드려서 좋을 것 없다는 식이었다"고 말했다. 하지만 국회는 반드시 견제해야 할 대상이었다. 이에 따라 헌재는 주로 특정 정파가 아닌 불특정세력의 이익에 관한 것부터 손봤다. 우선 국회의원 선거에서 무소속과 정당 추천 후보의 차별을 해소했다. 기탁금이 2,000만 원과 1,000만 원으로 다른 것에 1989년 9월 8일 위헌을, 또 정당후보자는 합동연설회 이외에 정당연설회까지 허용되고 소형인쇄물도 2종류 더 뿌리게 해준 조항에 1992년 3월 12일 위헌을 선고한다. 집필자는 모두 무소속으로 출마·당선한 적이 있는 한병채다. 첫째 사건에서는 체계적이고 방대한 자료를 담은 결정문을 적어내고, 둘째 사건은 선거일 30일 앞두고 들어왔지만 겨우 17일 만에 결론을 선고한다. 재판소 역사상 넷째로 빠른 처리 기록이다. 밤을 샜다고 했다.

이런 식으로 헌재는 선거법 결정례를 차곡차곡 쌓는다. 후보 등록하면서 내야 하는 기탁금은 어느 정도가 적절한지, 어느만큼 득표해야 기탁금을 돌려받는지 등 꽤나 많다. 헌재는 한발 한발 국회를 상대로 담력을 키워나가다가, 3기 재판소에서는 적어도 선거법만큼은 거리낌이 없게 된다. 그리고 마침내 선거제도에 일대 변혁을 이루는 중요한 결정을 하게 된다.

15대 대통령 김대중은 취임 넉 달 뒤인 1998년 6월 18일 1인 2표제를 제안한다. 당시 국회의원은 지역 선거구에서 다수득표로 뽑히는 지역구 의원, 정당 소속 지역 출마자가 전국에서 얻은 투표수에 맞춰 각 당에 배분하는 전국구 의원이 있었다. 따라서 유권자는 지역구 후보에게 표를 던지면, 그가 속한 정당 전국구 후보도 지지하게 된다. 반면 김대중이 제안한 1인 2표제는 유권자들이 지역구 후보에게 한 표, 그리고 정당 비례대표에 한 표를 각각 찍는 제도. 호남과 영남의 지역 분열을 해소하는 방안이라고 했다. 하지만 야당 한나라당의 반대로 1인 1표제가 유지된다. 그러자 여당 새천년민주당 당원들과 민주노동당 준비위원회가 2000년 4월 13일 제16대 총선을 두 달 앞두고 헌법소원을 낸다.

제16대 총선을 넘겨 2001년 7월 19일 3기 재판소는 첨예한 결정을 선고한다. 결론은 전원일치 위헌. '정당명부식 비례대표를 운영하는 이상 공직선거 및 선거부정방지법 146조●에 따른 1인 1표제는 위헌이다. 첫째, 유권자의 의사를 왜곡하기 때문이다. 지지 후보와 정당이 다른 경우, 후보자에게 투표하는 사람은 원치 않는 정당까지 지지해야 한다. 반대 경우도 마찬가지다. 둘째, 무소속 후보 지지자는 정당 투표 기회가 없어지기 때문에 표의 가치가 절반에 불과하다. 이것은 불평등이다. 1인 2표제라면 무소속 후보 지지자와 정당 후보 지지자의 투표 가치가 같아진다.'

3기 재판관 하경철은 고민이 많았다고 말했다. 인터뷰에서 결정문에 드러나지 않았던 자신의 고민을 솔직히 밝혀, 토론거리를 던졌다. "법리적으로는 1인 2표제가 맞다. 정당에 하나 후보에 하나 투표하는 게 100퍼센트 맞다. 그렇지만 내가 갈등한 것은 선거에 들어가는 예산이 지나치지 않은가 하는 점이다. 선거비용만 보자면 1인 1표제가 훨씬 적다. 게다가 1인 1표가 의사를 왜곡한다지만 정당정치체제에서 의원과 정당의 방향이 가능하면 일치되는 것도 의미가 있다. 두 가지가 따로 움직이는 것이 바람직한 일은 아니다. 그런 점들을 고려하면, (1인 2표제가) 효과에 비해 (선거에 들어가는) 비용이 지나치다고 할 수

● 공직선거 및 선거부정방지법 [개정 시행 2000. 2. 16]
제146조 (선거방법) ② 투표는 직접 또는 우편으로 하되, 1인 1표로 한다.

도 있다. 그래서 1인 1표도 나름대로 의미가 있지 않은가 갈등을 많이 했다. 결국에는 법리를 따라갔다." 재판관이 아닌 판사 시절에도 이러한 현실 고려가 필요하고 가능했을지 물었다. "판사라면 어렵다. 법대로 가야 한다. 판사는 이론적 근거와 논리를 중시해야 하고 따라가야 한다. 하지만 헌법재판관은 사회 전체를 고려해야 한다. 법률 논리도 중요하지만 균형감각이 더 중요하다."

1인 2표를 도입한 제17대 총선이 2004년 4월 13일 치러진다. 헌법재판소에서는 대통령 노무현 탄핵심판이 한창이었다. 전체 299석 가운데 정당명부 비례대표는 56명, 이 가운데 열린우리당 23·한나라당 21·민주노동당 8·새천년민주당 4석을 차지한다. 이와 관련한 주선회 인터뷰. "지지하는 후보와 정당이 다른 경우, 유권자로서는 기권하지 않으면 엉터리 표를 내는 셈이다. 그래서 스승을 따르자니 사랑이 울고, 사랑을 따르자니 스승이 우는 상황이 되는 것이다. 아무튼 위헌을 하고 나서 치른 선거에서 민주노동당이 가장 많은 혜택을 봤다. 개인적으로는 예상치 못한 결과다."

3기 재판소 무렵에는 외부 간섭이나 눈치 보기에서 벗어나 있었다. 1기 재판소 시절과 달리 위상이 높아진 덕분이다. 재판관 권성의 인터뷰. "로비를 시도한 세력이 없었다. 법률 외적인 어려움도 없었다. 재판관이 재임하는 동안 한 번도 로비 얘기를 듣지 못했다. 우리도 국회와의 관계는 전혀 의식하지 않았다. 헌재가 굳건히 정착됐으니 그런 일에 관심 둘 필요가 없었다. 사법권 독립이 궤도에 오르고, 나라도 많이 발전했다는 생각까지 들어, 자부심을 느낄 만했다." 3기 재판관 송인준은 선거법을 심판했던 마음가짐을 인터뷰에서 말했다. "기득권을 가진 국회의원에게 유리하게 된 제도를 바꿔야 한다고 생각했다. 정치 신인들이 대거 국정에 참여할 수 있도록 문을 열어줘야 한다는 게 기본 생각이었다."

한편 4기 재판소에 들어서면서 새로운 의사소통수단들이 선거법 단속대상인지 묻는 헌법소원들이 등장한다. 휴대전화 문자메시지, 손수제작동영상UCC . User Created Contents 등이다. 4기 재판소는 2009년 5월 28일 문자메시지에 대해, 7월 30일 UCC에 대해 모두 선거법상 단속대상이라고 선고한다. 두 사건 모두 위헌의견이 5명으로 가까스로 합헌이다. 문자메시지 사건 단속의견. '문자메시지 선거운동이 허용된다면 유권자들은 선거운동에 무방비로 노출된다. 흑색선전이나 비방이 난무한다면 선거의 공정도 깨지고, 개인의 평온도 깨진다.' 그리고 문자메시지 허용의견. '유권자 대부분이 휴대전화를 사용하므로 이를 선거운동으로 허용해도 후보자 간에 공정성을 해치지 않는다. 유권자는 추가비용 없이 수신거부를 할 수 있으니 개인의 평온이 깨지지도 않는다.'

1992년 3월 1기 재판소는 정당 후보에게 소형인쇄물 2종을 더 뿌리게 해준 조항에 위헌을 선고하면서 정당정치와 민주주의를 생각했다. 17년이 지난 2009년 5월 4기 재판소는 문자메시지와 UCC를 심판하면서 정보통신과 민주주의를 고심 중이다. 세월은 많은 것을 바꿨지만 민주주의가 무엇인지에 대한 재판관들의 토론은 여전하다.

헌법재판소, 한국현대사를 말하다 1

◈ 1차 선거구 인구비례 헌법소원 = 95헌마224 등 병합

◈ 2차 선거구 인구비례 헌법소원 = 2000헌마92 등 병합

◈ 국회의원 후보 기탁금 차별 위헌제청 = 88헌가6

◈ 국회의원 후보 인쇄물 차별 헌법소원 = 92헌마37 등 병합

◈ 1인 1표 비 대표 선거제도 헌법소원 = 2000헌마91 등 병합

◈ 문자메시지 선거운동 금지 헌법소원 = 2007헌바24

◈ UCC 선거운동 금지 헌법소원 = 2007헌마718

1 | 중앙선거관리위원회 역대선거정보시스템(www.nec.go.kr/sinfo/index.html).

2 | 《조선일보》 1995년 7월 16일 7면.

3 | Justia.com <supreme.justia.com/us/412/783/case.html>.

4 | 最高裁判所判例集 <http://www.courts.go.jp/search/jhsp0030?action_id =dspDetail&hanrei
   SrchKbn=02&hanreiNo=26709&hanreiKbn=01>.

5 | 서복경, 「주요국의 선거구 획정제도와 운용」,《입법정보:제96호》, 국회도서관 입법전자정보실,
   2003, 5·10쪽.

3

노무현이 말한다. "헌재에서 나오라는데 심판정에 나가는 게 어떻습니까." 옆자리 하경철이 받았다. "대통령님, 안 됩니다. 대통령께서 말씀을 잘하시니 절대 실언할 리는 없지만, 만에 하나라도 자극적인 말 같은 게 나온다면 책잡힙니다. 더구나 총선이 눈앞입니다." 노무현은 아쉬웠다. "제가 나가서 얘기하면 상황이 설명이 좀 되고 좋겠습니다만." 하경철이 설득했다. "여담이지만 김기춘 소추위원이 나와 고등고시 동기입니다. 머리가 굉장히 샤프한 사람입니다. 논리도 정연하고 목소리마저 대통령 못지않게 좋습니다. 안 나가시는 게 좋습니다." 노무현은 자신했다. "예, 김기춘 위원 그러시지요. 그렇지만 저도 잘할 자신이 있습니다." 이제 주변에서 거들었다. "틀림없이 이깁니다. 하지만 생방송으로 중계되는데 조금이라도 잘못되면 총선 망칩니다. 나가시면 안 됩니다." 그래서 대리인단은 3월 24일 헌재에 불출석키로 했다고 통보한다.

21

구성

세상은 모두 다른데, 재판관은 한 가지라면

2기 재판소가 침체에 빠지면서 3기 재판소는 갈림길에 섰다. 재판소에 필요한 것은
쟁점이 확실한 사건과 다양한 재판관들이 만드는 파워였다. 하지만 그럴 가망이 별
로 없었다. 사건들은 자잘했고, 재판관들은 비슷했다. 그러던 2003년 2월 25일 노
무현 정부 출범은 예상치 못한 상황을 만들어낸다. 여러 각도에서 헌법의 한계를 시
험하는 사상 초유의 사건들이 헌법재판소로 몰려든다.

대통령 김대중은 1999년 9월 16일 대법원장에 최종영을 내정한다.
청와대가 타진하던 후보군에는 전·현직 대법관 최종영·윤영철·
이용훈 등 네댓 명이 있었다. 그런데 이 무렵은 법무장관 김태정이 부
인 연정희의 옷로비 연루에 걸려 취임 16일 만에 사임한 직후였다. 이
런 상황에서 호남 출신 대법원장은 정치적으로 부담이라는 정권 내
부 의견이 많았고, 이 덕에 유일한 비호남 인물이던 강원도 강릉시 출
신 최종영이 선택된다. 이듬해 9월, 3기 헌법재판소장 인사가 다가왔
다. 대법원장이 강원도 출신인 만큼 지역 안배 부담이 없었다. 오히려
호남 출신이라 역차별당한다는 얘기가 있었다. 결국 윤영철과 이용

● 국회법 [개정시행 2000. 5. 30] 제46조의3 (인사청문특별위원회) ① 국회는 헌법에 의하여 그 임명에 국회의 동의를 요하는 대법원장·헌법재판소장·국무총리·감사원장 및 대법관과 국회에서 선출하는 헌법재판소 재판관 및 중앙선거관리위원회 위원에 대한 임명동의안 또는 의장이 각 교섭단체대표의원과 협의하여 제출한 선출안 등을 심사하기 위하여 인사청문특별위원회를 둔다.

훈, 두 사람 가운데 하나. 하지만 이용훈은 대법관 시절 1996년 4월 9일 한정위헌결정을 무시하는 데 앞선 것으로 알려져 있었다. 3기 소장은 윤영철이 된다.

3기 재판소부터 처음으로 국회인사청문● 대상이 된다. 2000년에는 소장과 국회 선출 재판관 3인이 대상이다. 2005년 재판관 전원으로 확대된다. 청문회에서 3기 소장 후보 윤영철은 1997~1999년 삼성전자와 삼성생명 법률고문으로 받은 보수가 문제된다. 3년 동안 근로소득 명목으로 7억 2,000만 원을 받았는데, 그렇다면 삼성직원과 변호사 업무를 동시에 했기 때문에 불법이라는 지적[1] 등이었다. 그는 초대 대법원장 김병로의 손녀사위이기도 하다. 한편 이 청문회를 계기로 국회뿐 아니라 언론기관과 시민단체가 나서 재판관에 대한 철저한 사전·사후 검증을 벌인다. 자연히 도덕성이 당락을 가르는 요소로 떠오르면서, 경력을 깨끗이 관리한 판사 출신들은 부담 없이 청문회에 나서 헌재를 장악한다. 검사 출신도 어려움 없이 재판관이 된다. 하지만 법원·검찰 밖에서는 청문회에 나서 검증을 받아보겠다는 경우가 별로 없어, 4기 재판소에 이르면 다양성이 결여된 작은 대법원이란 평가를 받는다.

소장 윤영철과 같은 날 재판관 4명이 취임한다. 대구고검장 송인준·서울행정법원장 권성·서울지법원장 김효종·수원지법원장 김경일이다.

송인준은 김대중 정부 초기 파업유도 사건과 대전법조비리 등에 이름이 오르지만 침착하게 뚫고 나와, 대통령 몫 재판관에 임명된다. 시집 3권과 에세이집 1권을 냈다. 선이 굵은 보스형이라고 평가받지만, 일상에서는 섬세하고 여린 면이 있다. 홀어머니의 외아들로 자란 데다 1남 3녀로 딸을 셋이나 둔 것이 배경인 듯하다. 인터뷰에서는 '충분히'란 단어를 즐겨 썼다. 주로 상대방 말을 인용할 때 '충분히 의미가 있다'는 식이다. 하지만 논리적으로 인정하거나 양보한다는 뜻은 아니다. 겸양을 담은 말버릇이었다. 마주하고 들으면 맥락이 느껴지지만, 적으니 의도가 드러나지 않았다. 그래서 송인준 인터뷰에서 충분히라는 단어는 모두 뺐다.

권성은 독특한 판결문으로 유명하다. 서울고법 부장판사 시절인 1996년 12월 16일 전두환을 무기징역으로, 노태우 징역 17년으로 감형한 사건이 대표적이다. '자고로 항장降將은 불살不殺이라 하였으니 공화共和를 위해 감일등減一等하지 않을 수 없다.' 동양철학에 바탕한 권성만의 독특한 법률논리는 헌재 역사에 남을 소수의견들이다. 보수성향 등을 이유로 저평가된 상태다. 권성이 자주 쓰는 단어는 예의. 상대방이 아닌 자신을 향해 있다. 매우 논리적이어서 에두르지 않고 단번에 핵심으로 치닫는다. 적확한 표현을 효율적으로 구사하기 위해 한자를 쓰는 것으로 보인다. 인터뷰에서도 송신悚身 · 발복發福 · 하가何라는 표현을 썼다.

그 밖에 김효종은 1993년 9월 김덕주 대법원장이 불명예 퇴진할 당시 비서실장이었다. 그리고 국회 몫 헌법재판관 가운데 처음으로 여야 합의로 추천됐다. 김경일은 1995년 7월 서울고등법원 형사부장 시절, 공업용 소기름 라면 사건 피고인들에게 무죄를 선고했다.

윤영철 소장 취임에 앞서 1999년 9월과 12월에 하경철과 김영일이 임명된다. 하경철은 1960년 제12회 고등고시 사법과에 수석합격했다. 1976년 3·1절 명동성당 구국기도회 사건으로 구속된 김대중을 변론했다. 그 인연으로 민주당이 1992년 3월 24일 제13대 총선에서 전북 전주시 완산구에 공천을 주지만 건강 이유로 반납한다. 1999년 9월 국민회의가 헌법재판관에 추천하나 역시 고사한다. 그러자 아시아태평양경제협력체^{APEC} 정상회의에 참석하러 뉴질랜드 오클랜드에 있던 대통령 김대중이 직접 전화해 재판관에 임명한다. 1987년 대한변협 인권위원 시절 변호사 노무현의 구속을 막기 위해 부산에 내려갔다. 이후 2004년 대통령 노무현 탄핵 사건에서 피청구인 노무현의 대리인을 맡는다.

김영일은 1996년 8월 26일 서울지법 형사부장 시절, 전두환·노태우 1심 재판을 맡아 사형과 징역 22년 6월을 선고했다. 엄격·절제·명쾌와 같은 단어로 표현되는 인물. 제5회 사법시험에 합격해 1971년 대구지방법원 판사로 임관되지만 1년 만에 개업했다가 1975년 다시 판사가 된다. 가난한 8남매의 장남으로서 동생들 교육을 책임져야 하는 입장이었기 때문이다. 경기고등학교 시절 단벌 교복으로 3년을 견디고, 용산구 한남동 집에서 종로구 화동 학교까지 걸어서 다녔다. 헌법재판은 헌법의 원칙에 구속받는 것으로 정치적인 재판이 아니라고 강조한다. 같은 맥락에서 헌법소송절차에 관한 섬세한 이론을 많이 남겼다.

하경철 후임인 이상경. 중도 사퇴하면서 짧은 임기를 마쳤다. 2000년 특허법원 초대 수석부장으로 특허법원의 기초를 닦았다. 지적재산권 전문가로 『지적재산권 소송법』을 썼다. 2004년 신행정수도특별법 헌법소원 결정문 집필 재판관으로 관습헌법이론을 개발·구성했다. 2004년 2월 임명 당시 새정치국민회의에 의해 선출된 하경철의 후임이어서 후신인 새천년민주당이 곧바로 나서 내정했다. 하지만 새천년민주당에서 분당한 열린우리당이 공동추천을 주장하면서 임명이 한 달 늦어졌다. 임기 1년 3개월 만에 임대소득을 줄여 신고했다는 논란으로 퇴임한다. 이와 관련, 헌재 일부에서는 외부에서 의도를 갖고 시작한 공격이라고도 생각한다.

윤영철 소장이 취임한 다음 해인 2001년 3월, 헌재 사무처장 출신 재판관 이영모가 퇴임한다. 헌재에서는 후임재판관 역시 사무처장 출신이 되기를 기대했고, 분위기도 사무처장 박용상으로 조금씩 무르익었다. 하지만 진보언론과 시민단체에서 강력하게 반발했다. 서울대학교 우 아무개 조교 사건 항소심에서 원심을 깨고 '노골적인 성적 괴롭힘이 아닌 것은 친밀감의 표시'라고 판결한 점, 1980년 국보위에 깊숙이 간여하여 국민의 표현의 자유를 규제하는 만든 언론기본법을 만드는 데 앞장선 점, 피고인에게 재판 중에 '간첩놈'이라고 욕을 하거나, 공안 피고인을 두고 1심 형량을 높여 이 적으로 법정구속하는 점 등을 꼽았다.[2] 결국 박용상 카드는 무산된다.

이후 법무연수원장 주선회가 재판관에 임명된다. 대검찰청 공안부장 시절이던 1997년 10월, 제15대 대선을 앞두고 새정치국민회의 후보 김대중과 양심수 문제로 설전을 벌인 인물. 부산지검 공안부장 시절 1987년 9월 변호사 노무현을 두 번만에 구속했다. 대통령 노무현 탄핵 사건 결정문 집필자다. 재판관 6년 가운데 5년이 노무현의 대통령 임기와 겹치면서, 참여정부와 관련한 주요 사건에 모두 참여했다. 공안 관련 헌법소송 사건에서 여러 차례 진보적인 결론을 낸다. 준법서약제에 소수위헌의견을 쓴 것이 대표적이다. 자신의 의도는 진보진영에서 생각하는 것과 다르다고 인터뷰에서 밝혔다. 이에 대해 노무현 비서실장 문재인은 "대외적으로 그렇게 말했는지는 모르겠지만 (근본적으로는) 헌법의식이 발동된 결과로 생각한다"고 평가했다. 4기 소장 임명 문제가 늘어지면서 사상 첫 소장 대행을 지냈다.

3기 재판소가 임기 반환점을 달리던 2003년 8월, 대법원에서는 신임대법관 제청을 두고 격렬한 논쟁이 벌어진다. 9월 11일 퇴임하는 대법관 서성 후임을 정하기 위해 처음으로 자문위원회가 만들어졌다. 8월 12일 자문위원인 법무장관 강금실과 대한변협회장 박재승이 사퇴한다. 8월 13일 서울지법 부장판사 박시환이 항의성 사표를 낸다. 8월 14일 서울지법 북부지원 판사 이용구가 전국 144명 판사 이름으로 의견서를 낸다. 서열대로 대법관이 되는 과거방식을 답습한다는 이유였다. 당시 최종영이 자문위에 제시한 명단은 대전고법원장 이근웅·서울지법원장 김동건·광주고법원장 김용담이었다.

이런 상황에서 최종영은 8월 18일 전국판사와의 대화를 열어 분위기를 진정시키고, 8월 19일 서울고법 부장판사 전효숙을 헌법재판관에 지명한 다음, 8월 22일 예정대로 신임대법관에 김용담을 제청한다. 임명권자 대통령 노무현은 고민했다. 거부하면 사법부 독립을 침해하고, 받아들이면 사법개혁을 포기해야 하는 상황이었다. 처음에는 거부로 기울었다고 한다.[3] 그러나 노무현은 모두 받아들인다. 전효숙은 사법사상 첫 여성 재판관이다. 첫 여성 대법관은 이듬해에야 나온다. 전효숙의 재판관 지명에 대해 대체로 신선하다는 반응이 많았지만,[4] 대법원 문제를 엉뚱하게 재판관 추천카드로 해결했다는 비판이 있었다.[5] 전효숙은 3년 뒤 헌재소장 후보가 된다. 하지만 정치권논쟁에 휘말려 어이없이 퇴임하는 불운이 기다리고 있다.

전효숙의 전임은 한대현으로 임기가 2기와 3기에 절반씩 걸쳐 있다. 대표적인 법조인 집안. 부친이 대법원 판사 한성수이며, 장인은 서울지검장 서주연이다. 매형이 대법관 출신 정치인 이회창. 한대현의 두 아들은 모두 대형 법률회사 변호사이다. 언론에서는 자상하고 차분한 선비형 법관[6]이라고 평한다.

한편 3기 재판소는 헌재의 운명을 가를 고비에 있었다. 2기 재판소가 부진한 모습을 보이면서 헌재가 침체에 빠졌다. 이유는 두 가지인데, 표면적으로 5·18 불기소 등 주요 사건을 미숙하게 처리했고, 내부적으로는 재판관들이 비슷한 성향이어서 토론이 치열하지 못했다. 2기 재판소의 이영모와 조승형의 소수의견이 다양하게 변주되지 못하는 것도 치열한 토론을 남기지 못해서다. 반대로 1기 재판소가 성공적이라고 평가받는 계기도 두 가지인데, 외부 요인은 박정희·전두환 악법이라는 풍부한 연료였고, 내부 동력은 다양한 구성이 만들어

내는 강력하고 활기찬 토론이었다.

재판관 9명 능력을 총합하면 2기가 1기보다 나을지도 모른다. 그러나 1기 재판소의 다양성은 9명 개개인에게 없던 새로운 힘을 만들어 냈다. 출신과 배경이 다른 재판관들이 모여 다양한 관점으로 토론을 풍성하게 만들었다. 3기와 4기에서 인용하는 의견에 1기 사건이 많은 것도 이런 이유다. 1기 재판관들의 토론은 지금으로서는 상상하기 힘든 수준으로 격렬했던 것 같다. 퇴임 이후 2기ㆍ3기 재판관들이 정기적으로 모여 친목을 다지는 데 비해, 1기 재판관들은 한 번도 만나지 않은 데서도 분위기를 짐작할 수 있다. 3기는 홀수 달 마지막 월요일에 점심을, 2기는 분기별로 저녁 모임을 갖는다. 1기 재판관 이시윤의 인터뷰. "개성이 강한 분들도 있었으니 (거친 말이) 안 나왔다고 말할 수는 없다. 나도 개성이 약한 사람은 아니지만, 뭐 상당히 아주 개성들이 강하니까. 아이고 참, 하여튼 그런 게 좀 있었다."

이런 가운데, 윤영철 등 3기 재판관 5명이 2000년 9월 15일 임명된 것이다. 재판소의 획일적 구성이 더욱 뚜렷해졌다. 하경철 변호사 1명을 제외하고는, 8명이 법원장이나 검사장이었다. 7명이 평생 판사, 1명은 일생 검사로 법원화 경향이 짙었다. 당시 언론들도 "평생 현행법을 존중하며 재판해온 법관들인 만큼 과감한 위헌결정이 줄고, 보수적인 결정이 늘어날 수 있다"[7]고 지적했다. 미래와 가치를 중시하는 헌법재판이 현실과 논리에 구속되는 법원재판과 다를 바 없어질 가능성이 높아진 셈이었다. 하지만 2003년 2월 25일 노무현 정부의 등장은 이런 상황을 극적으로 뒤집는다. 노무현 정부는 인권과 권력 한계에 도전해 헌재에 엄청난 연료를 제공했다. 그리고 첫 여성 재판관 전효숙의 등장은 구성의 숨통을 열면서 입체적 구성의 단초가 됐다. 권성의 독보적 소수의견, 주선회의 전향적 형법 해석 등이 합쳐지면서 풍부한 성과를 만들어낸다.

앞으로는, 노무현 정부가 주입한 그런 강력한 연료가 헌재에 다시 주어질 가능성은 없다. 따라서 재판소는 이제 자체 동력으로 움직여야만 한다. 동력은 다양한 재판관 구성에서 나오는 치열한 토론이다. 이와 관련, 4기 소장 이강국은 2009년 7월 "재판관 9명 가운데 3명은 법관·변호사 자격이 없어도 다양한 직역에서 들어오도록 해야 한다. 헌재는 헌법을 기반으로 법리적인 해석을 하는 기관이지만, 민주주의와 법치주의를 지켜내는 보루인 만큼 다양한 의견과 시각이 필요하다"[8]고 말한다. 사법시험 출신 정치인·변호사·법학자만으로는 다양성이 부족하다고 생각하고, 재판관 자격을 아예 법조계 밖으로까지 확대하자는 얘기다. 이를 위해서는 헌법 111조 2항●을 바꿔야 한다. 결국 2009년 한창 진행되던 개헌 논의에 맞춘 발언인 셈이다. 이 무렵 대법원은 헌법재판을 회수하겠다고 주장하고 있었기 때문에, 이강국은 이를 적극적으로 방어하고 여론의 지지를 모아 반격할 필요가 있기도 했다.

전직 재판관들은 한결같이 다양성을 조언했다. 유일한 12년 연임 재판관 김문희의 인터뷰. "최근 재판소 구성은 잘못된 것이다. 법학자·정치인·외교관이 한 사람 정도씩 필요하다. 법

● 대한민국헌법 [개정시행 1988. 2. 25]
제111조 ② 헌법재판소는 법관의 자격을 가진 9인의 재판관으로 구성하며, 재판관은 대통령이 임명한다.

관으로 오랫동안 일한 사람은 헌법재판을 민·형사재판처럼 하려는 경우가 있다. 우리나라도 재판관 자격을 일본 최고재판소처럼[9] 식견이 높고 법률소양이 있는 40세 이상 사람으로만 해두고, 다만 법관 자격이 없는 사람은 3분의 1을 넘지 못한다는 식으로 하면 된다."

검사·국회의원 출신인 2기 재판관 조승형 인터뷰. "법관 자격 재판관 9명에 국민 대표 재판관 3명을 더해 모두 12명 헌법재판관이 되도록 헌법과 헌재법을 개정해야 한다. 이유는 세 가지다. 첫째, 사회는 법률이 따르지 못할 빠른 속도로 변하고 있다. 법률 전문가들에게 충격을 가해 새로운 법률이론을 펼치게 해야 한다. 둘째, 법률만 공부하다 보면 자충수에 빠질 우려가 있다. 국민 재판관이 법률을 모르더라도 법률가들에게 해석의 돌파구를 열어줄 수 있다. 셋째, 국민 재판관이 3명 정도 있어도 법률 재판관만으로도 위헌 정족수를 넘으니, 법률 전문성에 흠이 생기지 않는다."

법원장·사법연수원장 출신 2기 재판관 황도연 인터뷰. "재판소에는 다른 눈을 가진 사람들이 필요하다. 그래야 조화가 이뤄진다. 생활이 비슷하면 생각도 비슷하다. 가치관과 인생관이 다른 사람, 동질적이지 않은 사람들이 모여야 한다. 헌재소장에 대법관 출신과 재판관 출신 가운데 누가 나은지 일률적으로 말하기 어렵다. 하지만 개인적으로, 재판관으로 6년 있었지만 2년 6개월 정도 지나서 이른바 헌법감각이 들었다. 헌법감각이 금세 생기는 게 아니다. 법원에 오래 있을수록 헌법감각과 멀어지니 (대법관 출신에게 불리하다고 본다). 그리고 재판소가 대법원 일부가 되면 헌법재판은 죽는다. 절대로 안 된다. 지금과 같이 분리해줘야 한다."

검찰 출신으로 소장 대행을 지낸 3기 재판관 주선회 인터뷰. "헌재는 대법원 산하기관이 아니다. 재판관 출신 헌재소장이 나와야 한다. 은행장에 재정경제부 출신들만 내려오면 곤란하지 않나. 재판소 위상을 위해서도 대법관 출신은 안 된다. 헌법 해석도 재판관 출신이 대법관 출신보다 많이 안다. 그리고 재판관 가운데서도 반드시 판사 출신일 필요는 없다. (헌법재판의 핵심인) 정치적·정책적 판단은 대사나 검사처럼, 정책 시각을 가졌던 사람에게 유리하다. 재판소 구성에서도 판사가 7명씩이나 되는 것은 문제가 있다. 그러면 제2의 대법원이다. 재판관 가운데 판사가 반을 넘어서는 곤란하다. 예전처럼 정치인 출신도 있어야 한다. 다만 법률적 소양이 필요하니 사법시험에 합격한 사람이 좋다고 본다."

재판관 김영일은 다른 의견을 냈다. "헌법재판은 기본적으로 헌법에 위반됐는지를 보는 것이다. (동의하지는 않지만 아무리) 헌재에 정치적인 (판단이 필요하다고) 의미를 부여하더라도, 기본 법률소양 없이는 재판관 역할을 수행하기 어렵다. 사회에서 계속 활동한 사람이 좋은 점만 있는 것도 아니고, 교수로 대학에 오래 있던 사람도 그 나름 결함이 있다. 그런 식으로 (장점만) 보고 접근하자면 법률가로 성장한 법관들이 법에 맞는지 그른지 가장 잘 아는 게 사실이다. 내놓고 말하기는 뭣하지만 바깥바람을 타지 않는 면에서도 확실하다. 그래서 재판관 구성에 대한 철학은 헌법재판이 정치적인 재판인지 아닌지에 대한 입장과 상통한다."

한편 헌법재판관들은 서로 호를 부른다. 세계적으로 유례없는 독특한 제도다. 1기에서 시작해 4기까지 이어졌다. 별호를 부르면 두 가지 장점이 있다. 우선 '이성렬 재판관'보다 '송포'가 쉽고 경제적이다. 그리고 첨예한 평의에서 목소리가 높아지는 것을 막아준다. 1기 재판관 변정수 인터뷰. "조규광 소장이 제안했다. 정동에서는 사건 평의는 안 했지만 간담회는 자주 했다. 거기서 호를 부르자고 했다. 다들 흔쾌히 동의했다. 을지로 청사에서 본격적으로 썼다. 이미 가진 분도 계셨고, 새로 만든 분도 있었다. 호를 부르니 분위기가 좋았다." 조규광은 왜 이런 제안을 했을까.

1기 소장 조규광 인터뷰. "산을 좋아해 산악회에 있었다. 우화등선羽化登仙에서 따온 등선회라고 내가 이름도 지었다. 7~8명 가운데 나는 변호사였고, 장사하는 분, 공부하는 분, 집에서 쉬는 분까지 있었다. 나이 많은 분도, 젊은 사람도 같이 산에 올랐다. 회원이 다양하다 보니 이름을 부르기도 쉽지 않았다. 그래서 호를 부르자고 제안했다. 그리고 헌재에 와서 회의를 하는데 '김 재판관 생각은 어떠세요. 박 재판관은 어떠세요' 이러려니깐 너무 딱딱했다. 합의를 하려면 인격적인 접점이 있어야 했다. 그래서 여기에서도 호를 부르자고 했고, 모두들 찬성했다. 호를 부르고 나면 (인격적으로 존중하게 돼) 예각선이 없어지는 장점이 있다. (후배) 재판관들까지 이어진 줄은 몰랐다." 이와 관련, 4기에서는 재판관들끼리만 호를 부르고 소장 이강국은 '아무개 재판관'이라 호칭한다. 이렇다 보니 재판관들 역시 이강국에게만은 '소장님'이라고 부른다.

헌법재판소, 한국현대사를 말하다 1

1 |《조선일보》2000년 9월 7일 2면.

2 |《한겨레》2001년 3월 13일 4면.

3 | 이진, 『참여정부, 절반의 비망록,』 개마고원, 2005, 204쪽.

4 |《경향신문》2003년 8월 20일 18면.

5 |《조선일보》2003년 8월 18일 A27면.

6 |《경향신문》1997년 8월 22일 1면.

7 |《조선일보》2000년 9월 16일 29면.

8 |《서울신문》2009년 7월 13일 29면.

9 | 日本國 裁判所法 第四十一條.

22

양심

헌법의 방패, 나의 마음을 지켜줘

명동성당 사건으로 구속된 김대중을 변론한 변호사 하경철, 유력한 대통령 후보이던 김대중과 설전을 벌인 대검 공안부장 주선회. 변호사 노무현 구속영장을 청구한 주선회, 이런 노무현을 꺼내려 부산으로 달려간 하경철. 두 대통령을 가운데 두고 대척점에 서 있던 두 법조인이 재판관에 올라 마주 앉았다. 그리고 양심의 자유에 관해 예상치 못한 의견들을 낸다.

"이러면 우린 진짜 일 못한다고. 공안요원 두셋이, 햄버거 쪼가리랑 김빠진 콜라 들고 서서 20~30일 잠복해야 한총련 하나 겨우 잡을까 말까 한데, 이제 내가 어떻게 경찰을 지휘할 수 있느냐 말이야." 1997년 10월 31일 대검찰청 공안부장실. 주선회가 출입기자들을 마주하고 앉아 목소리를 높였다. 내일 아침 신문에 실리라고 작심하고 말을 쏟았다. "양심수는 비폭력적인 방법으로 사상을 표현한 사람이지, 화염병 던지고 각목 휘두르는 경우는 아니야. 국제사면위원회 기준도 그래. 아니 그런데, 내일 모레 대통령이 되실지도 모르는 분이 그렇게 말할 수는 없지."

김대중은 네 번째 대통령 선거를 치르고 있었다. 1971년 공화당 박정희에게, 1987년 민정당 노태우, 1992년 민자당 김영삼에게 패했다. 발갛게 충혈된 눈으로 발표한 정계은퇴는 번복됐다. 이번에는 한나라당 이회창이 상대였다. 그리고 10월 27일 김대중은 자민련 총재 김종필과 후보단일화에 합의한다. 충청권의 유력인사이자 박정희 정권에서 중앙정보부장이었다. 그래서 김대중에게 수구와 야합한다는 비난이 나오고 있었다.

10월 31일 오전 10시 대검찰청 연합통신 단말기에 기사가 뜬다. 〈김대중 총재 "집권하면 양심수 사면 용의"〉. 양심수 관련 내용은 딱 한 문장. '우리가 집권하면 공산주의자가 아니면서 조국을 사랑했다는 이유로 구속된 사람들을 석방, 사면하겠다.' 그리고 자민련과의 단일화에 대해 '보수입장을 견제하는 세력과 개혁세력이 합치는 중도통합'이라 발언했다고 덧붙였다. 광주 무등파크호텔에서 지역 인사들과 간담회에서 한 말이었다. 이 기사를 읽은 주선회는 오후 4시 공안부 과장들과 대책을 토론, 내용을 검찰총장 김태정에게 보고한다. 그리고 기자들을 불러 김대중의 발언을 정면으로 반박한 것이다. 그리고 김대중은 이날 밤 광주 지역방송 초청 대선 후보 TV토론회에서도 비슷하게 말하고, 이후 이틀간 격렬한 논쟁을 벌어진다.

11월 1일 《조선일보》에 양심수 논란이 크게 실렸고, 주선회에게 전화가 걸려온다. 검찰 선배이자 국민회의 원내총무 박상천. "그런 일이 있으면, 나한테 미리 얘기를 하지 그랬소. 우리 후보자 절대 그런 사람 아니야. 공안요원 하나 키우는 데 얼마나 고생하는지 우리가 잘 알지. 앞으로 일이 있으면 그렇게 하지 말고 나한테 미리 얘기를 좀 주시오. 내가 알아서 할 테니까. 내가 어느 자리 갈지 모르겠지만, 절대 공안요원은 푸대접받지 않게 할게." 그리고 11월 2일 김대중이 불끄기에 나선다. 평화방송 대통령 후보 초청 녹음대담에서다. "사면검토 대상은 국제앰네스티^Amnesty International 기준으로 종교계에서도 요구해 온 사람들이다. 하지만 당연히 검찰심사를 거쳐야 한다. 공산당은 안 된다. (사면대상이 되려면) 앞으로 그런 일을 되풀이하지 않겠다는 전제가 필요하다."[1]

12월 18일 15대 대통령에 김대중이 당선한다. 그리고 두 가지 약속도 모두 지켜진다. 1998년 3월 13일 사면·복권 당시 대검 공안부의 견을 그대로 반영했다고 한다. 사면은 대통령의 정치적 고유권한이며, 의견청취도 사면법●에 따라 법무부에서만 하면 되는 것이어서 이례적인 일이었다. 그리고 7월 24일 국민의 정부 초대 법무부 장관 박상천은 사상전향서를 폐지하고 대신 준법서약서●를 도입하겠다고 밝힌다.

준법서약제는 진보·보수에서 협공당한다. 자유민주민족회의는 "북한이 적화통일노선을 포기하지 않는 상황에서 장기수를 비롯한 간첩 주사파 한총련 등에 대해 국가감시를 푸는 것은 스스로 안보체제를 파괴하는 행위"라고 했다.[2] 반면《한겨레》는 사설에서 '비록 사회주의나 공

● 사면법 [제정시행 1948. 8. 30]
제10조 특별사면, 특정한 자에 대한 감형과 복권은 법무부장관이 대통령에게 상신한다.

● 가석방심사 등에 관한 규칙 [개정 시행 1998. 10. 10]
제14조(심사상의 주의) ② 국가보안법위반, 집회 및 시위에 관한 법률 위반 등의 수형자에 대하여는 가석방 결정 전에 출소 후 대한민국의 국법질서를 준수하겠다는 준법서약서를 제출하게 하여 준법의지가 있는지 여부를 확인하여야 한다.

헌법재판소, 한국현대사를 말하다 1

산주의 사상을 갖고 있더라도 그것이 행동으로 표현되지 않는 한 사법대상이 될 수 없다. 사면 · 복권의 전제조건으로 서약을 강제하는 것은 사상전향제도의 변형'이라고 했다.[3]

노동자 시인으로 유명한 박노해(본명 박기평)와 서울대 학도호국단장을 지낸 사회이론가 이정로(본명 백태웅)가 준법서약서를 법무부에 제출한다. 두 사람은 1991년 사회주의노동자동맹 사건으로 무기징역과 징역 15년을 받아 경주와 원주교도소에서 복역 중이었다. 두 사람을 비롯한 공안범죄자 103명이 1998년 8월 15일에 가석방된다. 이듬해 2월 25일에는 준법서약서를 쓰지 않은 우용각 등 비전향장기수 17명이 41년 만에 석방된다. 그러자 두 차례 준법서약을 하지 않아 가석방에서 제외된 공안범죄자들이 양심의 자유●를 침해한 부당한 제도라며 헌법소원을 제기한다.

그리고 2002년 4월 25일 헌법재판소는 준법서약서제도 사건을 선고한다. 법조계의 시선은 두 재판관에 쏠려 있었다. 김대중과 설전을 벌인 대검 공안부장 출신 주선회, 대한변호사협회 인권위원으로 김대중을 변론한 바 있는 하경철이다. 사건 핵심은 헌법에 마련된 양심의 자유를 어떻게 정의할 것인가에 달려 있었다. 이 사건처럼 청구인들이 헌법 조항을 자신의 방패로 정면 지목한 사건은, 방패의 개념을 정의해 범위를 확정해야 한다. 그래야만 실정법과 충돌하는 당사자의 행동이 방패의 테두리 안에 들어가 보호되는지 알 수 있다. 다시 말해 공안범죄자 앞에 놓인 준법서약서의 존재가 양심의 자유를 침해했는지

● 대한민국헌법 [개정시행 1988. 2. 25]
제19조 모든 국민은 양심의 자유를 가진다.

알려면, 우선 양심이란 방패가 어떤 크기인지 알아야 한다.

앞서 1·2기 재판소도 양심을 정의했다. 모두 전원일치인데 1기는 폭넓고, 2기는 제한적이다. 1기는 '양심이란 세계관·인생관·주의·신조 등은 물론, 이에 이르지 아니하여도 보다 널리 개인의 인격형성에 관계되는 내심에 있어서의 가치적、윤리적 판단도 포함된다고 볼 것이다. 그러므로 양심의 자유에는 널리 사물의 시시비비나 선악과 같은 윤리적 판단에 국가가 개입해서는 안 되는 내심적 자유는 물론 이와 같은 윤리적 판단을 국가권력에 의하여 외부에 표명하도록 강제받지 않는 자유, 즉 윤리적 판단사항에 관한 침묵의 자유까지 포괄한다고 할 것이다'라고 했다. 이시윤이 집필자. 반면, 2기는 '양심이란 인간의 윤리적·도덕적 내심영역의 문제이고, 헌법이 보호하려는 양심은 어떤 일의 옳고 그름을 판단함에 있어서 그렇게 행동하지 아니하고는 자신의 인격적 존재 가치가 허물어지고 말 것이라는 강력하고 진지한 마음의 소리이지, 막연하고 추상적 개념으로서의 양심이 아니다'이다. 재판관 정경식이 썼다. 1기가 사죄광고에 위헌을, 2기가 음주 측정에 합헌을 결정하며 밝혔다.

이제 준법서약제를 앞에 둔 3기 재판관들은 전원일치에 이르지 못하고 1·2기의 두 입장을 나눠갖는다. 먼저 2기의 작은 방패를 하경철 등 7명이 선택한다. 따라서 준법서약제는 합헌이다. 인권위원 출신 재판관 하경철은 선고 이후 다소 항의가 담긴 전화를 받았다고 한다. 하경철은 인터뷰에서 자신의 헌법적 가치를 상세히 설명했다. "만일 준법서약이 공산주의자에게 '양심을 바꿔서 대한민국 자유민주주의를 지지하라'고 했다면 양심의 자유를 명백히 침해한 것이다. 하지만 공산주의자 이전에 현행 법질서를 어긴 사람한테 '자유의 몸이 되려면 대한민국헌법과 법질서를 준수한다'고 서약하라고만 했다. 국가가 강요하고 협박한 게 아니다. 오히려 선택의 자유를 줬다. 그래서 양심의 자유 침해가 아니다. 이게 내 논리다. 이 정도 서약조차 양심의 자유에 반한다 생각하면 안 쓰고 안 나가면 된다. 이런 논리에 대해 위헌의견은 준법서약서가 말만 선택의 자유지, 선택하지 않으면 자유의 몸이 안 되니 사실상 강요라고 했다. 하지만 생각해보자. 양심의 자유가 무엇인가. 내가 아무 손해도 보지 않고 양심을 지킨다면 자유가 아니라 방종이다. 합당한 희생을 각오하는 게 양심의 자유다. 그리고 남북이 분단된 상황에서 공동체 이익과 사회 방어를 무시할 수 없다. 그렇다면 범법자를 가석방하면서 이 정도 서약서를 받는 것은 가능하다. 국법질서인 헌법을 잘 지키겠다는 정도의 서약이었을 뿐이다."

주선회 등 2명이 1기의 큰 방패를 물려받으면서 강력히 위헌을 주장한다. 주선회는 사상전향서와 다르지 않은 준법서약서가 양심의 자유를 침해하고 있다면서 정치한 의견을 남긴다. 이 때문에 서울대 교수 안경환은 5월 6일자 《동아일보》에 주선회를 지지하는 칼럼을 싣는다. '(헌법재판관들의) 시대를 내다보는 안목과 최소한 현실을 바로 파악하는 예지가 아쉽다. 불행 중 다행은 두 사람의 재판관이 정교한 논리를 바탕으로 반대의견을 썼다는 사실이다. 진보하는 역사에 필요한 안목과 식견이 배태되고 있기에 아직도 우리는 헌법재판소에 희망과 기대를 걸고 있는 것이다.' 하지만 주선회의 정책적 판단은 안경환과는 달랐다.

주선회는 인터뷰에서 위헌의견 이유를 설명했다. "위헌·합헌 이전에 준법서약제도 자체가 마음에 들지 않았다. 국가가 왜 범죄자에게 준법서약서를 사정하다시피 하는지 불만이었다. 공안사범들이 준법서약서든 뭐든 스스로 써서 가석방을 간청하면 국가가 고려할 수는 있는 것 아닌가 싶다. 내가 위헌을 주장한 것은 순수하게 이론에 바탕한 것이다. 가령 기독교인에게 십자가를 밟으면 내보내준다는 것이 어찌 양심의 자유 침해가 아니냐. 준법서약서도 마찬가지다. 심혈을 기울여서 쓴 의견이었다. 명동성당도서관 자료까지 찾았고, 소수의견을 쓸 때는 사나흘 동안 직원을 방에 불러놓고 워드하고 고치고, 워드하고 고치고를 반복했다. 양심의 자유란 무엇인지, 보장하는 이유, 보호범위까지 차례로 개념을 세워 위헌을 도출했다. 다수의견에는 아직도 불만이다. 내 의견은 진보진영논리와 관계없다. 순수하게 이론이다 보니 결과적으로 비슷한지는 모르겠다. (정치적 입장과 상관없이) 결정문을 읽은 사람이 나의 이론에 수긍하면 다행이다."

이후 이 사건을 대리한 변호사 강금실은 2003년 2월 27일 법무부장관에 임명되고, 7월 31일 준법서약제도를 폐지한다.

한편 강금실과 함께 개혁성향 판사모임 우리법연구회를 만든 서울지법 남부지원 판사 박시환이 또 다른 양심의 문제를 2002년 1월 29일 제기한다. 박시환은 종교적 양심에 따라 입영을 거부하고 법정에 세워진 이 아무개를 재판하던 가운데, 검찰이 기소한 근거인 병역법

88조 1항●을 위헌제청했다. 그리고 헌재가 심리를 계속하던 2004년 5월 21일, 서울남부지법 이정렬 판사가 종교를 이유로 병역을 거부한 오 아무개와 정 아무개에게 처음으로 무죄를 선고한다. 여론은 격렬하게 찬반토론을 벌이며, 양심이 사회의 주요 화제가 된다. 그리고 자연스레 박시환이 위헌제청한 헌법재판소에 관심이 쏠린다. 헌재는 5월 14일 대통령 노무현 탄핵 사건을 마무리하고, 8월 26일 곧바로 양심을 선고한다.

● 병역법 [개정시행 1999. 2. 5]
제88조 (입영의 기피) ① 현역입영 또는 소집통지서(모집에 의한 입영통지서를 포함한다)를 받은 사람이 정당한 사유없이 입영 또는 소집기일부터 다음 각호의 기간이 경과하여도 입영하지 아니하거나 소집에 불응한 때에는 3년 이하의 징역에 처한다. 다만 제53조 제2항의 규정에 의하여 전시근로소집에 대비한 점검통지서를 받은 사람이 정당한 사유 없이 지정된 일시의 점검에 불참한 때에는 6개월 이하의 징역이나 200만 원 이하의 벌금 또는 구류에 처한다.

합헌의견은 역시 2기 재판소 결정를 인용한다. 2기의 작은 방패는 음주 측정 합헌 이후, 국가보안법 불고지죄에 전원일치 합헌을 결정하면서 정교해진다. 골자는 이렇다. 양심의 자유는 '안으로 자유^{forum} ^{internum}'와 '밖으로 자유$^{forum\ externum}$'로 나뉘는데, 밖으로 자유는 제한이 가능하다는 것. 이것도 정경식이 집필자다. 3기 합헌의견 재판관들은 제한이 가능하다는 전제에서 이번 경우 제한을 허용할지를 살핀다. '기본권은 공동체를 위해 제한된다. 양심실현 기본권도 마찬가지다. 하지만 양심은 조금만 휘어도 양심이 아니기에, 지켜지거나 포기하거나다. 타협은 불가능하다. 이 사건을 보니 양심을 실현케 하려면 국가안보의 위태로움이 필연적이다. 그래서 대체복무도 만들지 않았다. 따라서 양심을 제한할 수밖에 없고 병역법도 합헌이다.' 정리하면 양심과 공익의 비기기 없는 승부에서 공익이 이겼다는 게 합헌의 핵심

아이디어다.

반면 위헌의견은 1기의 큰 방패를 인용해 양심을 정의한다. 2기 재판소 판단도 큰 방패로 적절히 해석해 받아들인다. '사람이 내면 세계만으로 살지 않으며, 주변과 관계 맺으면서 산다. 마음과 행동이 일치해야 마음이 보전된다. 따라서 밖으로 자유가 제한 가능하다고 해서 가볍게 취급하면 안 된다.' 그리고 합헌의견이 내세운 비기기 없는 승부이론을 부정한다. '우열을 가리기 힘든 헌법 가치들이 갈등한다면 하나의 가치만을 실현하려고 할 게 아니다. 충돌과 갈등을 피해 대안을 모색하고, 대안이 없더라도 기본권 제한을 가능한 줄여야 한다.' 따라서 입법자가 충돌과 갈등을 피하려는 노력을 충분히 하지 않았으면 위헌이다. '병역거부자는 적어도 1년 6개월 징역을 살고, 이후 직장에서 해직되며, 각종 면허가 없어지고, 사회의 차가운 시선 등 여러 불이익을 받는다. 그런데도 한 가족 형제들이 줄줄이 감옥행을 택한다. 다른 모든 의무는 이행하겠지만 집총만을 못하겠다는 형편이다. 반면 대체복무를 도입해도 국가의 전투력 손실이 미미하며, 징집제에 악영향을 주지 않을 수 있고, 국제법규도 필요성을 주장한다. 결국 입법자가 갈등을 풀고 조화를 이룰 노력을 게을리 한 것이므로 위헌이다.' 정리하면, 양심과 공익의 조화가 입법의 기본인데, 한 의 희생만을 강요하고 있으니 위헌이란 것이다. 위헌은 김경일과 전효숙 두 사람뿐이다. 그래서 이 사건은 합헌이다.

한편 한학에 정통한 권성은 자신만의 합헌의견을 구성한다. '종교의 자유와 양심의 자유는 다르다. 여호와의 증인 신자의 집총거부도 나눠서 봐야 한다. 우선 종교의 자유에 의한 것이라면 인간이 정당성을 따질 수 없다. 따라서 공익에 따라 제한될 수 있다. 다음 양심의 자유라면 정당성을 따져야 한다. 정당한 양심이라면 공익목적으로도 제한할 수 없다. 정당성의 근거는 보편타당성이고, 보편타당성의 근거는 인^仁과 의^義이다. 그런데 집총거부는 살상을 보고만 있으니 인^仁하지 않고, 분기하지 않으니 의^義롭지 않으며, 다른 사람에 기대어 안전을 누리니 예^禮에 어긋나고, 침략이 눈앞에 있지 않다 외면하는 것은 지^知혜롭지 못하다. 인의예지^{仁義禮智}가 의심스러우니, 인^仁과 의^義가 결여된 보편성 없는 양심이다. 이렇게 정당하지 않은 경우 공익으로 제한 가능하다. 합헌이다.'

권성은 인터뷰에서 "우리나라 사람들은 유교적 전통에서 자랐기 때문에 인의예지가 인간의 기본적인 덕목이라고 이해하고 있다. 한자를 잘 모르는 젊은 사람들도 내저^{內低}에는 인식과 정서가 남아 있다. 이런 것을 도구로 제도의 근거를 풀어낸다면 훨씬 실감 있게 다가온다. 병역의무는 전쟁 수행이므로 꺼려진다. 그래도 사회의 구성원으로서, 국가의 국민으로서 공동체와 함께 살아남으려면 도리가 없다. 그렇다면 모두가 이해할 수 있는 공통의 덕목에서 타당한 근거를 찾아야 한다고 생각했다"고 설명했다. 권성은 이런 작업이 동의를 구하는 것뿐 아니라 역사적으로 반드시 필요하다고 했다. "우리나라 법률은 과거와 단절된 것이다. 조선이 망하자 일본법이 왔는데, 일본법은 독일에서 받은 것이다. 법제도는 끊임없이 이어져야 한다. 영국의 경우 모든 법률에 연혁이 있다. 헨리 8세 때는 이랬고 이후에 저렇게 바

꿰었다는 식이다. 우리로선 수천 년 전통법과 완전히 끊어졌다. 유감스럽고도 불리하다. 어쩐지 나한테 맞지 않는 법인 듯싶고 남의 옷 같다. 그것을 불식하기 위해 과거와 현재를 잇는 작업이 반드시 필요하다. 똑같은 사건도 과거에서 근거를 찾아 쓴다면 연결 작업이 된다. 현재의 법을 과거의 법의식으로 다시 꾸며보는 일이 굉장히 필요하다."

집필 재판관 김영일의 인터뷰. "나라가 나뉘어 대치하는 경우는 우리뿐이다. 북한과 같은 공격적 사고를 가진 집단도 여기뿐이다. 이러한 우리나라의 존립과 관계된 문제다. 그래서 대체복무를 허용하지 않은 것을 위헌이라고 하기는 어렵다고 봤다. 우리나라 사정이 특별히 어렵다 보니 외국과 비교하는 것도 적절치 않다고 생각했다."

한편 사건 법정의견은 병역거부 처벌을 합헌결정하면서도 대체복무 도입을 검토할 필요가 있다는 식으로 덧붙인다. 이에 대해 재판관 권성과 이상경은 사법 판단의 한계를 넘는 것이라며 반대한다. 그러나 삼권분립 같은 형식적 원칙 이전에, 다수의견이 분명히 대체복무가 공익에 위협적이라고 밝히고도 애매하게 대체복무를 말하는 것은 어색하다.

◈ 사죄광고 헌법소원 | 큰 방패 = 89헌마160

◈ 음주 측정 위헌제청 | 작은 방패 = 96헌가11

◈ 불고지죄 헌법소원 | 작은 방패 = 96헌바35

◈ 준법서약제 헌법소원 = 98헌마425 등 병합

◈ 양심에 따른 병역거부 위헌제청 = 2002헌가1

1 | 《경향신문》 1997년 11월 3일 2면.

2 | 《문화일보》 1998년 7월 4일 2면.

3 | 《한겨레》 1998년 7월 3일 3면.

23

배려

소수는 다수로, 다수는 소수로 바뀐다

"선생께서는 오늘 법정에 배심원 후보로 안 나오셔도 괜찮았습니다만." "재판장님께서 생각해주시는 그런 배려는 별로 받고 싶지 않습니다." "맹인 배심원 얘기는 들어보지 못했어요. 참여시킨 판례도 거절한 판례도 없습니다." "앞이 안 보인다고 처음부터 배심원단에서 제외하는 것은 위헌이라는 루이지애나주 대법원 판례가 있습니다."―〈런 어웨이Runaway Jury〉, 20세기폭스 름, 2003, 미국. 그리고 같은 해 우리 재판소가 사회적 약자에 대한 배려가 무엇인지 뜨겁고 힘겹게 고민한다.

◉ 의료법 [개정시행 2000. 7. 13]
제67조 (벌칙) 전략. 제61조 제1항의 규정에 의한 안마사의 자격인정을 받지 아니하고 영리를 목적으로 안마행위를 한 자는 3년 이하의 징역 또는 1,000만 원 이하의 벌금에 처한다. 후략

◉ 제61조 (안마사) ① 안마사가 되고자 하는 자는 시·도지사의 자격인정을 받아야 한다.

2003년 6월 26일 헌법재판소는 1차 안마사 사건을 선고한다. 서울지방법원 항소부 이종오 재판부가 무면허 안마사를 처벌하는 재판을 하던 가운데 의료법이 엉터리라며 위헌제청한 사건이다. '사람을 벌주려면 법에 명확히 정해놔야 한다. 그런데 의료법 67조◉는 안마사가 아니면 처벌하라면서, 이와 관련해 안마사가 무엇인

지 정했다는 61조°는 애매하기만 하다. 무작정 보건복지부 규칙을 보라고 한다. 하지만 이것은 사람을 징역 살리는 문제다. 규칙 따위에 맡기는 것은 말이 안 된다. 그래서 위헌의 의심이 든다.' 그래서 핵심은 안마사 자격규정을 국회의원이 만든 정한 법률이 아닌 보건복지부규칙에 둔 것이 이치에 맞느냐는 것이었다.

3기 재판관들은 위헌의견과 합헌의견으로 팽팽하게 맞섰다. 위헌의견은 '직업선택의 자유를 제한하는 중요한 문제이므로 마땅히 법률에 정해놓아야 한다. 그런데 그렇지 않아서 위헌이다. 부득이 규칙에 정해두는 경우라도 기본적으로 법률에 내용이 있고, 그걸 규칙에서 밝히는 수준은 돼야 하는데, 의료법 61조에는 아무것도 없다. 헌법 75조° 위반이다.' 헌법 75조는 본래 대통령의 직무에 관한 것. 그렇지만 여기에서 중요하고 핵심적인 내용은 하위법에 담기면 안 된다는 원칙이 도출된다. 포괄적 위임입법 금지원칙이라고들 한다.

반면 합헌의견은 여기에 맞서 포괄적 위임입법이 아니라고 한다. 실제로 의료법 61조에는 아무것도 없었는데 어떻게 위임입법이 아닐 수 있을까. 합헌재판관들은 위헌재판관들이 보지 못한 것을 무언가를 보았을까. 그렇다. 보았다. '일반인의 의식에도 안마사는 원칙적으로 시각장애인들에게 허용되는 업종이라는 법의식이 형성되어 있다. 역사적으로 1914년 조선총독부 경무총감부령, 1963년 보건사회부 안

④ 안마사의 자격인정, 그 업무한계 및 안마시술소의 시설기준 등에 관하여 요한 사항은 보건복지부령으로 정한다.

● 대한민국헌법 [개정시행 1988. 2. 25]
제75조 대통령은 법률에서 구체적으로 범위를 정하여 위임받은 사항과 법률을 집행하기 위하여 필요한 사항에 관하여 대통령령을 발할 수 있다.

마사허가에관한규정, 1975년 의료법 61조 1항 자체에도 정해져 있었다. 그리고 1981년부터 무허가 안마사를 처벌하기 시작한 것이다.' 결국 안마사는 맹인들이 하는 것으로 굳어졌기 때문에 구태여 법률에 적지 않아도 모두가 안다는 주장이다. 합헌 4명, 위헌 5명으로 위헌 정족수에 1명 모자란 가까스로 합헌이다.

그러자 안마사규칙 3조˚를 직접 문제 삼은 헌법소원, 2차 안마사 사건이 넉 달 뒤인 10월 21일 접수된다. 1차 소송이 법률을, 2차가 규칙을 대상으로 했지만, 쟁점이나 주장이 완벽히 같은 쌍둥이 사건이다.

2차 안마사 사건은 3년 뒤 2006년 5월 25일 선고된다. 재판관 3명이 바뀌었다. 위헌의견 김영일의 후임인 이공현은 위헌을 유지하고, 여기에 합헌을 주장한 한대현의 후임 전효숙이 위헌으로 돌면서 위헌 6표를 채워 안마사규칙을 없앤다. 매우 중요한 내용을 규칙 따위에 담아 체계에 안 맞고, 일반인의 직업선택 자유˚도 너무나 옭아맸다는 이유였다. 이 결정의 파장은 컸다. 시각장애인들이 생계를 보장하라며 한강으로 뛰어들고 철로와 고속도로를 막았다. 맹학교 학생들은 수업을 거부하고 시각장애인 기독교인들은 기도회를 열었다.' 헌재는 난감했고 답답했고 착잡했다.

˚안마사에 관한 규칙 [개정시행 2000. 7. 13]
제3조 (안마사의 자격) ① 안마사의 자격인정을 받을 수 있는 자는 다음 각호의 1에 해당하는 자로 한다.
1. 초·중등교육법 제2조 제5호의 규정에 의한 특수학교 중 고등학교에 준한 교육을 하는 학교에서 제2조의 규정에 의한 물리적 시술에 관한 교육과정을 마친 앞을 보지 못하는 사람.
2. 중학교 과정이상의 교육을 받고 보건복지부장관이 지정하는 안마수련기관에서 2년 이상의 안마수련과정을 마친 앞을 보지 못하는 사람.

˚대한민국헌법 [개정시행 1988. 2. 25]
제15조 모든 국민은 직업선택의 자유를 가진다.

하경철의 인터뷰. 그는 1차 안마사 사건을 가장 기억에 남는 심판으로 꼽았다. "직업선택 자유와 평등권이 주로 논의됐다. 나는 재판관들의 그런 토론에 반대했다. '지금 무슨 소리냐. 성한 사람과 시각 장애인이 똑같은 선 위에서 경쟁하란 말이냐. 그런 식으로 평등을 주장하면 안 된다. 장애인은 타고난 능력이 부족한 것을 감안해 비교해야 한다. 우리

1·2차 안마사 선고 결과

1차		2차
위헌	윤영철	
	김영일:이공현	
	권성	위헌
	김경일	
	주선회	
합헌	한대현:전효숙	
	송인준	
	김효종	합헌
	하경철:이상경	불참

헌재는 산술적·형식적 평등이 아니라 배분적·실질적 평등을 구현해야 한다. 안마사제도는 합헌이다'라고 했다. 더구나 맹인이 안마사를 하는 것은 나 자신이 어릴 때부터 본 것이다. 그렇다면 우리 의식에 굳어지고 역사성이 있는 셈이다. 시쳇말로 직업선택 자유나 평등이란 잣대로 없앨 수는 없다. 그래서 강력하게 토론에 나섰다. 위헌 5명으로 겨우 합헌이 됐다. 그러나 이후에 7 대 1로 뒤집혀 위헌이 됐다. (안마사보다 나은 제대로 된 일자리를 마련해줘야 한다는 의견은) 추상적인 논의에 불과하다. 그런 논리라면 더 좋은 자리를 배당해야 하는데 그쪽 말대로라면 더 위헌이다. 게다가 현실에서 기업들은 이런저런 핑계로 장애인을 뽑으려 하지 않는다."

2차 안마사 사건에서 송인준이 결론을 뒤집었다. 그의 입장 전환은 특별하다. 선고한 시점이 3기 종료 석 달 전이고, 집필자가 송인준 자

신이기 때문이다. 즉 굳이 자기 입장을 뒤집어 발표하지 않고 사건을 미루다 퇴임할 권한이 있었다. 내세울 명분도 있었다. 석 달 뒤면 재판관이 5명이나 바뀐다는 점. 재판관 대부분이 그대로인 3기에서 똑같은 안마사 사건을 두 번하는 것보다는, 새롭게 구성된 4기 재판소에서 판단하는 게 낫다는 이유가 가능했다. 송인준의 인터뷰. "다들 말렸다. 굳이 선고하지 말라고. 너무너무 뜨거운 감자였다. 하지만 워낙 첨예하게 대립하는 문제여서 표를 의식하는 국회에서 해결할 것 같지 않았다. 그렇다고 후임재판관들에게 떠넘기고 싶지도 않았다. 내가 책임지겠다고 마음먹었다. 일부러라도 하고 가겠다고 했다. 일부에서는 최고의 권위를 가진 재판소가 결론을 바꾼 것을 위험하다고도 한다. 하지만 나는 그렇게 생각지 않는다. 헌법재판은 포괄적이고 추상적이다. 똑같은 사건으로 위헌도 합헌도 쓸 수 있다. 실제 사건에서 내 의견이 옳은지 그른지 생각에 생각을 거듭하기도 한다. 솔직히 말하자면, 고민으로 잠을 못 이룬 적도 있다. 그 결과 잘못 생각했다면 바꿔야 한다. 결론을 바꾸는 게 오히려 용기라고 본다."

송인준은 2차 안마사 위헌결정 이후 심경도 말했다. "일부에서는 '시각장애인들을 도와주지 못할망정 밥그릇을 빼앗느냐. 세상에 이런 냉혈인간들이 있느냐'고 비난했다. 사실 안마사는 1912년 조선총독부 경성제생원에서 시각장애인에게 안마교육을 한 것이 시초다. 당시에는 마땅한 직업이 없으니 동정한 것이다. 이제 그런 인식에서 벗어나 패러다임을 바꿔야 한다는 생각이었다. 2차 선고 무렵 자료에는 등록 시각장애인이 18만 4,965명이고 안마사 자격자는 6,804명으로 전체 3.67퍼센트에 불과했다. 그나마 6,804명이 모두 혜택을 보는 것도 아니다. 여관 주인이 떼먹고 알선자가 또 먹는다. 손에 쥐는 게 얼마 없다. 딱한 사람이니 그렇게라도 생계를 유지하란 식이다. 이건 시각장애인을 모독하는 것이다. 시각장애인들도 당당한 직업인으로 월급 받고 보람을 느끼며 살게 해줘야 한다. 그게 핵심이었다. 그래서 법률 조항을 죽여야 한다고 생각했다. 하지만 시각장애인들이 자살하는 일까지 있었다. 본뜻은 그런 게 아니었다. 안타까운 일이었다."

2차 사건에서 규칙이 사라지자, 국회는 9월 27일 의료법 61조 1항⁰을 개정한다. 규칙에 있던 내용을 법률로 고스란히 옮겼다. 이렇게 해서 하위법에 떠넘기기 금지 문제가 해소된다. 이제는 맹인의 안마사 독점이 정당한지 여부만 남았다. 다시 3차 안마사 사건이 제기된다. 그리고 4기 재판소는 결정을 다시 뒤집어 2008년 10월 30일 합헌을 선언한다. 시각장애인이 독점을 보장받아야 하는 이유와 일반인이 안마사 직업을 선택할 수 있는 자유를 저울질해보니, 시각장애인만 안마사를 하도록 해주는 것이 헌법정신에 맞다는 것이다. 이 사건에서 4기 재판소는 독점 인정 6명과 반대 3명으로 나뉘어 무엇이 소수자를 배려하는 것인지 첨예하게 토론한다.

합헌의견 핵심은, 시각장애인에게 안마사를 독점시키는 것이 현재까지는 헌법 34조 5항⁰을

⊙의료법 [개정시행 2006. 9. 27]
제61조 (안마사) ① 안마사는 「장애인복지법」에 따른 시각장애 중 다음 각호의 어느 하나에 해당하는 자로서 시·도지사의 자격인정을 받아야 한다.
1. 「초·중등교육법」 제2조 제5호의 규정에 따른 특수학교 중 고등학교에 준한 교육을 하는 학교에서 제4항의 규정에 의한 안마사의 업무한계에 따라 물리적 시술에 관한 교육과정을 마친 자.
2. 중학교과정 이상의 교육을 받고 보건복지부장관이 지정하는 안마수련기관에서 2년 이상의 안마수련과정을 마친 자.

● 대한민국헌법 [개정시행 1988. 2. 25]
제34조 ⑤ 신체장애자 및 질병·노령 기타의 사유로 생활능력이 없는 국민은 법률이 정하는 바에 의하여 국가의 보호를 받는다.

가장 잘 실현할 방법이란 것이다. '직접 경제적으로 지원하는 것은 금액이 너무 적어 무의미하고, 담배소매업과 자판기설치 우선권 부여 같은 방법은 혜택받는 장애인이 적다. 안마사 자격을 비장애인에게 열어주고 대신 장애인에게 인센티브를 준다고 해도, 결국 장애인은 경쟁에서 밀릴 가능성이 크다. 게다가 시각장애 대부분이 후천적으로 발생하는 점을 생각해본다면, (누구나 맹인이 될 수 있으니) 안마사 독점이 비장애인을 차별한다고 하기 어렵다.' 반면 위헌의견은 안마사 독점이 시각장애인에게 주는 효과는 아주 작지만, 반면 비시각장애인의 기회를 봉쇄하는 문제점은 무척 크다고 설명한다. '2007년 통계를 보면 경증 시각장애인 17만 685명 가운데 50여 명만이, 중증 시각장애인 3만 9,283명 가운데 17퍼센트 수준인 6,000~7,000명만이 안마일을 한다. 따라서 생계보장 효과가 의심스럽다. 오히려 생계를 보장하려면, 안마사 독점 대신 노인복지시설 · 장애인복지시설 · 대규모사업장 등에 의무적으로 고용시키는 방법이 낫다고 본다. 국회가 대안을 고민하지 않고 기존 방법에만 안주하려는 것은 오히려 헌법 34조 5항의 의무를 게을리 한 것이고, 일반인의 직업선택의 자유를 침해해 또 위반이다.'

한편 4기 헌재는 또 하나의 중요한 배려 결정을 내린다. 파키스탄 사람 아무개 알리는 2004년 8월 24일 헌법소원을 제기했다. 한국에 와서 이곳 노동자와 똑같이 일하는데도 권리는 절반밖에 없다는 내용이었다. 원인은 외국인 산업기술연수생들은 반쪽짜리 권리만 받으라고 한 노동부 예규❛에 있다고 했다. 산업기술연수생제도는 뭘까.
1991년 11월 처음 생길 때는 외국에 진출한 한국 대기업이 현지 노동
자를 한국에서 연수시키는 것이었다. 하지만 시간이 흐르면서 제도는
심각하게 변형돼 연수는 사라지고 노동만 남았다. 쉽게 말해, 이름만
산업기술연수생이었지 실제는 기피업종 수입노동자였다. 그런데도
근로기준법상 퇴직금(34조) · 임금채권우선변제(37조) · 연차유급휴
가(59조) · 임산부 보호(72조) 등은 보장하지 않았다. 알리의 주장에
대해 정부는 연수생 차별이 합리적이라고 했다.
이유는 첫째, 근로권은 외국인 차별이 가능한
사회권적 기본권❛이다. 둘째, 국내 고용시장 안
정을 위해 외국인 근로자는 차별이 불가피하다.
셋째, 산업연수생은 근로자가 아니라 그야말로
연수생에 불과하다, 등이다.

4기 재판소는 2007년 8월 30일 외국인 노동
자 문제를 선고한다. 먼저, 근로권은 국민의 권
리이자 동시에 인간의 권리라고 분류 · 정의하
면서 외국인을 껴안는다. '근로의 권리가 일자
리 보장 등 자리에 관한 것이라면 국민의 권리
가 맞다. 하지만 정당한 보수 등 환경에 관한 문
제라면 인간의 권리가 된다. 따라서 외국인이라
고 근로권을 보장받지 못하는 것이 아니다.' 다
음으로, 평등원칙에 따라 외국인 노동자 차별은

❛ 외국인산업기술연수생의 보호 및
관리에 관한 지침 [개정시행 1998.
2. 23]
제4조(연수생의 지위) 연수생은 출입
국관리법령에 의한 연수생 신분의 체
류 자격을 가지되 연수과정에서 현장
연수의 특성상 사실상의 노무를 제공
함으로써 임금·수당 등 여하한 명칭
으로든지 근로의 대상을 지급받고 있
는 경우에는 이 지침이 정하는 한도
내에서 근로자로서의 권리의무를 갖
는다.

❛ 사회권적 기본권 = 본래 그 나라 국
민의 사회적·경제적 지위를 보장하
기 위한 것이어서 외국인에게는 인정
되지 않는다는 것이 교과서의 설명이
다.[2] 상대개념으로 자유권적 기본권이
있다. 하지만 기본권 분류는 잣대 자
체가 다양한데다, 하나의 기본권에도
여러 성질이 섞여 있어 위와 같이 평
면적으로 나누는 것은 무모하다고도
한다.[3]

부당하고, 헌재가 살펴보니 연수생 일이 노동자와 같다며 정부의 나머지 주장을 차례로 깬다. 헌재는 외국인 노동자의 근로권 평등이론을 구성하기 위해 여러 근거를 제시한다. 헌법 11조 1항● · 헌법 32조 3항● · A규약 7조● · 근로기준법 5조● 등이다. 고심한 흔적이다. 물론 선고에 앞서 이미 2007년 1월 1일 산업연수생제도가 고용허가제로 합쳐졌다. 다만 2006년 12월 31일 이전에 들어온 경우에만 1년간 산업기술연수생 신분을 거치는 이전 규정을 지키도록 했다. 따라서 위 헌결정은 일부 산업기술연수생에게 넉 달 이하 혜택만을 준 셈이다. 그래서 일부에서는 때늦은 결정이라고 비판했다.[4] 실제로 평의과정에서 폐지가 눈앞인데 선고하는 것은 모양새가 좋지는 않다는 의견도 있었다. 3기에서 넘겨받은 사건 때문에 뒷북이라 비난받느니 조금 끌다가 각하하는 방법도 가능하다는 생각이 깔려 있다. 하지만 이날 결정 선고는 헌재가 국민의 권리만이 아닌 인간의 권리를 인정한 것이어서 의미가 각별하다. 실제로 외국에서도 헌재의 이주 노동자 인권보호에 찬사를 보냈다. 산업기술연수생을 많이 보냈던 몽골을 2008년 7월 9일 소장 이강국이 방문했다. 당시 몽골 헌재소장 비암바도르츠[Jamsran Byambador]는 '한국에 우리 청년들이 연수

● 대한민국헌법 [개정시행 1988. 2. 25]
제11조 ① 모든 국민은 법 앞에 평등하다. 누구든지 성별·종교 또는 사회적 신분에 의하여 정치적·경제적·사회적·문화적 생활의 모든 영역에 있어서 차별을 받지 아니한다.

● 제32조 ③ 근로조건의 기준은 인간의 존엄성을 보장하도록 법률로 정한다.

● 국제연합의 경제적·사회적 및 문화적 권리에 관한 국제규약 [발효일 1990. 7. 10.]
제7조 (a) (i) 공정한 임금과 어떠한 종류의 차별도 없는 동등한 가치의 노동에 대한 동등한 보수. 후단 생략

● 근로기준법 [개정시행 2003. 9. 15]
제5조 (균등처우) 사용자는 근로자에 대하여 남녀의 차별적 대우를 하지 못하며 국적, 신앙 또는 사회적 신분을 이유로 근로조건에 대한 차별적 처우를 하지 못한다.

생으로 많이 나가 있었다. 헌재가 좋은 결정을 해줘 감사하게 생각한다'고 말해, 고마움을 표시했다. 한편 이 결정은 이강국 등 2명 각하, 목영준 등 7명 위헌의견이었다. 이로써 헌재는 3 · 4기에 걸쳐 장애인 외국인 등 약자와 소수자 배려에 대한 토론과 의지를 확실히 보여준다.

◈ 1차 안마사 사건 위헌제청 = 2002헌가16

◈ 2차 안마사 사건 헌법소원 = 2003헌마715 등 병합

◈ 3차 안마사 사건 헌법소원 = 2006헌마1098 등 병합

◈ 산업기술연수생 근로권 부실 헌법소원 = 2004헌마670

1 | 《한겨레》 2006년 5월 30일 13면. 《한겨레》 2006년 5월 31일 12면. 《세계일보》 2006년 5월 31일 8면. 《국민일보》 2006년 6월 5일 26면.

2 | 정종섭, 제4판 『헌법학원론』 박영사, 2009, 313쪽.

3 | 정종섭, 제4판 『헌법학원론』 박영사, 2009, 471쪽.

4 | <세상에나, 평등이라니!> 《한겨레21》, 2007년 9월 20일, 146쪽.

24

광장

모이고 주장하는 자유에 관하여

집회 및 시위에 관한 법률에 따르면 외교기관·법원·국회 등 100미터 이내에서는 시위와 옥외집회가 금지된다. 이에 대해 위헌소송이 제기되자, 헌법재판소는 각각 다른 결론을 낸다. 이와 함께 해가 떨어진 다음에는 옥외집회와 시위를 할 수 없었다. 이 조항은 1기 재판소에서 합헌으로 결정났던 것. 하지만 촛불집회로 대표되는 21세기에 더욱 강하게 억압으로 작용했다.

1982년 7월 한여름, 서울 서소문 법원행정처장실. 법원행정처장 김용철은 갓 서른된 얼굴 뽀얀 청년을 마주했다. 눈매는 부드럽고 눈빛은 올곧았다. "자네, 판사로 임관하기는 어렵게 됐지만, 우선 검사로 임용신청을 하면 어떤가. 몇 년 재직하면 임용결격자라는 꼬리표가 떨어질 테니, 그때 판사로 전관하면 되잖겠는가." 그러나 청년의 마음은 움직이지 않았다. 대신 8월 2일 사법연수원 12기를 차석 수료했다는 법무부장관상만 쓸쓸히 받아 쥐고, 고향으로 내려간다. 부산 가는 차창밖을 보며 청년은 생각했다. '명백하게 부당한 임관 거부다. 원칙으로 돌아가서 생각하자. 그런 식으로 법관이 되고 싶지는 않다.' 이 청년이 변호사 문재인이다. 임관 좌절 이유는 1975년 박정희 유신 반대시위에 나섰다가, 집회 및 시위에 관한 법률 위반으로 징역10월 집행유예 2년을 선고받아서다. 곧바로 강제 징집된 뒤 복학한 1980년에는 전두환 신군부에 항의하다 수감된 청량리경찰서에서 제22회 사법시험 합격 소식을 들었다.

1987년 2월 늦겨울, 부산 범일동 대공분실. 변호사 세 사람이 체포되어 있었다. 혐의는 집회 및 시위에 관한 법률 위반. 2월 7일 오후 2시 30분에 잡혀 형사소송법이 정한 48시간을 넘긴 시각이다. 문재인과 김광일은 2월 9일 오후 6시 항의 끝에 풀려난다. 그런데도 아직 한 사람이 나오지 않았다. 문재인은 상황을 파악하러 부산지법으로 달려갔다. 영장 판사 한기춘은 이미 영장을 기각한 상태였다. 그런데도 동료 변호사는 풀려나지 못했다. 이유는 검찰이 당직부장 윤우정에게 영장을 재청구하고 변호사를 잡아둔 것. 소식은 금세 서울에 알려졌고 대한변협 인권위원이 내려와 윤우정에게 법원이 이런 청구를 받아들일 순 없다고 말했다. 그러자 윤우정은 기록을 놔둔 채 퇴근해버리고, 검찰은 새벽까지 법원장 김석수 · 수석부장 조수봉 · 부장판사 홍일표를 찾아가지만 영장을 받지 못한다. 이날 마지막까지 잡혀 있던 변호사가 노무현, 영장을 청구한 부산지검 공안부장은 주선회, 대한변협 인권위원이 하경철이다.

집시법은 1961년 5 · 16 군사쿠데타 이후 생겼다. 박정희 군사혁명위원회에서 이름이 바뀐 국가재건최고회의●에서 제정했다. 최고회의는 입법 · 사법 · 행정을 모두 차지하고 헌법과 기본권을 제한한 초헌

● 국가재건비상조치법 [제정시행
1961. 6. 6]
제3조 (국민의 기본권) 헌법에 규정
된 국민의 기본적 권리는 혁명과업수
행에 저촉되지 아니하는 범위 내에서
보장된다.

제24조 (헌법과의 관계) 헌법의 규정
중 이 비상조치법에 저촉되는 규정은
이 비상조치법에 의한다.

● 집회 및 시위에 관한 법률 [개정시
행 1999. 5. 24]
제11조 (옥외집회 및 시위의 금지장
소) 누구든지 다음 각호에 규정된 청
사 또는 저택의 경계지점으로부터 1
백미터 이내의 장소에서는 옥외집회
또는 시위를 하여서는 아니된다.
1. 국회의사당, 각급법원, 헌법재판소,
국내 주재 외국의 외교기관.
2. 대통령관저, 국회의장공관, 대법원
장공관, 헌법재판소장공관.
3. 국무총리공관, 국내 주재 외국의
외교사절의 숙소. 다만 행진의 경우에
는 예외로 한다.

법조직이다. 1980년 전두환 신군부가 국가보위
입법회의를 만들 때도 본뜬 모델이다. 1963년 1
월 1일 시행된 집시법은 이후 독재반대 세력을
감방에 가두고 벌주었다. 박정희 정부에 항의하
던 대학생 문재인과, 전두환 정부를 반대한 변
호사 노무현도 집시법으로 처벌됐다.

1999년 봄, 서울 광화문 주변에 시위가 부쩍
늘었다. 국제통화기금 구제금융신청 이후 노동
자들의 집회가 많았다. 특히 광화문 네거리 교
보생명 대각선 광화문빌딩 앞에 몰렸다. 그러
자 7월 17일 브루나이 대사관이 건물 7층에 임
차입주하면서 경찰은 집회신고를 받아주지 않
는다. 근거는 외교기관 주변 100미터에서는 집
회 · 시위를 할 수 없다는 집시법 11조 1호●다.
당시 보도에 따르면 빌딩 측은 집회가 잦아지
자, 브루나이 대사관에 저렴한 임대조건을 제시
해, 입주시켰다고 한다.[1] 2000년 3월에는 삼성
생명빌딩에 엘살바도르 대사관이, 같은 5월에는 정부종합청사 인근
현대상선건물에 파나마 대사관이 각각 입주한다. 그러자 광화문 일대
에서 집회 · 시위가 사실상 어려워진 시민단체들이 헌법소원을 낸다.

3기 헌재는 외교기관 100미터 조항을 2003년 10월 30일 선고한다.
평의가 한창이던 2003년 3월 현재 국내에는 88개 상주 대사관, 7개

국제기구 사무소가 있었다. 도심 광화문 주변 건물과 여기서 이어지는 한남동 등 용산구에 많았다.[2] 이 점이 재판관들에게 주요하게 작용하면서 위헌이 된다. 위헌 이유는 크게 두 가지다. 그 가운데 핵심은, 서울 같은 대도시에서 100미터라면 다른 대상을 향한 시위까지 덩달아 금지된다는 것, 즉 시위할 곳이 없다는 것이다. 둘째, 조항목적이 외국과의 좋은 관계유지인 듯한데 평화로운 시위를 한다고 해서 선린관계가 망가지지는 않는다는 것이다.

그리고 이듬해 이란성 쌍둥이 사건이 접수된다. 법원 100미터에 집회·시위를 금지하는 것은 문제가 있다며 창원지법 진주지원 권동주 판사가 위헌제청했다. 2005년 11월 24일, 3기 재판소가 이번에는 합헌을 선고한다. 이유는 외교기관 사건과 논리 구성은 같고, 판단만 뒤집었다. 첫째, 법원은 다른 건물에 입주한 것도 아니고 청사가 많은 것이 아니기 때문에 다른 대상을 향한 시위까지 부당하게 금지하는 효과는 작다는 것. 둘째, 사법작용은 외부의 영향이나 통제를 받지 않아야 하므로 적절한 보호장치를 해줘야 한다. 사법의 신뢰를 위해 반드시 필요하다는 것이다.

재판관 주선회는 외교기관 100미터 사건 집필자다. 100미터 사건들에서 시위의 자유에 관한 이론 구성에 틀을 잡았다. 주선회의 인터뷰. "법원은 서울에 네 곳밖에 없다. 지방에도 큰 도시 몇 곳만 하나 정도 있다. 이런 정도에다가 재판에 관여하게 하면 안 되니 못하게 하는게 맞다. 하지만 대사관·공사관·영사관은 정말 여러 곳에 흩어져 있다. 당사자들이 모르다가 시위하려고 보면 대사관이 있다. 교보생

100미터 선고 결과

외교		법원	
불합치	김영일	이공현	
위헌	윤영철		위헌
	송인준		
	한대현	전효숙	
	하경철	조대현	합헌
	김효종		
	김경일		
	주선회		
합헌	권성		

명을 비롯해 광화문 네거리에서는 일절 못한다. 서울 요지에서는 전혀 못하는 셈이다. 그것은 곤란하다. 물론 이론도 최선을 다해 구성했지만, 내심에는 만약 이걸 못하게 하면 서울에서 합법적으로 시위할 수 있는 장소가 주요 도로에는 없다는 게 깔려 있었다. (외교단지가 생겨 모두 한 건물에 들어 있다면) 외교기관 100미터 사건에도 합헌했을지 모른다. 그건 모르는 것이다. 참고로 이 사건들은 이론보다 현실이 앞선 경우다. 반대로 현실보다 순수이론이 앞선 경우로는 준법서약 사건이 있다."

그러나 두 사건 모두에 위헌을 주장한 송인준은 외교공관과 법원이 본질적으로 무엇이 다르냐고 물었다. 인터뷰. "두 사건을 나눠서 보기 어렵다. 본질적으로는 나눠서 설명할 이유가 없다. 재판은 영향을 받고 외교나 입법은 영향을 안 받는다고 보기 어렵다. 헌법이 언론·출판·집회·결사의 자유를 보장한다. (폭력시위 등에 대해) 적절하게 집시법을 운용하면 되는 것이다. 집시법 11조는 본질적으로 모두 같고, 위헌이다."

한편 권성은 자기 이론으로 모두 합헌을 주장한다. 이른바 집회의 3원칙이다. '헌법은 비폭력집회만 보호하므로 '평화의 원칙'이 대전제. 평화로우려면 주체와 대상이 떨어지는 '이격離隔의 원칙'과 민주주의 기본정신 '상대존중의 원칙'이 필요. 이제 이격과 존중은 함께 움직인다. 존중이 지켜지면 이격 필요가 줄어들고, 지켜지지 않으면 이격 거리가 늘어난다. 그 한계는 정부 경험을 바탕으로 국회가 적절히 정할 일이다. 따라서 헌재는 신중해야 한다.' 권성의 인터뷰. "적어도 고등법원 판결부터는 당당하게 이론을 펼쳐야 한다. 승패 결론만 쓰는 판결은 부족하다. 그래서 나는 필요하다면 이론을 만들었다. 이 경우도 궁리 끝에 개발한 이론이다. 물론 평의과정에서 집회의 3원칙을 개발했으니 들어보라는 식으로 말하지는 것은 예의가 아니다. 교과서에 있다면 어느 부분에 그렇지 않느냐고 해보겠지만. 개발이론이기 때문에 풀어서 설명하고 동조를 구한다. 집회의 3원칙에선 동조자를 구하지 못했다."

그리고 1·4기 재판소는 15년 간격을 두고 같은 조항을 판단한다. 옥외집회란 무엇인가, 그리고 야간집회가 금지되어야 하는가이다. 우선 옥외집회 문제. 집시법은 옥내집회 아닌 옥외집회를 주로 규제한다. 사전에 신고해야 하고, 경우에 따라 금지나 제한을 받으며, 원칙적으로 야간에는 금지되는 등 규제가 따른다. 엄격하기가 시위와 같은 수준이다. 그래서 옥외집회를 어디까지로 규정하는지가 중요하다. 1989년 6월 10일 대구직할시 경북대학교 야외공연장에서 전국교직원노동조합 대구·경북지부 결성식 전야제를 열어 기소된 이 아무개가, 재

● 집회 및 시위에 관한 법률[개정시행 1991. 11. 30]
제2조 (정의) 이 법에서 사용하는 용어의 정의는 다음과 같다.
1. "옥외집회"라 함은 천장이 없거나 사방이 폐쇄되지 않은 장소에서의 집회를 말한다.
2. "시위"라 함은 다수인이 공동목적을 가지고 도로·광장·공원 등 공중이 자유로이 통행할 수 있는 장소를 진행하거나 위력 또는 기세를 보여 불특정 다수인의 의견에 영향을 주거나 제압을 가하는 행위를 말한다.

판을 받던 1991년 헌법소원을 냈다. 옥외집회 정의 조항과, 야간집회 금지 조항 등이 부당하다고 했다.

이 아무개 주장은 이랬다. 시위로 처벌하려면 다수인 통행이라는 엄격한 전제가 필요하다. 법이 그렇다. '〈전제〉 시위라 함은 다수인이 공동목적을 가지고 도로·광장·공원 등 공중이 자유로이 통행할 수 있는 장소를 〈행위1〉 진행하거나 〈행위2〉 위력 또는 기세를 보여 불특정 다수인의 의견에 영향을 주거나 제압을 가하는 행위를 말한다.' 반면 옥외집회는 아무런 전제가 없어 지나치게 포괄적이다. '옥외집회라 함은 천장이 없거나 사방이 폐쇄되지 않은 장소에서의 집회를 말한다.' 이에 대해 국가 측은 옥외집회개념에는 시위에 적힌 〈전제〉가 생략된 것이라고 반박했다. 따라서 옥외집회 역시 공중 통행이 있어야만 문제가 되므로, 이 조항이 합헌이란 것이다.

1기 재판소는 1994년 4월 28일 합헌을 선고한다. 그런데 이유가 법무부가 방어한 것보다 완고하다. 청구인·피청구인 모두 시위 조항을 잘못 이해해, 옥외집회까지 오해했다고 밝힌다. 그리고 양측과 다른 지점에서 법조문을 자른다. '시위라 함은 다수인이 공동목적을 가지고 〈행위1〉 도로·광장·공원 등 공중이 자유로이 통행할 수 있는 장소를 진행하거나 〈행위2〉 위력 또는 기세를 보여 불특정 다수인의 의견에 영향을 주거나 제압을 가하는 행위를 말한다.' 따라서 〈행위2〉라면 시위 처벌에 공중 통행이라는 전제가 없어도 되고, 따라서 옥외집회도 마찬가지라고 했다.

변정수가 반대의견을 냈다. '정지된 집회보다 움직이는 집회인 시위가 공공에 끼치는 영향이 더 크다. 그런데 시위보다 범위를 넓혀 옥외집회를 규제하려는 것은 형평에 맞지 않는다. 천장이 있건 없건 사방에 폐쇄되었건 말건 간에 공공의 안녕질서에 위해가 크지 않은 장소라면 규제대상으로 삼을 필요가 없다. 다수의견은 검찰총장의 의견에도 미치지 못하는 보수성과 반민주성을 지니고 있다.' 그리고 조규광이 비슷한 이유로 한정위헌의견을 더했다.

그리고 4기 재판소는 옥외집회 정의 사건을 2009년 5월 28일 다시 선고한다. 2007년 3월 13일 헌법소원된 것으로, 1기 때와 같은 조항이다. 하지만 쟁점이 완전히 달랐다. 15년 세월이 바꾸어놓았다. 더이상 경찰은 대학교 안에서 하는 행사를 저지하려 때리고 잡아가지 않았다. 공중이 자유로이 통행하든 말든 공안당국도 관심두지 않았다. 그런 행사가 별로 있지도 않았다. 집시법 전과자 노무현과 문재인은 대통령과 비서실장을 마치고 귀향했으며, 주선회와 하경철은 헌법재판소를 떠나 변호사로 활동하던 때다. 세월은 법률과 사람을 모두 바꾸었다. 21세기에 옥외집회는 촛불집회로 대표됐다. 2002년 11월 미군에 살해된 여중생 추모, 2003년 3월 국회의 대통령 노무현 탄핵규탄, 2008년 5월 미국 소고기 수입 반대 등이다. 이 헌법소원 사건이 촛불시위로 인한 것은 아니었다. 하지만 당시 촛불시위 참가자들은 문화제라 주장하며 옥외집회에 부과되는 신고의무와 야간금지 조항 등을 피했고, 경찰은 수긍하려 하지 않았다. 따라서 이번을 계기로 옥외집회의 정의가 무엇일지 관심사로 떠올랐다.

4기 재판소는 옥외집회의 정의와 적용에 문제가 없다고 했다. '집회란 같은 목적을 가진 사람들이 특정 장소에 일시적으로 모이는 것이다. (따라서 옥외집회의 성격도 상식적으로 생각할 수 있다). 한편 집회가 시위보다 언제나 덜 위험한 것도 아니다. 그러니 집회나 시위나 마찬가지로 신고토록 하고 그렇지 않을 경우 처벌하는 것은 합헌이다.' 다만 재판관 조대현이 애매성을 지적한다. '2인 이상이 옥외에 모이기만 하면 모두 신고의무가 부과되는 옥외집회에 해당한다. 다만 예술이나 상제 등 집시법 13조⁕에 열거한 행사들만 예외가 된다. 그렇다면 사회질서를 해칠 개연성이 확실하지도 않은 상당수 집회에 신고의무를 부과하는 것이어서 위헌이다.'

그리고 이명박 정부가 들어선 첫해인 2008년 봄 전국적으로 미국 소고기 반대시위가 벌어졌다. 시위를 주도한 혐의로 안 아무개가 기소되었고, 재판과정에서 서울중앙지법 박재영 판사가 야간 옥외집회 금지는 문제가 있다며 10월 13일 위헌제청한다. '집시법 10조⁕는 야간 옥회집회를 원칙으로 금지하고 예외로 허가하는데, 이는 집회에 대한 사전허가제를 금지한 헌법 21조 2항⁕ 위반이다. 많은 국민이 낮에는 학교에서 공부하거나 직장에서 일하는데 야간 옥외집회를 할 수 없다면 집회의 자유라는 정치적 기본권은 있으나 마나한 게 된다.' 이후 박재영은 넉 달만인 2009년 2월 갑작스레 퇴직한다. 이

⁕ 집회 및 시위에 관한 법률[개정시행 2004. 3. 1]
제13조 (적용의 배제) 학문·예술·체육·종교·의식·친목·오락·관혼상제 및 국경행사에 관한 집회에는 제6조 내지 제12조의 규정을 적용하지 아니한다.

⁕ 집회 및 시위에 관한 법률 [개정시행 2007. 5. 11]
제10조 (옥외집회와 시위의 금지 시간) 누구든지 해가 뜨기 전이나 해가 진 후에는 옥외집회 또는 시위를 하여서는 아니된다. 다만 집회의 성격상 부득이하여 주최자가 질서유지인을 두고 미리 신고한 경우에는 관할경찰관서장은 질서 유지를 위한 조건을 붙여 해가 뜨기 전이나 해가 진 후에도 옥외집회를 허용할 수 있다.

무렵 대법관에 취임한 신영철은 바로 앞해 서울 중앙지법 형사수석 시절 집시법 10조 재판과 관련해, 판사들에게 이메일을 보낸 사실이 드러난다. 그러자 전국 판사들의 사퇴 압박을 받는다.

● 대한민국헌법 [개정시행 1988. 2. 25]
제21조 ② 언론·출판에 대한 허가나 검열과 집회·결사에 대한 허가는 인정되지 아니한다.

이와 관련, 야간 옥외집회 금지 조항은 1기 재판소가 퇴임을 앞두고 1994년 5월 28일 선고한 사건의 다른 쟁점이기도 하다. 재판관 변정수 혼자 위헌을 주장해 합헌이 됐다. 변정수는 인터뷰에서 "문제 조항이 여전히 살아남아 15년이 지나 헌재에 위헌 소송된 사실 자체가 안타깝다. 당시 임기 막바지라 내가 토론을 뜻대로 진행하지는 못했다. 대신 의견을 강력하게 쓰겠다고 했다. 지금으로서도 한 글자도 바꿀 것이 없다. 4기 재판관들이 읽어본다면 풍부하고 다양한 토론이 될 것"이라고 말했다. 당시 그의 의견은 이렇다. '국민 대다수를 차지하는 직장인들은 퇴근 전후, 즉 해가 진 뒤나 뜨기 전일 수밖에 없다. 이런 현실에서 야간 옥외집회와 시위를 금지하는 것은 지나친 제약이다. 그리고 집시법 13조가 써놓은 학술이나 예술 등에 관한 집회에서는 집회와 시위의 자유가 거론될 필요조차 없이 당연한 것이다. 오히려 그 외의 집회 특히 정치성이 있는 집회에서 자유가 요청되는 것이다. 그런데도 학술 및 예술 집회만 야간에 하면 됐지, 나머지는 제한해도 괜찮다는 이론은 정치적 기본권으로서의 집회와 시위의 자유를 무시하는 부당한 것이다.' 마침내 2009년 9월 24일 4기 재판소는 야간 옥외집회 금지 조항에 헌법불합치를 선고한다. 그리고 100미터 금지 셋째 사건인 국회 100미터 헌법소원을 심리한다.

1기 변정수의 소수의견은 법정의견이 되지 못했지만 우리 사회에 자산으로 남았다. 서울중앙지법 판사 박재영의 집시법 10조 위헌제청 이유, 재판관 조대현의 집시법 2조 1호 의견 모두 변정수 아이디어에 기반한다. 이렇듯 가치 있는 소수의견은 세월이 흘러도 소중한 토론의 자양분으로 남는다.

◈ 외교기관 100미터 금지 헌법소원 = 2000헌바67 등 병합

◈ 법원 100미터 금지 위헌제청 = 2004헌가17

◈ 국회 100미터 금지 헌법소원 = 2006헌바20 등 병합

◈ 집시법 헌법소원 = 91헌바14

◈ 옥외집회 정의 헌법소원 = 2007헌바22

◈ 야간 옥외집회 금지 위헌제청 = 2008헌가25

---

1 | 《국민일보》 1999년 7월 26일 21면

2 | 정인섭, 『집회와 시위의 자유』 사람생각, 2003, 139쪽.

25

한계

대통령, 권력을 걸고 재판소에 묻다

노태우·김영삼·김대중·노무현. 재판소 출범 이후 대통령들 가운데, 변호사 출신 노무현과 헌재의 인연이 가장 특별하다. 수많은 정책과 결단이 헌법소송당했다. 노무현 자신이 청구인으로 헌법소원을 제기하고, 사상 처음으로 대통령이 탄핵됐다. 결과적으로 재판소는 노무현 덕을 보지만, 노무현은 재판소에서 얻는 게 없다. 노무현과 재판소는 서로를 미숙하다고 평가한다.

"노무현 대통령이 진취적인 정책을 많이 펴면서 헌법의 한계를 넘나들었다. 자유민주주의의 기본질서를 지향하는 헌법의 한계선이었다. 우리는 앉아 있을 수가 없었다. 서고 싶어서 선 게 아니다. 사법적 극주의를 내세워 심판한 것도 아니다. 들끓는 민심, 흔들리는 여론을 잠재울 곳은 재판소뿐이었다. 좋든 싫든 전면에서 결정해야 했다. 그 바람에 역설적으로 헌재의 위상이 순식간에 올라갔다." 송인준의 인터뷰.

1기 재판소는 군사정부 시절의 악법을 걷어내면서 강력한 인상을 남긴다. 그러나 2기 재판소가 12·12와 5·18 사건을 미숙하게 처리하면서 침체에 빠진다. 3기 재판소는 이런 중대한 갈림길에서 무거운 책임을 안고 출범한다. 이런 가운데 대통령 노무현의 등장이 헌재의 위치를 순식간에 끌어올린다. 왜냐하면 노무현의 적극적인 정치 스타일이 헌재를 사법적극주의로 이끌었다. 노무현과 재판소 사이에는 무슨 일이 있었을까.

임기시작 8개월째, 2003년 10월 10일. 대통령 노무현이 재신임 판단을 제안한다. 이유는 전 청와대 총무비서관 최도술에 대한 비리 혐의 수사. 하지만 다음 날 기자회견에서는 야당 비협조로 인한 국정수행 지장이 내심이었음을 밝힌다. 행정자치부 장관 김두관 해임건의안과 감사원장 윤성식 임명동의안 부결 등이 대표적 예라고 했다. "지난 몇 달 동안에 국정이 정말 순조롭고 안정되게 잘 진행돼왔습니까? 납득할 수 없는 이유로 장관이 국회에 의해 쫓겨나고, 최고 전문가라는 생각으로 감사원장을 지명했는데, 무슨 이유가 있어야 부결이 되더라도 납득할 것 아닙니까? 몇 달 동안 계속해서 혼란을 거듭하면서 싸움을 계속하는 것보다 명쾌하게 정국을 정리해나가는 것이 정국을 안정시키는 데 도움이 된다고 생각합니다."

재신임방법이 문제였다. '변호사' 노무현은 10월 10일, 국민투표가 마땅치 않으니 방법을 찾자고 했다. 그러다 10월 11일에는 국민투표로 하되 전제를 달면 가능할 것이라고 말한다. 두 차례 모두 청와대, 기자회견에서다. 10월 10일, "방법은 그렇게 마땅하지 않습니다. 국민투표를 생각해보았는데 거기에는 안보상의 문제라는 제한이 붙어 있어서 적절할지는 모르겠습니다만 그러나 어떻든 공론에 붙여서 적

헌법재판소, 한국현대사를 말하다 1

절한 방법으로 받을 수 있을 것입니다." 10월 11일, "국민투표로 대통령을 사임하게 하는 국민투표법은 만들 수 없겠지만, 대통령이 신임을 물어 사임 여부를 결정하는 국민투표라든지, 중요 정국과 관련 신임을 묻는다든지 하면 되지 않겠습니까?"

10월 13일에는 재신임에 따른 사퇴날짜와 대선날짜를 특정한 뒤, 방법은 정책 연계 없이 재신임만으로 가자고 제안한다. "재신임 국민투표는 12월 15일 전후가 좋겠습니다. 불신임되면 각 당이 두 달간 대통령 후보를 준비하고, 제가 2월 15일 사임해 그로부터 60일 이내인 4월 15일 총선과 함께 대선을 치릅니다. 반대로 재신임해주실 경우 다가오는 12월에 내각과 청와대를 개편하고 국정쇄신을 단행하겠습니다. 그리고 재신임 요구에는 어떤 조건도 붙이지 않겠습니다. 정책과 결부하지 않고 재신임 여부를 그냥 묻는 것이 좋겠다고 생각합니다. 깨끗한 정치 투명한 정치가 실현될 수 있다면, 그렇게만 된다면 기쁜 마음으로 대통령직을 내놓을 각오가 돼 있습니다. 그 이상도 그 이하도 아닙니다."

곧바로 재신임 국민투표는 근거가 없어 헌법 72조 위반이라는 헌법소원이 잇따라 제기된다. 헌재는 곧바로 다음 달 11월 27일 선고한다. 재판관 5명이 심판대상이 아니라며 본안에 가지 않고 각하한다. 나머지 4명은 본안에 들어가 위헌의견을 낸다. 재판관들이 갈리는 지점은 대통령 노무현의 행위를 어떻게 평가할 것인가이다. 10월 10일 ~10월 13일 노무현의 정치행위가 준비행위 정도로 번복 가능한 수준이냐, 아니면 국민투표로 가는 심각한 결단이냐로 나뉜다. 우선, 가볍

● 대한민국헌법 [개정시행 1988. 2. 25]
제72조 대통령은 필요하다고 인정할 때에는 외교·국방·통일 기타 국가안위에 관한 중요 정책을 국민투표에 붙일 수 있다.

● 헌법재판소법 [개정시행 2003. 6. 13]
제68조 (청구사유) ① 공권력의 행사 또는 불행사로 인하여 헌법상 보장된 기본권을 침해받은 자는 법원의 재판을 제외하고는 헌법재판소에 헌법소원심판을 청구할 수 있다. 후단 생략

다고 파악한 재판관들은 각하의견을 냈다. '대통령은 재신임에 대한 구상을 밝힌 것에 불과하다. 준비행위에 불과하여 언제든지 변경되고 폐기될 수 있는 것이다. 그런 발언은 공권력 행사가 아니다. 따라서 헌재법 68조 1항●의 헌법소원대상이 아니어서, 각하.' 반면 심각한 수준이라고 파악한 재판관들은 인용이다. '대통령의 진지하고 신중하며 고뇌에 찬 결단이고, 국민투표라는 공적인 절차를 출발시키는 공권력 행사다. 그래서 본안에 간다. 헌법 72조●에 따라 재신임을 묻는 국민투표는 불가능하므로, 위헌이다.'

그래서 법정의견은 각하다. 문제는 재신임 국민투표안이 실제 공고될 경우, 각하의견이던 5명도 반드시 위헌 여부를 말해야 한다는 것. 이들 가운데 2명만 위헌의견이면, 결과는 위헌이다. 그래서 이 사건은 각하의견이지만 청와대를 압박하는 효과가 있었다. 결국 헌재의 위헌성 각하결정과 한나라당의 찬성입장 번복이 뒤섞여, 국민투표는 없던 일이 된다.

위헌의견 송인준의 인터뷰. "대통령의 재신임 국민투표 의도가 불순했다. 프랑스 대통령 샤를르 드 골Charles De Gaulle은 1959~1969년 재임 동안 5차례 신임투표를 걸었고, 결국 마지막 신임에 실패해 물러났다. 드골은 정국의 불안정을 국민투표로 돌파하려 했다. 그러면 안 된다. 그것은 헌법이 정한 국민투표의 기본취지에 안 맞는다. 국민투

표는 제한된 사안에 대해 국민이 열라고 하는 것이지, 그렇지도 않은 길을 대통령이 마음대로 내라고 하는 것이 아니다. 그것은 밝혀주는 게 헌법을 지키는 재판관 사명이라고 생각했다."

각하의견 주선회는 인터뷰에서 "헌법재판의 대상인 공권력의 행사가 아니라고 봤다. 정치인이 정치발언을 얼마든지 할 수 있다. 그걸 모두 공권력 행사로 판단하면, 헌재가 정치적 발언까지 모두 재단하는 셈이다. 그 정도 수준의 발언에 대해 위헌 여부를 판단하기 어렵다고 봤다"고 말했다. 역시 각하로 판단한 하경철의 인터뷰. "대통령 자신의 의견 · 생각 · 구상을 강력하게 피력한 것에 불과하다. 국회에 정식으로 제안한 것도 아니어서, 구체적 행동으로 나가지 않았다. 설령 정치적 · 도덕적으로 바르지 않다 해도, 그것이 실질적인 헌법 위반은 아니다."

참여정부 비서실장 문재인 인터뷰. "한나라당은 노무현 당선을 받아들이지 않았다. 취임 한 달도 안 돼, '대통령으로 인정하기 어렵다', '국회에서 탄핵을 발의하겠다' 하면서 참여정부정책을 반대했다. 다수의석을 가지고 건건이 발목을 잡았다. 감사원장 · 행자부장관이 거부되고 해임건의된 상황에서 청와대 총무비서관 사건까지 터졌다. 정국이 교착상태에 빠졌다. 그래서 국민에게 이대로 국정수행을 계속해

대통령 재신임 선고 결과	
윤영철	
하경철	
김효종	각하
주선희	
전효숙	
김영일	
권성	
김경일	인용
송인준	

도 되겠는지 판단을 받아보자고 한 것이다. 게다가 대통령 뜻만으로 국민투표 부의권이 생긴다고 생각하지 않았다. 야당이 받아준다면 임의적인 투표권이 생긴다고 봤다. 앞서 1987년 노태우 대통령이 공약한 대통령 중간 평가에 대해 위헌 시비가 없었던 게 이런 이유다. 만약 우리가 부의권이 있다고 주장하면서 강행했다면 위헌일지 모르겠지만, 한나라당 취지에 맞춰 합의에 따른 임의투표로 가려 했다. 그런데 한나라당은 정작 대통령이 재신임 투표를 제안하고 나니, 그 부분에도 정략이 담겨 있다고 봐서 반대했고, 그래서 무산됐다."

이렇게 재신임 사건을 시작으로, 노무현과 재판소의 인연이 시작된다. 굵직한 것만 해도 이라크 파병 헌법소원, 대통령 노무현 탄핵심판, 신행정수도 헌법소원, 대통령 선거중립의무 헌법소원, 전효숙 헌법재판소장 후보 논란, 종합부동산세법 헌법소원 등이 있다. 이 덕분에 2기 재판소에 다소 침체였던 헌재는 3기 재판소에서 국민의 커다란 관심을 받는다. 이전과 한결 다른 위상을 확보한다. 2005년 시작된 《중앙일보》의 '파워기관 영향력 및 신뢰도 평가 여론조사'에서 헌재는 공공기관 가운데 영향력과 신뢰도에서 4년간 1위였다. 이명박 정부가 들어선 2009년에는 영향력에서 검찰에 밀려 2위지만, 신뢰도는 5년째 1위다.[1]

헌재 위상이 급상승한 이유는 무엇일까. 첨예한 정치 사건 해결을 빼놓을 수 없다. 송인준은 인터뷰에서 정치권력의 한계를 적극적으로 해석했다고 했다. "재신임 국민투표나 이라크 파병 헌법소원에서, 각하결정은 나한테 안 맞았다. 헌법재판관으로서 책임질 것은 지고, 맞을 것이 있다면 맞자는 입장이었다. 이유가 있다. 역사적으로 우리 헌법은 유린당했다. 독재를 정당화하기 위한, 권위주의 정부를 세우기 위한 누더기였다. 헌법이 그렇게 유린당해서는 안 된다. 정말 그래서는 안 된다. 헌법에 의한 지배를 확고히 하려면 나서서 말해야 했다. 웅크리지 말고 헌법의 원리를 만천하에 알려야 했다. 그래서 나설 수밖에 없었다. 정치 문제 역시 헌재가 결단을 내리고 판단해야 한다. 대통령이나 국회 결정 모두 헌법 아래 있다. 헌법의 가치와 원리를 밝혀, 헌법을 수호하는 게 헌재의 역할이다. 헌재가 잘나서가 아니라, 그것이 헌법이 헌재에 내린 명령이다. 그런 일을 회피한다면 헌법재판을 만든 이유가 없다."

권성의 인터뷰. "노무현 대통령이 결과적으로 헌재에 적잖게 기여해, 재판소의 위상을 엄청나게 부각시켰다. 하지만 대통령이 법률가로서 접근했다고는 생각하지 않는다. 정치 전술 차원에서 움직인 것으로 보인다. 그런 과정을 통해 지지자를 끌어 모으고 결속시켜 효과를 낸 게 아닌가. 국회의 탄핵가결 뒤 총선에서 크게 승리한 게 대표적이다." 주선회의 인터뷰. "기여라는 부분은 애매하고 위상을 올린 것만은 사실이다. 법률가로서 헌법적 한계를 시험했다기보다 정치적 성향이라고 본다. 법률가나 비법률가 차원의 문제가 아니다. 노무현 대통령 특유의 저돌적으로 부닥치고 해결하는 움직임이 결과적으로 헌재에 다가온 것이다." 하경철의 인터뷰. "노무현 대통령은 정치인으로서 자질도 충분하고 성공한 사람이다. 다만 법률가로서 성공했다고 보기는 어렵다. 법률가들이 노무현에 대해 저평가하는 것은 평가기준이 주로 법률적이다 보니 그런 것 같다. 적극적인 성격이다 보니 여기 저기 부닥치면서 헌재와 인연이 있던 게 아닌가 싶다."

노무현의 비서실장이던 문재인은 사회에 주목했다. 문재인의 인터뷰. "입법·사법·행정 국가 전체에 헌법의식이 박약했던 것이 사실이고 지금도 마찬가지다. 그렇지만 다른 한편 국민들의 법의식은 점점 올라가고, 헌법의식도 높아졌다. 말하자면 헌법의식이 부족한 현실과 높아지는 국민들의 의식이 부닥치면서 헌법 사건들이 생긴 것이다. 크게 보면 그렇다. 이런 과정에서 헌재의 역할과 위상이 중요해진 것이다. 특히 참여정부에서 민주화가 크게 진전되면서 헌법의식이 결여된 여러 관행이 많이 충돌했다. 또 참여정부에서 법안을 만들 때 조금 더 헌법적인 고려를 했다면 위헌시비를 최소화하는 게 가능했다. 같은 내용이라도 법 조항 문안에 따라 결과가 달라질 수 있다. 법을 만드는 사람들에게 헌법소양이 부족한 면이 있었다. 그런 가운데 대통령 탄핵이나 행정수도 이전 같은 중요한 헌법재판이 발생해 국민 관심을 끌면서 헌재 위상이 올라가기도 한 것이다. 객관적으로 그렇게 된 것뿐이다."

임기 종료 8개월 전, 2007년 6월 21일. 자연인 노무현이 헌법소원을 낸다. 자신의 정치적 표현의 자유를 중앙선거관리위원회가 침해했다고 했다. 이는 중앙선관위가 6월 7일과 6월 18일 각각 대통령 노무현에게 선거중립의무를 촉구한 것을 가리킨다. 과정은 이렇다. 6월 2일 참여정부 평가포럼모임, 노무현은 한나라당을 겨냥한 발언을 꺼낸다. "한나라당이 정권을 잡으면 어떤 일이 생길까, 이게 좀 끔찍해요.

한 가지 분명한 건 무책임한 정당이라는 건 분명합니다. 대운하도 민 자로 한다는데 어디 제정신 가진 사람이 투자하겠습니까. 해외신문에 서 한국의 지도자가 무슨 독재자의 딸이니 하는 얘기가 나오면 곤란 하다는 얘깁니다." 6월 7일 선관위의 1차 촉구가 나온다. 그리고 6월 8일 원광대학교 명예박사 수여식, 노무현은 선관위의 결정을 반박한 다. "공무원법에서는 정치활동은 괜찮다고 해놨 거든요. 대통령의 정치활동은 예외로 한다. 그 런데 선거에는 중립하라? 정치에는 중립 안 하 고 선거에만 중립하는 방법이 있습니까? 어디 까지가 선거운동이고, 어디까지가 정치중립입 니까? 모호한 구성 요건은 위헌이지요. 대통령 은 지금부터 입 닫아라? 그런 법이 어디 있습니 까." 노무현은 6월 10일과 13일에도 대선 관련 발언을 이어간다. 그러자 중앙선관위가 6월 18 일 대통령의 선거중립의무 준수를 다시 촉구했 다.

노무현의 헌법소원 이유는 이렇다. '선관위의 요청은 근거가 없다. 국가공무원법●과 규정●에 따라 대통령은 정치운동이 허용된다. 따라서 공 직선거법 9조●의 정치중립도 요구받지 않는다 고 봐야 하고, 선거운동도 가능하다. 그래서 선 관위는 부당하게 공권력을 행사한 것이다. 만에

● 국가공무원법 [개정시행 2005. 7. 28]
제65조 (정치운동의 금지) 각항 생략
제66조 (집단행위의 금지) 각항 생략
제3조 (적용범위) ③ 제65조 및 제66 조의 규정은 제1항의 규정에 불구하 고 대통령령으로 정하는 공무원에 대 하여는 적용하지 아니한다.

● 국가공무원법 제3조 제3항의 공무 원의 범위에 관한 규정 [개정시행 2002. 7. 10]
제2조 (범위) 국가공무원법 제3조 제 3항의 규정에 의한 공무원의 범위를 다음과 같이 정한다.
1. 대통령 2. 국무총리 3. 국무위원 4. 국회의원 5. 처의 장 6. 각 원·부·처의 차관. 7~10호 생략

● 공직선거법 [개정시행 2005. 8. 4]
제9조 (공무원의 중립의무 등) ① 공 무원 기타 정치적 중립을 지켜야 하는 자(기관·단체를 포함한다)는 선거에 대한 부당한 영향력의 행사 기타 선거 결과에 영향을 미치는 행위를 하여서 는 아니된다.

하나, 선거법 9조가 대통령을 포함하는 것으로 해석된다면 헌법정신을 훼손한 위헌 조항이어서 무효다. 왜냐하면 그런 해석은 권위주의 시절 제왕적 대통령의 과도한 권한을 막기 위해서나 가능한 것이다. 이제 더 이상 우월적 권한을 쓰지도 않고 오히려 상시적인 정치공세의 대상이 됐다. 대통령이 자신의 의사를 전 사회구성원에게 드러내고, 논쟁·대화·타협을 거쳐 통합·조정을 추구해야 한다. 세계적으로도 대통령이나 수상의 정치활동을 충분히 보장한다.'

이후 2008년 12월 19일 현대건설 주식회사 대표이사 출신 이명박이 17대 대통령에 당선한다. 그리고 노무현의 대통령 퇴임을 한 달여 앞둔 1월 17일, 헌재가 이 사건을 결정 선고한다. 4기 재판소는 선고 시기를 토론한 것으로 보인다. 노무현이 헌법소원 이후 별다른 정치발언을 하지 않은 만큼, 구태여 대선 전에 선고해 논란에 들어설 이유가 없다고 판단한 듯하다.

헌재는 노무현의 문제제기가 심판 자격을 갖췄는지부터 판단한다. 두 가지를 봐야 한다. 선관위 촉구가 공권력에 해당하는지, 그리고 노무현은 기본권의 주체인지다. 우선 노무현에게 헌법소원 청구 자격이 있다는 재판관이 8명이었다. 공권력의 핵심인 대통령이면서도 기본권 주체인 국민이기 때문이라고 했다. 한나라당 추천으로 국회에서 선출한 이동흡만 헌법소원 제기 자격이 없다고 했다. 다음으로 선관위 조치가 공권력 행사가 맞는지다. 7명이 끄덕였다. 이번에 반대한 재판관은 노무현과 사법연수원 동기인 김종대와 앞서 반대한 이동흡이다. 이렇게 해서 재판관 7명만 위헌 여부를 판단하러 간다. 한편 김종대와 이동흡이 똑같이 사건을 각하했지만 분위기는 아주 다르다. 선관위가 노무현에게 쓸데없이 간섭했다는 게 김종대라면, 노무현이 헌재에 의미 없이 걸었다는 건 이동흡이다. 결정문에 두 사람의 속마음이 은근히 드러난다.

이제 7명 가운데 6명이 노무현의 손을 들어야 위헌이다. 실제로는 되려 6명이 합헌에 서면서 헌법소원은 기각된다. 다수의견을 요약하면, 대통령의 역할은 정무직 가운데서도 남다르고, 선거라는 국면은 정치운동 중에서도 특별하다. 따라서 대통령은 선거기간에 자중해야 한다는 것이다. '선거에서 대통령의 정치활동 자유와 선거중립의무가 충돌할 때는 후자가 우선되어야 한다. 대통령은 자신을 지지하는 국민 일부가 아니라 국민 모두의 대통령으로서 사회를 통합해야 해서다. 그리고 대통령 개인에게도 정치적 표현의 자유가 있다. 하지만 절대적 지명도와 업무의 성질 등을 고려하면 개인영역은 아주 작아서, 결과적으로 다소 제한이 되더라도 피해가 부당하게 심각한 것은 아니다.'

결국 노무현은 자신은 특별하지 않다며 헌법소원을 낸 것이고, 헌재는 대통령은 막강하다며 기각한 셈이다. 한편 유일하게 노무현의 주장을 인용한 사람은 조대현. 노무현과 사법연수원 동기이며, 대통령 탄핵 사건 피청구인 대리인이다.

변호사 문재인 인터뷰. "우리와 미국은 똑같은 대통령제인데 미국 대통령은 자기당 후보 지원유세도 가능하다. 그렇다고 미국 대통령이 선거를 편파적으로 관리하는 게 아니다. 행정을 통한 선거관리와 특정정당 후보를 지지하는 것은 엄연히 다른 것이다. 이걸 구분하지 못하면 그야말로 탄핵감이다. 사실 우리나라에서도 김대중 대통령까지는 총선에 출마하는 자기당 후보에게 공천장을 주고 지지발언도 했다. 당시 선관위 논리는 이랬다. 집권당 총재를 겸한 자격으로 한 것이어서 위법이 아니라는 것이다. 노무현 대통령은 당정분리원칙을 존중해 총재는 하지 않았다. 그렇다면 대통령이 집권당 총재를 하고, 총재로서 공천에 관여하고, 후보를 격려하는 것은 괜찮은데, (그보다 낮은 수위로) 대통령이 어느당 승리를 바란다거나 지지한다는 말하는 것조차 안 된다는 것이다. 정말로 우스꽝스러운 논리이다. 정당 지지와 선거관리는 다른 것이다. 실제로 선거관리에 대해 참여정부만큼 엄정하게 잘한 정부가 없다. 그것은 대통령의 단호한 의지로 가능한 것이다. 그래서 선관위의 그런 결정은 잘못된 것이고 정치 선진화에도 바람직하지 못하다고 봤다. (그런데 헌재도 합헌이라고 했다.) 선관위나 헌재가 아직까지 성숙하지 못했거나 정치적 결정을 내린 것이라고 생각한다."

◈ 대통령 재신임 국민투표 헌법소원 = 2003헌마694 등 병합
◈ 대통령 선거 중립의무 헌법소원 = 2007헌마700

───────────────── ☯ ─────────────────

1 | 《중앙일보》 2009년 7월 1일 10면. 2008년 6월 14일 1면. 2007년 7월 3일 1면. 2006년 8월 15일 1면. 2005년 5월 25일 1면.

26

탄핵 1

노무현 모든 인생 심판정에 모이다

"탄핵 사건을 계기로 공직에 돌아온 것을 개인적으로는 후회합니다. 처음 그만두는 것으로 다시 돌아오지 않는 게 좋았겠다고 생각하는데. 그 탄핵이라는 데 너무 놀라서, 위기상황이라고 봐서. 결국 재판은 그렇게 이겼지만, 여전히 뭐. 괜히 위기상황이라고 본 건데. 위기든 말든 다 뭐 헤쳐나가는 것 아닙니까." 비서실장 문재인은 2009년 7월 20일 인터뷰 막바지에 혼잣말처럼 말했다. 창밖으로 시선을 피했고 목소리는 잠겨 있었다. ─『헌법재판소, 한국 현대사를 말하다 : 메이킹 노트』 가운데 일부분.

2004년 3월 9일 문재인은 히말라야 산맥 안나푸르나 산군을 트레킹하고 있었다. 2월 12일 민정수석 비서관을 사직하고, 1년 만에 청와대에서 벗어났다. 부인과 함께 네팔 포카라로 떠나왔다. 중국 티베트가 다음 여행지였다. 서울에는 당분간 가지 않을 생각이었다. 2004년 3월 10일 호텔방에 영자신문 《헤럴드트리뷴》이 들어왔다. 서비스라고 했다. 문득 궁금했다, 서울은 어떤가. "Opposition moves to have Roh impeached, 야당이 노무현 대통령을 impeach 하려 한다?" 기억이 가물가물한 단어였다. 계속 읽어내려 갔다. "South Korea's two main opposition parties submitted an unprecedented impeachment motion on Tuesday in an effort to remove President Roh Moo Hyun from office for violating election regulations. 대통령을 청와대에서 끌어내겠다며 전례없는 impeach 안을 두 야당이 냈는데, 이유는 선거법 위반……. 이런, 탄핵안이구나!"

3월 11일 오전 10시 대통령 노무현은 특별기자회견을 했다. 문재인은 모든 일정을 접고 하루 만에 입국해, 텔레비전으로 지켜봤다. "잘못이 있어 국민들에게 사과하라고 하면 언제든지 사과할 수 있습니다. 하지만 잘못이 뭔지 모르겠는데, 시끄러우니까 사과하고 넘어가자, 그래서 탄핵을 모면하자, 그것은 제가 받아들이기 어려운 것입니다. 제 결론은 총선에서 나타난 국민들의 뜻을 심판으로 받아들이고 결과에 상응하는 정치적 결단을 하겠다는 것입니다. 다른 방법이 없습니다. 국민투표가 좋을 것이라고 생각했는데 이미 좌절됐습니다. 또다시 그 카드를 끄집어낼 수가 없습니다. 그냥 넘어갈 수도 없습니다. 현실적으로 갈등과 혼란을 매듭짓고 정국을 안정시킬 방안이라고 생각합니다. 그렇게 해나가겠습니다. 국민 여러분 제가 허물 있는 만큼, 제게 잘못 있는 만큼, 바른 자세로 더욱 열심히 노력해서 보상하도록 하겠습니다. 몇 배 더 성실히 보상하도록 하겠습니다. 그리고 이제 한국의 정치 수준이 노무현이가 과오가 있어서, 허물이 있어서, 떳

떳치 못해 곤란하다고 국민들이 인식하실 때는 언제든지 결단을 내리겠습니다. 이번 총선에서 판단을 해주시기 바랍니다."

한마디 더 있었다. 전날 3월 10일 서울중앙지검이 노무현의 형 노건평이 대우건설 남상국 사장의 연임 청탁과 함께 3,000만 원을 받았다고 밝혔다. 이를 해명하려 말을 꺼냈다. "대우건설 사장처럼 좋은 학교 나오시고, 크게 성공하신 분들이 시골에 있는 별 볼 일 없는 사람에게 가서 머리 조아리고 돈 주고 그런 일이 이제 좀 없었으면 좋겠습니다." 이날 오후 12시 50분 남상국이 서울 한남대교에서 한강으로 몸을 던져 목숨을 끊었다.

3월 12일 오전 11시 3분 국회의장 박관용이 질서유지권을 발동했다. 한나라당·새천년민주당·자유민주연합·무소속 국회의원들이 본회의장에 들어갔다. 의장석을 점거하고 있던 여당의원들은 국회경위들에게 끌려 나갔다. 여야 간에 몸싸움이 벌어졌다. 오전 11시 22분 박관용이 대통령 노무현 탄핵안을 상정했다. 찬반토론 없이 야당 의원들만 곧바로 투표했고, 오전 11시 55분 탄핵소추안 가결이 선포됐다. 193명 찬성, 2명 반대로, 헌법 65조 2항● 정족수인 3분의 2 이상이 됐다. 당시 재적의원이 271명이었다. 여당 의원들을 무릎을 꿇고 통곡했고, 야당 의원들을 손을 들어 만세라고 크게 외쳤다. 탄핵가결 시각 대통령 노무현은, 경상남도 창원시에 있는 전동차 제작 회사 로템을 방문하고 있었다. "아직 헌법

● 대한민국헌법 [개정시행 1988. 2. 25]

제65조 ② 제1항의 탄핵소추는 국회재적의원 3분의 1 이상의 발의가 있어야 하며, 그 의결은 국회재적의원 과반수의 찬성이 있어야 한다. 다만 대통령에 대한 탄핵소추는 국회재적의원 과반수의 발의와 국회재적의원 3분의 2 이상의 찬성이 있어야 한다.
③ 탄핵소추의 의결을 받은 자는 탄핵심판이 있을 때까지 그 권한행사가 정지된다.

● 헌법재판소법 [개정시행 2003. 6.
13]
제26조 (심판 청구의 방식) ① 헌법재
판소에의 심판 청구는 심판사항별로
정하여진 청구서를 헌법재판소에 제
출함으로써 한다. 다만 위헌법률심판
에 있어서는 법원의 제청서, 탄핵심판
에 있어서는 국회의 소추의결서의 정
본으로 이에 갈음한다.

재판소 재판이 남아 있습니다. 거기에서는 법적
으로 판단하니까 정치적으로 판단하는 것과 결
론이 다를 거라는 기대를 저는 가지고 있습니
다." 헌법 65조 3항●에 따라 대통령 노무현 권한
은 정지되고, 국무총리 고건이 대신했다. 법제
사법위원장 김기춘이 국회 소추위원 자격으로
의결서 정본을 헌법재판소에 보냈다. 심판 청구
시작절차를 정한 헌재법 26조●에 따른 것이다. 이날 오후부터 서울
여의도와 광화문 등 전국에서 대규모 탄핵 반대 촛불집회가 시작됐
다.

헌재는 이날 재판관 주선회를 결정문 집필자로 정한다. 청와대는 3
기 재판관 하경철에게 탄핵 사건 대리를 부탁한다. 소추위원은 1기
재판관 이시윤에게 도움을 요청한다. 노무현의 평생 인연은 이렇게
헌법재판소 대심판정에서 모두 모인다. 이시윤은 1975년 사법연수원
에서 제자와 교수로, 문재인은 1982년 부산에서 변호사 동업자로, 주
선회와는 1987년 부산에서 피고인과 검사로, 하경철은 1992년 통합
민주당 공천신청자와 심사위원으로 만난 인연이다. 이렇게 심판은 시
작됐다.

이시윤의 인터뷰. "당시 새천년민주당 대표인 조순형 군이 추천해
서 내가 대리인으로 간 것이다. 조순형 의원은 서울대 법과대학 동기
다. 탄핵이 정당하다고 보았기 때문에 대리인으로 참여했다. 하지만
노무현 대통령과는 사제지간이다. 내가 연수원 교수로 있을 때 노무

현이 연수원생이었다. 소추를 관철시키려고 출정까지 하는 것은 정리에 반하는 것 같았다. 그래서 서면대리를 하는 데 그쳤다. 내가 나갔으면, 변호인단 가운데 제일 앞장에 서야 한다. 법정에서 공방까지 하는 것은 너무 야한 행동 같아 보였다. 다른 변호사가 없는 것도 아닌데, 스승으로서 가장 앞장서는 것은 동양윤리에 맞지 않는다고 봤다. 연수원에서 6~9기를 가르쳤다."

하경철의 인터뷰. "2004년 1월에 정년퇴임하고 얼마 있다가 청조근정훈장을 받으러 청와대에 갔다. 1987년 2월 부산 범일동 대공분실 이후 두 번째 만남이었다. 그 자리에서 노무현이 그랬다. '하 선배님! 범일동 유치장에 오셨을 때, 구세주님 만난 것 같았습니다. 1992년에 공천심사위원일 때도 하 선배 이력서가 들어와서 얼마나 반가웠는지 위원들한테 적극 얘기해서 만장일치 공천을 해드렸는데. 보름뒤에 반납하셔서 얼마나 서운했는지 모릅니다. 선배님 같은 분이 정치를 하셔야 하는데. 제가 굉장히 서운했습니다.' 공적인 자리에서 하선배라고 부르는 것은 나에게 과분한 것이고, 깜짝 놀랐다. 사람이 참솔직하고 소탈하다. 그래서 좋아한다. 그리고 노무현이 내 공천을 심사한 것은 처음 알았다. 그걸 생각하면 대통령과는 세 번째 만남이었다."

이제 국회가 노무현을 탄핵한 이유는 무엇일까. 탄핵소추의결서를 요약하면 이렇다. '첫째, 헌법과 법률을 위반하여 국법질서를 문란케 했다. 구체적으로 대통령이 총선을 앞두고 선거법을 위반한 게 핵심이다. 둘째, 부정부패로 인해 국정을 수행할 도덕적 · 법적 정당성을 잃었다. 측근들이 비리를 저질러 검찰 수사와 법원 판결을 받았다. 셋째, 경제와 국정을 파탄시켜 민생이 도탄에 빠졌다. 고통과 불행이 극심하다.' 그리고 이게 헌재에 주어진 전부다. 3기 재판소는 탄핵 사건을 받아 두 가지를 매듭지어야 했다. 하나는 탄핵 사건의 결론이며, 다른 하나는 절차였다. 세계적으로도 유례가 드문 대통령 탄핵이어서 누구도 어떻게 심판을 진행해야 하는지 몰랐다. 재판소도 대리인단도 학자들도 몰랐다. 연구하고 주장하고 반박하면서 정해야 했다.

주선회의 인터뷰. "대통령 탄핵은 세계적으로도 유례가 없는 일이었다. 우리도 모르고 심판을 시작했고, 국민도 알지 못했고 언론에서도 몰랐다. 같이 공부해가면서 처리한 것이다. 그래서 아침에 기자들이 물어보는 것에 답하고, 공보연구관을 통해 브리핑 비슷하게 했다. 이런 사건에서 기자들이 정보를 못 얻으면 작문한다. 중구난방이 된다. 잘못하면 언론 때문에 심판이 망가질 수 있다. 국민들은 언론만 쳐다보고 있었다. (필요한 정보로) 조금씩 숨통을 터줘야 했다. 팽팽하게 부풀어 있는 고무풍선에선 조금씩 바람을 빼줘야 한다. 그렇지 않으면 펑하고 터진다."

● 헌법재판소법 [개정시행 2003. 6. 13]
제30조 (심리의 방식) ① 탄핵의 심판·정당해산의 심판 및 권한쟁의의 심판은 구두변론에 의한다.
③ 재판부가 변론을 열 때에는 기일을 정하고 당사자와 관계인을 소환하여야 한다.

첫째 관문은 대통령 노무현의 심판정 출석이었다. 헌재법 30조 1항●에 따라 탄핵심판은 구두변론이 필수다. 서면심리가 기본이고 구두변론은 선택인 위헌제청·헌법소원과는 달랐다. 그리고 탄핵 사건 구두변론에는 당사자와 관계인을 부르라고 되어 있다. 소추위원 김기춘과 피청구인 노무현이다. 그래서 헌재는 노무현에게 3월 30일 제1차 공개변론에 나오라고 통보한다. 참고로, 국립국어원 표준국어대사전에 따르면 소환召喚은 부른다는 뜻이지 출석시킨다는 의미가 아니다. 그래서 기자들이 즐겨 쓰는 '소환통보'는 소환과 출석을 구분하지 못한 동어반복이다. 이 사건에서는 헌재가 3월 18일 노무현을 부르면서 헌재법 30조 3항대로, 노무현을 소환한 것이다. 탄핵심판 당사자로서 출석할지는 피청구인 노무현이 선택할 문제다.

노무현은 당시 출석을 강하게 희망했던 것으로 취재에서 확인됐다. 문재인 주도로 피청구인 대리인단이 꾸려지고, 3월 21일 변호사들과 노무현이 저녁밥을 나누며 인사한다. 당연히 사흘 전 헌재가 통보한 심판정 출석이 얘기됐다. 노무현이 말한다. "헌재에서 나오라는데 심판정에 나가는 게 어떻습니까." 옆자리 하경철이 받았다. "대통령님, 안 됩니다. 대통령께서 말씀을 잘하시니 절대 실언할 리는 없지만, 만에 하나라도 자극적인 말 같은 게 나온다면 책잡힙니다. 더구나 총선이 눈앞입니다." 노무현은 아쉬웠다. "제가 나가서 얘기하면 상황이 설명이 좀 되고 좋겠습니다만." 하경철이 설득했다. "여담이지만 김기춘 소추위원이 나와 고등고시 동기입니다. 머리가 굉장히 샤프한 사람입니다. 논리도 정연하고 목소리마저 대통령 못지않게 좋습니다. 안 나가시는 게 좋습니다." 노무현은 자신했다. "예, 김기춘 위원 그러시지요. 그렇지만 저도 잘할 자신이 있습니다." 이제 주변에서 거들었다. "틀림없이 이깁니다. 하지만 생방송으로 중계되는데 조금이라도 잘못되면 총선 망칩니다. 나가시면 안 됩니다." 그래서 대리인단은 3

월 24일 헌재에 불출석키로 했다고 통보한다.

3월 30일 1차 변론은 15분 만에 끝난다. 다음에는 대통령이 없어도 진행●키로 했다. 사흘 뒤 4월 2일 2차 변론, 소추위원 측은 노무현 등 29명을 증인으로 신청했다. 그리고 변론 때마다 증인 노무현을 불러야 한다고 주장했다. "본인이 사실관계를 인정한다면 다른 증거들은 철회 가능하므로 심판이 신속하게 진행된다." "자진 사퇴 의사를 표명하거나 자기 의견을 주장할 기회를 줘야 한다." "심판정에 출석해야 하지만 청와대 회의실 같은 장소에서 신문하는 방식도 가능하다."

4월 9일 3차 변론, 재판소는 신청받은 29명 가운데 4명 채택, 19명 기각, 6명 보류했다. 노무현은 보류에 있었다. 그리고 심판을 한 주 쉰다. 4월 15일 제17대 총선 때문이다. 열린우리당이 299석 가운데 과반 152석을 얻었다. 언론은 압승이라고 했다. 총선을 보고 돌아온 헌재는 4월 20·23일에 열린 4·5차 변론에서 미리 정한 증인 4명을 심문하고, 노무현에 대한 증인신청을 기각한다. 이렇게 심판을 마무리한다. 절차상으로는 4월 27일에 종료하려다 4월 30일에 끝낸다. 당시 재판소 안에서는 어떤 일이 있었을까.

● 헌법재판소법 [개정시행 2003. 6. 13]
제52조 (당사자의 불출석) ① 당사자가 변론기일에 출석하지 아니한 때에는 다시 기일을 정하여야 한다. ② 다시 정한 기일에도 당사자가 출석하지 아니한 때에는 그 출석없이 심리할 수 있다.

탄핵 집필 재판관 주선회의 인터뷰. "당사자 소환은 강제할 방법이 없으니 안 나오면 그만이다. 하지만 증인으로 부르는 것은 (형사소송법을 준용●하기 때문에) 강제성●이 있다. 이 사건에서는 강제로 불러올 만한 의미가 없었다고 다수가 판단해, 부르지 않은 것으로 기억한다. 5차 변론에서야 기각한 것은 그때까지도 결론이 나오지 않았기 때문이다. 아주 어려웠다. 무슨 말이냐면, 재판소 의사정족수는 위헌·인용 때만 6명이다. 그 밖에 절차문제 등은 다수결이다. 그런데 채택이든 기각이든 5명을 채우지 못했다. 5차 변론 때까지 의견표명을 보류한 재판관들이 있었고, 이들이 어디로 가느냐에 따라 결론이 달라지는 상황이었다." 추론해보면, 5차 변론까지 판단을 유보한 재판관이 많아 결정된 투표수가 적었거나, 유보한 재판관이 적었다면 결정된 투표수가 팽팽했다는 얘기다. 결론 내기 어려웠다는 주선회 설명은 이런 뜻이다.

이 무렵 청와대 대리인들은 증인을 채택하는데 반대했다. 문재인의 인터뷰. "우리 대리인들은 피청구인 본인으로 출석하는 것을 반대했듯이, 헌재가 증인으로 채택하는 것에도 반대하는 입장이었다. 헌재가 (절차상) 그럴 이유가 없었다. 그리고 (내용 면에서도) 사건이 위태롭거나 결과가 우려돼 수단을 강구해야 했다면 오히려 우리 쪽에서 증인 채택 주장을 했을지도 모른다. 하지만 결과를 전혀 염려하지 않았다. 그래서 굳이 대통령이 나갈 필요가 전혀 없다고 생각했다." 나가는 것이 도움 되지 않을 것으로 생각했냐고 물었다. "아니다. 나가면 나가는 자체로 도움이 된다고 봤다. 생각해봐라. 비

● 헌법재판소법 [개정시행 2003. 6. 13]
제40조 (준용규정) ① 헌법재판소의 심판절차에 관하여는 이 법에 특별한 규정이 있는 경우를 제외하고는 헌법재판의 성질에 반하지 아니하는 한도 내에서 민사소송에 관한 법령의 규정을 준용한다. 이 경우 탄핵심판의 경우에는 형사소송에 관한 법령을, 권한쟁의심판 및 헌법소원심판의 경우에는 행정소송법을 함께 준용한다.

● 형사소송법 [개정시행 2004. 1. 20]
제151조 (불출석과 과태료 등) ① 소환받은 증인이 정당한 사유없이 출석하지 아니한 때에는 결정으로 50만 원 이하의 과태료에 처하고 출석하지 아니함으로써 생긴 비용의 배상을 명할 수 있다.
제152조 (소환불응과 구인) 정당한 사유 없이 소환에 응하지 아니하는 증인은 구인할 수 있다.

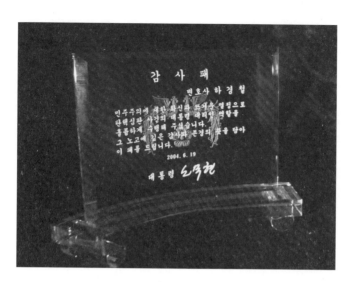

대통령 노무현이 탄핵심판 대리인 하경철에게 전달한 감사패. 노무현은 선고 한 달쯤 뒤인 2004년 6월 19일 대리인단 12명과 청와대에서 저녁을 나누고, 감사패·만년·시계 세트를 전달했다. 감사패는 일부러 제작한 것이고, 만년과 시계는 청와대 방문자를 위한 선물이다. 노무현이 고마운 마음에 이것저것 챙겨 들린 것이다. 한편, 대리인단 가운데 변호사 유현석이 선고 이후 세상을 떠나 아들인 서울고법 부장판사 유원규가 대신 참석했다. ⓒ 이범준

록 당시 지지도가 떨어져 탄핵까지 당했지만, 그러나 일부 국민들이 심하다고 생각하게 되면 분위기가 달라지는 것 아니냐. (소추위원 요구대로) 헌재가 증인으로 채택해서 대통령이 불려나간 모습에 국민들이 부당하다 생각할 수도 있는 것이다. 그리고 그런 자리에서 대통령은 누구보다 설득력 있게 설명할 수 있는 분이다. 법정 분위기도 완전히 장악할 수 있다는 아주 강한 믿음이 있다. 대통령이 나가는 것 자체가 불리할 이유는 전혀 없었다. 그러나 앞에서 말한 대로 그런 방법을 강구할 만큼 결과를 심각하게 생각하지 않았다. 승소를 낙관하고

있었다. 질 수가 없는 심판이었다." 헌재가 증인으로 채택할 근거와 필요가 없었지만, 그럼에도 불렀다면 대통령은 당당히 나갔을 것이고, 결과적으로 심판과 여론에 유리한 영향을 줬으리란 얘기다.

4월 23일 제5차 변론 하루 전 4월 22일 재판관 평의가 있었다. 대체로 노무현을 부르자던 재판관들은 이후 최종 의견에서 탄핵 찬성에, 소환하지 말자던 재판관들은 탄핵 반대에 손을 들었다. 돌이켜보면, 만약 노무현이 증인으로 채택됐다면 탄핵에 찬성할 재판관이 5명 이상이므로 노무현은 심판정에 나가 전세를 역전시켜야 했다. 하지만 당시 증인으로 소환되지 않았으므로 인용하려는 재판관은 많아봐야 4명이었던 셈이다. 그래서 대통령 대리인단이 선고를 앞두고 기각으로 결론을 예측한 것이다.

27

탄핵 2

심판은 끝나도 의문은 남아서

대통령 노무현 탄핵 사건 2004헌나1은 소수의견이 없다. 심판 막바지 치열한 토론 끝에 공개하지 않는 것이 맞다고 과반수 재판관들이 헌재법을 해석했다. 그래서 우리 역사에 언제 다시 있을지 모를 대통령 탄핵 사건 인용 법리를 아무도 모르게 됐다. 하지만 문제 조항은 얼마 지나지 않아 소수의견의 주장대로 개정된다. 그리고 당시 재판소를 세밀하게 분석하면, 무언가 다른 분위기가 감지된다.

모두 7차례에 걸친 대통령 탄핵 사건 변론은 이랬다. 1차 변론 3월 30일 오후 2시. 15분만에 끝난다. 윤영철 소장은 "다음 기일에도 피청구인 대통령이 불출석하는 경우에는 피청구인의 출석 없이 심리 절차를 진행하겠다"고 밝혔다.

2차 변론 4월 2일 오후 2시. 대통령 노무현이 나오지 않았고, 소추위원 김기춘도 출석하지 않았다. 국회의원 선거운동이 이유였고 변론을 총선 이후로 연기해달라고 했다. 이에 대해 대통령 대리인 하경철은 "임기 종료를 앞둔 16대 국회가 직선 대통령의 권한을 정지해놓고, 선거를 이유로 기일을 연기해달라는 것은 타당성이 없다"고 비판했다. 하경철의 인터뷰. "김기춘 의원에게 미안하다. 서운했을 것이다. 만나서 회포를 풀려고 했다. '당신은 탄핵소추를 핑계대고 내려가지 않아도, 돈은 돈대로 아끼면서 당선은 당선대로 될 수 있으니 그리 말한 것이라는 식으로 농담하려고 했다. 하지만 기회가 없었다. (김기춘과는 고시동기여서) 종종 점심도 먹고 했는데, 어쩌다 보니 이 사건 뒤로는 못 만났다." 참고로 김기춘은 제17대 총선 경상남도 거제시 선거구에서 당선했다.

2차 변론에서 양측은 우선 절차적 정당성과 부당성을 주장했다. 국회 측은 "재적의원 3분의 2가 판단하고 의결했으니 헌재는 절차 하자가 있는지만 확인해보고 없다면 인용하라"고 했다. 대통령 측도 "국회 본회의 개회절차 · 탄핵소추 표결절차 · 소추대상 고지절차 등을 모두 위반했다. 절차상 흠결이 있어 각하하라"고 했다.

소추위원 대리인 한병채의 인터뷰. "탄핵 권한은 국회에 있다. 헌재는 오류만 심사하면 된다. 적법절차를 거쳤는지만 판단하면 됐다. 헌재가 내용을 판단할 문제가 아니었다." 피청구인 대리인 하경철의 인터뷰. "절차적 하자 주장은 통하지 않을 것이라 생각했다. 핵심은 중대한 헌법 위배나 법률 위배가 없었으니 탄핵사유도 없다는 것이었다." 재판관 주선회의 인터뷰. "절차만 판단하라는 주장은 틀린 것이다. 일반재판에서 1 · 2심에서 실체와 절차를 모두 다루고, 3심에서는 절차만 다룰 때 그렇게 하는 것이다. 헌재는 1심이자 2심이고 3심이다. (실체를 봐야 한다). 일반재판과 비교하자면, 국회 소추의결은 1 · 2심이 아니라 검사 기소에 불과하다. 국회 결의는 기소를 결정한 것이

● 대한민국헌법 [개정시행 1988. 2. 25]

제65조 ① 대통령·국무총리·국무위원·행정각부의 장·헌법재판소 재판관·법관·중앙선거관리위원회 위원·감사원장·감사위원 기타 법률이 정한 공무원이 그 직무집행에 있어서 헌법이나 법률을 위배한 때에는 국회는 탄핵의 소추를 의결할 수 있다.

다. 그리고 헌재로 왔으니 실체를 판단해야 했다."그래서 재판소는 절차에 관한 양쪽 주장을 모두 배척한다. 그리고 헌법 65조 1항 '……그 직무집행에 있어서 헌법이나 법률을 위배한 때에는 국회는 탄핵의 소추를 의결할 수 있다'에서 '헌법이나 법률을 위배한 때'의 진정한 의미가 무엇인지로 넘어간다. 결정문에서 드러난 진정한 의미는 '중대한 위반'이다. 변론에서 소추위원 대리인은 증인 29명과 기록들을 증거로 신청한다. 그러자 대통령 대리인 이용훈이 말했다. "소추위원 측은 중대하고 명백한지는 국회가 판단해야 한다고 주장한다. 그런데도 이렇게 많은 증거를 제출하는 것은 중대하고 명백한 행위인지를 헌재가 판단해야 한다는 것을 반증한다."

3차 변론 4월 9일 오후 2시. 앞서 소추위원 대리인이 신청한 증인 29명 가운데 4명 채택, 6명을 보류, 19명을 기각한다. 4명은 주로 노무현의 측근비리를 입증하기 위해 신청된 사람들이다. 이 밖에 어떤 절차로 진행할지를 두고 법률논쟁이 있었다. 그리고 총선에 맞춰 심판을 한 주 쉰다. 이날 심판정에서 소추위원 대리인 이진우는 당사자신문이 반드시 필요하다고 재차 주장한다. "노무현은 과거 '내게는 법보다는 밥이 중요하다'고 했는데, 이는 볼셰비키 혁명의 기초가 되는 유물론입니다. 5공 청문회에서 전직 대통령을 증인신문하면서 폭언을 하고 국회의원 명패를 집어던졌습니다. 통치기간 내내 화물연대파업, 조흥은행 노조 사건 등 수많은 불법시위들이 계속됐습니다. 법원에서 북한의 고급공작원이라고 판단한 송두율에 대해 관대하게 처벌을 해야 한다고 했습니다." 재판장 윤영철의 제지를 받는다. "대리인, 지금 당사자 본인 신문을 채택해달라는 말씀 아니십니까. 그럼 거기에 대해서만 요약해서 간단히 말씀하시지 이 사건 변론(과 상관없는 말씀은 자제해주십시오)."

4차 변론 4월 20일 오후 2시. 총선을 마친 소추위원 김기춘이 출석했다. 전 청와대 총무비서관 최도술과 전 민주당 노무현 후보실 정무팀장 안희정을 불러 신문했다. 최도술은 증언을 거부했고, 안희정은 증언했다. 언론들은 성과 없는 맹탕이라고 했다. 《내일신문》은 소추위원을 겨냥했다. '4시간 넘게 진행된 공판에서 소추위원 측이 새롭게 밝혀낸 사실은 아무것도 없다. 기존 수사 기록을 놓고 반복된 질문을 벌인 게 전부다. 소추위원 측은 단순한 질문의 반복이 아닌 좀 더 노력과 고민의 흔적을 보여야 한다. 새롭게 밝혀낼 것이 없다면 신속한 재판 진행에 협조하는 자세가 필요하다.'[1] 《국민일보》는 증인들을 질타했다. '두 사람의 무성의한 대응으로 파행을 겪은 것은 헌재에 대한 중대한 도전이다. 노 대통령의 최측근이라는 두 사람의 태도가 혹시라도 최근 여권의 총선 승리에 기인한 오만함 때문이라면 이는 오산이다. 설사 대통령 탄핵에 반대하는 민심이 사실이라 하더라도 이것이 측근들의 비리까지 용납한 것은 결코 아니라는 점을 알아야 한다.'[2]

5차 변론 4월 23일 오후 2시. 전 대통령 제1부속실 행정관 여택수와 롯데쇼핑 사장 신동인을 신문키로 했다. 신동인은 입원을 이유로 출석하지 않았고, 여택수만 심판정에 나와 신문에 응했다. 4차 변론 때와 상황은 비슷했다. 6차 변론에서 심리를 종결하기로 했다.

6차 변론 4월 27일 오후 2시. 소추위원 대리인들은 헌재를 통해 검찰에 요청한 노무현 측근 관련 내사 기록이 도착하지 않은 것을 문제 삼았다. 재판장 윤영철은 "검찰에서는 내사 자료라서 보낼 수 없다는데 소추위원 측은 검찰에 다시 조회해달라고 한다. 재판관들이 회의해보니 그럴 필요가 없어 기각한다." 그러자 소추위원 대리인 김용균이 총선 결과에 관해 발언한다. "이번 총선 투표율은 60퍼센트이고, 38퍼센트가 열린우리당을 지지했습니다. 따라서 전 국민의 22퍼센트가 열린우리당을 지지했다고 봐야 합니다. 그렇다면 나머지 78퍼센트는 탄핵에 찬성하거나 관심이 없는 국민으로 봐야할 것입니다."

7차 변론 4월 30일 오후 2시. 최후 변론과 함께 탄핵심판을 마친다. 소추위원 대리인 한병채의 마지막 변론. "재적의원 3분의 2 이상 찬성을 얻었다는 것은 하늘의 뜻이고, 이 국가를 구하겠다는 역사적 소명에 의해서 내려진 일이라고 확신합니다. 형식논리와 말재주로 역사적 진실을 부정하는 일이 있어서는 안 됩니다. 그리고 피청구인 측은 증거조사 등 절차에 협조하지 않아 재판을 망가漫畵·まんが로 만들었습니다." 피청구인 대리인 한승헌의 마지막 변론. "이 탄핵소추는 국민이 뽑은 대통령을 대통령으로 인정하고 싶지 않은 반민주적 반헌법적인 도전입니다. 어느 국가에서도 의회가 대다수 국민들의 의사에 반해서 탄핵을 추진한 사 는 없습니다. 국회도 헌법과 법률을 준수하여야 한다는 상식을 일깨워주어야 합니다." 이렇게 해서 7차에 걸친 변론은 끝이 난다.

2주간의 치열한 토론을 거쳐 5월 14일 오전 10시 헌법재판소는 탄핵안을 선고한다. 재판소는 우선 탄핵심판이 무엇인지, 헌재의 역할이 무엇인지부터 정의한다. 앞서 소추위원 측은 대통령의 위헌 · 위법 행위가 파면까지 해야 할 정도로 심각한 것인지는 국회가 판단하는 것이므로, 헌재는 절차상 하자가 있었는지만 보라고 했었다. 이에 대해 헌재는 '파면은 위반 정도가 중대할 때만 확정되는 것이고, 중대성에 대해 판단은 헌재가 하는 것'이라고 밝힌다. 이 부분 결정문을 요약하면 이렇다. '헌재법 53조 1항●의 '이유가 있는 때'를 어떻게 해석할 것인가. 헌법 65조 1항● 문구대로 위반의 경중도 따지지 않고 모든 사소한 법 위반까지 자동으로 파면해야 하는가. (그렇지 않다.) 중대한 법 위반의 경우만 해당하는 것이다. 탄핵대상 가운데서도 대통령은 파면될 경우 효과가 아주 크기 때문에 중대성 판단에서 특별히 신중해야 한다.'

이제 본안으로 들어가 국회가 제시한 탄핵소추근거 3가지를 검토한다. 첫째, 국법질서 문란. 둘째, 측근들의 권력형 부정부패. 셋째, 국정혼란과 경제파탄이었다. 마지막 이유부터 거슬러 살펴보면, 셋째 경제파탄은 뚜렷한 근거가 없다. 둘째, 측근들의 비리는 대통령 취임 이전이거나 노무현과 관련이 없다. 그래서 모두 탄핵

● 헌법재판소법 [개정시행 2003. 6. 13]
제53조 (결정의 내용) ① 탄핵심판 청구가 이유 있는 때에는 헌법재판소는 피청구인을 당해 공직에서 파면하는 결정을 선고한다.

● 대한민국헌법 [개정시행 1988. 2. 25]
제65조 ① 대통령·국무총리·국무위원·행정각부의 장·헌법재판소 재판관·법관·중앙선거관리위원회 위원·감사원장·감사위원 기타 법률이 정한 공무원이 그 직무집행에 있어서 헌법이나 법률을 위배한 때에는 국회는 탄핵의 소추를 의결할 수 있다.

탄핵심판 첫째 소추사유 선고 결과

행위	조항	결과
우리당지지발언	공선법 중립의무	위반
	공선법 선거금지	없음
선관위에 유감	헌법준수의무	위반
신임투표 제안		위반
국회비하 발언		없음

사유에 해당이 안 된다. 이렇게 되니, 둘째 측근 비리를 이유로 3·4차 변론에서 증인들을 불렀던 것은 결과적으로 무의미한 신문이었다.

이제 첫째 이유를 세분한다. 여기에서 노무현이 헌법과 법률을 위반한 것으로 지적된다. 우선, 노무현은 4월 15일 제17대 총선을 앞두고 기자회견에서 발언한다. "개헌 저지선까지 무너지면 그 뒤에 어떤 일이 생길지는 저도 정말 말씀드릴 수가 없습니다." "대통령이 뭘 잘해서 열린우리당에 표를 줄 수 있으면, 합법적인 모든 것을 다하고 싶습니다." 이에 대해 헌재가 판단한다. '선거운동이 아니므로 공무원 선거운동을 금지한 공선법 60조❝ 위반은 아니다. 하지만 공무원의 정치중립을 정한 공선법 9조❝ 위반이다.' 이 부분이 3년 뒤 2007년 6월 21일 노무현이 헌법소원하는 그 공선법 9조다. 아무튼 중앙선거관리위원회는 노무현에게 2004년 3월 4일 선거개입이라고 결정하고, 노무현은 납득하기 어렵다고 발언한다. 이것이 이날 헌재에서 헌법 66조 2항·69조❝ 헌법 준수의무 위반으로 결정된다. 정리하면, 대통령 노무현이 총선을 앞두고 열린우리당을 지지해 달라고 말해 공선법 9조·60조를 어기고, 선관위 결정에 문제를 제기해 헌법 66조와 69조를

❝ 공직선거 및 선거부정방지법 [개정 시행 2004. 3. 12]
제60조 (선거운동을 할 수 없는 자) ① 다음 각호의 1에 해당하는 자는 선거운동을 할 수 없다. 각호 생략

❝ 제9조 (공무원의 중립의무 등) ① 공무원 기타 정치적 중립을 지켜야 하는 자(기관·단체를 포함한다)는 선거에 대한 부당한 영향력의 행사 기타 선거 결과에 영향을 미치는 행위를 하여서는 아니된다.

위반한 셈이다. 여기에 더해 신임투표제안도 헌법 위반이었다. 하지만 불과 6개월 전 헌재는 신임투표에 대한 헌법소원을 각하했었다. 쟁점과 상황이 다르다고 하지만 번복된 만큼 설득력이 약한 부분이다. 이제 헌재는 과연 이것이 중대한 위반인지, 그래서 파면사유인지 판단하면 됐다. 거칠게 정리하면 노무현의 우리당 지지발언과 이로 인한 선관위와의 불화로 대통령은 탄핵되어야 하는가. 3기 재판소의 결론은 아니다이다. 그래서 탄핵은 기각된다.

● 대한민국헌법 [개정시행 1988. 2. 25]
제66조 ② 대통령은 국가의 독립·영토의 보전·국가의 계속성과 헌법을 수호할 책무를 진다.

제69조 대통령은 취임에 즈음하여 다음의 선서를 한다. "나는 헌법을 준수하고 국가를 보위하며 조국의 평화적 통일과 국민의 자유와 복리의 증진 및 민족문화의 창달에 노력하여 대통령으로서의 직책을 성실히 수행할 것을 국민 앞에 엄숙히 선서합니다."

한편 헌재는 어떤 경우 대통령이 탄핵되는지 5가지 예를 적었다. 기본 이유는 중대성이 무엇인지 국민에게 설명하려는 것이다. 미래를 향한 가치 판단이라는 헌법재판의 묘미를 보여주었다. 5가지는 이렇다. '뇌물수수 · 공금횡령 등 부정부패, 명백히 국익을 해한 경우, 다른 헌법기관의 권한을 침해한 경우, 국가조직을 이용한 국민탄압, 국가조직을 이용한 부정선거.'

탄핵 사건 승소 변호사 하경철 인터뷰. "결정문을 보면 아찔한 부분이 있다. 탄핵사유가 크게 두 가지다. 기자회견에서 정당지지발언, 재신임 국민투표 시도다. 나머지는 쓸데없는 것이다. 그리고 우리는 정당지지발언이 도덕적 · 추상적으로 문제 될지는 몰라도 공선법 위반은 아니라고 봤다. 정당의 후보자로 대통령이 되고 당적을 가진 사람인데, 자기 정당에 얘기해준 게 뭐가 나쁜가. 추상적인 정당지지발언을 선거법 위반으로 볼 수 없다. 둘째 신임투표는 자기 의견과 생각, 구상을 강력하게 피력한 것에 불과하다. 국회에 제안한 것도 아니다. 구체적 행동으로 나가지 않았다. 그러니 정치적으로 도덕적으로 틀렸다거나 추상적으로 헌법 위반이라고 할 수 있을지는 모르겠다. 그러나 헌법 위반은 아니다. 그런데 나중에 헌재 결정을 보니 모두 헌법 준수의무 위반이라고 되어 있더라. 다만 중대하지 않았다는 것이다. 만약 총선에서 한나라당이 절대다수였다면 중대한 사유라고 갔을지도 모르는 일 아닌가. 그래서 아찔했다는 것이다."

그런데 이 사건 결정문에는 소수의견이 없다. 5·18 불기소 헌법소원 이후로 당사가 소취하해 사건이 종료되는 경우에도 써오던 소수의견이 없다. 그래서 몇 명이 탄핵에 찬성하고 몇 명이 반대했는지 알 수가 없었다. 헌재법 34조 1항●과 36조 3항●이 결합하면서 탄핵 사건에서는 공개가 불가능한 것으로 결론났다. 공개를 막은 다수의견은 이렇다. '34조 1항에 따라 변론과 선고는 공개한다. 하지만 평의의 내용과 결과, 즉 의견분포는 공개하지 않는다. 그런데 36조가 예외적으로 소수의견을 공개하게 했다. 위헌심판·권한쟁의·헌법소원이다. 남은 2가지인 탄핵심판과 정당해산은 재판관별 분포와 소수의견을 쓰지 않는 게 맞다.'

소수의견 재판관들은 36조를 다르게 판단했다. 하지만 너무나 간략했다. 겨우 6줄인데 골자는 이렇다. '34조 1항은 평의 진행과정과 교환의

● 헌법재판소법 [개정시행 2003. 6. 13]
제34조 (심판의 공개) ① 심판의 변론과 결정의 선고는 공개한다. 다만 서면심리와 평의는 공개하지 아니한다.

제36조 (종국결정) ③ 법률의 위헌심판, 권한쟁의심판 및 헌법소원심판에 관여한 재판관은 결정서에 의견을 표시하여야 한다.

견을 공개하지 말라는 것뿐이다. 오히려 36조 3항에서 위헌심판·권한쟁의·헌법소원에서는 재판관 분포를 반드시 공개하고, 탄핵심판·정당해산은 재판관 재량에 맡기라고 했다.'

◉ 헌법재판소법 [개정시행 2005. 7. 29]
제36조 (종국결정) ③ 심판에 관여한 재판관은 결정서에 의견을 표시하여야 한다.

소수의견 공개를 둘러싼 격렬한 토론 때문에 주선회는 기자들에게 '우린 정말 힘든 상태'라고 했다. 그리고 속앓이를 하다 폐에 이상이 생겨, 선고 이후 대수술까지 받는다. 게다가 36조 3항은 이듬해 3기 재판소에서 개정˚된다. 헌재법 36조 3항에 문제가 있음을 자인한 셈이다. 그렇다면 소수의견 재판관들이 겨우 6줄에 만족해 자신들의 의견을 미련 없이 버렸다고 도저히 상상할 수 없다. 이렇게 중요한 사건에서 형식적 소수의견에 만족하고 퇴임했다는 것은 납득되지 않는다. 이런 합리적 의심을 풀기 위해 취재에 취재를 거듭했다.

◈ 대통령 노무현 탄핵심판 = 2004헌나1

---

1 | 《내일신문》 2004년 4월 21일 23면.
2 | 《국민일보》 2004년 4월 22일 22면.

28

탄핵 3

탄핵심판의 소수의견을 공개한다

"소수의견은 재판소의 판례를 장차 다른 방향으로 움직인다. 판례의 내적 모순을 단절하고 대중에게 (헌재의 결정례가 변할 수 있음을) 환기시킨다."―독일 헌법학자 클라우스 슐라이히Klaus Schlaich. "일반법관은 이유에 불만이 있어도 인내하여야 한다. 소수의견은 헌법재판관과 대법관이 (행사하는 소중한) 특권이다."―대한민국 소송법학자·헌법재판관 이시윤. 그리고 글쓴이는 잠들었던 소수의견을 깨워 공개키로 했다.

대통령 노무현 탄핵심판 선고에는 두 가지 의문점이 있다. 첫째, 선고가 예정시각보다 늦은 10시 3분 34초에 시작됐다. 좀처럼 없는 일이 하필이면 심판정에 생방송 카메라까지 들인 역사적 사건에서 벌어졌다. 둘째, 집필 재판관의 폐를 도려내도록 치열했던 토론을 거쳐 포기된 소수의견이 너무도 간략하다. 정확히 말하자면 맹탕인데, 문제는 소수의견 재판관들이 법조계에서 강단 있기로 이름난 사람들이란 것이다.

이런 문제를 풀려 글쓴이는 확보 가능한 모든 공개 · 비공개 자료를 검토했고, 가능한 모든 취재망을 동원했으며, 경우에 따라 외국 사도 연구했다. 한편, 이 책은 근거를 제시하고 반론이 수월하도록 취재원을 상세히 밝혀왔다. 하지만 28장에서만은 자료 출처와 실명 인터뷰를 모두 생략했다.

첫째 의문부터 풀어보자. 2004년 5월 14일 오전 10시 1분 헌법재판소 대심판정 재판관 대기실. 이미 선고시각을 넘겼지만 한 자리가 비어 있다. 소장 윤영철의 오른편 첫 자리, 김영일이 없었다. 연구관을 시켜 설득했다. 김영일은 법복을 겨우 챙겨 내려왔다. 마침내 대심판정으로 재판관들이 들어선다. 방청석에서 슬며시 보이는 재판관 대기실 벽시계는 오전 10시 3분을 가리켰다. 재판관 김영일의 얼굴이 벌겋다. 몇몇 재판관은 그의 안색을 살피며 입장한다. 선고가 진행되는 동안 김영일은 심판정 천장 불빛을 바라보거나 입매를 단단하게 만들었다. 그리고 이날 선고시점까지 탄핵 사건 결정문에는 서명이 하나 빠져 있었다. 김영일은 선고가 끝나고 나서야 마지못해 사인했을 뿐이다.

그렇다면 김영일은 무엇에 불만이 있었을까. 쉽게 생각할 수 있는, 탄핵 사건이 기각된 점이나 소수의견이 결정문에 실리지 않은 것은 이유가 아니다. 물론 두 가지에 김영일이 동조하지 않은 것은 맞다. 그렇지만 엄격한 절차를 강조하는 김영일이 그런 이유로 선고를 거부할 리는 만무하다. 탄핵 결론은 5월 7일 평의에서 결정됐고, 소수의견 비공개도 이 무렵 정해졌다. 따라서 이유는 분명히 따로 있다.

탄핵 선고 12시간 전으로 시간을 되돌려 보면 이렇다. 12일 오후

● 그러나 위의 견해에 대하여, 헌법재판소법 제34조 제1항의 취지는 최종 결론에 이르기까지 그 외형적인 진행과정과 교환된 의견 내용에 관하여는 공개하지 아니한다는 평의과정의 비공개를 규정한 것이지, 평의의 결과 확정된 각 관여재판관의 최종적 의견마저 공개하여서는 아니된다는 취지라고 할 수는 없으며, 동법 제36조 제3항은 탄핵심판과 정당해산심판에 있어 일률적으로 의견표시를 강제할 경우 의견표시를 하는 것이 부적절함에도 의견표시를 하여야만 하는 문제점이 있을 수 있기 때문에 이를 방지하고자 하는 고려에 그 바탕을 둔 법 규정으로서, 탄핵심판에 있어 의견을 표시할지 여부는 관여한 재판관의 재량 판단에 맡기는 의미로 보아 해석해야 할 것이므로 다수의견과 다른 의견도 표시할 수 있다는 견해가 있었다.

11시가 다 되어서야 재판관 주선회의 결정문이 완성된다. 연구관들과 밤을 새워 선고 직전 가까스로 결정문을 만들었다. 완성본을 연구관들을 시켜 재판관들 집으로 보냈다. 재판관들이 결정문을 받은 시각은 자정이 다 돼서다. 별지를 제외한 본문만 5만 9,564글자, 원고지 308장이다. 그런데 소수의견 공개에 대한 의견●은 389글자, 원고지 2장이다. 왜 이렇게 내용이 간략할까. 대통령 노무현 탄핵 사건 2004헌나1 결정문은 주선회가 첫장부터 끝장까지 모두 작성했기 때문이다. 일반적인 헌법재판 사건에서 다수의견과 소수의견은 각각 의견을 제시한 재판관이 나눠 작성한다. 여기서 문제가 발생한다.

탄핵심판에서는 누가 작성하는 것이 맞을까. 아무도 모른다. 유례가 없는 사건이고 모든 과정이 물음표다. 하지만 두 사람은 확고한 생각이 있었다. 가령 주선회 입장에선 소수의견을 제외키로 평의에서 다수결로 확정한 만큼, 그나마 들어간 것도 배려다. 그러나 김영일 생각이라면 헌재법이 정한 소수의견 공개를 다수결로 막은 것부터 부당한데, 의견작성까지 봉쇄한 것은 못 참을 일이다. 자정이 넘어 배달된 것도 그렇다. 주선회로서는 직원들을 철야시켜가며 가까스로 시간에 맞춰 집필한 것이다. 하지만 김영일 입장에서는 시간을 무기로 결정문을 밀어붙였다고 생각할 수밖에 없는 상황이다. 결국 선고과정에서 부당하게 배제됐다는 낭패감, 이게 바로 김영일의 감정이었던 것으로 보인다.

소수의견 공개 주장이 힘을 쓰지 못하고 밀린 것은 당연히도 재판관 수가 적어서다. 그냥 적은 것도 아니고 선고를 앞두고 세력이 줄어 더 그렇다. 탄핵 찬성 재판관은 권성 · 김영일 · 이상경 3명이다. 여기에 소수의견을 공개하는 문제에서 이상경

대통령 탄핵 결정 내용

탄핵		공개
기각	윤영철	비공개
	김효종	
	김경일	
	송인준	
	주선회	
	전효숙	
인용	이상경	
	김영일	공개
	권성	

이 빠진다. 이렇게 2 대 7로 완전히 밀리면서 소수의견은 결정문에 담기지 못한다. 하지만 김영일은 소수의견 자체는 못 담아도, 남기는 게 정당하다는 이유만이라도 자세히 쓰고 싶었다. 하지만 그것마저 좌절되니 선고가 더더욱 부당해진 셈이다.

이와 관련, 소수의견 공개를 둘러싸고 헌재법 해석이 격렬했지만, 조항의 정치적 근거에 대한 의견교환도 있었다. 비공개를 주장한 쪽에서는 외국의 예를 봐도 인사와 관련된 문제는 비공개가 많다고 했다. 일본의 과거 재판관 탄핵 결정문 등에서는 찬성과 반대의견을 누가 냈는지 적혀 있지 않은데, 보복 가능성이 있기 때문이라고 했다. 지지자와 반대자의 테러 위협에서 보호하려는 의도라는 것. 하지만 공개를 주장한 쪽에서는, 기본적으로 보호든 뭐든 생각할 필요조차 없다고 주장했다. 헌법에 근거해 심판하는 최고재판관이 신변 위협이

걱정된다면 재판관을 그만둬야 하는 것이라고 했다. 취재에 따르면, 또 다른 소수의견 공개 재판관 권성은 당시 이유도 묻지 않고 무조건 탄핵을 꺼리는 일부 정서를 개탄했다고 한다. 그래서 탄핵은 기각되지만 이유를 따져보는 과정인 소수의견을 남기자고 한 것으로 보인다. 권성은 탄핵심판과정에서 중국고사를 인용한 것으로 알려져 있다. '절대 군주주의 시대에도 왕이 잘못하면 단호하게 바꿨다. 은나라 태종 대갑^{大甲}이 방탕하고 잘못을 많이 저질렀다. 그러자 선왕^{先王}인 태조 탕왕의 심복 이윤^{伊尹}이 대갑을 끌어내려 유폐시키고 몇 해를 지난 후에 반성하니 다시 불러들인 경우가 있다. 맹자는 천하의 주인은 군주가 아닌 백성이라고 했다. 그렇다면 민주주의 국가에서 잘못이 심각한 국가원수가 있다면 끌어내릴 수 있는 것이고, 그래서 헌법에도 정해둔 것이다.'

아무튼 첫째 의문인 3분 34초의 비밀이 풀렸다.

둘째 의문, 현재 남은 결정문에는 소수의견의 핵심인 탄핵을 인용해야 하는 이론이 전혀 없다. 부차적인 문제인 소수의견 공개가 필요하다는 주장이, 그것도 흔적 정도 남아 있다. 소수의견 재판관들은 그대로 물러서지 않았다. 김영일 · 권성 · 이상경 누구 하나 개성이 약한 사람이 없다. 김영일은 후속과정을 문제 삼아 선고 당일에 강력히 항의했으며, 권성은 고등법원 판결부터는 자기 논리가 없으면 재판이 아니라고 주장한다. 이런 사람들이 역사에 언제 다시 있을지 모르는 사건에서 법리를 구성해 남기지 않았다는 것은 도저히 받아들일 수 없다. 특히 이상경은 소수의견이지만 비공개 입장으로 돌아섰다. 최고 법률가가 대안도 없이 자기 소수의견을 포기하고 물러서지 않는다.

이시윤은 인터뷰에서 말했다. "소수의견은 헌법재판관과 대법관만의 특권으로서 일반법관은 이유에 불만이 있어도 인내하여야 하는 것이다." 이시윤의 맥락은 일반법관의 인내 필요성이 아니라, 헌법재판관의 소중한 특권에 대한 설명이었다. 독일의 헌법학자 클라우스 슐라이히^{Klaus Schlaich}도 교과서에서 지적했다. "소수의견은 재판소의 판례를 장차 다른 방향으로 움직인다. 판례의 내적 모순을 단절하고 대중에게 (헌재의 결정례가 변할 수 있음을) 환기시킨다."[1]

어쨌든 소수의견이 없다고는 생각할 수 없었다. 그리고 취재과정에서 독일 헌법재판소가 한때 공개되지 않은 소수의견을 작성해 별도의 캐비닛에 보관했다는 관계자의 설명을 들었다. 자료 접근의 한계로 확인까지는 못했지만 아이디어로는 충분했다. 마침내 이런저런 과정을 거쳐 재판관 세 사람이 2004헌나1 대통령 노무현 탄핵소수의견을 남겨 어디엔가 보관하고 있음을 확인했다. 세 사람이 도장을 찍고 서명한 또 다른 결정문 정본이다. 김영일 · 권성 · 이상경이 전반적인 뜻을 같이하는 가운데 조금씩 입장을 달리한다. 소수의견은 크게 두 부분. 탄핵이 왜 인용돼야 하는지, 소수의견은 왜 공개돼야 하는지다.

첫째, 탄핵은 인용돼야 하는가. 이 부분은 두 단계다. 1단계는 헌법 65조 1항●에 대한 해석 문제다. '직무집행에 있어서 헌법이나 법률을 위배한 때'에서 재판관들은 숨은 단어를 찾아냈다. '헌법이나 법률을 〈중대하게〉 위배한 때.' 숨은 단어를 찾아내는 과정은 아주 복잡하지

● 대한민국헌법 [개정시행 1988. 2. 25]
제65조 ① 대통령·국무총리·국무위원·행정각부의 장·헌법재판소 재판관·법관·중앙선거관리위원회 위원·감사원장·감사위원 기타 법률이 정한 공무원이 그 직무집행에 있어서 헌법이나 법률을 위배한 때에는 국회는 탄핵의 소추를 의결할 수 있다.

● 헌법재판소법 [개정시행 2003. 6. 13]
제53조 (결정의 내용) ① 탄핵심판 청구가 이유 있는 때에는 헌법재판소는 피청구인을 당해 공직에서 파면하는 결정을 선고한다.

만 간단한 근거 가운데는 헌재법 53조 1항●이 있다. '탄핵심판 청구가 이유 있을 때'라는 대목. 탄핵청구에 '이유'가 있어야만 파면하란 것은, 헌재가 법률 위반의 중대성을 보란 뜻이라고 했다. 헌법재판관 9명에게 절차상 흠결 정도 따위만을 보라고 했을 리는 없다는 것이다. 탄핵에서 국회 뒤에 헌재를 둔 것은 다 이런 이유란 것이다. 이 부분은 다수의견 재판관까지 전원일치 의견이다.

이제 2단계 중대성 심사로 간다. 소추의결서에 적힌 법 위반 내용이 중대한지 보는 것이다. 헌법이나 법률 위반이 중대하면 인용이고, 미약하면 기각이다. 다수의견 재판관 6명은 일부 헌법과 법률을 위반했지만 미약하다고 판단했다. 당연히 소수의견 재판관 3명은 중대하다고 봤다. 그러면서 지적한 위반 항목이 다수의견보다 많았다. 다수의견과 같은 개수로 보면서 탄핵을 받아들였을 리가 없다. 정리하자면 소수의견 재판관들은 더 많은 소추항목을 탄핵사유로 인정하고 나니 중대성의 저울이 기울었다고 본 것이다. 그리고 추가 위반항목은 대통령 측근 권력형 부정부패가 핵심이다. 재판소가 4·5차 변론에서 안희정·여택수·최도술을 괜히 부른 게 아니다. 소수의견 재판관들이 국회의 소추사유 가운데 하나인 부정부패가 실제로 맞는 것인지 확인하려 부른 것이다.

여기서 또 다른 쟁점이 발생한다. 이른바 부정부패 혐의들 가운데 2003년 2월 25일 취임식 이전부터 이어지면서 벌어졌다는 것이 있다. 그래서 평의과정에서 대통령의 범죄가 언제부터 가능한지 논란이 있었다. 다수의견은 취임식 이후라고 했다. 하지만 소수재판관은 당선 이후 정도라고 했다. 직무집행이라는 것이 적어도 당선 이후부터 기획해, 취임 이후 실행에 들어가기 때문이다. 탄핵사유에서 소수의견 세 사람이 의견을 완전히 같이한 것은 아니다. 둘로 나뉘는데, 김영일이 나왔다. 평소 헌법재판이 절대로 정치적인 재판이 아니라고 강조하는 법률가다. 따라서 국회의 소추는 정치적이지만, 헌재의 심판은 정치적이지 않다고 봤다. 야당이 제시한 내용과 규모를 가려서 인정했다. 반면 권성·이상경의 경우 측근 비리 등 소추사유를 폭넓게 받아들였다. 권성은 미국 37대 대통령 리처드 닉슨[Richard Milhous Nixon] 사례를 깊게 연구했다. 닉슨은 워터게이트 사건[Watergate scandal]의 여파로, 탄핵 위기에 몰리자 자진해서 사임했다. 이 무렵 헌법연구관들이 미국 여러 로스쿨 저널에 발표된 관련 논문들을 분석했다.

둘째, 소수의견을 공개해야 하는지. 다수의견은 헌재법 34조 1항을 이렇게 봤다. '심판의 변론과 결정의 선고(=최종 법정 결론)는 공개한다. 다만 서면심리와 평의(=재판관별 의견)는 공개하지 아니한다.' 그렇지만 36조 3항●에서 예외를 둬서 위헌심판·권한쟁의·헌법소원에서만 재판관별 의견을 적도록 했다. 원칙과 예외라는 논리다. 하지만 반대의견은 달랐다.

● 헌법재판소법 [개정시행 2003. 6. 13]
제34조 (심판의 공개) ①심판의 변론과 결정의 선고는 공개한다. 다만, 서면심리와 평의는 공개하지 아니한다.

두 조항은 원칙과 예외가 아니라 완전히 다른 조항이라고 했다. '심판의 변론과 결정의 선고(=재판관별 의견과 최종 법정 결론)는 공개한다. 다만, 서면심리와 평의(=재판관들 토론 내용)는 공개하지 아니한다.' 그리고 36조는 재판관별 의견을 위헌심판과 권한쟁의·헌법소원 3개 종류에서는 강제로, 나머지 탄핵심판과 정당해산 두 종류에서는 자율로 공개하란 뜻이라고 했다.

반대의견은 논증을 강화하기 위해 '원칙과 예외론'이 허구라는 점을 입증했다. 핵심은 다음과 같다. 재판소와 함께 소수의견을 적어온 대법원에 관한 법률을 들이민다. 법원조직법 65조●는 무작정 공개하지 말라고, 15조●는 대법관은 공개하라고 한다. 이것도 원칙과 예외일까. 아니다. 65조는 제3편 일반법원편에, 15조는 제2편 대법원편에 있기 때문이다. 헌재법도 마찬가지. 36조는 재판관 의견표시편, 34조는 평의과정 공개여부편으로 봐야 한다.

그러면서 소수의견은 다수의견이 모순에 빠진다고 했다. 간추리면 이렇다. 다수의견은 34조를 이렇게 봤다. '심판의 변론과 결정의 선고(=최종 법정 결론)는 공개한다. 다만 서면심리와 평의(=재판관별 의견)는 공개하지 아니한다.' 그런데 36조 3항과 합쳐지면 엉뚱한 결과를 낳는다. '36조에 따라 관여한 재판관 모두는 의견을 써야 하는데, 34조에 따라 법정의견만 발표해야 한다.' 이게 뭔가. 소수의견은 쓰기만 하고 공개는 말라는 것이어서 '제 무덤 파기'다. 그리고 이 부분에 대해서는 김영일이 강력하게 주

● 법원조직법 [개정시행 2001. 3. 1] 제65조 (합의의 비공개) 심판의 합의는 공개하지 아니한다.

● 제15조 (대법관의 의사표시) 대법원재판서에는 합의에 관여한 모든 대법관의 의견을 표시하여야 한다.

장했다. 이후 신행정수도 사건에서도 드러나지만 절차 문제에 엄격한 법률가다.

　김영일·권성·이상경은 크게 이런 내용을 가지고 입장을 나눴다. 공개 여부에 대해서는 김영일·권성이, 탄핵근거 면에서는 권성·이상경이 입장을 같이했다. 더욱 구체적인 내용은 적절한 시점에 소수 의견 정본이 공개되면 확인될 것이다.

◈ 대통령 노무현 탄핵심판 = 2004헌나1

---

1 | Klaus Schlaich ; Stefan Korioth, 『Das Bundesverfassungsgericht : Stellung, Verfahren, Entscheidungen』 5., neubearbeitete Auflage, Verlag C. H. Beck, M nchen 2001, p. 39

29

관습

대한민국 수도 그리고 대한민국 헌법

변호사 이석연은 인터뷰에서 관습헌법이론은 비약이라고 했다. 신행정수도 특별법이 위헌이라며 헌법소원을 제기한 당사자다. 변호사 문재인은 관습헌법은 두고두고 헌재의 부끄러운 선례가 될 것이라고 말했다. 신행정수도를 입안한 노무현의 핵심 브레인이다. 도대체 관습헌법은 무엇일까. 이 사건 결정문을 작성한 헌법재판관 이상경이 관습헌법의 논리를 처음으로 장시간에 걸쳐 설명했다.

"한계에 부닥친 수도권 집중 억제와 낙후된 지역경제의 근본적 해결을 위해서 충청권에 행정수도를 건설해서 청와대와 중앙부처를 옮기도록 하겠습니다. 고속철도 건설과 정보화 기술 발전, 청주국제공항 등은 행정수도 건설 여건을 성숙시키고 있습니다. 특히 청와대 일원과 북악산 일대를 서울 시민에게 돌려줌으로써 서울 강북지역의 발전에 새 전기를 마련하겠습니다."[1]

대통령 후보 노무현이 2002년 9월 30일 민주당 선거대책위원회 출범식에서 밝혔다. 이 문제는 대통령 선거전의 주요한 주제로 떠오르고 한나라당 이회창·국민승리21 정몽준·민주노동당 권영길 등 후보들이 논쟁을 벌였다. 노무현은 2002년 12월 19일 16대 대통령으로 당선되었다. 이듬해 2003년 12월 29일 국회는 '신행정수도의 건설을 위한 특별조치법'을 통과시킨다. 재적의원 271명 가운데 찬성 167·반대 13·기권 14표였다. 한나라당 찬성권고, 열린우리당 찬성, 민주당 자유투표가 당론이었다.[2]

● 신행정수도의 건설을 위한 특별조치법 [제정시행 2004. 4. 17]
제1조 (목적) 이 법은 국가 중추기능의 수도권 집중에 따른 부작용을 시정하고 세계화와 지방화가 동시에 진행되는 시대적 조류에 부응하기 위하여 신행정수도를 건설하는 방법 및 절차에 관하여 규정함으로써 국가의 균형발전과 국가경쟁력의 강화에 이바지함을 목적으로 한다.

2004년 5월 21일 신행정수도건설추진위원회가 발족한다. 이 무렵 1기 헌법연구관 출신 변호사 이석연은 신행정수도 이전에 문제가 있다고 생각한다. 헌법소송을 마음에 두고 2기 재판관 이영모와 1·2기 재판관 김문희를 찾아간다. 그리고 두 재판관 역시 같은 뜻임을 확인한다. 그리고《동아일보》기자 이수형을 만나 자기 뜻을 내비치고, 그는 변호사 김문희와 이영모에게 확인해 6월 2일자 1면에 기사화한다. 이렇게 해서 3기 재판소는 대통령 노무현 탄핵에 이어, 참여정부 핵심 공약인 신행정수도를 다루게 된다.

3기 재판소는 2004년 10월 21일 신행정수도 특별법에 위헌을 선고한다. 그러자 법학자들이 강력하게 비판했고, 재판소 안에서도 일부 수긍했다. 청구인 이석연도 인터뷰에서 "위헌임에는 틀림없지만 이유에는 논리적 비약이 있다"고 밝혔다. 피청구인 대리인 하경철 역시 "헌재가 관습헌법이란 걸 들고 나와 위헌한 것은 오랫동안 논란이 될 것"이라고 말했다. 노무현 정부 비서실장 문재인은 "두고두고 헌재의 부끄러운 선례가 되지 않을까 생각한다"고 말했다. 도대체 신행정수도 특별법에 대한 헌재의 결정은 어떤 것이었을까.

헌재의 위헌결정은 5단계로 이뤄진다. 1단계, 수도란 무엇인가. 적어도 국회와 청와대가 있어 정치와 행정의 중추적 기능을 수행하는 곳이다. 정보통신기술의 발전 등으로 정부기구가 한곳에만 소재할 필요는 없다. 2단계, 신행정도시가 수도이전인가. 어떤 기구들이 이전할 것인지 특별법이 확정하고 있지는 않다. 하지만 정치·행정의 중추기능을 가지는 도시라고 명백히 하고 있다. 수도이전이다. 3단계, 수도가 서울인 점이 관습헌법인가. 600년간 당연히 생각되어 계속성, 이런 관행이 중간에 깨어진 일이 없는 항상성, 다른 견해를 가진 사람이 없는 명료성, 국민들의 동의와 승인이 있는 합의성까지 4가지를 모두 충족한다. 관습헌법이다. 4단계, 관습헌법은 어떻게 개정하는가. 관습헌법 요건인 합의성이 깨지거나 성문헌법 개정절차를 거쳐서 개정되는 것이다. 5단계, 특별법에 의한 수도이전은 위헌인가. 관습헌법의 합의성은 깨지지 않았는데, 성문헌법 개정절차도 거치지 않았으니 위헌이다. 개헌절차를 명시한 헌법 130조 위반[*]이다.

헌재의 5단계 논증 가운데 집중적으로 공격받는 것이 3·4단계, 특히 4단계. 우선, 서울이 수도라는 점이 관습헌법이라는 3단계부터 인정할 수 없다는 것. 그보다, 설령 그런 관습헌법을 인정한다 해도 성문헌법 개정절차를 거치라는 4단계는 도저히 수긍할 수 없다는 것이다. 3단계에 대해, 영산대학교 교수 방승주는 "실질적인 헌법 내용이라는 것은 국가기관의 조직

[*] 대한민국헌법 [개정시행 1988. 2. 25]
제130조 ② 헌법 개정안은 국회가 의결한 후 30일 이내에 국민투표에 붙여 국회의원 선거권자 과반수의 투표와 투표자 과반수의 찬성을 얻어야 한다.

헌법재판소, 한국현대사를 말하다 1

권한 구성과 국민의 기본적 권리와의 관계를 정리한 기본법질서인데 수도가 어디냐는 장소적 지정은 실질적 헌법 내용은 아니다"라고 했다.[3] 4단계에 관한 비난이 더욱 많았다. 건국대학교 교수 임지봉은 "관습헌법은 대표적 불문헌법의 하나로서, 성문화되어 있지 않으므로 '헌법 개정'의 대상이 원래부터 되기 어렵다. 관습헌법은 다수 국민의 지지를 더는 얻을 수 없을 때 자연스레 사멸하는 것일 뿐, 헌법 개정을 통해 존재하고 사라지는 것이 아니다"라고 했다.[4]

그렇다면 수도규정은 헌법에 속하는 문제인가, 그렇지 않을 수도 있는 것인가. 3기 재판소는 당연히 법률이 아닌 헌법이며, 한국에선 성문이 아닌 관습이라고 봤다. 그래서 관습헌법이다. 신행정수도 사건 집필 재판관인 이상경 인터뷰. "헌법의 아버지들, 우리 같으면 제헌국회에서 헌법을 만들 때 당연히 전제된 사실은 적지 않는다. 예컨대 대한민국 언어는 한국어, 대한민국의 글자는 한글, 대한민국 주요 민족은 한민족, 이런 것은 굳이 표기하지 않았다. 공통된 인식이 있어서 문제되지 않았기 때문이다. 하지만 공통인식이 없는 나라들은 헌법으로 정한다. 예컨대 언어가 여럿인 캐나다 헌법❂에는 영어와 프랑스어가 공식언어라고 적혀 있다. 스위스 헌법 4조[6]에는 독일어·프랑스어·이탈리아어·로만시어를 공문으로 쓰도록 돼 있다. 수도도 마찬가지다. 우리 헌법의 아버지들은 대한민국의 수도가 한양·서울이라는데 단 한 사람도 이의가 없었고, 국민 누구도 의심하지 않아 쓰지 않은 것이다. 만약, 평양시

❂ Constitution Acts, 1867 to 1982[5]
16. (1) English and French are the official languages of Canada and have equality of status and equal rights and privileges as to their use in all institutions of the Parliament and government of Canada.

나 연기군 얘기가 있었다면 밝혀 적었을 것이다. 실제로 신생국가에서는 자주 그런다. 호주는 시드니와 멜버른이 싸우다가 캔버라에 두기로 했다. 하지만 일본·미국·독일 헌법에는 수도 규정이 없다. 당연한 것을 일일이 다 적지 못한다. 그리고 그것은 전제된 헌법이다."

그래서 수도가 관습헌법이라면 신행정수도법은 헌법 위반인가. 이 문제를 가리기 위해서 필연적으로 관습헌법은 어떻게 개정할 수 있는지가 문제가 된다. 계속해서 이상경의 인터뷰. "전제된 헌법이라는 게 핵심 개념이다. (결정문에서) 불문헌법이라 한 것은 국민이 알아듣기 쉽고, 보편적인 설명이 가능해서 쓴 것이다. 전제된 헌법의 개정은 성문헌법 개정절차로만 가능하다. 다만 관습헌법의 4가지 조건 가운데 하나라도 무너져 소멸하는 수는 있다. 일부 학자는 관습법은 성문법을 보충만 하다가(사라지기도 하는 것이지) 개정이나 폐지할 문제가 아니라고 한다. 그렇지 않다. 중요한 것은 관습이냐 성문이냐가 아니라, 얼마만큼 중요한지다. 예를 들어 성문헌법 안에서도 기본권규정은 국가통치규정보다 상위다. 그래서 기본권에 어긋나는 헌법조항은 무효다. 그레이드grade가 다르다. 이것은 자연법과 관습법으로 확장된다. 만약 성문법만 인정한다면 히틀러 같은 헌법 독재를 용인할 수밖에 없다. 인간은 존엄하다는 자연법과 불문법에서 보면 당연히 위헌이 된다. 관습헌법에도 성문헌법 개폐능력이 있다고 봐야 한다."

이러한 관습헌법에 바탕한 위헌 주장이 이석연의 핵심 주장인 것으로 알려져 있다. 그런데 왜 이석연은 헌재의 결정에 논리적 비약이 있다고 했을까. 이석연의 인터뷰. "수도를 이전하려면 국민적 합의가 반드시 필요하다는 데서 출발했다. 그래서 핵심으로 생각한 것이 헌법 72조●국민투표에 붙이는 권한이다. 왜냐하면 수도를 이전하는 것은 국가안위에 관한 중요 사안이므로 대통령은 반드시 국민투표에 붙여야 한다. 그러고 나서 다음으로 주장한 것이 국민투표권이다. 서울이 수도란 점은 너무나 당연해 헌법적 효력이 있고, 따라서 수도이전은 헌법 개정이나 다름없는데, 법률제정으로만 하려 했으므로 헌법 130조● 국민투표권 침해라는 것이다." 실제로 이석연은 관습헌법을 내세우지 않았다. 그래서 불문헌법이나 관습헌법에 대한 입장이 헌재와 다르다. "관습헌법은 불문헌법이 아니라 성문헌법을 보완하는 제3의 존재다. 불문헌법은 따로 존재하는 것이다. 영국에서처럼. 그런데 헌재는 불문헌법의 일종으로 관습헌법을 인정하니 (성문헌법과 같이) 개정하라는 데서 문제가 된다. 청구서에 불문헌법이라고 적지도 않았다. 불문율이라고 썼다. 헌재 결론이 잘못됐다는 것이 아니라, 논리의 비약이라는 말씀을 드리고 싶다." 이와 관련, 이석연의 청구 이유를 보면 헌법 72조 국민투표 부의권을 가장 앞에 핵심으로 내세웠다.

헌법 72조● 위반 주장에는 재판관 김영일만이 동의했다. 특히 여기에는 법리적 견해 외에도 헌재가 사건을 다루는 절차에 관한 비판이 들어가 있다. 김영일 인터뷰. "재판에서 당사자가 주장한 것을 순서로 판단한다. 첫째 주장이 이유가 있는지 없는지 판단해주고, 다음에 주장한 쟁점을 판단해주는 식으로 가는 게 일반적이다. 물론 헌법재판은 일반재판과 달리 재판부가

●대한민국헌법 [개정시행 1988. 2. 25]
제72조 대통령은 요하다고 인정할 때에는 외교·국방·통일 기타 국가안위에 관한 중요 정책을 국민투표에 붙일 수 있다.

신행정수도 특별법 선고 결과

재판관	결론	이유
윤영철	위헌	130조
권성		
김효종		
김경일		
송인준		
주선회		
이상경		
김영일		72조
전효숙	각하	없음

쟁점을 만들어 검토할 수 있지만, 적어도 당사자 질문에는 답하고 가야 한다. 그런데 이 사건 결정문을 보면 72조를 보지 않고 바로 관습헌법으로 갔다. 72조는 실정법상에 있는 조항이고 당사자가 주장도 했다. 우리 옆에 있는 실정헌법부터 더듬고 가야지, 존재가 불분명한 관습헌법으로 대뜸 가는 것은 이상하다. 그래서 나는 72조를 검토했고 72조만으로 위헌이라고 봤다." 대통령의 권한으로 이해되는 헌법 72조가 어떻게 대통령을 구속하는 것인지도 물었다. "헌법 72조에는 '붙일 수 있다'고 돼 있다. 하지만 대통령 마음대로 하고 싶으면 하고, 말고 싶으면 말라는 뜻이 아니다. 사안의 무게에 따라 부의하여야 하는 사안과 그렇지 않은 사안이 있다는 얘기다. 이런 의미를 포괄적으로 정하다 보니 붙일 수 있다고 규정한 것이다. 국가적으로 중대한 사안을 국민투표에 붙이는 것을 대통령 재량껏 할 수 있는 게 아니다. 적어도 수도를 옮기는 사안이면 대통령이 마음대로 할 수는 없으니 국민투표에 붙이기는 해야 한다. 그러지 않았으니 위헌이란 얘기다."

전효숙의 각하의견은 이렇다. '첫째, 헌법의 핵심은 기본권보호다. 수도의 소재지는 그런 목적을 실현하기 위한 도구에 불과하다. 따라서 헌법사항이 아니다. 둘째, 서울이 수도라는 사실명제가 서울이 수

헌법재판소, 한국현대사를 말하다 1

도여야 한다는 당위명제로 도출되지 않는다. 그래서 관습헌법도 아니다. 셋째, 개헌절차는 성문헌법에 국한한다. 관습헌법은 아니다. 어떻게 보충적인 관습헌법이 국회 입법권을 넘어선단 말인가. 그리고 (국민투표에 붙일 수 있다는) 헌법 72조는 대통령의 재량이다. 대통령에게 부의의무를 요구할 수 있는 게 아니다. 따라서 헌법소원대상조차 되지 않으므로 각하한다.'

헌재가 신행정수도 특별법 전체에 위헌결정을 내리자, 참여정부는 행정복합도시로 대체했다. 위헌결정 다섯 달 뒤인 2005년 3월 2일 국회의원 158명이 '신행정수도 후속대책을 위한 연기 · 공주지역 행정중심복합도시 건설을 위한 특별법'을 통과시킨다. 여기에서 이상경의 수도 개념이 영향을 미친다. 신행정수도 특별법에서 재판소는 수도의 요건으로 국회와 대통령의 존재를 꼽았다. 그러자 노무현 정부는 두 곳을 제외한 행정복합도시법을 만든 것이다. 곧바로 위헌소송이 제기됐다.

이상경의 인터뷰. 행정수도 사건 이후 퇴임해, 행복도시 사건에는 참여하지 않았다. "수도의 역사적 · 법률적 개념을 보면 대통령과 국회가 핵심이다. 당초 군주가 존재하는 데가 수도였다. 그러다가 국민의 대의기관인 국회가 더해져, 국회와 통치권자가 있는 곳을 수도로 보게 됐다. 사법부는 사후견제기능밖에 없어 수도개념에 해당이 없다. 독일만 해도 연방대법원과 연방헌법재판소는 수도 베를린이 아닌 카를스루에에^{Karlsruhe}에 있다. 이렇게 수도에 대통령과 국회는 꼭 있어야 한다."

2005년 11월 24일 행복도시법은 각하로 결정된다. 핵심은 행정중심복합도시는 국회와 대통령이 없어 수도가 아니라는 이유다. 헌재는 앞서 신행정수도에서 제시한 국회와 대통령이 이전하지 않는다는 점을 핵심 근거로 깔아두고, 정보통신의 발전에 따른 원활한 의사소통, 서울에 남는 기관의 영향력 등을 이유로 든다. 권성과 김효종은 신행정수도 사건에서 말한 국회와 대통령은 수도의 충분조건이 아니라 필요조건이라고 해석했다. 풀어보면, 국회와 대통령만으로 수도가 되는 것이 아니라, 두 가지를 기초로 다른 요건을 충족해야 한다는 것이다. 그리고 행정복합도시 건설로 인해 서울에 국회와 대통령만 남을 뿐이지 제대로 된 수도의 위상은 해체되고, 그래서 위헌이라는 논리다. 그리고 김영일이 퇴임하면서 헌법 72조 논리를 지지하는 재판관이 없다. 이번에는 다수의견을 살펴본다. '국민에게 특정 국가정책에 관해 국민투표에 회부할 것을 요구할 권리가 인정되지 않는다.'

신행정수도 사건 집필자인 이상경은 국회와 대통령을 수도의 필요조건으로 봤을까 아니면 충분조건으로 봤을까. 인터뷰. "그때는 그것까지 생각하지 않았다. 법률가는 해당 문제를 해결하는 데 집중한다. 그리고 정부가 행복도시 같은 것을 만들지는 상상도 못했다. 아무튼 수도 개념은 일본 · 독일 · 프랑스 학자의 공통 요소를 추려낸 것이다."

1·2차 행정도시 선고 결과

신행정수도	행정복합도시	
	권성	위헌
	김효종	
	윤영철	
위헌	김영일	이공현	각하
	김경일	
	송인준	
	주선회	
	이상경	조대현	
각하	전효숙	

두 사건 소송을 청구한 이석연 인터뷰. "수도이전법 위헌이 나왔으니 정부가 따를 줄 알았다. 그런데 수도분할법으로 가더라. 수도이전이 위헌이면 수도분할도 위헌이다. 수도는 하나이기 때문이다. 그런데도 서울시와 수도분할법 소송 문제를 협의하면서 부정적으로 말했다. '법리상 명백히 같은 논거로 위헌입니다. 하지만 위헌결정은 안나올 겁니다. 이것까지 위헌으로 결정하면 참여정부는 존립근거를 잃어버립니다. 헌재가 그런 부담을 안으려고 하지는 않을 것 같습니다.' 당시 분위기가 그래도 제기하자는 것이어서 참여했다. 결국 위헌결정은 안 나왔다. 결론보다 헌재 권위가 떨어진 게 서글펐다. 선고 직후 성명을 냈다. 앞으로 권력의 독주를 막을 수 있는 방법이 없어 서글프다고 썼다." 이석연은 수도이전과 수도분할 모두 부당하다는 생각에는 변함이 없다고 했다. "노무현 후보가 행정수도이전을 대선공약으로 내세워서 당선됐기 때문에 국민적 합의가 이뤄진 것이라는 사람도 있다. 하지만 대선 공약은 한이 없다. 90퍼센트가 공수표다. 국민들이 이거 하나만으로 투표한 게 아니다. 정략적 목적으로 국민적 합의 없이 헌법적 사안을 법률 개정으로 옮기는 것은 도저히 용납할 수 없다는 생각이 확고하다."

노무현 참여정부 비서실장 문재인의 인터뷰. "성문헌법이 있는 상태에서 관습헌법이 존재할 수 있는지, 존재하더라도 어떤 것들이 해당하는지, 서울이 수도라는 것인지 해당하는지, 관습헌법도 헌법 130조에 따라 개정하는 것인지 등 의문투성이었다. 그런데 헌재는 그런 부분을 모두 인정해서 교묘하게 결정한 것 아닌가. 허허. (노무현 대통령이 '관습헌법은 처음 듣는다'고 한 게 아니라, 이런 맥락에서) 그런 표현을 했다. 헌재로서는 이렇게 가지 않으면 위헌 논리 구성이 불가능했을 것이다. 참으로 교묘하다. 이런 의문에 대해 헌법학계에서 아직은 제대로 논의되지 못했는데, 이 부분은 두고두고 헌법재판소의 부끄러운 선례가 될 것이라 생각한다. 다른 논리는 몰라도 관습헌법을 들어서 위헌한 것은 납득할 수 없다. 처음에 제소됐을 때만 해도 전혀 예상하지 못했다. 전형적으로 정치적인 판단이었다."

한편 행복도시법을 위헌이라고 판단한 권성과 김효종은 야당인 한나라당 추천, 한나라당·민주당 합의추천 재판관. 하지만 모두 행정도시 예정지인 충청남도 연기군이 고향이다. 결국 두 재판관은 자신의 출신지에 영향을 받지 않은 셈이다. 다만 국회 정치세력들이 철저한 분석을 통해 재판관을 선정했음을 방증한다.

◈ 신행정수도의 건설을 위한 특별조치법 헌법소원 = 2004헌마554 등 병합

◈ 연기·공주 행정중심복합도시 건설을 위한 특별법 헌법소원 = 2005헌마579 등 병합

1 | <MBC 뉴스데스크> 2002년 9월 30일. 《경향신문》 2002년 10월 1일 1면.

2 | 《서울신문》 2003년 12월 30일 1면.

3 | 《내일신문》 2004년 10월 22일 6면.

4 | 《한겨레》 2004년 10월 23일 1면.

5 | Department of Justice, Canada <laws.justice.gc.ca/en/Const/annex_e.html#languages>.

6 | Schweizerischen Eidgenossenschaft <www.admin.ch/ch/d/sr/101/ index.html>.

30

선택

헌법재판소, 이렇게 스무살이 되다

4기 재판소장 후보 전효숙은 흔들린다. 헌재법이 정한 절차를 어겨 하자가 크다고 했다. 전효숙은 헌재 역사상 첫 재판관 출신 소장 후보다. 한편 비슷한 무렵 신행정 수도 사건의 집필자 이상경이 언론의 표적이 된다. 물러난다면 역시 재판소 사상 첫 중도사임이다. 그리고 재판소는 전효숙에 대해서도, 이상경에 대해서도 침묵한다. 누구는 당연한 것이라고 했고, 다른 누구는 서운한 일이라고 했다.

1994년 9월 13일 국회 법제사법위원회 회의실. 2기 재판소장 선출 문제를 두고 토론이 벌어졌다. 민자당 소속 위원장 박희태가 민주당 조순형에게 발언 기회를 넘긴다. "헌법 111조 4항°에 보면 '헌법재판소의 장은 국회 동의를 얻어 재판관 중에서 대통령이 임명한다'고 돼 있습니다. 그러면 이 규정의 정신이나 취지는 재판관 9명이 임명된 다음에 그중에서 임명을 하라는 것입니다. 그런데도 지금 국회 추천분은 아직 안 되어 있고 대통령이 임명했다는 얘기도 없습니다. 그런데 김용준 씨를 헌법재판소장으로 임명할 테니 동의

° 대한민국헌법 [개정시행 1988. 2. 25]
제111조 ④ 헌법재판소의 장은 국회의 동의를 얻어 재판관 중에서 대통령이 임명한다.

해달라, 그런 동의안을 어떻게 국회로 보낼 수 있는가에 대해서 의문이 제기됩니다."[1] 하지만 이는 의견으로만 남고 같은 날 오후 국회 본회의에서 김용준은 임명동의된다.

2000년 9월 5일 국회 제3회의장. 3기 헌법재판소장 윤영철 임명동의안 심사를 위한 인사청문회가 열렸다. 한나라당 소속 위원장 박희태가 사회다. 서울대학교 법과대학 교수 정종섭이 참고인으로 나왔다. 1기 재판관 김양균의 연구관이던 그 정종섭이다. "헌법재판소장은 9명 헌법재판관 중에서 누구한테 맡길 것이냐는 문제입니다. 따라서 헌법재판소장 인사청문은 소장으로서의 역할을 맡길 수 있을 것인가에 포커스가 맞아야 된다고 봅니다. 그러나 1·2대 소장 누구도 (재판관 임명 후 소장 임명이 되지는) 않았기 때문에, 이번에 (재판관 적격성과) 헌법재판소장 적격성까지 동시에 진행된다고 보는 것이고 그것은 현재관행상 그렇게 됐다고 봅니다."[2] 그리고 사흘 뒤 9월 8일 국회는 윤영철을 임명동의한다.

○ 국회법 [개정시행 2000. 5. 30] 제46조의3 (인사청문특별위원회) ① 국회는 헌법에 의하여 그 임명에 국회의 동의를 요하는 대법원장·헌법재판소장·국무총리·감사원장 및 대법관과 국회에서 선출하는 헌법재판소 재판관 및 중앙선거관리위원회 위원에 대한 임명동의안 또는 의장이 각 교섭단체대표의원과 협의하여 제출한 선출안 등을 심사하기 위하여 인사청문특별위원회를 둔다.

2기 소장 김용준과 3기 소장 윤영철 모두 민간인 신분에서 재판관이자 소장으로 동시에 임명된다. 김용준은 재판관이 아닌데 소장이 될 수 있느냐는 논란만 있었다. 윤영철은 여기에 더해 재판관이 아닌데 소장 인사청문을 받을 수 있느냐는 문제까지 더해졌다. 헌재소장 청문회는 윤영철 임명 직전에 생겼다. 아무튼 국회는 2기 소장 당시에는 동시 임명도 상관없다는 식으로 넘어갔고, 3기 소장 임명 때도 별다른 조치를 취하지 않자, 최고 권위 헌법학자 정종섭이 관행이라고 해석하게 된다.

2006년 9월 6일 국회 제3회의장. 헌법재판소장 전효숙 임명동의에 관한 인사청문회가 열렸다. 민주당 소속 조순형이 발언한다. "위원장님! 지금 선서 들어가시려 그러지요? 그것 하시기 전에 한 가지 의견을 말씀드리려고 합니다." 그러자 열린우리당 소속 위원장 최용규가 기회를 준다. "헌법 111조 4항에 의하면 '헌법재판소장은 국회의 동의를 얻어서 재판관 중에서 대통령이 임명한다'고 되어 있습니다." 12년 전, 1994년에 말한 그 내용이다. "그렇다면 8월 25일 헌법재판관을 사퇴했는데 과연 헌법재판소장 지명이 유효한 것인가요. 헌법재판소장은 헌법재판관의 자격을 겸해야 된다고 봅니다. 그것이 법의 명문 규정이고 정신이라고 봅니다. 결국 1기 헌재 구성 때부터 소장 지명을 둘러싼 절차에서 대통령과 행정부가 편법으로, 편의 위주로 절차를 생략하고 그랬지 않나 생각합니다. 헌법재판관으로 재임명해서 국회에 동의 요청을 하는 것이, 정당한 절차 진행이라고 생각합니다."

그런데 전효숙은 2003년 8월 26일 최종영 대법원장이 지명한 현직 재판관이었다. 그런데 왜 소장 임명을 앞두고 사퇴해 민간인이 되었을까. 문제는 바로 임기에 있다. 헌재법 7조 1항◉에 따라 재판관 임기는 6년인데, 소장의 임기는 정해지지 않았다. 그리고 헌재법 12조 2항◉은 소장은 재판관 중에서 임명하라고 했으니, 결과적으로 소장 임기도 6년이란 얘기다. 이와 비교해, 대법원에서는 대

◉ 헌법재판소법 [개정시행 2005. 7. 29]
제7조 (재판관의 임기) ① 재판관의 임기는 6년으로 하며, 연임할 수 있다.

● 제12조 (헌법재판소장)
② 헌법재판소장은 국회의 동의를 얻어 재판관 중에서 대통령이 임명한다.

● 법원조직법 [개정시행 2007. 12. 27]
제45조 (임기·연임·정년) ① 대법원장의 임기는 6년으로 하며, 중임할 수 없다.
② 대법관의 임기는 6년으로 하며, 연임할 수 있다.

법원장 임기, 대법관 임기를 각각 정한 법원조직법 45조 1항 · 2항●이 있다. 대법관으로 일하다가 대법원장이 된다면 새로운 임기 6년이 고스란히 보장된다. 실제로 1993년 9월 임명된 12대 대법원장 윤관 등 그런 사례가 적지 않다. 하지만 헌재는 애매했다. 전효숙의 경우 3년만 해야 하는 것인지, 아니면 새로 6년을 하는 것인지 헷갈렸다. 법문을 엄격히 해석하면 3년이고, 대법원과 비교하면 6년이 맞는 듯도 했다. 뿌리 얕은 헌재가 전직 대법관만을 소장으로 받아들여 잠복해 있던 문제였다. 비로소 재판관 출신 소장을 뽑으면서 18년 만에 불거진 셈이다.

이를 해소하기 위해 청와대는 8월 16일 전효숙 내정 발표 직전, 대법원과 헌재에 의견을 물었다고 한다. 대법원은 사표 후 임명이 바람직하다고 했다. 전효숙이 대법원장 지명으로 재판관이 됐는데, 대통령이 소장 겸 재판관으로 재임명하는 순간 대법원장 몫 재판관이 2명으로 줄어든다는 판단도 이유다. 한편 3기 소장 윤영철은 의견 조율에 대해 '알지 못한다'고 퇴임 직전 밝힌 바 있다.[3] 하지만 너무나 당연하게도 헌재가 3년짜리 소장을 원했을 리가 없다. 윤영철이 개입하지 않았을지 몰라도 재판소는 6년 임기 소장을 분명 바랐다. 이렇게 의견을 조합해, 전효숙은 청와대에 재판관직 사표를 내고, 민간인 신분으로 인사청문회에 나간다.

민주당 의원 조순형은 평소 소신대로 '민간인은 소장이 되지 못한다'고 지적한다. 민간인 출신 소장에 암묵적으로 동의해온 한나라당은 사표 낸 과정을 문제 삼는다. 한나라당 의원 김정훈의 질의다. "스스로 사표 냈어요? 그냥 아무것도 없는데?" 소장 후보자 전효숙의 답변이다. "후속절차를 진행을 이렇게 하겠다는 뜻을 전달받았습니다." 청문위원 김정훈 "누구로부터 받았습니까?" 소장 후보 전효숙 "저한테 최종통보를 해준 민정수석님으로부터……."

김정훈이 몰아붙인다. "임명단계에서부터 대통령 뜻에 따라서 중간에 사표를 내라니까 내고, 그런 식으로 해가지고 너무 좌지우지된다고 생각 안 하십니까? 이래서 어떻게 정치적 중립성이 확보가 된다고 국민들이 생각을 하겠어요." 전효숙이 해명한다. "사퇴를 안 하고 임명을 받을 경우에는 여러 가지 부작용이 있는 것으로 알고 있습니다. 사퇴한 부분이 꼭 독립성을 해친다고 보기는 어렵고요. 그렇지 않을 경우에는……" 여기서 전효숙의 말이 잘린다. 이후 전효숙은 노무현과 사법시험 17회 동기여서, 재판관으로 제시한 의견이 편향됐다면서, 다른 재판관보다 어리고 기수 차이가 크기 때문에 등 다양한 방법으로 야당과 언론으로부터 공격당한다.

그러자 청와대는 조순형의 지적을 받아들여 9월 21일 재판관 청문회부터 새로 요청한다. 하지만 국회는 30일이 지난 10월 21일까지 청문시한 20일과 연장시킨 10일을 흘려보낸다. 이제 대통령은 청문보고서 없이도 재판관을 임명할 수 있었다. 언론은 강행 가능성이 있다고 했다. 하지만 노무현은 임명하지 않았고, 상황은 좋아질 기미가 없었다. 11월 14일 한나라당은 본회의장을 점거했다. 소장 임명동의안을 표결처리하려는 열린우리당·민주당·민주노동당을 막았다. 결국 11월 27일 전효숙의 지명 철회 요청을 받아 수락했다고 청와대가 발표한다.

다음 날 11월 28일 오전 노무현이 국무회의 첫머리에 발언한다. "한마디 하겠습니다. 국회에서 표결을 거부하고 표결을 방해하는 것은 명백히 헌법을 위반하는 불법행위입니다. 부당한 횡포입니다. 그런데 어제 대통령이 헌재소장 임명동의안을 철회했습니다. 굴복한 것입니다. 현실적으로 굴복하지 않을 수 없는 상황이라서 대통령이 굴복했습니다. 임기 동안 직무를 원활히 수행하자면 이런저런 타협과 굴복이 필요하면 해야 되는 것 아닌가 생각합니다. 다만 임기를 다 마치지 않은 첫 대통령이 되지 않았으면 좋겠다고 희망합니다." 그리고 12월 21일 대법관 출신 변호사 이강국을 4기 소장에 내정해 발표한다. 이듬해 2007년 1월 12일에 취임한다. 한편 헌재소장 공백기간 동안 선임재판관 주선회가 소장 대행을 맡았다. 2006년 9월 15일 3기 소장 윤영철 퇴임 이후 4기 소장 취임 전까지다.

노무현 대통령 비서실장 문재인 인터뷰. "노무현 대통령 재임 중에 대법원도 그렇고 헌재도 그렇고 지속적으로 노력한 게 구성의 다양성이다. 그래서 헌재에 첫 여성 재판관으로 전효숙 부장이, 대법원에도 여성으로 김영란·전수안 부장이 들어가지 않았나. 그리고 우리가 다시 헌재소장을 임명할 시기가 왔기 때문에 우리나라에서 여성이 사상 최초로 헌법기관장을 맞는 게 굉장히 큰 의미가 있겠다고 봤다. 이 분이 성향이 여성이라 상대적으로 진보성이 있을지는 몰라도, 그

헌법재판소, 한국현대사를 말하다 1

이상 진보적인 생각을 갖고 있는 분은 아니다. 진보인사를 세운다는 의도로 한 것이 아닌데 어쨌거나 좌절됐다. 참 안타까운 일이었다. 전해철 민정수석이 전화한 것이 의전상 잘못된 것이라고 생각하지 않는다. (누가 전화해야 하는지) 아무런 기준이 있지 않다. 대법원과 헌법재판소가 의견을 조율한 것이 잘못이라고도 생각하지 않는다. 무조건 시비를 삼은 것이다. 청문회에서 한나라당의 적대적인 분위기를 생각하면, 논란거리가 될 만한 말들은 다 감춰버리는 게 좋았을지 모르겠다. 하지만 전효숙 후보자가 (솔직히) 말씀하시면서 시비대상이 되어버린 것 아니냐. 그런데 그것조차 시비대상이었는지 의문이다. 굳이 청와대에서 실수가 있었다면, 인사청문 요청을 보낼 때 재판관과 헌재소장 요청을 각각 보냈으면 그런 시비가 없었을 것 같다. 민정수석실에서는 소장으로만 보냈는데 그 안에는 재판관도 내포됐다고 봤던 것이다. 그런 아주 사소한 행정적 실수랄까 그런 것 가지고 큰 시비가 된 것 아닌가. (소장 철회 이유를 구태여 찾자면) 야당이 흠집내기를 한 것이다. 청와대 결정이라 좌절시키겠다고 맹목적으로 덤빈 것이다. 그분들도 무슨 전효숙 재판관에 대해 무슨 (특별한 감정이 있어서 그랬겠나 싶다). 노무현 대통령이 미우니깐 반대한 것이고, 전효숙 재판관은 그 와중에서 괜히 희생당한 것이라고 본다. 그러는 사이에 헌재에 여성 몫 재판관만 없어졌다. 대법원보다 먼저 시작했는데. 대법원은 이미 2명인데……. 10월 21일이 지나면서 법률적으로 임명이 가능한데도, 한 달 이상 그대로 간 것은 전효숙 후보자의 철회 요청이 있었던 게 이유는 아니다. 실제로 그분을 지명 철회해야 할 합리적 이유가 없었다. 절차상 하자라는 것도 법률규정의 문리를 따지자면 그런 논리가 있지만, 현실적으로 과거의 예도 있고 그렇게 않으면 소장에게 6년 임기가 부여될 수 없었다. 재판관 상태에서 소장으로 임명하면 3년 소장이 되는데 헌재 위상 면에서도 전혀 바람직하지 못하다. 그런 부분이 당시 언론에서 설득력 있게 다뤄지지 않았는지 몰라도 청와대가 다 설명을 했을 것이다. 어쨌든 결코 승복할 수 없는 것이었는데, 그게 계속 국정 전반을 발목 잡게 되어버리니깐, 나중에 그 문제를 풀기 위해 어쩔 수 없이 지명 철회를 했다. 다만 전효숙 후보는 '나에 대해 아무런 부담을 가지지 말라. 개인적인 욕심이 없다. 언제든지 그만둘 수 있다. 문제를 푸는 데 필요하면 언제든지 얘기해달라. 흔쾌히 수용하겠다'고 말했다. (전효숙 이후 이강국 후보를 지명한 이유는 이렇다.) 전효숙 재판관은 두 가지 이유였다. 첫째 재판관 출신 소장, 둘째 여성이란 점이다. 전효숙 소장이 실패하고 좌절했기 때문에 더 이상 그렇게 밀고 갈 동력을 잃었다. 과거에 하던 식으로 대법관 출신으로 가게 된 거다. 이강국 소장님도 참 좋은 분이다. 전통적인 기준으로 하면, 이강국 변호사도 당연히 선택될 만한 분이었다."

3기 재판소에서 보수적 재판관으로 평가받는 권성의 인터뷰. "법조계 내부에서 서열과 나이를 문제 삼아 탐탁지 않게 여겼다는 것은 정확한 얘기가 아니다. 헌법재판소장 되는 데 나이 어리고 서열 차이가 나는 게 무슨 결정적인 이유가 되겠는가. 미국 연방대법원장 존 로버츠John Glover Roberts, Jr.도 50세에 됐다." 참고로 전효숙의 경우 소장 후보 지명 당시 55세였다. "정간 정치투쟁 와중에 희생된 것으로 본다. 코드 논란도 그렇다. 대통령이 지명하는데 반대파를 일부러 시키겠나. 자기가 믿을 수 있는 아는 사람 시키겠지. 이런 건 다른 나라도 마찬가지다. 혹시 대통령과의 관계에 매달려서 재판을 올바르게 못하는 인품이라면 문제일 수 있다. 그렇다는 위험이 없다면 어떻게 하겠나. (코드 역시) 도리가 없는 것이다."

한편 2005년 6월 6일 헌재사상 처음으로 재판관이 자진 사퇴한다. 이유는 자신이 소유한 서울 강남구 신사동 가정집 임대소득을 줄여 신고해, 세금을 빼먹었다는 의혹이다. 이상경은 사퇴하면서 '헌법재판관으로서 대통령 탄핵심판 신행정수도 특별법 위헌심판 등 중대한 헌법재판에 임했으나, 저의 부덕함을 자책하면서 비난을 겸허히 받아들이며 반구제기의 심정으로 헌법재판관직에서 물러나고자 한다'[4]고 밝힌다.

이상경의 발언에 그의 심정을 함축한 두 가지 실마리가 들어 있다. 우선, 앞문장과 뒷문장이 호응하지 않는다. 35년간 논증만 구성한 법률가가 이런 문장을 쓴 것은 고의다. 다음, 반구제기는 『명심보감』 「성심」편에 있는데, 본래는 행유부득 반구제기 行有不得 反求諸己다. '행하고서 얻음이 없으면 돌이켜 자기에게서 원인을 찾을 일이다'[5]라는 뜻이다. 두 가지 의문에 답이 있다. 앞부분은 신행정수도 사건을 위헌으로 집 한 것과 탄핵 사건에서도 마찬가지 의견이었다는 것을 암시·전제한다. 뒷부분, 돌이켜 자신에게 원인을 찾아야 할 주체는 행하고도 구하지 못한 사람이다. 대체로 행하는 쪽은 행정부이고, 사법기관은 주로 판단하는 곳이다. 억울함이 묻어 나온다. 민주당 추천을 받았던

재동 백송을 헌법재판소 옥상에서 찍은 모습. 백송 오른편에 산책로가 보인다. 그리고 사진 오른편 돌담 너머로 윤보선 자택의 사랑채 산정채이다. 이곳과 경계한 담까지 작은 길이 이어진다. 재판관들은 점심을 함께 먹은 뒤 모두 이곳을 산책한다. 오후 12시 50분쯤 재판소 옥상공원에 있으면 보인다. 뒷짐을 지고 무언가 담소하는 모습이 인상적이다. 재판관들이 대놓고 심판 얘기를 하지는 않겠지만, 내심을 담아 치열하게 설득을 벌이고 있을 테다. 이런 이야기를 20년 가까이 보고 들어온 목격자가 바로 천연기념물 8호 재동 백송이다. ⓒ 헌법재판소

이상경은 1년 3개월 최단기 재임 기록을 남기고 떠났다. 그의 변호사 사무실 출입문 맞은편에는 재판관 법복이 걸려 있다.

그리고 2006년 9월 15일 앞뒤로 재판관들이 임명되고 4기 재판소가 출범한다. 가장 큰 특징은 법원화 경향이 뚜렷해진 것. 현직 법관 출신이 사실상 7명이다. 수원지방법원장 이동흡 · 법원행정처 차장 목영준 · 법원행정처 차장 이공현 · 창원지방법원장 김종대 · 인천지방법원장 민형기까지다. 여기에 변호사 경력 3개월인 이강국, 1년 5

헌법재판소, 한국현대사를 말하다 1

개월 조대현도 사실상 현직 법관이다. 그 밖에 김희옥은 검사로 있다가 법무부 차관에서 임명됐고, 송두환이 판사 8년 이후 17년 변호사였다. 같은 해 12월 19일 제17대 대통령 선거에서 한나라당 후보 이명박이 당선한다.

2007년 1월 22일 4기 헌재소장 이강국 취임사. "우리 헌법재판소는 세계에서 유례가 없을 정도로 짧은 기간 안에 성공적으로 헌법재판제도를 정착시켰습니다. 이제 성년기를 맞이하는 헌법재판소는 사회의 다양한 가치관과 변화 욕구를 조화롭게 수용하면서 헌법질서의 수호와 기본권 보장이라는 소임을 철저하고 확실하게 수행해야 하겠습니다. 지난해 헌법재판소장 후보자 임명동의안을 둘러싼 상처를 하루빨리 씻고 국민의 신뢰와 존경을 받는, 국민을 위한 헌법재판소로, 세계적 수준의 헌법재판기관으로 거듭나기 위해 새로운 출발을 시작해야 합니다." 이렇게 제4기 재판소는 새로운 6년 항해를 시작한다. 두 그루로 맞서 있지만 뿌리는 오직 하나인, 재동 백송과 함께.

---

1 | 국회사무처, 《제170회, 국회 법제사법위원회 회의록 제1호》, 1994년 9월 13일, 14쪽.

2 | 국회사무처, 《제215회, 국회 인사청문특별위원회 회의록 제3호》, 2000년 9월 5일, 75쪽.

3 | 《동아일보》 2006년 9월 13일 5면.

4 | 《조선일보》 2005년 6월 3일 A8면.

5 | 안병욱 외 해설, 『명심보감』 현암사, 2005, 188쪽.

구분		17기(1988. 9. 15~1994. 9. 14)	27기(1994. 9. 15~2000. 9. 14)	37기(2000. 9. 15~2006. 9. 14)	47기(2006. 9. 15~2012. 9. 14)
대통령		조규광 노태우	김용준 김영삼	윤영철 김대중	이강국(대행) 노무현 070112~
		김양균 노태우	김진우停 김영삼 / 이영모停 김영삼 970122~	주선회 김대중 010323~	송두환 노무현 070323~
		최광률 노태우	정경식 김영삼	송인준 김대중	김희옥 노무현
국회		한병채 민정당	김문희 민자당	권성停 한나라당~060813	이동흡 한나라당
		변정수 평민당 / 조승형停 민주당~990925	조승형停 민주당~990925	하경철停 국민회의~040128 / 이상경 민주당 040218~050606	조대현 우리당 050711~
		김진우 민주당	신창언 민자당	김효종 한나라당·민주당	목영준 우리당·한나라당
대법원장		이시윤 이일규	이재화 윤관931230~	김영일停 최종영991230~	이공현 이용훈050314~
		김문희 이일규	고중석 윤관	김경일 최종영	김종대 이용훈
		이성렬停 이일규 / 황도연 김덕주910826~	한대현 윤관970826~	전효숙 최종영030826~060824	민형기 이용훈

헌법재판소, 한국현대사를 말하다 1

읽는 방법

재판관 이름 아래는 추천자 이름. 停은 정년으로 퇴임한 경우. 소장 70세, 재판관 65세. 이시윤·이상경·전효숙은
중간에 사임. 4기 초반 소장 대행은 주선회. 2009년 11월 현재 재판관은 모두 39명, 연임 2명을 제외하면 37명.
최고령은 1기 이성렬로 임명 당시 62년 2개월, 최연소는 4기 목영준이며 50년 11개월. 최장 재임은 김문희 12년,
최단 재직은 이상경 1년 3개월.

헌법재판소, 한국 현대사를 말하다 1
— 불의에 맞선 칼날

1판 1쇄 펴냄 2009년 11월 30일
1판 5쇄 펴냄 2018년 1월 30일
2판 1쇄 찍음 2025년 3월 12일
2판 1쇄 펴냄 2025년 3월 25일

지은이 이범준

편집 김현숙 | 디자인 이현정
마케팅 백국현(제작), 문윤기 | 관리 오유나

펴낸곳 궁리출판 | 펴낸이 이갑수

등록 1999년 3월 29일 제300-2004-162호
주소 10881 경기도 파주시 회동길 325-12
전화 031-955-9818 | 팩스 031-955-9848
홈페이지 www.kungree.com
전자우편 kungree@kungree.com
페이스북 /kungreepress | 트위터 @kungreepress
인스타그램 /kungree_press

ⓒ 이범준, 2009.

ISBN 97889-5820-907-2 03300